南開日本研究

NANKAI JAPAN STUDIES

2020

南开大学日本研究院
教育部国别和区域研究基地南开大学日本研究中心   主办

宋志勇 主编

天津出版传媒集团
天津人民出版社

图书在版编目（CIP）数据

南开日本研究.2020 / 宋志勇主编. –– 天津：天
津人民出版社,2020.12
ISBN 978-7-201-16786-2

Ⅰ.①南… Ⅱ.①宋… Ⅲ.①日本–研究 Ⅳ.
①K313.07

中国版本图书馆CIP数据核字（2020）第230987号

南开日本研究 2020
NANKAI RIBEN YANJIU 2020

出　　版	天津人民出版社
出 版 人	刘　庆
地　　址	天津市和平区西康路35号康岳大厦
邮政编码	300051
邮购电话	（022）23332469
电子信箱	reader@tjrmcbs.com

责任编辑	岳　勇
装帧设计	卢炀炀

印　　刷	天津市宏瑞印刷有限公司
经　　销	新华书店
开　　本	787毫米×1092毫米　1/16
印　　张	24.75
插　　页	2
字　　数	300千字
版次印次	2020年12月第1版　2020年12月第1次印刷
定　　价	68.00元

编辑委员会

目 录

1

研究综述

中国的日本研究状况

书评与访谈

世界大变局：
日本的战略认知与应对路径

杨伯江

内容摘要　2008 年国际金融危机从大国力量对比、国际权力分配、全球治理体系等多方面再次极大改变了日本面临的安全发展环境，使其国际竞争压力持续增大，日本由此认为美国主导的霸权型秩序正在转变为美中对立的势力均衡型国际秩序。为应对变局，日本将维持"美中平衡"作为对外战略核心议题，通过推进自主力量建设来增强对外战略实力基础，并将融合推进与"中等力量"合作作为构建自身对外战略的新支点。新冠肺炎疫情暴发及全球大流行加速了大变局历史进程，日本对国际局势的研判更趋谨慎、悲观。着眼后疫情时代，日本对外战略认知将在目前的延长线上加速向前，其战略应对将延续上述基本路径，同时"中国因素"占比将继续攀升，"中国指向性"将进一步走强。不过，日本对外战略的推进也面临内外结构性障碍。从中国整体对外战略出发，有效抑制日本对华政策的消极面、调动其积极面，有效增强中日关系的确定性、抑制其不确定性成为关键。

关键词　日本对外战略　安倍晋三　日美同盟　中日关系

世界大变局：日本的战略认知与应对路径

Great Changes in the World: Japan's Strategic Cognition and Coping Path

Yang Bojiang

Abstract： The 2008 international financial crisis once again greatly changed Japan's security environment in terms of the power balance of major powers, the distribution of international power, and the global governance system, which continued to increase the pressure on international competition. Therefore, Japan considered that the hegemonic type of international order dominated by the United States is transforming into a balanced type of opposing forces between the United States and China. To cope with the changes, Japan took the maintaining of the "US–China balance" as the core issue of its foreign strategy, strengthened the foundation of its foreign strategic power by developing its independent power, and used integration and cooperation with "medium power" as a new fulcrum for building its own foreign strategy. The outbreak of the new coronavirus and the global pandemic has accelerated the historical process of major changes, and Japan has become more cautious and pessimistic in its research and judgment on the international situation. Looking at the post–epidemic era, Japan's foreign strategic perception will accelerate on the current extension line, and its strategic response will continue the above–mentioned basic path. At the same time, the proportion of "Chinese factors" will continue to rise, and the "Chinese orientation" will further strengthen. However, the advancement of Japan's foreign strategy also faces internal and external structural obstacles. Starting from China's overall foreign strategy, effectively restraining the negative aspects and mobilizing the positive aspects of Japan's China policy, enhancing the certainty and restraining the uncertainty of Sino–Japanese relations has become the key element.

Keywords： Japan's foreign strategy; Shinzo Abe; Japan–US alliance; Sino–Japanese relations

　　2019 年，平成时代落下帷幕。战后日本这一长达 30 年的历史周期曾见证了冷战的终结与单极世界的诞生。同时，随着全球化的深度和广度不断加强，世界"一超多强"的格局逐渐定型。进入 21 世纪，2008 年爆发的国际金融危机再次极大改变了日本的外部发展环境。一是世界主要大国实力对比发生变化。相对于传统发达国家增长"钝化"，以中国为代表的新兴市场国家发展迅速。2010 年中国国内生产总值（GDP）超越日本，成为世界第二大经济体。2009—2019 年，中美经济总量迅速接近——中国 GDP 占美国 GDP 之比从 35% 升至 66%；中日差距则迅速拉大——中国 GDP 占日本 GDP 之比从 91% 升至 274%。二是国际权力分配发生变化。例如，2011 年，新兴市场国家在国际货币基金组织（IMF）的投票权增加了 5 个百分点，这是一种实实在在的国际权力的重新分配。三是全球治理体系发生变化。二十国集团（G20）峰会的诞生及其制度化，标志着传统发达国家尝试与新兴市场国家部分分享权力，让后者为解决世界性难题承担起更大的责任。此后 G20 议题不断扩展，作用日渐突出，成为磋商、协调国际经济金融议题的主体框架和决策平台。2020 年新冠肺炎疫情爆发，进一步加速了世界"百年未有之大变局"历史进程。面对国际局势的复杂深刻变化,日本迅速调整研判，全力应对挑战。

一、大变局下日本的国际战略认知

2008 年以来世界主要国家实力对比的变化之大、速度之快，在国际关系历史上绝无仅有，世界"一超多强"格局由此开始动摇。[1]日本认为，"美国治下的和平"动摇、中国崛起成为当今大势，"美国主导的霸权型秩序正在转变为美中对立的势力均衡型国际秩序"。[2]而且世界形势的此番变局尽管始于经济力量对比的变化，但最终造成的影响却远远超出经济领域，给全球及各地区带来深层次地缘政治效应，其中包括亚洲崛起，世界经济政治重心进一步东移，各国战略重心向亚太倾斜，以及亚太、印太地区主导权争夺激化。

但是亚洲地位的上升并不代表日本地位的上升。相反，权力的转移对日本的冲击尤其巨大，其程度更甚于欧洲。日本从七国集团（G7）成员到 G20 成员，在世界经济治理核心圈的地位从 1/7 稀释到 1/20。日本被削减的还有软实力和潜在战略行为能力。日本的 G7 身份及一度行之有效的发展模式，都曾是其软实力的重要组成部分。而大批新兴市场国家进入 G20，带来的还有各自的发展模式和政治制度。

---

① 张宇燕：《新冠肺炎疫情与世界格局》，《世界经济与政治》，2020 年第 4 期，第 5 页。
② 西村佳秀：「国際政治の構造変容と北東アジアの安全保障」，『政策オピニオン』（一般社団法人平和政策研究所），2020 年 8 月 12 日。https://ippjapan.org/pdf/Opinion142_YNishikawa.pdf。

这对日本又构成一重冲击。[①]

2008 年金融危机以来，日本感受到外部竞争压力持续增大。在日本看来，这轮国际环境变动的烈度不亚于冷战终结，而且风险、挑战远大于机遇。日本面临的冲击在美国特朗普政府上台后达到了历史顶点。尽管美国没有放弃将双边同盟作为实现地区战略目标主要路径的传统政策，但特朗普政府以"美国优先"、实用主义为原则，奉行单边主义、"交易主义"的外交政策，甚至不惜牺牲盟国利益来谋求自身利益最大化，导致美日在经贸、防务、国际秩序构建等各领域的利益冲突与政策分歧上升，"同盟裂痕"扩大。特朗普政府的单边主义"非常规外交政策"让日本对同盟的"可靠性"心生疑虑。即便在体现两国军事合作强化的军售、军购领域，特朗普要求日本购买更多美制武器（同时要求日本将驻日美军军费的分摊额翻两番，达到 80 亿美元），但又回避对条约义务作出明确承诺。同时，特朗普政府单边主义、保护主义贸易政策不仅对日本直接构成打压，而且引发中美摩擦，使日本赖以生存的自由主义国际秩序、多边贸易体制面临威胁。

中美贸易摩擦对日本直接或间接造成了经济利益损失。"日本的经济增长依赖于复杂且富有弹性的供应链，这些供应链建构了美中贸易的相互依存，反过来又为美中贸易相互依存所塑造"，日本"尤其容易受到贸易下滑的影响，因为其需要的运输材料和工业设备遍及世界各地"。2008 年金融危机后，日本是主要国家中工业品出口下降幅度最大的。[②]随着中美摩擦向高科技领域扩散，"在日本对华出口产品中，凡是零部件使用了美国产品或者美国软件的商品都可能成为美国制裁的对象"，这意味着"东芝事件"可能重演。同时，中美战略竞争加剧进一步加深了日本的战略危机感。对日本而言，中美关系是影响其国际环境的首要因素。[③]美国对华遏制施压虽然有利于日本借力美国应对在钓鱼岛问题上"迫在眉睫的威胁"，但中国如果被迫实施反制，东亚地区将陷入不稳定状态。在此背景下，如果日本与美国同步调整对华战略，特别是在"一带一路"建设和双边政治、军事层面加大对华施压，

---

① 杨伯江：《国际权力转移与日本的战略回应》，《现代国际关系》，2009 年第 11 期，第 26 页。

② AliWyne："The Implications of U.S.-China Trade Tensions For Japan," August 12,2020. https://www.rand.org/blog/2018/09/the-implications-of-us-china-trade-tensions-for-japan.html。

③ 高木誠一郎・舟津奈緒子・角崎信也：「米中関係と米中をめぐる国際関係」，『平成二十八年度外務省外交・安全保障調査研究事業国際秩序動揺期における米中の動勢と米中関係米中関係と米中をめぐる国際関係』序論，公益財団法人日本国際問題研究所，2020 年 8 月 12 日。http://www2.jiia.or.jp/pdf/research/H28_US-China/00- introduction_takagi_funatsu_kadozaki.pdf。

将导致日中关系再度恶化，但维持稳定的对华关系对日本而言又十分重要。①

2020 年新冠肺炎疫情的暴发及在全球大流行加速了大变局的历史进程，日本对国际局势的研判进一步趋向谨慎、悲观。一是随着中国经济相对较快地恢复增长，中国对美、对日的 GDP 比重将进一步上升。更重要的是，中国软实力、国际影响力可能同步上升。"疫情像是一次对体制间竞争的测试"，如果中国取得了控制疫情的胜利，那么"可能会让人们感到中国社会体制的优越性"。②二是由于新冠肺炎疫情"加剧了美中之间的竞争与相互排斥"，国际局势的不确定性、国际秩序的不稳定性持续增加。三是日本安全环境更加严峻，在钓鱼岛问题上面临更大压力。近期，安倍内阁先后发布 2020 年版《外交蓝皮书》《防卫白皮书》，反映了日本官方最新形势判断。《外交蓝皮书》强调，随着国际社会力量平衡变化的加速和复杂化……基于自由、民主、人权、法治等普遍价值的国际秩序受到挑战。日本周边安全环境更加严峻，不确定性进一步增加。③《防卫白皮书》强调，"现有秩序的不确定性增加，是当前安全环境的特征之一"。新冠肺炎疫情导致"国家间政治、经济和军事竞争日益明显"，"围绕创造有利于自己的国际和地区秩序、扩大影响力而展开的国家间战略竞争进一步突出"。日本"周边集中了拥有军事质量优势的国家，且其加强军事力量和军事活动活跃化的趋势显著"，"地区存在突发重大事件的风险"。④

二、日本将维持"美中平衡"作为对外战略核心议题

随着中美战略竞争加剧、世界经济下行压力增大，日本研判"美中对立"构成日本对外关系的常态化背景，导致其安全发展环境变数增多、压力增大。面对"中国崛起拦不住、美国靠山靠不住"的大趋势，日本提升了战略自主意识，推进安全战略外向化转型，加强自主力量建设；对外战略闪转腾挪，积极开展"俯瞰地球仪外交"以扩展国际空间，在世界大变局进程中争取有利位置。

日本对外战略将处理与中美两国的关系以及在中美之间保持综合战略平衡作

---

① 角﨑信也：「日米中それぞれの思惑——「平和友好」以後の日中関係」，『東亜』2019 年 1 月号，第 35 頁。
② 金子将史：「「戦略的不可欠性」を確保せよ」，『Voice』2020 年 6 月，第 97 頁。
③ 外務省：『外交青書』令和 2 年版。https://www.mofa.go.jp/mofaj/files/100055775.pdf。
④ 防衛省：『防衛白書：日本の防衛』令和二年版。https://www.mod.go.jp/j/publication/ wp/wp2020/pdf/R02000031.pdf。

为核心课题。鉴于"日美、日中关系构成日本外交的两大坐标轴"，日本需要"在美中的夹缝中进行高难度的技巧搭配，以避免被美中力量关系的变动所吞没"。①特朗普政府上台后，日本身处"美中冲突、对立的时代"，更是将"如何能够安然无恙"作为头号课题。②日本对中美贸易摩擦及战略竞争加剧的应对，本质上是实力居于第三的日本"更靠向美中哪一边的问题"。③但鉴于中美两国的重要性，日本的应对又不能简单停留在是否选边站队的层面，而是要综合运用"美中平衡"战略，趋利避害，最大限度地维护、争取本国利益。这一复杂的方程式包含丰富内容及逻辑层次，不仅要在中美之间保持平衡，还涉及对美、对华政策在日本总体战略中的合理定位：对美追随是为背靠同盟抗衡中国；对华合作除获取经济利益外，也有扩大战略空间、平衡对美依赖的含义。同时，平衡不仅体现为对美、对华关系距离的比较，还深刻体现在对美、对华政策的内在自我平衡上。

对美国，日本继续在战略层面加强同盟体系，同时在战术层面越来越强调战略自主性。1996 年 4 月日本和美国签署的《日美安全保障联合宣言》结束了冷战后日美关系的短暂"漂流"状态，标志着日本重新确认继续选择走同盟体系内的发展道路。但同时，日本对同盟体系的定位出现重大变化，即从过去"为了同盟的日本"转向"为了日本的同盟"，将同盟作为实现自身国家战略目标的重要工具。④2008年金融危机后，日本开始"就美国从亚洲实施战略收缩和撤退的风险进行前瞻性评估……着手调整自身安全政策，增强独立行为能力"。特朗普当选后，"鉴于上述风险变得更加迫切，日本国内相关人士建议实施更果断的变革"。⑤较之民主党政府提出的构建"东亚共同体""对等的日美关系"，安倍内阁展示的对美战略自主性举措有过之无不及，包括在美国退出《跨太平洋伙伴关系协定》（TPP）后，仍坚持组建

① 杨伯江：《国际权力转移与日本的战略回应》，《现代国际关系》，2009 年第 11 期，第 27 页。

② 吉崎達彦：「ON THE RECORD——米中間選挙後の米中関係」，『東亜』2019 年 1 月号，第29 页。

③ 川島真：「日中関係「改善」への問い」，『外交』第 52 号，2018 年 11・12 月，第 21 页。

④ 实际上，安倍内阁强化日美同盟与强化自主行为能力是"一体两面"的关系。前者是日本国家战略中的"显性主线"，后者是"隐形主线"，前者掩盖了后者，但归根到底要服务、服从于后者。正如战后反美民族主义思潮同时来自于左翼和右翼阵营一样，无论是安倍晋三的"摆脱战后体制"还是鸠山由纪夫的"东亚共同体"构想，同样都体现了日本以自身价值与战略判断为基础、谋求独立的国际认同的政治追求。详见杨伯江：《美国战略调整背景下日本'全面正常化'走向探析》，载于《日本学刊》2013年第 2 期，第 15 页。

⑤ Richard J. Samuels& Corey Wallace："Introduction: Japan's Pivot In Asia," International Affairs, Vol. 94, Issue 4, July 1,2018, pp.703—710。

《全面与进步的跨太平洋伙伴关系协定》(CPTPP)，意图主导全球自贸规则与秩序重构；主推"印太构想"，并向刚刚上台的特朗普成功推销"印太"概念；在中美摩擦的背景下继续改善对华关系；拒绝美国在中东海域建立"护航联盟"的邀约，坚持"以自己的方式为中东和平作贡献"；终止部署陆基"宙斯盾"系统；在朝核问题上与特朗普"无原则妥协"的对朝政策保持距离。

对中国，日本显示追随美国、施压牵制姿态，但在具体措施、实施力度上似乎与美国"貌合神离"。日本一方面受特朗普政府影响，通过各种形式对华示强，另一方面持续拉紧对华经济合作纽带，试图将中国纳入其积极构建的国际机制中，对华实施所谓"制度制衡"。这既是日本出于规范中国的需要，也是鉴于中国的庞大体量和国际影响力，确保相关机制运行稳定、有效的战略举措。2016 年后，日本一直在关注和思考如何实现"自由开放的印太"构想与"一带一路"倡议之间的协调与对接。安倍在 2018 年 10 月访华前后，多次提出发展日中关系的三条意见，即两国关系要"从竞争到协调""从威胁到合作伙伴""发展自由公正的贸易体系"，主张借此"将日中关系引向新时代"。[1]上述动态透视出日本对华政策的"引领""纳入"意图，与特朗普政府对华战略设计及方向明显不同。

总之，面对中美战略竞争的持续加剧，日本越来越明显地采取"日本优先"立场，努力在对美关系与对华政策之间把握微妙的平衡。一方面，鉴于美国对日中关系的构建和日本对华政策的巨大影响，日本方面提出要"努力维持日美在对华战略上的协调是日本经营对美同盟的根基""避免日美在不同领域出现温差导致不必要的摩擦，同美国在对华认识及政策上不断进行磋商与磨合"。[2]另一方面，日本仍坚持与中国进行密切对话，特别是在安全保障与贸易投资等方面，努力将中国拉进现有的规则之中。[3]甚至在美国极为敏感的高端技术、知识产权等领域，安倍政府也提出与中国展开"创新合作对话"，并就中日与第三方市场合作提出"开放性、透明性、经济性、财政健全性"等"四项条件"，与美国不断升级的对华遏制、加大

---

① 「日中新時代へ三原則」，『日本経済新聞』，2018 年 10 月 26 日。https://www.nikkei.com/article/DGXMZO36962840W8A021C1MM8000。

② 高木誠一郎・舟津奈緒子・角崎信也：「米中関係と米中をめぐる国際関係」序論，平成二十八年度外務省外交・安全保障調査研究事業『国際秩序動揺期における米中の動勢と米中関係米中関係と米中をめぐる国際関係』，公益財団法人日本国際問題研究所，平成二十九年 3 月。http://www2.jiia.or.jp/pdf/research/H28_US-China/00introduction_takagi_funatsu_kadozaki.pdf。

③ 角崎信也：「日米中それぞれの思惑——「平和友好」以後の日中関係」，『東亜』2019 年 1 月号，第 32 頁。

对华"脱钩"形成鲜明对比。

三、推进自主力量建设以增强日本对外战略的实力基础

从鸠山由纪夫到二次执政的安倍晋三，日本应对世界大变局的战略酝酿并实施已久，即便经过自民党、民主党之间的两度政权交替，也都表现出很强的连续性。日本应对大变局的基本思路是"拼外交"，核心是推行"主体外交"，以政治自立、战略自主谋求战略空间，更加坚定而有效地维护本国利益。2008 年金融危机后，日本国内进行战略反思并得出结论：外交缺乏自主性是日本国际地位削弱的重要原因；日本经济沉沦或许不可避免，但没落未必来临，关键是能否有效地"拼外交"。[①]

安倍再次执政后，又在"拼外交"基础上加入了"拼军事"成分。实际上，"在特朗普入主白宫之前，日本政府已开始调整安全政策，以增强日本的独立能力"。日本前驻联合国副大使北冈伸一主持的一项研究提出，"美国对领导和坚持自由主义国际秩序和自由市场体系的热忱可能会改变，日本必须识别这种变化的确切性，同时考虑采取最适宜的外交和安全政策"。北冈团队建议将日本的防卫预算从占GDP1%的上限提高至 1.2%，并逐步发展日本的常规反击能力。英国"脱欧"公投揭晓、特朗普当选美国总统后，"英美的民粹主义选举和民族主义言论震撼了东京的分析人士"，也重新激起了日本政界长期以来"独立防卫政策"的讨论，"鉴于特朗普政府政策的不确定性，日本应该在安全和防务政策上尽其所能地采取行动"。[②]

在安倍任内，日本"拼外交"的应对思路逐步发展为全面推进"自主力量"建设，对外"综合战略活跃度"达到空前水平。自主力量建设既包含安全防务领域，也包含外交、经济合作领域；既是对日美同盟体系的补充或是在同盟失效情况下的替代，又是通过自我功能提升来拉住美国、降低被抛弃风险的一种操作。[③]在安倍执政前期，基于保守势力希望废除战后"自我强加的限制"的强烈诉求及财政限制，

---

① 杨伯江：《国际权力转移与日本的战略回应》，《现代国际关系》，2009 年第 11 期，第 26 页。

② Richard J. Samuels& Corey Wallace, "Introduction: Japan's Pivot In Asia," International Affairs, Vol. 94, Issue 4, July 1,2018, pp.703-710.

③ 日本放手打造自主力量的另一个重要背景是，"日本加强自主防卫会引发美国对日忧虑"的时代已经过去。"日本自主推进防卫力量整备，不仅为自身安全保障所必需，同时也有助于强化日美同盟"。所以，"今后日本应实现自主自立和强化日美同盟这两个看似矛盾但实际绝非如此的目标"。参见西村佳秀：「国際政治の構造変容と北東アジアの安全保障」，『政策オピニオン』（一般社団法人平和政策研究所）第 142 号，2020.1.20, https://ippjapan.org/pdf/Opinion142_YNishikawa.pdf。

日本防务领域自主力量建设以软实力的提升为主。安倍执政后期，日本防务领域自主力量建设开始走向软硬件兼具，包括再次提前修订《防卫计划大纲》，更新防卫观念，装备高端武器系统，防卫预算实现"八连增"等。根据 2018 年版《防卫计划大纲》及《中期防卫力量整备计划》，2019—2023 年间，日本防卫预算总额将达到 27.47 万亿日元，较上一个五年增加 11.3%，创历史新高。新大纲明确宣示强化安全政策的"主体性"与"自主性"，并将 2015 年版《日美防卫合作指针》及"新安保法"相关内容纳入其中，提出"要强化日美在太空、网络等领域的合作，深化、扩大战略遏制能力"。①为避免刺激国内反对派，大纲没有明确记述构建"对敌基地攻击能力"，但强调加速构建远距离攻击能力、强化反导防空能力以及引进远程巡航导弹、改装"出云"级驱逐舰等具体规划，为实际拥有"对敌基地攻击能力"铺平了道路。至此，日本防卫政策明显突破"专守防卫"原则，显示出较强的攻击性特征。

四、融合推进"中等力量"合作以构建日本对外战略新支点

为应对世界大变局，日本将发展与中美之外其他重要国家即所谓"中等力量"（Middle Powers）的全面合作作为对外战略重点，融合外交、安全及经济科技合作规则制定诸方面原则，并积极投身大国博弈，实现对外战略关系的多元化构建。与"中等力量"开展合作，既是对中美战略竞争持续激化的一种前置性预防措施，也是平衡对美、对华关系的重要战略手段。在日本看来，"近年来美国安全承诺的信誉已经减弱，如果中美关系进入对抗周期，日本将成为世界上最强大国家之间斗争中的一线国家"。②日本与"中等力量"合作具有极强的目标导向性，在新冠肺炎疫情背景下更是成为日本对外战略的"新增长点"。为此，安倍内阁一直注重加强与北约及其成员国英国、法国等的安全合作，试图将"北约因素"引入亚太。③在世

① 防衛省・自衛隊：「平成三十一年度以降に係る防衛計画の大綱について」，https://www.mod.go.jp/j/approach/agenda/guideline/2019/index.html。
② Lionel P.Fatton："Japan Is Back: Autonomy And Balancing Amidst An Unstable China‐U.S.‐Japan Triangle，" August 22, 2020. https://onlinelibrary.wiley.com/doi/full/10.1002/app5.240.
③ 杨伯江：《安倍"超长期执政"背景下日本战略走向与中日关系》，载杨伯江主编：《日本蓝皮书：日本研究报告（2018）》，社会科学文献出版社，2018 年版，第 15 页。

贸组织（WTO）改革、"高质量基础设施建设"等问题上，日本也与欧洲密切沟通协调。2020年6月，安倍内阁修订《特定秘密保护法》，将交换军事情报的合作对象国由"美国"扩大为"他国"，而英国、印度、澳大利亚据称是主要备选对象。①这其中既有价值理念上的"志同道合"，更有对"一带一路"沿线、"印太"区域地缘政治的考量。

日本与欧洲之间全方位战略合作进展迅速。安倍内阁在积极构建日印澳、日美印澳等多边安全合作机制的同时，进一步加强了与欧盟的战略合作。②安倍一直抱有"在日美欧之间架起战略合作桥梁"的战略构想。2007年安倍到访布鲁塞尔，成为战后首位、也是唯一一位访问过北约总部的日本首相。近年来，强化日欧安全与经贸领域合作成为日本与北约、欧盟及欧洲主要成员国领导人密切磋商的核心议题。2018年日本与欧盟签署《日欧经济伙伴关系协定》（EPA）、《日欧战略伙伴关系协定》（SPA）。2019年9月，安倍出席"欧洲互联互通——为实现可持续发展的未来架起桥梁"论坛，日欧双方签署"可持续的互联互通伙伴关系"协议，拟联手推动"基于规则和可持续原则"的投资项目，加强对发展中国家的投资合作。③安倍在论坛上强调，"必须建设高质量的互联互通，这种互联互通不仅包括道路、港湾等物理性基础设施的互联互通，也包括更为广阔的空间规模的互联互通；要实现真正的互联互通，就必须确保从地中海到大西洋海上航道和印太地区的自由与开放，这其中包含着对必须予以捍卫的价值观的承诺。"④与此同时，冯德莱恩就任欧盟委员会主席后宣布，新一届欧盟委员会将是一个"注重地缘政治的委员会"。安倍则将日本和欧盟视为拥有共同价值观的两大坚实支柱，并对日欧就制定太空、网络空间等新领域规则展开协作表现出积极态度。日欧加强互动，意在"应对美国和中国带来的风险"，在对抗特朗普政府保护主义和单边主义政策的同时，也是针对"一带一路"倡议的回应和对冲。鉴于此，日欧之间"可持续的互联互通"可能发展成欧亚大陆地缘政治竞争的新平台。

---

① 「他国軍情報の管理厳格に　政府「特定秘密」に米軍以外にも　中国念頭、英豪印と協力深化」，『日本経済新聞』，2020年8月22日。https://www.nikkei.com/article/DGKKZO61079970S0A700C2PP8000/。
② "日本将与欧盟强化经贸和安保合作"，参见中国人民共和国驻日本国大使馆经济商务处网站：http://jp.mofcom.gov.cn/article/jmxw/201807/20180702767250.shtml。
③ "欧盟和日本签署可持续互联互通伙伴关系协议"，参见中国人民共和国商务部网站：http://www.mofcom.gov.cn/article/i/jyjl/m/201910/20191002906442.shtml。
④ 安倍总理在欧州互联互通（Connectivity）论坛上的基调演讲，参见日本国首相官邸网站：http://www.kantei.go.jp/cn/98_abe/statement/201909/_00009.html。

大变局下，日本国家战略转型中军事要素的地位和作用日渐凸显，安全外交日趋活跃，由外长与防长共同参加的"2+2"磋商机制的建设成为其典型体现。日本2007年与澳大利亚建立"2+2"机制。安倍再次执政后，于2013年和2014年分别与俄罗斯、法国建立了"2+2"机制，2015年又分别与英国、印尼建立了这一机制。对外"2+2"机制的迅速增加反映了日本对外战略中，军事要素与外交的融合捆绑趋势。在推进与世界"中等力量"的安全合作方面，日本与印度关系的拉近最为突出，这体现了安倍内阁"要以'自由开放的印太'构想为基础，多角度多层次推进安保合作战略；以日美同盟为基轴，与共享普遍价值与安全利益的国家保持密切合作"①的战略方针。2019年11月，日本与印度首次举行"2+2"部长级会谈，就日印联合训练和围绕"自由开放的印太"构想展开合作进行磋商。至此，日本"2+2"部长级磋商机制已增至7个。日本媒体就此评论称，日本将印度提升至"准同盟国"地位，"旨在遏制军事力量增强的中国"。②此次部长级"2+2"会谈中，日印两国防长确认将尽快签署一项重要的军事后勤协议，即《相互提供物资与劳务协议》（ACSA）。日印ACSA将涵盖两国整体防务合作，如日本可以进入印度的重要海军基地，包括靠近马六甲海峡的安达曼和尼科巴群岛，印度可以进入日本在吉布提的军事基地。③

五、结　语

基于对各种影响变量的综合评估，可以看出，面对中美战略竞争加剧、世界经济下行压力增大，日本研判"美中对立"构成其对外战略的常态化背景，认定自身发展环境变数增多，安全环境充满挑战。这一基本研判趋于固化。为此，日本在安全上持续推进外向化转型，加强自主力量建设，同时积极展开"俯瞰地球仪外交"，重点强化与中美之外"中等力量"的全方位合作，借对外战略的闪转腾挪扩展国际空间，在世界大变局进程中争取有利站位。日本对外战略的实用主义特征增强，多

---

① 防衛省・自衛隊:「平成三十一年度以降に係る防衛計画の大綱について」。https://www.mod.go.jp/j/approach/agenda/guideline/2019/index.html[2020-01-04]。

② 「日印、動き出す「準同盟」年内に物品協定合意へ」,『日本経済新聞』2019年11月8日。https://www.nikkei.com/article/DGKKZO51911540X01C19A1PP8000/。

③ "India–Japan Defense Ties To Get A Boost With Modi-Abe Virtual Summit," August 25, 2020, https://thediplomat.com/2020/08/india-japan-defense-ties-to-get-a-boost-with-modi-abe-virtual-summit/。

边平衡色彩进一步上升，"平衡"原则被普遍施用于中美之间、在"印太构想"的经济属性和安全属性之间、在追随美国对华牵制与扩大对华合作之间，平衡倾向体现在对中美日三角的运作上，也体现在对中美两国的双边政策上。对美国，日本在加强同盟框架下军事一体化的同时，战略自主性进一步上扬；对华，合作与竞争并用，包括寓竞争于合作，合作与竞争互为表里。

面向后疫情时代，日本对外战略认知将在目前的延长线上加速向前，以维持"美中平衡"、强化自主力量建设、推进与"中等力量"合作为基本路径的趋势将延续并有所加强。其中，针对中国的成分将明显增加，"中国指向性"将持续走强。在日本看来，"新冠肺炎疫情使世界秩序走向混沌期，而危机下中国的存在感显著增强，中国的经济优势和政治制度影响力凸显。"① 在美国不断退出国际机构背景下，中国的影响力也在不断增强。同时，在领土领海争端问题上，日本认为来自中国的安全压力将进一步增大。日本 2020 年版《外交蓝皮书》在重申"日中新时代"的同时，继续渲染中国在东海、南海"基于本国主张单方面改变现状"。② 日本《防卫白皮书》指责中国"在东海和南海活动频繁，活动范围不断扩大"，在钓鱼岛周边"坚持单方面改变现状"。③ 在日本看来，面对经济规模是自己近 3 倍、国防预算近 4 倍的中国，自二战结束以来日本将"第一次面对没有信心守住自己国土的状况"。④

不过，也要看到，日本对外战略的推进面临内外结构性障碍，在多大程度上能达成目标，尚未可知。仅就其自身条件而言，从 2012 年底安倍再度执政开始，日本明确了政治大国化、军事大国化目标导向型国家战略的内涵，对国家利益的界定有所扩大和重点转移，"综合战略活跃度"空前上升，但所面临的结构性障碍也同步显现。人口总量及其结构变化、社保费用上升的刚性需求、社会主流民意等一系列基础变量，都对其雄心勃勃的对外战略的展开构成牵制。⑤ 在外部环境上，日本对外战略的展开尤其受到地区关系长期不睦的掣肘，缺乏正向的周边环境的支撑。

---

① 小野寺五典：「日米「一体化」で問われる日本の役割」，『外交』第 61 号，2020 年 5·6 月，第 110—115 頁。https://www.mofa.go.jp/mofaj/files/100059980.pdf。

② 外務省：『外交青書』令和二年版。https://www.mofa.go.jp/mofaj/files/100055775.pdf。

③ 防衛省：『防衛白書』令和二年版。https://www.mod.go.jp/j/publication/wp/wp2020/pdf/R02000031.pdf。

④ 久保文明：「世界秩序　改変狙う中国」，『読売新聞』2020 年 8 月 22 日，第 4 頁。https://www.yomiuri.co.jp/politics/20200821-OYT1T50351/。

⑤ 日本研究所科研交流简报（2019 年第 37 期）中华日本学会 2019 年年会暨"回望日本平成时代"学术研讨会在津举行。http://ijs.cssn.cn/xsdt/xshy/201911/t20191112_5033863.shtml。

日本视为战后国际秩序之基础的 1951 年《旧金山和约》解决了战后日本与美欧之间的战后处理问题，但其与邻国之间的战后处理远未完结，周边关系迟迟无法走出二战的阴影。作为最新的例证，2018 年 9 月安倍提出"战后外交总决算"概念，10 月在国会发表施政方针演说中详细阐述了其内涵。2019 年 1 月，安倍在第 198 届例行国会发表施政方针演说，宣布将全面推进"俯瞰地球仪外交"，强力开展"新时期近邻外交"，实现"战后外交总决算"。[1]推动实现"战后外交总决算"，既是安倍迎战参议院选举的选战策略，也有攻克战后外交难点、加分身后功业的政治盘算。但其结果却是折戟沉沙，推行"战后外交总决算"的日本与俄罗斯、朝鲜半岛邻国关系普遍陷入僵局。

从中国对外战略角度看，日本对世界大变局的认知及其战略应对的走势，无疑将增加国际战略环境的不确定性。中日之间的矛盾与分歧并没有随着 2017 年关系改善向好的趋势而得到根本解决，2019 年 6 月两国领导人在于大阪 G20 峰会期间达成的"十点共识"中也坦诚，双方同意"妥善处理敏感问题，建设性管控矛盾分歧"。为此，持续增强中日关系的战略稳定性、确定性，应成为构建"契合新时代需要的中日关系"的题中之义。在此前提下，鉴于中日战略博弈作为大国多边博弈的一环已进入"深水区"、新阶段，针对日本对华政策的两面性，如何有效抑制其消极面、调动其积极面，如何有效增强中日关系的确定性、抑制不确定性成为关键。从日方立场看，中国崛起构成"日本危机"的重要源头，而开展对华合作恰恰又是其克服危机的不二法门。基于如此充满内在矛盾的对华战略观，今后日本对华战略将不断展示内含各种复杂政策组合的"超级工具箱"：在国际层面，继续投棋布子，做局造势，调动一切资源平衡制约中国；在双边层面，在不同领域采取不同基调的对华政策；在具体合作领域与项目中，也会融入竞争、牵制和对冲元素。从这个意义上讲，中日关系将变得更为复杂，不宜再用"友好、合作"还是"恶化、对峙"的尺度大而化之地进行衡量和表述，[2]而需要精细化设计、精准化施策。

（作者：杨伯江，中国社会科学院日本研究所所长、研究员）

---

① 首相官邸「第百九十八回国会における安倍内阁総理大臣施政方针演説」，https://www.kantei.go.jp/jp/98_abe/statement2/20190128siseihousin.html [2020-01-04]。

② 杨伯江：《新时代中美日关系：新态势、新课题、新机遇》，《日本学刊》，2019 年第 1 期，第 13 页。

政治与外交

"一带一路"倡议与全球治理模式的新发展[*]

赵宏伟

内容摘要 中国的"一带一路"倡议推动了全球治理模式的新发展。它一方面加速了技术、资金在全球范围内的流动，推动了全球产业链的重塑；另一方面也为发展中国家找到了脱贫之路，有利于在全球范围内实现更加均衡的发展。虽然以美国为首的旧发达国家仍然对"一带一路"倡议持怀疑态度，但本文认为，无论旧发达国家是否愿意，它们都只能参与其中，分享共同发展的果实。当然，在主观认知上，要使旧发达国家充分接受以"一带一路"倡议为中心的新的全球治理模式还需要一个过程。正如日本社会所表现出来的那样，部分精英阶层虽然对其已有所理解，但社会主流的认知还有待进一步深化。因此，中国需充分利用后疫情时代的外交优势，推动区域一体化进程的进一步发展，使新的全球治理模式在东亚地区率先得到验证。

关键词 "一带一路"倡议 全球治理模式 后疫情时代 中日关系

* 本文是根据作者在 2019 年第二届"一带一路国际合作高峰论坛·学术分论坛"（第 28 届万寿论坛 全球对话）上的发言整理修改而成，并添加了部分内容。该论坛由中共中央对外联络部和清华大学共同主办，于 2019 年 4 月 27 日在清华大学苏世民书院召开。

The "One Belt And One Road" initiative and the new development of global governance model——based on China's diplomacy in the post—epidemic era

Zhao Hongwei

Abstract: China's "One Belt And One Road" initiative has promoted the new development of the global governance model. On the one hand, it accelerates the flow of technology and capital around the world and promotes the remolding of the global industrial chain. On the other hand, it also helps the third world find a way out of poverty, which is conducive to achieving more balanced development on a global scale. Although the old developed countries, led by the United States, are still skeptical about this strategy, this paper believes that no matter whether they are willing or not, only can they participate in it and share the fruits of common development. There is still a long way to fully accept the new global governance model centered on the "One Belt and One Road" initiative by the developed countries. The Japanese society shows, although some elites have already understood it, the cognition of the social mainstream needs to be further deepened. Therefore, China needs to make full use of its diplomatic advantages in the post—epidemic era and promotes the further advance of the regional integration process, launching the new global governance model that can be verified firstly in East Asia.

Keywords: "One Belt and One Road" initiative; global governance model; post—epidemic era; Sino—Japanese relations

冷战结束后，全球治理日益成为各国关注的核心议题。然而长期以来，所谓的全球治理不过是西方主导下的国际机制在全球范围内的扩散。随着西方旧发达国家的日趋衰落和以中国为代表的新兴工业国的崛起，发展中国家在全球治理中的话语权逐渐扩大。这其中最具代表性的治理方案无疑是中国于2013年提出的"一带一路"倡议。该倡议自提出后得到了大多数国家的支持和认可。但相比发展中国家，旧发达国家对"一带一路"倡议的参与和支持却始终存在一定的保留。因此，我们有必要针对"一带一路"倡议的历史必然性和旧发达国家在其中的地位进行研究，以洞悉全球治理模式新的发展方向。

本文以日本为中心，探讨旧发达国家参与"一带一路"倡议的必然性，并结合后疫情时代的国际形势，为中国推进"一带一路"倡议，引导相关国家共同建立全球治理的新机制建言献策。[①]

一、"一带一路"是构建全球治理新机制、
建设人类命运共同体的中心路径

当前的全球治理机制是以美国为盟主的旧发达国家同盟这一特权阶层所主导的，因此对绝大多数美国的非盟国来说是不平等的治理机制。[②]它已落后于时代，不具有可持续性，并导致了全球治理的停滞不前。而自特朗普执政以来，美国越发奉行单边主义，可以说已放弃了全球治理的领导权，事事追求单边利益，高喊"美国第一"，导致当前整个国际社会进入了全球治理的空白期。

新时代需要新机制。全球治理的新机制应当消除美国及其同盟集团的特权，实现"地球村民"的身份平等，结成对等的伙伴关系。这也是习近平所倡导的"构建新型国际关系，共商共建共享人类命运共同体"的真正内涵。

在通往人类命运共同体的征途上，"一带一路"倡议这一具有国际公共产品性质的发展蓝图是唯一具有全球性、开放性和普惠性的全球发展倡议。因而也成了构建全球治理新机制，建设人类命运共同体的必由之路。这正是"一带一路"倡议的意义、号召力以及生命力之所在。"一带一路"的共商共建共享特性，使这一机制的构建拥有了最大限度的包容性，虽然这种注重协调的方式可能会花费较长时间，但最终必然会使参与其中的国家结成紧密的伙伴关系，为构建人类命运共同体打下坚实基础。

二、旧发达国家在"一带一路"及全球治理新机制中的位置

我们已经看到"一带一路"倡议的实施对于构建全球治理新机制的必要性。然而，我们仍需回答的问题是，"一带一路"是否必然会取代旧的全球治理机制？鉴

---

① 《习近平在国家安全工作座谈会的讲话》提出了对国际社会的"两个引导"："仁者，以天下为己责也。""要引导国际社会共同塑造更加公正合理的国际新秩序""引导国际社会共同维护国际安全"。2017 年 2 月 17 日。

② 傅莹在英国皇家国际问题研究所讲演《探讨失序亦或秩序再构建问题》，2016 年 7 月 6 日。参照赵宏伟：『中国外交論』，明石书店，2019 年，第八章。

于当前发达国家最有可能提出相对于"一带一路"的替代选项，在此我们将目光聚焦于发达国家，并以日本为例来论证旧发达国家虽然并不情愿但最终也不得不参与"一带一路"倡议的必然性。事实上，他们中的大多数已在不知不觉之中参与其中。下面，我们将从两个视角来进行分析。

（一）产业革命的宏观历史视角

现代工业革命起源于 18 世纪 60 年代的英国，它开创了以机器代替手工劳动的时代。这一论断已成为西方中心论观点的核心常识。然而，正如习近平在 2020 年 1 月 23 日的新年团拜会上讲到的那样，我们要"在人类的伟大时间历史中创造中华民族的伟大历史时间"。因此，把握真实的人类的伟大时间历史，洞悉其大时空中的历史逻辑，而不是陷于英国工业革命的西方中心论，才能自立于世界民族之林，敢于"在人类的伟大时间历史中创造中华民族的伟大历史时间"。[1]

笔者认为，迄今为止人类已经经历了三次产业革命。第一次产业革命是 2500 多年前发生于中原大地的农业革命，此为第一产业即农业的革命；第二次产业革命是 250 多年前英国始发的工业革命，此为第二产业即工业的革命；第三次产业革命是现在仍在进行中的发源于美国的信息革命，此为第三产业的革命，它也是当前中美竞争的主要领域。[2]

通过对上述三次产业革命的观察，我们可以发现，全球产业革命的发生和发展在时空上是不平衡的。这种不平衡是一种常态。而正是这种常态的不平衡决定了"一带一路"倡议取代旧的全球治理模式的必然性。

在当前，全球产业革命发展的时空不平衡性主要表现在：

第一，旧发达国家相继去工业化，进入了所谓后工业化的第三产业时代。

第二，中国处于第二产业的全盛期，同时在第三产业的信息革命中也处于与美国竞争的最前沿。中国兼具工业化的后发优势和信息化的先发优势，并已站在了两次产业革命成果的峰顶。而中国广袤的地理空间和庞大的人口基数又使其可以包揽三大产业的全产业链。环视今日之世界，耸立于此时空位置上的只有中国一家，别

---

[1] http://paper.people.com.cn/rmrbhwb/html/2020—01/24/content_1968659.htm。

[2] 赵宏伟：《文明学领纲"地域研究"　构建"一带一路学"》，《中国评论》，中国评论文化有限公司（中国香港），2018 年 8 月号，第 93—101 页。参照：前注赵宏伟著书的序章。

无他国。

第三，中国之外的以新兴工业国为代表的发展中国家，还处于以发展第二产业为主的时空阶段。

可见，在全球产业发展的时空中，中国处在承前启后的位置。

首先，以新兴工业国为代表的发展中国家面临的工业化课题，只有中国有能力通过"传帮带"的方式去帮助它们发展。旧发达国家在经历了长期的去工业化后，已处于国内制造业空洞化的后工业化时代，因此无力为发展中国家的工业现代化建设提供必要的帮助。虽然他们也曾在自身工业化的鼎盛时期（20世纪80年代至21世纪头十年间）对中国工业现代化建设进行过类似的"传帮带"。

其次，旧发达国家由于国内制造业的空洞化，需要中国这一"世界工厂"为其提供巨量的工业制品。而且这些工业制品不只限于传统的轻重工业产品，信息时代的特有产品，即所谓"硬件"（如智能手机等）也需要中国为其生产。这些旧发达国家即使有技术能够生产芯片等零部件，也由于不掌握产业链而无法进行整机生产，无法制成最终消费品。甚至旧发达国家的市民生活、产业活动所必需的交通、电力、能源等基础设施建设也离不开中国的产业能力。

由此可见，习近平于2013年提出的"一带一路"倡议，正是在历史发展的时空中顺应了天时地利人和，描绘了共同参与共同富裕的蓝图，因此具有强大的号召力和生命力。

（二）"生产力链"的微观视角——以日本为例

宏观的大历史论证需要有力的微观实例来加以支撑。作为微观视角的核心分析工具，本文用"生产力链"这一概念来替代传统的"产业链"。这一替代的逻辑在于，"产业链"仅描绘了商品从研发设计到原材料到半成品到成品再到销售和售后服务的生产销售过程，但缺少对生产者"人"的关注。而欠缺了有劳动力价值的人，就形不成生产力，没有生产力哪会有生产，更何谈"产业链"。从纵向的研发、生产、建筑、交付、销售、服务，到横向的相关行业间的产业链条中，如果无法聚齐全产业链条上的人力资源，形成以人为本的"生产力链"，就无法让理论上生产能力得以实现，结果只能归零或为负数。

旧发达国家在它们的工业化时代，只要有资本就可以聚齐生产力的三大要素：

生产资料、劳动对象和劳动力。而今天，长期的产业空洞化和少子老龄化，已经使旧发达国家失去了掌握工业技术能力的劳动力且无力招募并训练新的劳动力。在当前，环视全球汇聚了全产业链条的人力资源，握有全"生产力链"的国家只有拥有广袤国土和巨大人口基数的中国。旧发达国家由于"生产力链"断裂，因而也失去了完整的产业链，其生产能力必然是碎片化的。

我们可以具体观察一下日本的情况。在此需要说明的是，以下所引资料皆来源于《日本经济新闻》，该报社作为母公司同时经营着在全球经济学家中可信度极高的英国《金融时报》，所以通过《日本经济新闻》的报道，我们可以对日本的现实状况有一个确切的把握。

资料1　《日本经济新闻》2018年11月8日《基建出口　质劣日进》

2018年在世界各国的化工原料厂、液化天然气厂、煤电厂、桥梁、地铁车辆等承建项目中，三井E&S等日本企业的亏损达到了破纪录的金额。原因皆为人力资源不足所导致的技术能力、现场经营管理以及施工能力的低下所致。由此而导致质量低劣和延误工时，使相关赔偿金额及成本居高不下。

表　主要日企在海外的亏损额（单位：日元。1亿日元≈600万人民币）

企业名称	项目所在地	亏损额
三井E&S公司	印尼、美国	813亿
IHI公司	美国、土耳其、中国台湾	752亿
千代田化工建设	美国	850亿
川崎重工	美国（纽约和华盛顿的地铁车辆交付项目）	135亿
日挥	美国	300亿
东洋工程技术	美国	585亿

面对濒临破产的千代田化工建设，日本政府授意三菱商事和三菱UFJ银行支援其1500亿日元，其目的是保住日本建设液化天然气设施的能力。目前日本只有千代田化工建设和日挥两家公司拥有建设液化天然气设施的能力。①

---

① 『日本経済新聞』2019年5月6日。

"一带一路"倡议与全球治理模式的新发展

资料2 《日本经济新闻》2018年12月5日、14日、18日

三菱重工等公司放弃了2013年中标的土耳其核电站项目，伊藤忠商事放弃了参加中泰日合作建设泰国首都圈高铁项目，日立公司放弃了英国核电站项目。其中泰国首都圈高铁项目是日本首相安倍晋三2018年10月访华时签订的日中两国52个第三方市场合作项目中的一项，是日本政府寄予厚望的日中第三方市场合作的开门红样板项目，结果由于日方企业中途退出而失败。

日本公司中标又弃标，皆因高成本和人力资源不足所致，导致了日本在国际基建市场上的存在感日益下滑。

上述基建项目都是五六年前，日本利用其尚存的名牌效应，在与中国的竞争中由首相安倍晋三亲自出马而争取到的，结果日本企业却无法实施。可以推测，日本未来放弃已经签约的泰国高铁北线和印度高铁南线项目也只是时间问题。

资料3 《日本经济新闻》2018年10月31日，11月1日、2日、3日、11日

这是一组以"人手不足的新次元"为标题的调查报道连载。依次是：《建设工地不见人影，因无人手而停工》《招不到所需人才》《震后复兴项目无公司承接》《无项目无用武之地使国家级智力出现大流失的征兆》《优先向海外项目派人又使国内缺人，以至制造能力弱化》。

正是，日本令和年间，"令和""令和"，奈若何！

资料4 《日本经济新闻》2018年11月17日、12月31日

人力资源的断档不仅仅是日本的独特现象，也是旧发达国家的共同现象。而这一现象又与"生产力链"的断裂互为因果恶性循环，导致旧发达国家曾占优势的尖端科技研发领域出现了坍塌。上述两份报道文章题目分别为："中俄垄断核电世界市场""尖端技术研究 中国领先"。美日西欧放弃了核电建设项目，会使它们的核电研发及制造陷入停滞，现有人才会流失，新的人才培养会停止，久而久之整个行业也会消失。面临同样命运的当然不只是核电，制造业的全面空洞化和少子老龄化正使旧发达国家在所有领域面临着中国科技大军的迅速赶超。

虽然总有舆论唱衰中国，炒作中国将在科技战方面一败涂地，但上述《尖端技术研究 中国领先》一文得出的结论却完全相反。该文通过对2013年至2018年6年间的高质量英文科技论文调查，评估了各国在最尖端的30大项科技领域所占据

的地位。其中，中国的科研机构和大学的科技论文数在 30 大项中有 23 项占据了第一，达 80%，这其中甚至包括大多数人意想不到的半导体领域。而美国只有 7 项排名第一，其他国家没有一项是第一。更值得关注的是，在这最尖端的 30 大项中，取得国际发明专利数量第一位的也是中国。中国成功注册的国际专利数达到了 133 万项，而排名第二位的美国仅 60 万项。

众所周知，2019 年 5 月，特朗普悍然发布紧急状态令来对抗他称之为"中国科技霸权"之一的华为公司。笔者认为，他的这个用词是正确的，其巨大的危机感也并非空穴来风。然而他以发布紧急状态令的方式来对付中国的一家民企却是闻所未闻。这证明美国已失去了通过公平竞争维持其科技领先地位的信心。但更可悲的是，美国动用国家力量也没有将华为置于死地。

类似的观点也出现在其他报道中。《科技研究的中国跃进》一文指出：2015 年至 2017 年发表的 151 项主要理工研究领域的高质量英文论文中，占据数量第一位的，中国 71 项，美国 80 项，其他国家无。[①]

因此可以说，在科技领域中美已并驾齐驱且正在超越。只是很多国人对此尚无信心。然而日本人却意识到了，可谓旁观者清。在科技领域究竟是谁卡谁呢？我认为，我们应该关心的是两国在科技领域是选择相互合作还是选择相互卡脖子的问题。

任正非曰："超越美国不是梦 何不潇洒走一回！"

三、中国和旧发达国家在第三方市场的合作
已是持续多年的既成事实

资料 5 下述资料引用了日本前驻华大使谷野作太郎的一句话：在日本政府的海外经济援助中，日本企业的承建份额只有不到 20%，其余 80% 多是由中韩等外国企业承建的。[②]

从中国在国际承建市场上年 50% 左右的市场份额来推算，日本的对外援助也会有 50% 是由中国企业承建的。日本舆论总是批判中国说："日本不像中国派出很多本国员工，而是力图增加当地就业，培训当地员工。"然而实际情况是，日本企业

---

① 『每日新聞』2019 年 5 月 6 日。
② 谷野作太郎：『中国・アジア外交秘話：あるチャイナハンドの回想』，東京経済新報社，2017年。

"一带一路"倡议与全球治理模式的新发展

是因派不出人而无力承建，所以很少参与投标，结果导致大多数项目都由中国企业投标承建。相比于日本，发展中国家的政治精英们更理解本国的国情，如果援助国不派出各个岗位的管理人员、技术专家以及熟练工人，而是一味地宣传培训当地员工，那么项目的完工将会遥遥无期。因此从这方面看，他们并不信任日本企业的能力。

基于上述事实，我们已经可以看到所谓的第三方市场合作早在政府倡议之前就已经按照市场规律在推进了，现在仅需正名一下。把中国每年在国际承建市场上高达 50%的工程份额，按出资国别列表公布出来，就可以看到几乎所有的旧发达国家都已经一只脚迈入了"一带一路"倡议的框架之中。因此，笔者认为旧发达国家现在也不必做无谓的纠结了。

资料 6 《日本经济新闻》2018 年 10 月 25 日、11 月 13 日

日本政府开始做出选择。10 月 25 日，正在访华的日本首相安倍晋三在记者会上宣布，日中关系进入了新阶段、新时代、新次元。两国关系从竞争转为协调，从威胁回到伙伴。两国将共同维护自由公正的国际贸易秩序。安倍晋三和习近平亲临会场，见证了两国企业家签署共 52 项第三方市场合作项目。

接着，11 月 13 日的《日本经济新闻》报道，日本政府正式将"印度太平洋战略"改为"印度太平洋构想"。日本外务省网页当天就将"战略"二字替换为"构想"。

"印度太平洋战略"原是日本为特朗普量身定做的。由于了解到特朗普上任后会宣布取消奥巴马时代的亚太再平衡战略，所以日本在第一时间就向美国国务院和国防部行政官员递上了拥有新关键词的提案——"印度太平洋战略"，并与美方官员合谋将其写入了特朗普的发言稿。与此同时，日本媒体也于 2017 年 11 月特朗普首次访问日韩中越菲，并出席亚太经济合作组织和东亚首脑会议之前，炒作特朗普将在出访期间发表美国的新亚太政策。[①]然而结果却不尽如人意，特朗普在讲话中删去了"战略"二字，仅提到"独立的主权国家追求各自梦想的自由开放之印度太平洋地区是我们所期望的"[②]。对于特朗普来说，他的战略就是美国第一，所以他删掉了"战略"二字，并在此后再未提及"印度太平洋"一词。只是美国国务卿蓬

---

① 『每日新聞』2017 年 11 月 3 日。
② 『每日新聞』2017 年 11 月 11 日。

佩奥和国防部部长们还在坚持用着"印度太平洋战略"这一词汇。在这种情况下，2018 年 10 月安倍访华时，作为"见面礼"向中国表示将放弃这个"战略"。①而在他回国后的 11 月份，日本政府即做了公开宣布。因此，笔者认为，曾被国内外媒体炒作得炙手可热的"美日印度太平洋战略"，从开始就没有成形，实质上是不存在的。

四、美国开启对华贸易战和"一带一路"倡议的新局面

在特朗普的领导下，美国于 2018 年春开启了对华贸易战。其目的非常明确，就是要重振早已空洞化的国内制造业，特别是尖端制造业，开创研发、生产、服务等全产业链人力资源汇聚的新局面，并通过这一方式死守摇摇欲坠的经济和科技霸权。为此，特朗普政权不惜动用国家机器，甚至打破建国二百四十年来一贯鼓吹的资本主义市场经济法则和所谓普世价值与法制，打破美国一手建立的国际秩序，不择手段地破坏正在形成中的以中国为中心的全球产业链，特别是尖端产业链。特朗普的战略意图应是占据不了整个世界市场，也要割下半边天，不能让中国都占了。因此，可以说，特朗普领导下的美国是在以攻为守，美国是守势，并无必胜信心。正是在这种情况下，2019 年，特朗普将打击华为作为扭转局面的关键一步。

而中国方面，早在美国对华贸易战的五年前，就已正式宣布并推进"一带一路"倡议和自身产业升级的规划。显而易见，"一带一路"和产业升级规划必将做大做强以中国为中心的全球产业链，并强化中国作为世界科技强国的地位。

中美经贸科技大战是逐鹿全球的史诗级大战，是奠定中华民族伟大复兴胜局的世纪之战。我们这代人能够身临其中，何其幸哉！当前战况是华为会战成为决胜点，但从大战的基本盘看美国绝无可能重振早已空洞化的国内制造业，绝无可能重新汇聚业已失去的人力资源。

五、后疫情时代的中日、东亚及国际棋局

（一）基本盘的变化：中国又赢得机遇期

---

① 赵宏伟：『中国外交論』，明石書店，2019 年，第 200—201 頁。

"一带一路"倡议与全球治理模式的新发展

2019 年末至 2020 年初突如其来的新冠疫情使全球政治进入了新的时代。中国率先控制住了病毒的传播，进入了后疫情时代。而与此同时，日韩和东南亚等国也都相继进入了疫情的可控期或后疫情时代。这一中国乃至东亚在抗疫方面领先世界的局面，极大地加强了前述中国必胜的经贸科技基本盘。中国经济满血复兴，东亚各国不同程度地走上了复苏轨道。而与之形成鲜明对照的是，旧发达国家和东亚以外区域仍深陷疫情的泥潭之中，甚至出现了类似美国那种失控状态。

全球抗疫，东亚"风景这边独好"。全球资本和人才会往哪里走？显然，想复工复产就只有往中国、往东亚走；全球供给和市场依靠谁？只能依靠中国和东亚。中国原本已是世界上唯一掌握着全产业链的生产龙头，因此在后疫情时代，也会自然而然地成为掌控着全球商品贸易的庄家。中国掌握着全球主要的生产、商品、流通、客户，掌握着当代世界经济的大循环。例如，中国钢铁占到了全球供给的 60%—70%，中国的电气电子产品占到了全球供给的 70%—80%。在手机产业，中国品牌的销售量已占到了全球总额的 60%，而剩下的三星和苹果等品牌也大部分在中国制造。更有甚者，美国的战机和航母也在使用中国的特殊钢和铝。[1]美国政客们大言不惭地喊着跟中国脱钩，充其量就是华为海思 7nm 手机芯片这一项的脱钩。只要中国完成替代生产，美国就无牌可打了。中美脱钩的结果很可能是将美国挤出世界经济的大循环。

美国的所谓对华制裁在中国率先进入后疫情时代，自身仍深陷疫情泥潭之时已无力推行下去了。著名的反华论客罗斯·多塞特在《纽约时报》上哀叹，中国又得到了 10 年机遇期，"如果要记述一个崛起大国取代衰落霸主的历史时刻，从（美国）建制派的天真，到特朗普式的愚蠢，再到新冠病毒的灾难这一连串事件，实在是太过精准了。担心'修昔底德陷阱'的外交政策专家们有充分的理由担忧，当前中国的野心和美国的衰落将会如何收场……冠状病毒可能把我们带入一个'中国十年'"。[2]

---

① MATT STOLLER AND LUCAS KUNCE, America's Monopoly Crisis Hits The Military. https://www.theamericanconservative.com/articles/americas—monopoly—crisis—hits—the—military/ JUNE 27, 2019.

② ROSS DOUTHAT，新冠肺炎将把我们带入"中国十年"，https://cn.nytimes.com/opinion/20200713/china—coronavirus—power/ 2020 年 7 月 13 日.

（二）中国外交的着力点应在日韩和东亚

在后疫情时代，中国外交的中心应是使旧发达国家没有机会重建反华联盟。因此，在后疫情时代，中国外交布局的着力点可以说已不在美国，而在于做好美国之外相关国家的工作，做大做实朋友圈。在接下来外交博弈中，中国握有主动权且可以大有作为。

搞好周边外交是当前中国外交的重中之重。东亚是拥有二十多亿人口的极具活力的全球经济发展中心。但很长一段时间以来，东亚一体化的进程却落后于其他地区。而后疫情时代为东亚共同体的实现提供了天时、地利、人和。天时：东亚率先在全球范围内控制住了疫情的蔓延，率先开启经济复苏进程。地利：东亚已完成了RCEP 谈判，并将于今年的首脑峰会上由各国首脑最终签署这一协定。东亚一体化的进程终于迈出了实质性的一步。人和：RCEP 谈判的完成，以及率先进入后疫情时代，展示了东亚国家治理模式的优越性及人和万事兴的基本盘。

当然毋庸讳言，中国外交在人和（软实力）方面仍然存在缺陷，中日关系虽已日渐改善但仍面临风险。因此，在后疫情时代，中国更应与日本发展建设性的伙伴关系，凝聚共识，管控分歧，避免中日关系的改善出现逆转。

那么应当如何做呢？自由主义国际关系理论认为，通过采用类似欧盟推进区域一体化方式，利用非传统安全领域的合作逐步加深彼此间的互信，进而使合作外溢到其他领域是一种可行的办法。中国外交的经验已经证明了这一方式在东亚地区的可行性。数十年来，以中国和东盟国家为主轴牵引日韩，使之在一定程度上摆脱美国的干扰形成一定程度的外交战略自主，已经取得了相当程度的效果。后疫情时代将使地区一体化进入高速发展期，中日韩自由贸易区的谈判也将会迎来新的发展。而运用大区域、次区域、双边三管齐下的方式，将为中日关系的持续改善提供有力的保障。

当前东亚一体化的制度基础已初具规模，东盟共同体、10+3/+6，RCEP、中日韩框架等等已为地区国家间的合作搭建了各式各样的平台。在疫情期间，我们已利用这些平台促成了东亚各国卫生部长会议、中日韩卫生部长会谈等协商机制。接下来可以此为起点，推进卫生领域安全合作的制度化发展。其目的是通过非传统安全领域的合作来推动东亚合作安全机制的体制化，最终建成东亚安全共同体。

所谓"体制化"是一个渐进的过程。其发展过程依次为：共同项目化、会议组

"一带一路"倡议与全球治理模式的新发展

织化、共同标准化和实体组织化。当前，中国已推动世界卫生组织（WHO）年会做出决定，在中国广州设立防疫物资储备中心及调配枢纽。接下来中国可以进一步同东亚各国协商，在日韩及东南亚各国设立相应的合作储备中心及调配机构。同时应逐渐把卫生部长会议制度化，并配套建立从政府到医药科研机构、医院间的跨国合作制度，最终形成东亚卫生保健共同体。

计划中的习近平访问日韩，将是后疫情时代中国东亚外交最为重要的一环，也是全面推进三国合作体制化的重要机遇。笔者认为可以考虑在习近平访日期间，与日本政府协商邀请韩国总统文在寅也一道访日，在东京举办三国峰会。笔者曾向东京大学教授高原明生提出过这一建议，他非常赞成。对于日本来说，这也是一次改善日韩关系的重要契机。届时，三国的部长级官员也可尽数参加，商定在各个领域建立三国部长级会议体制。

中国还可以跟日本协商邀请东盟轮值主席国首脑来参加东京峰会，对此高原明生教授也非常赞同。如前所述，安倍晋三在 2018 年 10 月访华时，已经放弃了"印太战略"，改之为以发展为中心的"印太构想"。这有助于消除东盟对"印太战略"会撕裂自身，干扰东亚一体化进程的担心。为进一步推动东亚一体化的进程，笔者认为，中国应在东京峰会上促成中日韩东盟四方达成一致，将中国的"一带一路"倡议、日本的"印太构想"、韩国的"新北方南方政策"、东盟的"印太发展规划"进行整合，实现各自战略的互联互接，互利互惠。中国以此种方式承认了日本的"印太构想"，帮助日本提高了国际地位，同时也使日本能够以同样的方式正式融入中国"一带一路"倡议。这有助于中日两国间实现彼此战略的对接，剥夺美国在印太的话语权，而印度由于推出 RCEP，实际上已自外于区域一体化进程。

当然，中日在钓鱼岛问题上的争端仍是两国关系发展的障碍。但所幸两国都已意识到应防止钓鱼岛问题影响两国关系发展的大局。但是如何具体操作呢？众所周知，日本希望能够回到 2012 年 9 月前的所谓"常态"。笔者愚见，一个可行的方案是利用两国 1997 年签署的《中日渔业协定》将钓鱼岛争议搁置起来。[①]该协定将钓鱼岛周边 12 海里和毗邻水域划定为禁渔区，禁止渔船进入该水域。中日双方应重申严格遵守该协定，并在此基础上进一步建立共同执法机制。这样就可以有效地管控突发事件，使其不致影响中日关系发展的大局。

---

① 参照赵宏伟：『中国外交論』，明石书店，2019 年，第 5、7、8 章。

六、结　语

中国的"一带一路"倡议无疑推动了全球治理模式的新发展。它一方面加速了技术、资金在全球范围内的流动，推动了全球产业链的重塑，另一方面也为发展中国家找到了脱贫之路，有利于在全球范围内实现更加均衡的发展。虽然以美国为首的旧发达国家仍然对"一带一路"倡议持怀疑态度，但正如本文以日本为例所论述的那样，无论旧发达国家是否愿意，它们都只能参与其中，分享共同发展的果实。

当然，在主观认知上，要使旧发达国家充分接受以"一带一路"倡议为中心的新的全球治理模式还需要一个过程。正如日本社会所表现出来的那样，部分精英阶层虽然对此已有所理解，但社会主流的认知还有待进一步深化。因此，中国需充分利用后疫情时代的外交优势，推动区域一体化进程的进一步发展，使新的全球治理模式在东亚地区率先得到验证。

（作者：赵宏伟，日本法政大学教授、中国人民大学重阳金融研究院高级研究员）

日本个人编号（My Number）制度：体系构想、推行状况与启示

丁诺舟

内容摘要 My Number 制度是日本政府构建的首个可以统合全体国民身份信息的管理体系。该制度以居民信息管理的高度统合化为目标，将日本居民在行政、商业等领域的个人信息统一到政府运营的一套系统中。如果该制度得到普及，日本的行政管理效率将大幅度提升，日本居民的生活也会更加便利。然而日本政府在推行该制度之初没有做好完全准备，漏洞频出引起了民间的普遍反对。My Number 制度不仅是行政管理领域的改革，而且是日本政府重树技术大国形象、振兴经济的重要举措。因而民众的反对未能阻止日本政府推进 My Number 制度的步伐。My Number 体系的制度构想与潜藏其后的经济振兴战略具有合理性与前瞻性，值得我国参考借鉴。

关键词 个人编号 日本 身份证 行政管理 技术立国

The My Number System of Japan: the Design, Practice, and Enlightenment

Ding Nuozhou

Abstract: The My Number system is the first national identification number system that has been conducted at post—war Japan. This system uses a high—tech information control method, let the government gathering and manipulating the citizens' information completely. The Japanese government aims to use this system to rebuild the image of the "hi—tech nation" Japan, and rebooting the Japanese economy. After the completion of this system, the Japanese citizens can enjoy a hi—tech life for sure. However, their privacy will also be supervised by the government in an unprecedented way. Although met lots of complaints and troubles at the very beginning of this project, the Japanese government wouldn't stop this system until fulfilling the goals.

Keywords: My Number; Japan; Identification card; Administration; Technology - intensive nation

My Number（个人编号）制度是日本政府构建的居民统一身份信息编号管理制度，主要应用于纳税、社会保障和灾害防范等行政管理领域，至今已运营四年有余。其法律依据为《个人编号法》（全称为『行政手続における特定の個人を識別するための番号の利用等に関する法律』），该法形成于 2013 年 5 月，经 2015 年 9 月 3 日修订后，于 2016 年 1 月正式实施。在 My Number 制度推出之前，日本一直缺乏统合管理日本居民信息的编号体系，更没有统一的身份证。健康保险编号、护照编号、纳税人整理编号甚至驾驶证都可以充当身份证使用。繁杂的编号系统不仅给行政管理带来混乱，也给日本居民生活带来诸多不便。在这一领域，我国的第二代居民身份证系统走在了日本前面。然而 2016 年开始推行的 My Number 制度在信息整合度、使用范围、配套软件等诸多领域呈现赶超我国第二代居民身份证之势，这一制度的形成过程、主要特点及推行过程中的经验教训值得我国学习借鉴。

一、日本居民身份编号制度的发展历程

My Number 制度是日本首个覆盖全体国民的统一性身份信息管理制度。在此之前，日本居民没有中国居民身份证一般可以证明身份的统一证件。驾驶证、学生证、

日本个人编号（My Number）制度：体系构想、推行状况与启示

护照、国民健康保险证等均可用于识别身份，繁杂的证件体系不但给身份核实工作加大难度，也给日本居民的生活带来诸多不便。早在 1968 年，佐藤荣作内阁就曾成立"各省厅统一个人编号联络研究会议"，试图导入统一身份编号制度，但遭到民众的强烈反对。舆论认为政府的这一行为是对居民财产隐私权与自由的侵犯，该制度甚至有可能被利用于强制征兵[1]。在舆论的激烈反对下，佐藤内阁不得不搁置该计划。此后，个人编号制度被历届内阁束之高阁。但随着经济社会的高速发展，行政管理的工作量迅速增加，统一有效的居民信息管理制度的缺失对日本各级政府行政效率的影响日益明显。1988 年，日本政府税制调查会设置了"纳税者编号讨论委员会"，再度开启了尘封已久的个人编号计划[2]。1989 年，日本政府成立了"税务等行政领域共通编号制度相关各省厅联络讨论会议"，将"统一的个人编号"再度提到议事日程。1994 年，日本政府自治省设置了"居民记录系统网络构筑研究会"，开始研究如何将住民票编号应用于纳税编号制度。

1997 年，日本迈出了构建统一个人编号体系的重要一步。1997 年 1 月，厚生省开始实行基础养老金编号制度，虽然该制度只能应用于社会保障领域，离统一身份编号制度相差甚远，却确立了行政管理上的"一人一编号"体系。1999 年，《住民基本台账法修正案》经表决通过，根据此修正案规定，2002 年 8 月开始，"住民基本台账"网络系统开始运转，每个日本居民均被分配 11 位的住民票编号[3]。住民票编号的用途极其有限，仅能提供居民的居住地及家庭构成证明，与我国的第二代居民身份证相差甚远，但 11 位的住民票编号却是战后日本第一个全民拥有的个人编号。

在住民票编号投入使用之前，日本已存在众多编号体系。除全民拥有的基础养老金编号之外，还有健康保险编号、护照编号、纳税人整理编号（原法源编号）、驾照编号、失业保险编号等一部分人拥有的编号。所有行政部门均向居民发放相互独立的编号，这不仅造成重复性的行政投资，而且使行政部门间信息交流渠道不畅，给居民造成了极大不便。因此，日本政府不断寻找途径来统一管理居民编号。2009

---

① 岩田陽子：「納税者番号制度の導入と金融所得課税」，『調査と情報』，2005 年総 475 巻，第 1—10 頁。

② 税制調査会．平成元年度の税制改正に関する答申（日本租税研究協会税制調査会答申集）．[EB/OL].[2020—7—20].http://www.soken.or.jp/p_document/zeiseichousa_toushinshu.html.

③ 住民基本台帳法の一部を改正する法律[Z].平成十一年法律第 133 号.

年，麻生太郎内阁计划导入"社会保障编号"①，旨在统一社会保障领域的诸多编号，但却因众议院解散而流产。此后，民主党在竞选之时将"导入纳税和社会保障通用编号"作为竞选公约②，2012 年野田内阁于 180 次国会提出了"编号制度相关三法案"，却也因众议院解散而成为废案③。政党利益斗争、政府侵犯居民隐私权的可能性是统一居民身份信息编号制度迟迟难以通过立法的主要原因。2013 年，第二届安倍内阁于第 183 次国会提出 "编号制度相关四法案"，经众议院修正后终于得以通过④。自此，将众多编号整合为一的 My Number 制度正式付诸实践。

二、My Number 制度的基本内容与构想

通过一张卡片、一套管理软件、一个操作平台统一管理日本居民的全部个人信息，构建涵盖日本全国生产、生活各领域的"一卡通"体系是 My Number 制度的基本构想。该体系由三个主要部分组成。第一部分是内置 IC 芯片的 My Number 卡，即日本居民统一持有的"身份证"。除身份证功能之外，自 2016 年 1 月起，My Number 卡同时具备国家公务员工作证功能，2016 年 4 月开始对民间开放，可以被用作民营企业的职员证、商场积分卡等。驾驶证、教师证等资格证件也计划统一汇入 My Number 卡中。第二部分是以个人编号为基础的身份认证管理系统（网络虚体，已于 2016 年 1 月对民间业务开放），该系统原计划应用于行政领域，旨在通过整合社会保障、纳税和救灾领域的个人信息，实现行政高效化。自 2016 年 1 月起，该认证系统正式向民间开放，这意味着民间的各项服务网络都可以并入这一编号体系之中。第三部分是被称为"マイナポータル"的 My Number 信息操作平台（网络虚体，2016 年开始使用，2017 年实现全部功能上线），该平台主要应用于社会保障和纳税领域，日本居民可以通过它便捷地完成网络税金申报、纳税和退休金领取等行政手续。新冠疫情中政府提供的特别补助金也可以通过此平台进行申领。为保证信息安

---

① 経済財政諮問会議.諮問会議とりまとめ資料平成二十一年.[EB/OL].[2020-7-20].http://www 5.cao.go.jp/keizai—shimon/cabinet/2009/index.html.

② 民主党.民主党の政権政策 Manifesto2009.[EB/OL].[2020-7-20].https://www.dpj.or.jp/manifesto/manifesto2009.

③ マイナンバー法成立までの経緯.[EB/OL].[2020-7-20].http://www.cas.go.jp/jp/seisaku/ bangoseido/pdf/seiritsukeii.pdf.

④ 衆議院.法律案等審査経過概要.[EB/OL].[2020-7-20].http://www.shugiin.go.jp/internet/itdb_iinkai.nsf/html/gianrireki/183_183_kakuho_3.htm.

日本个人编号（My Number）制度：体系构想、推行状况与启示

全，My Number 操作平台设有"利用历史查阅（log）"功能，何时何地利用 My Number 进行了何种业务都会即时地提醒给持有者，以防止个人信息的滥用。

My Number 体系可以为日本的行政管理带来三点巨大改善。第一，金融领域的银行卡号可以整合到 My Number 体系下，不同银行、不同种类的银行卡都统一在同一个人编号下，这不仅为居民个人的资金信息管理提供便利，避免卡号与密码繁多带来的困扰，而且有利于税务机关对个人及企业收入进行监督，更加有效地防止偷税漏税。第二，My Number 体系可以消除多种身份证体系并行所带来的管理混乱。根据日本法律规定，购买烟酒、手机卡、娱乐设施或大型活动的门票时，居民均有义务提供身份证明。特别是进出赌场、弹子房、烟酒销售店等禁止未成年人入内的场所时，必须提供年龄证明。统一的身份识别与年龄证明机制不仅便于行政管理，而且能方便日本居民日常生活。第三，身份认证体系的最终目标是由政府整合并管理现行所有公共服务平台的居民信息，可以有效遏制信息造假现象。户籍、护照、签证、驾照、医生证、教师证、借书卡、学历证明、健康保险证、就医信息、购买车辆信息、房屋信息等包括资格证、学历在内的一切个人信息均被统一于 My Number 系统之中，由政府统一管理，个人信息的读取与使用不但更加快速、完整、便捷，而且能杜绝了资格、学历等身份信息造假现象[①]。

日本政府的目标是在 2020 年内完成 My Number 体系的构建。一旦该体系完成，日本将有可能超越我国的第二代居民身份证体系，建成整合度最高、适用范围最广、技术最先进的居民个人编号管理体系，这正是日本长久以来"科技立国"理念的体现。在这一体系下，不但行政成本会大幅降低，政府对国民信息的掌控也更加精确。而行政手续的简化也可使日本居民的日常生活都变得更加便利。可以说，建立健全 My Number 制度是 1968 年的佐藤内阁以来，日本历届政府的夙愿。

三、My Number 制度的主要缺陷

My Number 制度实现了居民信息的高度统合，这要求行政管理者拥有足够的行政能力处理与保护居民信息。然而目前的状况是，日本各级政府的行政人员及办公系统均没有能力妥善运营如此庞大的管理体系，这构成 My Number 制度的基本缺陷。

---

① 内阁府.マイナンバー制度利活用推進ロードマップ（案）.[EB/oL].[2020-7-20].http://www.kantei. go.jp/jp/singi/it2/senmon_bunka/number/dai9/siryou6.pdf.

日本行政机构运营能力的不足首先体现在 My Number 通知书的发放上。日本总务省原计划于 2015 年 11 月内将第一批 5673 万份通知书送至居民手中，但截止到 11 月 23 日，只有 2944 万份完成了投递，妥投率仅过半数。总务大臣高市早苗在 11 月 24 日的记者发布会上称 510 万份通知书要推迟到 12 月进行投递，最晚 12 月 20 日完成投递①。然而到 12 月 11 日，500 万份通知书未能妥投而遭退还②。

在 My Number 制度运营及推广中，保护居民身份信息的安全本应是日本政府工作的重中之重。然而自 My Number 制度实施之日起，围绕 My Number 的诈骗事件便在日本各地出现，个人信息频繁泄露。根据警察厅的报告，自 My Number 制度开始推行的 2015 年 10 月 5 日起的一个月间，日本 33 个行政区已接到 133 起与 My Number 诈骗相关的报案③。时任行政改革担当大臣的河野太郎称全国的警察局和消费生活中心（类似中国的消协）于 10 月 5 日至 11 月 30 日期间已接到超过 300 起有关 My Number 诈骗的咨询。警察局接到报案 168 起，2 起出现实际财产损失。消费生活中心接到咨询 135 起，其中实际财产损失 5 起④，且均未得到妥善解决。2015 年 12 月，厚生劳动省官员又爆出围绕 My Number 制度的贪污事件，My Number 混乱愈演愈烈。日本的警察、信息安全保护机构都没有事先制定和完善 My Number 相关问题的处理办法，在问题爆发后才考虑对策，致使日本居民对该制度的信任度不断下降。

可见，日本政府尚没有能力保障居民的身份信息不被泄漏和滥用，各行政部门也未做好运营这一体系的万全准备，在整合全部居民信息之前就给居民造成了实际财产损失，大量日本居民开始明确反对该制度的进一步推行。2015 年 10 月 27 日，日本中小企业家联合会向内阁府、国税厅、厚生劳动省、总务省请愿，要求延缓甚至终止 My Number 制度。然而总务省的回答却是"今后会加强系统的整备，培养职员的责任心，竭力避免信息泄露。即便出现信息泄露的状况，也会逐一告知被泄露

---

① 2015 年 11 月 24 日 記者会见 — 高市早苗.[EB/OL].[2020-7-20].www.sanae.gr.jp/interview_details135.html.

② マイナンバー500 万通返送～受取人不在で自治体に[N].朝日新聞（朝刊）,2015-12-11.

③ 警察庁．振り込め詐欺対策.[EB/OL].[2020-7-20]. http://www.npa.go.jp/safety life/seianki31/1_hurikome.htm.

④ 朝日新聞社.マイナンバー"詐欺被害"相談件数 300 件超える.[EB/OL].[2020-7-20]. http://news.tv—asahi.co.jp/news_economy/articles/000063515.html.

日本个人编号（My Number）制度：体系构想、推行状况与启示

者"。①总务省的回答丝毫不涉及加强信息安全管理的具体措施和计划，对已泄露信息的弥补措施仅是告知本人，这种不负责任的态度更加激化了日本民众对 My Number 制度的反感。日本中小企业家联合会于 2016 年 11 月 30 日发布《拒绝使用 My Number 宣言书》，表明抵制该制度的决心。②根据东京工业大学政策研究学院进行的有关 My Number 制度的民意调查，反对实施该制度者占 59%，对该制度感到不安的有 79%。60% 的人认为该制度会增加纳税压力，59.8% 的人认为会加重生活负担，88.1% 的人认为相关诈骗案件会增多，85.2% 的人担心个人信息会被泄露，71.6% 的人认为受到政府监视而感到不快③，可以说大部分的民众对该制度抱有相当负面的印象。而对于政府所宣传的 My Number 的便利性和纳税的公平性，只有 50% 的人认为该制度可以维护纳税公平，61% 的人认为该制度可以减少繁琐的行政手续④。总体而言，日本居民对于该制度可能提供的便利并未完全认可，也并不看好这一劳民伤财的行政改革。

除上述基本缺陷之外，My Number 相关法律还涉及违宪问题，具有法理性缺陷，而正是这一问题导致佐藤内阁不得不将此计划束之高阁长达 20 年。2013 年 12 月，东京、大阪、仙台、新潟、金泽五个地方法院都收到有关 My Number 违宪问题的诉讼。提起诉讼的大多是律师协会，医疗业人员、地方自治机关的职员也加入其中。诉讼方认为，My Number 制度侵害了宪法第十三条所保障的隐私权和个人信息自我管理权，要求停止实行该制度。⑤到 2016 年，My Number 违宪诉讼进一步扩展到了神奈川等地区，今后仍有蔓延之势。

在日本居民的持续抗议下，日本政府不得不做出让步。按日本政府最初计划，自 2021 年起，日本居民有义务将名下银行账户与 My Number 进行绑定。但是到了 2018 年 5 月，日本政府又表示希望居民进行绑定，但不会进行强制。同时，日本政府改强制为利诱，吸引居民利用 My Number 制度。例如，参加社区义务劳动可以

---

① 全商连.全国中小業者団体連絡会 陳情要請書、全国商工団体連合会 10 月 28 日付関連報告書.[EB/OL].[2020-7-20]. http://www.zenshoren.or.jp/zeikin/chouzei/mynumber/index.html.

② 全商连.私はマイナンバーを提出しない旨の宣書.[EB/OL].[2020-7-20] http://www.zenshoren.or.jp/ pdf/mynumber_sengen.pdf.

③④ 森川想：「マイナンバー制度に対する市民の認識」,『SciREX—WP』, 2016 年第 2 期, 第 9—10 頁.

⑤ ミニ学習会.マイナンバー違憲訴訟って何？『マイナンバー違憲訴訟説明会』報告.[EB/OL]. [2020-7-20].http://www.bango-iranai.net/news/newsView.php?n-77.

获取 My Number 个人账户积分，而积分可以用于当地超市或网上消费。即便如此，My Number 制度的推广仍然极其艰难。截至 2017 年末，My Number 卡的普及率为 9.6%，至 2018 年 7 月为 11.5%，至 2019 年 3 月为 12.8%，至 2020 年 5 月仍仅为 16.4%，[①]增长率极为缓慢，距实现全日本居民范围的普及路途尚远。

四、My Number 制度的战略目的

日本民间对 My Number 制度的反对意见主要集中在三个方面。第一，对银行账户的全面监管会导致居民与企业的所有收入处于政府监控之下，纳税额会因此增加；第二，诈骗、网络攻击等行为可能造成个人信息泄露，导致财产损失；第三，居民将被置于政府的严密监视之下，丧失隐私权。

然而在日本政府看来，第一，足额纳税是居民的义务，在尚未实行 My Number 制度之时，日本居民少纳税款的部分实为偷税，因而纳税额增加不构成反对 My Number 制度的理由；第二，个人信息泄露风险可以通过政府监管与技术改良进行规避；第三，政府适度的监控有益于社会秩序的维持，只要不与宪法或相关法律抵触，就不存在侵犯居民隐私权问题。因而，日本政府不顾经济界、民间自治团体和一般民众的反对，不断推进 My Number 制度走向普及。

对日本政府而言，推行 My Number 制度的目的不仅是健全行政管理体系，其背后隐藏着安倍晋三内阁明确的战略目标。

首先，确保税金足额征收，充实财政收入是日本政府推行 My Number 制度的首要目的。第二届安倍内阁赢得民众支持的重要原因在于其推行的"安倍经济学"，即通过"量化宽松""财政投资""吸引民间投资"的"三支箭"，使日本走出泡沫经济崩溃以来的低迷状态，实现经济增长。"量化宽松"以 2% 的通货膨胀为目标，主动降低日元汇率；"财政投资"指向大规模公共建设，实现"国土强韧化"；"吸引民间投资"则是要以官带民，积极进行产业引导，塑造适应"健康长寿社会"的高成长型企业。每一支箭都必须以雄厚的政府财政支出为后盾。此后，安倍晋三又提出以"孕育希望的强有力经济""编织梦想的育儿支援""提供安心的社会保障"为口号的新"三支箭"，虽然将目标转移向了社会福利领域，但同样极度依赖财政

---

① 総務省. マイナンバーカードの市区町村別交付枚数等について(令和二年 5 月 1 日現在). [EB/OL]. [2020-5-1].http://www.soumu.go.jp/main_content/000538604.pdf.

日本个人编号（My Number）制度：体系构想、推行状况与启示

支出。

但是日本政府的财政负债累累，在现有财政状况下，"安倍经济学"很难付诸实践。根据日本财务省推算，2016 年底，日本中央和地方政府负债额将达 1062 兆日元①，纯债务额已经为 GDP 的 135%②，国债的累积也增加到了 838 兆日元③。可以说，安倍内阁既要重建负债累累的政府财政，又要通过大笔投资来振兴经济。在这种两难处境下，除了继续加发国债之外，增加税收是唯一的选择。安倍内阁自成立以来就不断策划在各个领域增收税金，2014 年 4 月消费税提升至 8%。然而，此次提税没能满足财政的需求，因此安倍内阁又计划将消费税率提升至 10%，但遭到各界强烈反对，不得不将增税推迟至 2019 年 10 月。在增加税率的同时，确保"税网恢恢"，不漏过一日元的税金成为当今安倍政府能够实现的重要目标。而 My Number 体系则正是编织"税网"的关键材料。

最初的 My Number 相关法律并没有直接涉及征税的条款，但是不等 2015 年 10 月 5 日法律生效，日本政府就迫不及待地提出了修正案，该修正案规定 My Number 可以与银行账户进行绑定，而政府需要调查财产之时，银行等金融机构有义务提供 My Number 的相关信息予以协助④。在 My Number 系统出现之前，通过多个银行账户对个人所得进行分散处理可以减少甚至逃避税款，给税务监察带来极大的困难和行政成本。但是如果 My Number 与所有银行账户进行绑定，那么居民的一切收支状况都将被政府纳入管控体系，逃税将变得极为困难，绑定了个人金融信息的 My Number 体系可成为日本政府确保税收的有力法宝。日本媒体甚至预测，到了 2021 年后，银行账号与 My Number 进行绑定将再度成为公民的义务⑤。可以说，用 My Number 体系统一金融信息，确保税收是日本政府急于将该系统向民间开放的最直

① 财务省.省国及び地方の長期債務残高.[EB/OL].[2020-7-20]. ttp://www.zaisei.mof.go.jp/ pdf/%E5%9B%BD%E5%8F%8A%E3%81%B3%E5%9C%B0%E6%96%B9%E3%81%AE%E9%95%B7%E6%9C%9F%E5%82%B5%E5%8B%99%E6%AE%8B%E9%AB%98.pdf.

② 财务省.純債務残高の国際比較（対ＧＤＰ比）.[EB/OL].[2020-7-20]. http://www.zaisei.mof.go.jp/ pdf/%E7%B4%94%E5%82%B5%E5%8B%99%E6%AE%8B%E9%AB%98%E3%81%AE%E5%9B%BD%E9%9A%9B%E6%AF%94%E8%BC%83%EF%BC%88%E5%AF%BEGDP%E6%AF%94%EF%BC%89.pdf.

③ 财務省.国債残高の累増.[EB/OL].[2020-7-20].http://www.zaisei.mof.go.jp/pdf/%E5%9B%BD%E5%82%B5%E6%AE%8B%E9%AB%98%E3%81%AE%E7%B4%AF%E5%A2%97.pdf.

④ 内閣官房.改正法概要.[EB/OL].[2020-7-20].http://www.cas.go.jp/jp/seisaku/bangoseido/pdf/hokaisei _gaiyou.pdf.

⑤ マイナンバー適用拡大 金融資産の監視強化[N].毎日新聞（朝刊）,2016-9-4.
改正マイナンバー法成立＝2018 年から預金口座に適用－年金との連結は延期[N].産経新聞. [2020-7-20].http://www.sankei.com/politics/news/150903/plt1509030019—n1.html.

接原因。

其次，通过推行 My Number 体系创造市场需求，促进以 IT 行业为首的各行业发展是日本政府的另一个重要目的。普及 My Number 体系需要大量配套设备与程序，读取 My Number 卡 IC 芯片的读卡器、能够利用 My Number 信息网络的操作平台或软件不可或缺，相关需求会在短期内呈现爆炸式增长。各自治机关在政府的资助下大量购买用于读取 My Number 信息的设备，构成了 My Number 特需的基础。

随着 My Number 体系向民间服务业的开放，小至便利店、超市，大至奥林匹克竞赛场馆都要导入专用的信息采集、识别设备与软件，其带来的经济效果与经济影响的广度不容轻视。早稻田大学教授北川正恭推算 My Number 制度可能对日本产生高达 2 兆 7858 亿日元的经济影响，而最早受益的将是信息·通讯领域①。日本经济新闻社也预测 My Number 制度将带动 2.6 兆日元的特需，同时为大量的软件工程师提供就业岗位②。正如专家们预料的那样，2015 年 10 月 5 日 My Number 计划推行以来，各政府部门、自治机关乃至商业机构都高薪抢聘有经验的程序员来为自己设计、维护 My Number 数据处理系统，程序员供不应求，薪水一路走俏。程序员紧缺问题甚至被日本经济新闻社归入 "2015 年问题" 之列，足见 My Number 特需为 IT 行业带来了难得的经济发展机会③。

My Number 特需的最大受益者不是程序员，而是各大电信厂商。2014 年，日本政府财政预算案中拨款约 1000 亿日元给 My Number 项目④，日本各大电信厂商均有参加。2014 年 1 月 24 日，NEC 以 8 亿 8800 万日元的标价取得了 My Number 中继服务器软件系统的设计开发权⑤。2014 年 3 月 31 日，NTT 通讯协同 NTT 数据、富士通、NEC、日立制作所联合争得了 My Number 核心系统 "情报提供网络系统" 的设计开发权，总额 114 亿日元⑥。IT 界主要企业均因 My Number 特需获得了大量资

---

① 日本生産性本部.「共通番号」導入の経済波及効果の経済波及効果・試算結果 わたしたち生活者のための「共通番号」推進協議会 [EB/OL].[2020-7-20].http://activity.jpc — net.jp/detail/01.data/activity001377/attached.pdf.

②③ マイナンバー特需[N].日経新聞 P .11 企業 1 面,2013-11-14.

④ 日経 BP ガバメントテクノロジー.14 年度のマイナンバー政府予算は 1000 億円、「契約辞退で再入札」はまた起こる？.[EB/OL].[2020-7-20]. http://itpro.nikkeibp.co.jp/article/Watcher/20140115/ 529883/.

⑤ 日経コンピュータ.番号制度システムの中間サーバー設計、再入札で NEC が落札.[EB/OL].[2020-7-20]. http://itpro.nikkeibp.co.jp/article/NEWS/20140124/532202/.

⑥ 日経コンピュータ.2014 年 4 月 17 日号 p.8.[EB/OL].[2020-7-20]. http://www.nikkeibp.co.jp/article/news/20140417/393462/?rt=nocnt.

日本个人编号（My Number）制度：体系构想、推行状况与启示

金与市场，或走出经营危机，或扩大产能，实现了全行业的突进式发展。

随着 My Number 体系不断扩展，My Number 特需将从 IT 领域逐渐扩大到日本的各个生产部门，甚至连关联甚微的企业都尝到了甜头。日本 ISK 公司（现 KING 工业株式会社）制造的保险箱因 My Number 体系的出台而大卖，股票持续上涨①。My Number 制度的实行一方面促使日本居民购买耐火、耐震的保险箱用于保管 My Number 相关资料；另一方面，个人金融信息监管的增强迫使一部分人将财产以现金的方式保存于保险柜，企图逃避税收。很少有人预料到 My Number 制度会助推保险箱贩卖业，但该制度正是从想象不到的角度为日本的各个领域带来"特需"，靠财政投入引起遍及全社会的波状反应，实现着安倍经济学"三支箭"目标。

再次，塑造日本"先进技术国家"的正面形象，进一步提高日本科技的国际知名度是 My Number 制度的长期使命。日本政府制定的 2015 年版《世界最先进 IT 国家创造宣言》和《日本再兴战略》中都提到了推行 My Number 制度的重要性，将扩大该制度的利用范围作为战略目标之一。《世界最先进 IT 国家创造宣言》明确提出，为了使日本国成为世界最高水准的 IT 国家，让每一个国民都能实际感受到 IT 发展带来的实惠，政府需要"对国家·地方的行政信息系统进行改革""完善全国的数据通信环境""解决数据流通环节的诸多问题"，以此激发经济社会的活力，实现"一亿总活跃"目标②。而《日本再兴战略》则明确地指出活用 My Number 制度是吸引民间投资、实现经济复兴的重要一环③。

由于日本国土狭窄、资源贫瘠，因此依靠高新技术、高附加值产业提升本国经济实力是日本政府始终不渝的发展方针。在泡沫经济崩溃后，日本 IT 企业虽非毫无建树，却一直未能有效带动日本经济转暖。随着生产的世界化趋势不断增强，日本企业追求廉价劳动力而纷纷在他国设厂，抑或将生产业务外包给外国厂商，使 GDP 流向国外，阻碍了日本国内的经济成长。在日本的人力资源成本无法降低的状况下，建设高技术含量的社会管理体系，打造只有日本企业才能驾驭的尖端 IT 信息系统可以吸引外国的瞩目，争取相关订单，激活以 IT 行业为代表的整体日本产

---

① 日本アイ・エス・ケイ.マイナンバー特需で増益も.[EB/OL].[2020-7-20]. http://www.nikkei.com/markets/company /article/?n_cid=DSMMAA13&ng=DGXLMS7986H4QNX10C16A5000000&scode=7986.

② 高度情報通信ネットワーク社会推進戦略本部.世界最先端 IT 国家創造宣言.[EB/OL].[2020-7-20].http://www.kantei.go.jp/jp/singi/it2/kettei/pdf/20160520/sengen_kaitei.pdf.

③ 内閣府『日本再興戦略』改訂 2015.[EB/oL].[2020-7-20].https://www.kantei.go.jp/jp/singi/keizaisaisei/pdf/dai 2 _ 3 jp.pdf.

业，这是日本政府打造"最先进 IT 国家"、实现日本再兴战略的基本蓝图。在新干线出口计划屡屡受挫、澳大利亚潜水艇竞标输给法国之后，日本急需创造一个前所未有、颠覆传统概念的新发明，用以重塑日本技术强国地位，My Number 制度无疑是最佳的选择。

最后，降低行政管理开支，避免财政支出的浪费也是日本政府推行 My Number 制度的动因之一。导入 My Number 制度每年可以节约社会保障、征税及其他行政工作经费 3000 亿日元，电力、煤气、医疗部门的工作经费 6000 亿日元，民间业务及企业内部工作经费 2500 亿元[①]，合计每年节约经费 11500 亿日元。由于 My Number 制度可以为政府每年节约行政经费 3000 亿日元，因此财务省于 2014 年度、2015 年度均拨给 My Number 制度 2000 亿日元预算作为先期投入，预计两年内可以收回成本。此外，靠政府资助与扶持的其他准行政部门的运营经费也能得到有效节约。

五、启　示

My number 制度自 2016 年实施至今已历时三年。虽然日本政府行政能力的欠缺与前期准备的不足使 My number 制度在推行进程中遭到重重阻碍与反对，但是不可否认，My number 体系的制度构想与潜藏其后的经济振兴战略具有合理性与前瞻性，值得我国参考借鉴。

第一，随着信息技术的高速发展，身份信息的高度统合化、集成化在技术上已经成为可能，我国亦可升级目前的身份证系统，进一步提高行政效率，便利人民生活。目前我国第二代居民身份证可以被直接利用于乘坐飞机、火车等交通工具，但驾驶证、专业资格证、工作证等身份证件仍未实现整合。商场会员证、电影院票等信息需借助微信、支付宝等民营网络平台方能实现，然而民营网络平台的公信力与对个人信息的保护能力远逊于我国政府，任由其持有大量公民身份信息终非长久之策。政府应当适时介入，在第二代身份证的基础上，整合民营网络平台把持的各项功能，打造完善超越日本 My number 体系的第三代身份证制度，不仅可提高行政效率，而且能够更好保护中国居民身份信息的安全。

第二，在推行新身份证制度之前，需要在行政运营、网络安全、法律监督等各

---

① TAC 出版编集部：《マイナンバーで損する人得する人》，TAC 出版社，2015 年，第 88—89 頁。

日本个人编号（My Number）制度：体系构想、推行状况与启示

方面做好万全准备。日本 My number 制度推进缓慢的原因并不在制度构想与技术本身，而在于日本政府在各项准备尚不充分的情况下，过于仓促地推动这一制度，结果漏洞频出，使日本居民与企业失去了对此制度的信任。因而，保证新制度推行的平稳顺畅，让民众切实感受到新制度带来的便利与制度构想本身同样重要。

第三，保护居民身份信息安全，确保数据不被泄露和买卖至关重要。在第二代身份证体系下，个人信息泄露现象已成不容忽视的社会问题。禁止买卖个人身份信息的立法并无明显疏漏，执法部门追踪买卖个人信息行为的技术能力不足，难以有效惩办靠变卖信息获利的违法分子才是身份信息泄露屡禁不止的根本原因。日本的 My Number 制度在保护居民信息上虽难称成功，但至今尚未出现大规模信息泄露，My Number 体系下的个人信息储存、利用与保密机制值得更加深入的研究。特别是，如果日本居民丢失了 My Number 卡，可以立即通知管理中心，冻结卡片的 IC 芯片，使之成为废卡，这一技术恰可用于弥补我国第二代居民身份证的"注销漏洞"，减少盗用的可能性。

第四，新一代居民身份信息系统的开发与推行不仅有利于行政效率提高与便利居民生活，还可以有效带动相关产业发展。My Number 制度带动了以 IT 产业为首的诸多产业，是日本推行技术强国策略的重要一步。技术强国同样是我国常年坚持的基本战略，在我国建立起更先进的居民身份信息管理系统不仅可以有效促进我国相关企业的发展，还可以将成功经验输出到其他国家，协助其建立并完善居民信息系统，为中国企业的海外战略提供契机。

受影响于制度推行初期的失策，日本政府在全国范围内普及 My number 体系尚有很长的路要走。如果我国可以深入研究 My number 体系的构成特点，总结其不足之处与失败原因，就可以在构建第三代居民身份证制度时少走弯路，抢在日本之前普及统合度与行政效率更高、居民利用更便捷、信心安全更有保障的新型身份证制度。

（作者：丁诺舟，南开大学日本研究院助理研究员）

中日文化交流史

儒家女训在日本中世的传播与影响[*]
——以《十训抄》中的女德故事为例

王慧荣

内容摘要 《十训抄》问世于镰仓时代中期，是一部通过人物故事来进行道德说教的童蒙训诫作品，其中收录了大量的中日历史人物故事。在与女德相关的故事中，共有8篇取自儒家女训《列女传》。《十训抄》对儒家女德故事的借鉴，意味着儒家女训在日本中世开始发挥其道德训诫的功效。儒家女训之所以在这一时期能够为人们所接受，根本原因是它适应了当时武家社会父权制日渐强化的社会现状。不过，由于此时日本女性还拥有一定的领地和财产继承权，其社会地位尚未跌入谷底；加之受佛教报恩思想的影响，盛行母性尊重观念，因此，《十训抄》对女德故事的引用并未完全照搬儒家女训的内容，符合儒家女德标准的女性形象也未被视作唯一的理想典范，其女德标准呈现出多样化特征。

关键词 儒家女训 《十训抄》 女德故事 女德标准的多样化

---

*本文系山东省社会科学规划研究项目"论儒家思想对近代日本女性训诫作品的影响"（项目编号：16CZWJ19）的研究成果。

Dissemination and Influence of The Textbooks of Confucian Morals for Women in Medieval Japan: A Research of *Jikkin—sho*

Wang Huirong

Abstract: *Jikkin—sho*, which was published in the mid—Kamakura period, is a work of moral preaching for children through stories, including a large number of stories of Chinese and Japanese historical figures. Among the stories related to women's virtue, eight are taken from the textbook of Confucian morals for women's *Biographies of Exemplary Women*. This reference to Confucian stories of women's virtue in *Jikkin—sho* means that the textbooks of Confucian morals for women began to function as a moral admonition in medieval Japan. The reason for the textbooks of Confucian morals for women being accepted during this period was that they were adapted to the increasing patriarchal status quo of the samurai society of the time. However, the social status of Japanese women at this time had not yet hit rock bottom, as they still had some rights to territory and inheritance of property, and under the influence of the Buddhist ideology of repaying kindness, the concept of maternal respect prevailed. Therefore, the references to stories of women's virtue in *Jikkin—sho* do not completely copy the textbooks of Confucian morals for women, nor are the images of women conforming to Confucian standards of female virtue regarded as the only ideal models, and their standards of women's virtue show a diversity of characteristics.

Keywords：Textbooks of Confucian morals for women； *Jikkin—sho*； Stories about women virtue； Diversity of standards regarding female virtue

据 9 世纪后期的日本汉籍目录《本朝见在书目录》记载，当时《列女传》《女诫》《女孝经》等儒家女训都已经传到日本了。然而在其东传之初，并没有被人们当作女子道德训诫的读物，其中的女德故事在《唐物语》等日本古代文学作品中也被有意识地进行"去道德化"转换，导致《列女传》等儒家女训的道德教化功能在日本古代社会根本无从谈起。①这种状况在日本中世武家社会得到了初步改观，在当时的童蒙训诫故事集《十训抄》中，人们开始借鉴儒家女训尤其是《列女传》中

---

① 王慧荣：《中国女训在日本古代的传播与影响——以〈唐物语〉中的女训故事为中心》，《东北亚学刊》，2013 年第 3 期。

儒家女训在日本中世的传播与影响——以《十训抄》中的女德故事为例

的人物故事来宣扬女德。不过，中世的日本人并未全盘接受儒家女训的道德说教，而是根据武家社会的现实状况做出了调整。

一、《十训抄》对儒家女训的借鉴

《十训抄》是日本中世的一部童蒙训诫故事集，成书于日本后深草天皇建长四年，即 1252 年，作者为六波罗二臈左卫门入道。因其共由十篇组成，每篇围绕一条道德训诫条目展开，故而名曰《十训抄》。各篇题目依次是"第一可定心性言行"①"第二应戒傲慢之心""第三不可辱没人伦""第四切忌多言是非""第五应择益友而交""第六常思忠信廉直""第七凡事思虑周全""第八诸事皆须忍耐""第九不可过于执念""第十应多习才能技艺"。之所以设定十条德目，有学者认为这种编撰体例是受到了佛教训诫的启发。②佛教经典《十善业道经》中规定了佛教的十个戒条，③统称为"十善"，用以规诫人们的行为。在战乱频仍的日本中世，佛教极为盛行，佛教的训诫自然深入人心。《十训抄》中不乏"五戒十善乃消除一切罪恶之法宝"的论断，可见作者对佛教训诫亦十分推崇。其之所以仿照佛教训诫编写十篇训诫，也是出于佛教"劝善惩恶"的目的。在该书序言中作者明言："而今辑录所见所闻之古今故事，选取浩渺万言中善恶之语，择其善者而劝之，择其恶者而戒之。不知此道之少年，或可用以修养心性。是故试做十篇，名曰十训抄。"④显然作者是希望通过讲故事的方式，教导少年儿童学习善恶的道理，达到劝善惩恶的目的。因此《十训抄》既是一部文学故事集，也是一部童蒙训诫读物，这样的编撰体例开创了日本中世道德训诫书的先河。

《十训抄》的具体内容是在每篇的题目之下，都有一段与该篇德目相关的总论。在德目总论之后，为了佐证本篇所论述的内容，便于读者更好地理解与践行该德目，

---

① 有些版本是"第一条应施人以恩惠"。
② 藤冈继平：「十训抄考」，石桥尚宝：『十训抄详解』，明治书院，1927 年，第 18 页。
③ 一戒杀生、二戒偷盗、三戒邪行、四戒妄语、五戒两舌、六戒恶口、七戒绮语、八戒贪欲、九戒嗔恚、十戒邪见。
④ 石桥尚宝：『十训抄详解』上卷，明治书院，1927 年，第 1 页。

作者会从正反两方面列举若干个古今中日的人物故事、诗词歌赋或名言警句。据统计,《十训抄》中共收录了294个人物故事,其中取自中国的故事共有60多个。①在这些人物故事中,与女德相关的故事共17篇,主要集中在"第五应择益友而交""第六常思忠信廉直"和"第八诸事皆须忍耐"中。具体而言,第五篇中的女德故事有"孟母三迁""梁伯鸾之妻孟光""宿瘤与齐闵王""卓文君与司马相如""陶荅子妻""殷纣王与妲己""周幽王与褒姒"等。第六篇中的女德故事有"冯昭仪之熊""曾参贞女""马元正妻尹氏""阴瑜之妻""舜后妃娥皇女英""石季伦妓女绿珠""望夫石的故事"等。第八篇中的女德故事有"吕后与戚夫人""朱买臣之妻""吕尚父之妻"等。由于《十训抄》的内容涉及一个人生活的方方面面,包括君臣之道、父子之道、夫妻之道、朋友之道、立身处世、日常言行、精神修养、崇信佛法等内容。其训诫对象并非只限定于男孩子,因此在进行一般道德说教的同时,作者也专门罗列了这些女德故事来倡导女子的道德修养。

在上述《十训抄》所引用的中国女德故事中,有半数以上都取自儒家女训《列女传》。具体而言,"孟母三迁"取自《列女传·母仪传·邹孟轲母》;"梁伯鸾之妻孟光"取自《列女传·续贤明传·梁鸿妻》;"宿瘤与齐闵王"取自《列女传·辩通传·齐宿瘤女》;"陶荅子妻"取自《列女传·贤明传·陶荅子妻》;"殷纣王与妲己"取自《列女传·孽嬖传·殷纣妲己》;"周幽王与褒姒"取自《列女传·孽嬖传·周幽褒姒》;"冯昭仪之熊"取自《列女传·续节义传·汉冯昭仪》;"舜后妃娥皇女英"取自《列女传·母仪传·有虞二妃》。上述女德故事中的主人公在《列女传》中分别代表了"母仪""贤明""节义"等儒家女德的楷模,或是被当作淫妒荧惑、妖媚惑主、祸国殃民的反面教材。而在《十训抄》中,这些女性形象所代表的道德内涵与其在儒家女训中所倡导的女德并非完全一致。具体如下表所示:

---

① 西田祯元:「『十訓抄』の中国故事:帝王にまつわる説話をめぐって」,『創大アジア研究』(18),1997年3月。

儒家女训在日本中世的传播与影响——以《十训抄》中的女德故事为例

表　《十训抄》与《列女传》女德故事之比较

女德故事的主人公	在《列女传》中所代表的女德	在《十训抄》中所代表的女德
孟母	"贤圣有智""胎养子孙，以渐教化"，强调女性身为母亲要具备教育子女的智慧。孟母因其善于教育儿子而受到世人的称颂，成为母仪典范	"应择益友而交"，"蓬生麻中不扶自直"。"孟母为了儿子三次搬家择邻，是出于选择益友的考虑"。与颂扬女性的母仪之德并无关系，只是为了突出择良友而交的重要性
孟光	虽容貌丑陋，但颇有见识，德行甚修，能够安贫乐道，勤修妇德，恭敬事夫	择妻"不能以容貌、家世而定，重在看女子的品行"。孟光虽容貌极丑，而能事夫以顺，绝无二心，不厌贫寒，以齐眉之礼敬事夫君
齐宿瘤女	具有雄辩的口才，能够不卑不亢，旁征博引，以理服人	能够谨慎择夫、无父母之命不敢与男子私自成婚
陶苔子妻	聪慧正直，能够对丈夫的不端行为加以劝谏，也能够遵守礼仪、孝敬婆婆	聪慧贤明，值得信赖，能及时劝导丈夫，助其免于灾祸
褒姒与妲己	妖媚惑主，祸国殃民	妖魔的化身，祸乱朝政的反面典型
冯昭仪	英勇果敢、必死无避、终不背义的节义典范	临危不乱，忠勇护君的忠臣典范
娥皇女英	既能以尊事卑，谦逊恭敬，又能恪尽妻子本分，以身殉节	为夫殉节的贞女

　　通过上表的对比不难看出，《十训抄》对儒家女训的借鉴并非不加筛选地全盘接受，而是根据实际内容的需要进行了适当调整和改写。其中，孟光、陶苔子妻、褒姒及妲己四个人物形象所代表的女德内涵与《列女传》完全一致。冯昭仪、娥皇及女英三个人物形象其所代表的女德内涵与《列女传》中基本一致。而齐宿瘤女与孟母两个人物形象所指代的女德内涵与《列女传》则有较大出入。

　　在《列女传》中，齐宿瘤女是一个脖子上长了大瘤子的采桑女。她先是以"受父母之命采桑，未受命观看"为由，向齐闵王解释了为什么没有前来观看闵王出游。接着又以"身为使女，专心做事，心无旁念，长个瘤子也没什么可悲伤的"为由，反驳了闵王对她容貌不佳的惋惜。随后又以"父母健在，不受命而入宫"就是私奔，不合礼仪为由拒绝入宫，从而赢得了闵王的欣赏和尊重，被隆重地聘迎入宫。入宫之后，被人嘲笑不善装扮，宿瘤女便以尧舜以仁义修身，不善修饰、生活节俭却被千古传颂，而桀纣不以仁义修身，专于修饰，生活奢侈而导致国破身亡为例进行反驳，终于获得众人的尊重被立为王后。《列女传》中的齐宿瘤女不卑不亢、旁征博引、能言善辩。在《十训抄》中只保留了宿瘤女只顾采桑而不去看大王出游的场景和她拒绝入宫的场景。这里的宿瘤女不再是一个落落大方与闵王讲理的雄辩女，而变成了凡事都要遵守父母教诲的乖乖女。在《列女传》中宿瘤女被封为王后是因为她具有雄辩之才，能够以理服人；而在《十训抄》中则归结为因其小心留意，恪守父母教诲，才使得她以卑微之身而居后位。《十训抄》之所以这样删繁去简地对宿瘤女的形象加以改造，其实是为了教导女子如何选择丈夫。在宿瘤女的故事之后，作者又援引了白居易《井底引银瓶》诗句："寄言痴小人家女，慎勿将身轻许人！"以及平安时代文人纪长谷雄的和歌《贫女吟》："选择男子，不重其貌，要观其心"，告诫女子"务必谨慎从事，不可做出不堪之事"。宿瘤女就是一个谨慎小心、无父母之命不敢与男子私自成婚的典范而被作者征引的。

再来看《十训抄》对"孟母三迁"故事的引用。在《列女传》中孟母为了给孟子提供良好的成长环境，三次搬迁，最终在学校旁边安家。孟子从此耳濡目染学习礼仪，长大后终于成为儒学大师，名扬天下。孟母因其善于教育子女而受到世人的称颂，成为母仪之典范。在《十训抄》中，"孟母三迁"的故事被收录于"第五应择益友而交"中。该篇的总论中借"蓬生麻中不扶自直"（《荀子·劝学》）的比喻，强调良友的重要性。作为良友的典范，依次罗列了"宇多天皇与源融之灵""伯牙与钟子期""元稹与乐天"等若干故事。在此基础上又介绍了"孟母三迁"的故事，指出孟母为了儿子三次搬家择邻，也是出于选择什么样的人为朋友的考虑。由此来看，作者引用"孟母三迁"的故事，与颂扬女性的母仪之德并无关系，只是为了突出择良友而交的重要性。

通过上述对《十训抄》中儒家女训故事的考察可以发现，作者在征引这些人物故事时并未全盘照搬原文，而是根据实际内容的需要做了相应的调整。除了孟母的故事之外，其他几个故事的引用都是为了进行儒家女德的说教。显然作者对于顺从、谨慎、贤明、贞节等儒家妇道伦理持肯定态度。为了进一步强化儒家女德的说教，在第五篇中还用很大篇幅介绍了日本律令中的"七出三不去"内容。从这方面来讲，儒家女训在进入中世以后开始发挥其道德训诫作用，儒家的妇道伦理也通过《十训

儒家女训在日本中世的传播与影响——以《十训抄》中的女德故事为例

抄》得到了宣扬和传播。那么为什么《列女传》等儒家女训早在奈良时代就已经东传了，直到镰仓时代才受到日本人的认可，开始发挥其道德训诫作用呢？

究其根本，是由于此时随着嫁娶婚的确立，日本的父权制日渐强大的原因。在日本古代社会，女性居主导地位的招婿婚一直是主流的婚姻形态，女性拥有较高的社会地位，因此以维护封建父权制为主旨的儒家女训在其东传之初并未被人们接受。从 11 世纪左右开始，一些武士集团的首领或者把战争中掠夺来的女俘虏当作财物赏赐给立下战功的将士，或者从本集团内部以及其他弱小的武士集团同盟中征召美女以据为己有，这种以掠夺为基础的婚姻形式便是嫁娶婚的最早形式。嫁娶婚之所以首先出现在武士阶层，是因为武士阶层崇尚勇武、讲究弓马射骑，男性孔武有力的优势十分突出，而女性则不得不处于从属地位。反映在婚姻关系上就表现为对以女性为主体的招婿婚的否定。进入镰仓时代以后，随着武士阶层执掌国家政权，武家社会盛行的嫁娶婚也超越招婿婚，成为主流的婚姻形态。随着嫁娶婚的不断发展，武家社会形成了一种以父系传承为核心的家族制度——总领制家族制度。在一族之内，族长为"总领"，由他统率被称为庶子的其他家族成员，并代表整个家族负责完成幕府下达的命令。总领一般由父系尊长担任，总领的地位一般由嫡长子继承，财产的继承实行诸子均分，女子只能继承较少份额的财产。随着总领制家族制度下父权制的发展壮大，女性的地位逐渐跌落，女德问题亦随之受到关注。正是在这样的背景下，日本人开始认识到了儒家女训在女德教化方面的作用。

二、女德标准多样化的原因

《十训抄》在引用儒家女训的女德故事时，虽然对其主旨没有更改，但也未将儒家女德视作唯一的标准。以"陶荅子妻"为例来看，在《列女传》中陶荅子妻是贤明女性的典范，丈夫为官敛财，屡劝不止，她就抱着小儿子哭泣劝谏，招致婆婆不满，被赶回娘家。当丈夫获罪被诛后，她又带着儿子回来赡养婆婆。《列女传》中的陶荅子妻是一个聪慧正直、对丈夫不正行为加以劝谏的贤妻，也是一个遵守礼仪、孝敬婆婆的贤妇。《十训抄》中的内容较之《列女传》略简，只集中介绍了陶荅子妻劝谏丈夫的情节，而省去了她主动赡养婆婆的内容，突出了其聪慧贤明的贤妻形象。《十训抄》中的陶荅子妻与刘向所提倡的"咸晓事理，知世纪纲，循法兴居，终日无殃"的儒家贤妻形象并无太大区别。但是在《十训抄》中，陶荅子妻式的儒家贤妻并不是理想妻子的唯一标准。在陶荅子妻之后，《十训抄》中又举了两个良妻的例子。一个是清河天皇的妃子藤原多美子，她在天皇过世之后，整日以泪洗面，不仅每天翻阅天皇留下的百余封情书，还将这些书信制作成书写佛经的色纸，通过在这些纸上抄写佛经来寄托哀思。另一个是醍醐天皇的皇后隐子，天皇归隐后，因为犯过五个重罪致使灵魂坠入地狱受苦。为了超度天皇的灵魂，隐子举办了盛大的法事。这两位都是对丈夫情深义重，且笃信佛教的理想妻子典范。由此可见，《十训抄》虽然引用了儒家女训中的道德故事，但是并未将儒家妇德视作唯一的标准。作者既对于卓文君那样根据自己意志自主选择婚姻并获得幸福的女子十分赞赏，也将清和天皇的妃子藤原多美子、醍醐天皇的皇后隐子等笃信佛教的平安贵族式女性视作理想的妻子形象。《十训抄》中女德故事的多样性恰恰表明在中世日本的女德观念正处于形成期，女德的标准是多样的。

《十训抄》中女德标准之所以呈现多样化特征，根本原因是由于以男性为主导的嫁娶婚尚未完全取代以女性为主导的招婿婚。《十训抄》的成书时间是镰仓时代，此时武家社会大多已采取了女方进入男方家居住的嫁娶婚，但是在公家社会还保留了男方随女方居住的招婿婚传统。这在当时的史料中亦有所体现。据史料记载，1191年（建久二年）6月，关白九条兼实的儿子良经与源赖朝妹夫一条能保的女儿结婚。一条能保依仗源赖朝的支持，要求良经举行"进女之仪"，即举行武家盛行的嫁娶式的婚礼。此事引起九条兼实一方的不满，"近例皆不快"，所以坚持"迎婿之礼"，实行旧式的招婿婚婚礼。双方相持不下，最终在将军的调解下一条能保做出让步，举办了旧式婚礼。①由此可见，虽然嫁娶婚已经在镰仓时代的武家社会扎根，但传统的招婿婚仍然拥有一定的影响力，并没有被完全取代。这就决定了当时的女性社会地位虽然处于一个不断下降的过程中，但并没有完全跌入低谷。体现在财产继承方面，则是女性还拥有一定的领地及财产继承权。镰仓初期的女性可以凭借个人的努力获得领地，幕府将军源赖朝就曾以"虽然女人，因为其仁"的理由，将尾张国野间、内海一带作为领地赐给梶原景高的妻子。②女子也可以从父母或丈夫那里继承领地。镰仓幕府的开国功臣大友能直去世前，以"妻子平氏、为数子之母"为由，把自己最重要的两个领地相模国大友乡和丰后国大野庄都分给了妻子平氏。平氏临终时又将这两个领地分给了自己的八个儿女，其中大友乡由嫡长子继承，大野庄则

---

① 中山太郎：『日本婚姻史』，パルトス社，1985 年，第 742—743 頁。
② 堀田璋左右：『吾妻鏡標註：訳文』（第 2 冊），東洋堂，1945 年，第 473 頁。

儒家女训在日本中世的传播与影响——以《十训抄》中的女德故事为例

由其余的四个儿子和三个女儿分割继承,甚至还包括已经嫁人而守寡的大女儿時直后家。①从上述史料来看,镰仓初期女子继承的领地及财产数额大概相当于庶子的一半,对于所继承的财产,女性拥有自由支配的权利。即使到了父权制日渐强盛的镰仓时代中后期,女子的继承权虽然被大大削弱,但依然可以继承"一身一世"(一期分)的领地,即由其本人在其有生之年继承,但不能将所继承的财产随意转让、分割。财产继承权的保留,为女性在婚姻家庭生活中保留一定地位提供了经济上的保障。也就决定了此时以维护父权制为目的的儒家女训虽然被《十训抄》所借鉴,但并没有被全盘吸收。

造成《十训抄》中女德标准多样化的另一个重要原因是在镰仓时代盛行母性尊重论。所谓母性尊重论,是指女性因其身为母亲的身份而受到尊重。镰仓幕府的执权北条泰时曾直言编定武家法律《御成败式目》的目的就是要构建"事主以忠、事亲以孝、事夫以顺"的社会伦理秩序。②这里的亲并不仅仅指父亲,也包括母亲。因此在法律中母亲与父亲具有同等的权威。《御成败式目》规定父亲在世时,遵循妻子服从丈夫的原则,母亲的亲权由父亲代为行使。而当父亲去世之后,母亲可以以"后家"(遗孀)的身份行使亲权,负责处置财产。她们在行使亲权时并不受丈夫遗嘱的限制,不仅可以根据自己的意志随意分割名下领地财产,还可以以"违反教令"的不孝罪为由,更改嫡子人选,行使家长权。镰仓时代在丈夫死后以"后家"身份掌管家族领地、统领一族之人的武家女性不在少数。其中最具代表性的便是源赖朝的遗孀北条政子。源赖朝死后,她作为二代将军赖家和三代将军实朝的母亲,与其父北条时政、其弟北条义时一起参与幕政。在儿子赖家和实朝相继去世后,她又把源赖朝2岁的侄子九条赖经从京都接到镰仓,立为第四代将军,而她则作为将军的监护人直接处理幕政。承久之乱时,她果断召集御家人进行军事动员,以源赖朝对关东武士的恩义号召他们报效幕府,及时打消了一部分人的动摇思想。在她的带领下,幕府军队打败了后鸟羽天皇的军队,确立了武家对公家的优势地位,被人们冠以"尼将军"的称号。北条政子之所以能够以已故将军"后家"、现任将军之母的身份执掌幕府政治,除了其个人具备卓越的政治才能之外,与当时人们所提倡的母性尊重观念也有着密切关系。

在镰仓时代母性尊重观的思想渊源来自佛教的报答母恩思想。当时最早提出母

---

① 田端泰子:『日本中世の女性』(中世史研究選書),吉川弘文館,1987年,第23—25頁。
② 石井進:『日本思想大系21:中世政治社会思想』(上),岩波書店,1972年,第39頁。

性尊重言论的是天台宗延历寺高僧澄宪。他指出佛教中三界万物有四种出生方式，即胎生（从母体生出）、卵生（从蛋中孵出）、湿生（在潮湿的地方自然生成）和化生（在空气中自然生成），而"一切女人乃三世诸佛真实之母也，一切男子非诸佛真实之父。故何者，佛出世之时必假宿胎内，纵为权化胎生之条无论，于父者无阴阳和合之仪，身体发肤不受其父，仍无父子之道理之故也。依之言之，女者胜男者欤云云"[1]。在澄宪看来，所有的佛都是由女人怀胎所生，女人是诸佛之母这一点胜于男子。

继澄宪之后，将母性尊重的观念与社会现实融合在一起的是天台宗的另一位高僧慈圆。他在其著作《愚管抄》中提出"女人入眼"的观点。所谓"入眼"原意指为佛像点画眼睛，引申为完成事物的关键步骤。"女人入眼"是指由女人执掌政权、左右国家的命运，创造日本的历史。《愚管抄》第三卷中，慈圆指出日本古代有女帝秉政的传统，甚至出现过女帝重祚、两度执掌朝政的局面，因此日本是一个具有"女人入眼"传统的国家。而之所以如此，"其缘故可以佛法来领会，人界之生乃是宿于母腹之中而诞生人也。此母之苦，无可言状。""此皆为女人之母恩，依此乃须敬养母亲之道理也。"[2]在《愚管抄》的第六卷中，慈圆又进一步指出北条政子及北条泰时"姐弟二人统率关东，而京都之中有卿二位[3]权倾当世"，也正是由于"女人入眼"的传统使然。总之，在慈圆看来，上自神功皇后（第十四代仲哀天皇皇后）、皇极天皇，下至当代的北条政子、藤原兼子，日本女人秉政的传统是一脉相承的。而之所以形成这样的传统，是因为女人是佛法中所说的"人界"的生母，母亲的生育之苦无可替代，母亲的生育之恩不可忘记，所以母亲应该受到尊重。显然他从尊重母性的角度来肯定现实社会中女性执掌政权的现象，这在当时的时代是难能可贵的。当然这样的母性尊重言论也有其局限性。从根本上而言，镰仓时代的母性尊重主义并不是对女性本人价值的肯定，而是对其生育功能的颂扬。

综上所述，《十训抄》作为日本中世第一部道德训诫作品，其中对中国女德故事的借鉴表明儒家妇德伦理在日本中世便已经受到人们的关注。然而，毕竟在中世日本建立在嫁娶婚基础上的父权制家庭刚刚确立，尚不够稳固，自古流传下来的尊崇母权的观念还没有完全消失。所以《十训抄》中对女子道德的论述占到的篇幅并

---

① 藤原兼实：『玉葉：一名·玉海』第2，国书刊行会，1907年，第584页。
② 経済雑誌社：『国史大系第14卷：百錬抄·愚管抄·元亨釈书』，経済雑誌社，1901年，第430页。
③ 卿二位即后鸟羽天皇的女官藤原兼子，因把持大臣与天皇及上皇联系的奏请之职而权倾朝野。

儒家女训在日本中世的传播与影响——以《十训抄》中的女德故事为例

不多，同时在强调男主女从的夫妻关系时，也不否认女子的选择权，对于卓文君那样根据自己意志自主选择婚姻并获得幸福的女子也十分赞赏。作为理想妻子的范例，除了儒家式贤妻孟光、陶荅子之外，还举出了清和天皇的妃子藤原多美子对去世天皇眷恋不舍的爱情故事，以及醍醐天皇的皇后隐子为了超度天皇之灵举行重大法事的故事。《十训抄》中女德故事的多样性恰恰体现了在日本中世女德还没有出现统一的道德标准。

（作者：王慧荣，山东大学外国语学院副教授）

江户时期日本儒教的趣味性[*]

——以荻生徂徕为中心

中村春作

内容摘要 在东亚，儒教的内容以及它在社会中的存在形式多种多样。这是因为，儒教有两千多年的历史，它在东亚各地以多样化的形式发展，且在各时代与社会内部的诸多其他要素相结合，所以才会以不同的形式展现出来。通过接受和理解从中国传来的书籍，并围绕细致的经典解释而发展起来的江户儒学，也可以作为东亚儒学发展史的一部分来看待。对江户时期的日本儒学家而言，最大的课题便是如何应对朱子学这一庞大的学问体系。这一时期既出现了尽可能遵从朱熹原本的意图而展开讨论的朱子学者（山崎暗斋等），也有对朱子学提出异议与其意见相左的学派，伊藤仁斋的古义学、荻生徂徕的古文辞学便是其中有代表性的学派。他们质疑朱子学的主要概念"理"的存在，主张回归古代儒家经典来超越朱子学。标榜反朱子学的荻生徂徕则试图从记载"先王之道"的"六经"等古代书籍群中去发现儒学本来的面貌。此外，他提出了与"理"相抗衡的"先王之物"这一概念，企图构建一个不同于朱子学的"另一个"世界观。

关键词 江户时期 日本儒教 荻生徂徕 先王之道

---

*本文是以 2019 年 4 月 12 日在南开大学外国语学院举行的题为"江户时代思想的趣味性——围绕荻生徂徕展开"的演讲内容为基础，整理而成。

江户时期日本儒教的趣味性——以荻生徂徕为中心

The Interestingness of Japanese Confucianism in Edo Perio
d——Focus on Ogyu Sorai

Nakamura Shunsaku

Abstract: In East Asia, the contents of Confucianism and its existence in different social groups are diverse. This is because Confucianism has a history of more than 2000 years and it has developed in various forms throughout East Asia, during which it has been integrated with many other elements within the society. Edo Confucianism, which was developed through the process of accepting and understanding the books from China and focusing on the meticulous interpretation of classics, can also be regarded as part of the history of East Asian Confucianism. For the Japanese Confucianists in the Edo period, the biggest issue was how to deal with the huge academic system of the Neo—Confucianism of Chu Hsi. During this period, there were both scholars （Yamazaki Ansai, etc.） who followed Chu Hsi's original intentions as much as possible, as well as some schools that raised objections, such as Itou Jinsai's study of the meaning in the ancient period and Ogyu Sorai's theory of classicism. They questioned the existence of "Li", the main concept of Chu Hsi's study, and advocated returning to ancient Confucian classics to surpass Chu. Ogyu Sorai, who advertised anti—Neo—Confucianism, tried to discover the nature of Confucianism from ancient books such as the "Six Classics" which recorded "The way of ancient kings". In addition, he put forward the concept of "The artifacts of ancient kings" that is opposed to "Li" in an attempt to construct an "another" worldview which is different from the Neo—Confucianism.

Keywords: Edo Period; Japanese Confucianism; Ogyu Sorai; The Way of Ancient Kings

一、儒教景象

笔者曾造访过众多的孔子庙（文庙）。有位于北京国子监内，孔子故乡山东省曲阜、上海、福州等中国各地的孔子庙；韩国首尔、成均馆里的孔子庙；日本东京御茶水、昌平黉（亦称昌平坂学问所，江户幕府设立的学校）遗址，佐贺县多久、长崎、冲绳那霸的孔子庙，以及最近造访的越南河内的孔子庙。其中，为了专程参加一年一度的孔子祭祀仪式，笔者造访了曲阜和那霸的孔子庙。

那些孔子庙的内部配置、周围的布局、平时杳无人迹的宁静氛围，使人产生共鸣，又让人对其多样的姿态印象深刻。既有初看貌似禅寺位于多久市郊外山丘上的孔子庙，也有和越南古城神似位于城门内的河内孔子庙。记忆犹新的是，笔者造访河内孔庙时正值新学期开学，遇到了一群穿着漂亮的白色越式旗袍的女大学生。作为政治哲学、体制教学的儒教确实，消失已久，但是儒教融入各地特有的风土人情中，和"向学"的志向一起，直到现在也还静静地矗立在东亚各地的大街小巷之中。

我们不可能用一句话来阐释儒教是什么这个问题。即使耗费以数万言，那也是相当困难的。儒教从公元前春秋时期的孔子开始，到汉代以后直至清末与中国的国家统治紧密相连，儒教从朝鲜半岛传到日本、琉球、越南，这种思想无论是对家庭道德观还是对国际秩序观都产生了巨大影响。要对其历史进行简单归纳是不可能的。就儒家思想的历史而言，从汉代儒学开始，南宋朱熹提倡的朱子学所产生的革新，到明代王守仁的阳明学的登场，以及清朝考证学的发展，再到不断为当代社会注入活力的新儒家等，即使是叙述其概略，都需要庞大的篇幅和精力，而笔者亦没有如此能力和见识。

当然，论者可以根据一定的见解来定义儒教是什么。在现代日本，对于儒教也有多种定义。比如，加地伸行认为儒教是"同死亡密切相关的宗教"，强调其宗教性。跟之前被普遍公认的学说相比，这一学说提出了与之不同的观点，因此引发了相关讨论。①此外，根据论述视角的不同，所看见的儒教世界的姿态也不一样。土田健次郎试图将儒教概念进行扩展，从"在同佛教、道家（道教）等其他意识形态的照射下而映照出有儒教特色的儒教（狭义的儒教），以及以儒学教养为基础而推出的作为言论体系的儒教（广义的儒教）这两个方面"②，来对儒教进行说明。对于广义概念的儒教，土田列举了李泽厚的"把儒教视为中国人的文化—心里构造的见解"③等。然而，若从这个视点出发来审视江户时期的日本，吸取儒教言论叙说商人道德的石田梅岩（1685—1744）的"心学"等也可列入后者"广义的儒教"之中吧。

---

① 加地伸行：《沈黙の宗教—儒教》，筑摩書房，1994 年。
② 土田健次郎：《儒教入門》，東京大学出版会，2011 年，第 17 頁。
③ 李泽厚：《孔子再评价》，《中国社会科学》，1980 年第 2 期。

江户时期日本儒教的趣味性——以荻生徂徕为中心

如上所述，因论述视角或论者立场的不同，儒教可以呈现出多种多样的姿态。这是源于儒教两千多年的历史，它在东亚各地以多样化的形式展开，且在各时代与社会内部的诸多其他要素相结合，以各不相同的形式得以实现所体现出来的必然面貌。

笔者等现代日本研究者所持有的儒教概念也在不经意间形成了一种偏颇。例如，与主要通过舶来书籍而形成的儒教理解为基础，并围绕细致的经典解释而展开的江户时期的儒教相比，风水思想色彩浓厚的近世琉球的儒教乍一看显得十分异类。然而，近世琉球的著名儒学家蔡温（1682—1762）前往中国之际，被国王授予的使命是"学习地理之事（地理是风水学）"（《蔡氏家谱》）①。实际上，蔡温的学问和具体的执政是与风水实践密切相关的。而这种现象，在当时直接参与幕政和藩政的日本儒学者中几乎是看不到的。

当然，笔者并不是想表明哪一种才是更真实的儒教这一观点。倒不如说，与在活跃的东亚海域交流中盛行的日本古代佛教（渡唐而归的空海和最澄、东渡日本的鉴真）、中世佛教（渡唐的道元和荣西、东渡日本的兰溪道隆和隐元）的情况不同，除明末从中国逃难而来的朱舜水（1600—1682）和同朝鲜通信使有过交流的儒学家以外，在从未前往过儒教诞生地的中国，以及在没有同海外儒学家的人员交流的情况下而构筑起来的江户时期的儒教可以说是一种特别的存在。毫无疑问，这也是一个有特色的儒教实践。在东亚，儒教的内容以及它在社会内部的存在形态实在是多种多样。

本文围绕去年刚出版的拙著《徂徕学的思想圈》②中，特别是同"前言"所述的主旨相关联，以江户时期的儒学家荻生徂徕（1666—1728）的思想为例，来窥视近世日本儒教的姿态。

关于儒教和儒学哪一种称谓更为贴切，这在专家内部已有讨论，本文对此不做论述。今天，在中国，多数情况下称之为"儒学"，所以特别称呼为"儒教"的时候，有强调其宗教性的倾向。而在日本，多数情况下，儒教或是儒学在其称呼上并不存在很大的差异。因为"科举"不曾被采用，所以对于在政治制度和经书学问之间未构建紧密联系的日本而言，无论是儒教还是儒学，在社会机能上不承认其含义的不同。况且儒教本身就是在包含了我们今天所说的学问（学）和宗教（教）二者

---

① 那霸市编：《那霸市史》[资料编 1—10]，1989年，第654页。
② 中村春作：《徂徕学の思想圈》，ぺりかん社，2019年8月。

的基础之上而成立的。

小岛毅指出，"教"这个词固然也有宗教的"教"的意思，但在日本说起儒教的"教"基本上是作为"教导（教诲）"的意思而被使用。[①]对不同的儒学家而言，"教导（教诲）"的内容和性格虽然各不相同，但自古以来，"教导（教诲）"一般作为"儒家的教导（教诲）"长期以来在日本被接受。本文也依照小岛的观点，在使用"儒教"一词时，是指"儒家的教导（教诲）"。

二、儒教的包容性

沟口雄三曾指出，儒教在东亚的存在形态多种多样，并设定了思考"中国儒教"的 10 个方面，即，"1.礼制、仪法、礼观念；2.哲学思想；3.世界观、治世理念；4.政治、经济思想；5.领导层的责任理念；6.学问论、教育论、修养论、道德论；7.民间伦理；8.共同体伦理；.9 家族伦理、君臣伦理；10.个人伦理"。[②]这里所列举的，实际上是和近代以前的学问及政治的几乎所有事项相关的问题领域。此外，虽然没有包含在这 10 个方面里，但是诸如朱子学的宇宙论、自然科学，或者是同中国医术或风水等相关的领域，可以说，不只是今日所说的人文科学、社会科学，包括自然科学等近代以前的几乎所有学问都和儒教有关。

儒教跟佛教、道教及日本的神道不同，它是同现实世界、世俗世界直接相关的思想。也就是说，儒教是超越近代西方哲学（philosophy）和宗教（religion）等概念的范畴，是同世界范围内的几乎所有问题直接相关的思想。明治时期，最初讲述"日本哲学史"的是东京帝国大学教授井上哲次郎（1856—1944）。他将江户时期的儒教重新构建为《日本阳明学派之哲学》《日本古学派之哲学》《日本朱子学派之哲学》这三部曲。这实际上是运用近代西方的"哲学"概念，而将江户时期儒教的内容进行剪切后提取的工作。井上此项工作的功与罪，对后来的日本思想史研究产生了巨大的影响。[③]这是因为，从近代西方的"哲学"和"宗教"等概念的框架中提取出来的内容，不过是儒教曾囊括的大千世界中的一部分而已。即使在今天，当我们谈论东亚儒教的时候，也会对"近世哲学""中世哲学"这样的

---

① 小岛毅：《儒教の歴史》，山川出版社，2017 年。
② 溝口雄三：《中国儒教の 10 のアスペクト》，《中国思想のエッセンスⅡ》，岩波书店，2011 年。
③ 中村春作：《近代の"知"としての哲学史》，《日本の哲学》8，昭和堂，2007 年。

江户时期日本儒教的趣味性——以荻生徂徕为中心

表达产生些许违和感。

儒教不只是对古典文献等经书的解释，而是关乎从日常道德到教育、官吏的录用、国家体制、天地祭祀、葬礼、政治、经济、文学、艺术等与人生存有关的所有场面的学问和思想。在此，我们不由想起，中国最古的诗集《诗经》便是经书的重要组成部分（五经之一），其解释与思想紧密相连，音乐的原理"乐律"也作为儒学的一部分而被研究。诗和音乐，也被儒学家们当作是与政治上的"移风易俗"直接相关的必要条件。正如沟口在论文中列举儒教的十大方面时，也留意到日中两国所存在的巨大差异一样，儒教的各个方面在日本、琉球、中国、韩国、越南都以相当不同的姿态发展，这也是历史事实。

另外，儒教的特质也在与东亚并存的其他思想及宗教的比较中来被探讨。这时，主要强调的是它的世俗主义、现实主义、日常道德性。同道教或佛教那种超脱日常世界、追求个人的真理体会不同，儒教的学问、"教导（教诲）"主要强调的不过是在现实世界中直接建立人与人之间的关系，探求真理，去实现理想社会。

另外，同其他古典宗教、思想相比，儒学的特征，首先是"注释"活动被极其重视这一点。可以说，儒教的历史就是对大量古典书籍进行"注释"的历史。儒教是超越时代并经历了多样化的再解释，而被赋予具有持续生命力的思想。而儒学家的使命，便是对被创作于公元前的文献群进行解释—再解释—再再解释，即通过这样的注释行为来阐述新的思想。

撇开个别事例，在儒家经典注释的场面，没有像中世基督教那样的异端审判之类的事。包括《论语》《孟子》《书经》《礼记》《春秋》等，儒教的几乎所有重要典籍都成书于遥远的古代。如何对这些古典文献进行解释，是超越时代的永恒课题。儒教的历史可谓是被不断"注释"的历史。其特征在于，它不仅是纸上谈兵，而是在实际社会中发挥着巨大作用，即经典教材应该是为推动社会发展而存在，并在这一目的下被不断重新解释的。

在如此庞大的注释活动中，于我们而言最为贴近且大量存在的，便是对孔子及其弟子的言行录《论语》的注释群。

三、被世代传诵的经书——《论语》

在儒教漫长的历史中，没有能比《论语》更能显示出其压倒性存在感的书籍。《论语》在漫长的历史长河中被冠以多种解读方式，其新的意义不断被创新出来，并被政治所活用。也就是说，《论语》是同东亚"漫长历史"的记忆共存的书籍。即使在日本，《论语》也一直被人们广泛阅读，直至今日，文库本《论语》仍然是畅销书。在日本书店，文库本《论语》琳琅满目，诸如"从论语学习……"为题的一些入门书面向商务人员被反复出版。可以说，从古至今，在众多的儒家经典中，《论语》独得日本人恩宠。实际上这可以说是日本儒教的一个特点。

无论如何，《论语》是如何被解读这一问题是讲述东亚思想史的一个重要契机。近代中国，自 20 世纪初五四运动中"打倒孔家店"以后，到如今孔子学院遍布世界各地，孔子和《论语》在其评价上都经历了极大的变迁。现代社会的人们将《论语》作为"人生指南书"，而这种《论语》读法似乎已成为东亚社会的普遍现象。可以说，使儒学家们曾倾注全力去注释的《论语》，仍在不断地变换方式并获得新的生命力。

那么日本江户时期的儒学家们是如何解读《论语》的呢？在解读《论语》的同时，又在思考些什么呢？

江户时代是从 1600 年左右开始到明治维新为止的约二百六十年间，相当于中国的明末到清代。江户时期，德川幕府建立后不久，日本就实行了所谓的"锁国"政策。与此同时，中国也在实行"海禁"政策。说起"锁国"和"海禁"，我们脑海中一般浮现出的是外交被严格抑制这一否定性的方面，而本质上它是一种被更为规范管理化的贸易和外交关系。实际上，当时的贸易总量相比之前大幅增长，虽然人员往来受到限制，但是当时在中国出版的书籍源源不断地大量流入日本社会。与之相反，虽然数量不多，江户时期儒学家的书籍也传入中国。本文所提及的荻生徂徕，正是生长在德川幕府政治安定、经济繁荣的和平时期的一个儒学家。这个时期，相对于统治阶级的武士而言，经济实力得到急速增长的商人们（町人）作为文化和学问的承担者崭露头角。

荻生徂徕，以及他之前的重要儒学家伊藤仁斋（1627—1705）所生存的时代，正值中国康熙帝到雍正帝这一清朝前半段的鼎盛时期。同时期的日本，活跃着以描

江户时期日本儒教的趣味性——以荻生徂徕为中心

写町人和武士的生活百态而出名的小说家井原西鹤（1642—1693），以描写《曾根崎心中》等表现男女间终极情爱的"情死剧"、明朝遗臣郑成功的历史剧《国性爷合战》等剧而出名的剧作家近松门左卫门（1653—1725）。而荻生徂徕和伊藤仁斋生活的时代基本同期于近松门左卫门的这些作品大受欢迎，在以上方（现在的京阪神）为中心的地区上演的时代。在这种政治安定、商人（町人）经济实力增强、社会整体繁荣的时代，江户时期的儒教也迎来了前半段的高峰时期。

伊藤仁斋的《论语古义》和荻生徂徕的《论语征》，都是代表当时日本儒教的《论语》注释。而当时，赫然耸立在他们注释作业之前的是南宋朱熹（1130—1200）所著的《论语集注》。

四、与朱子学的邂逅——仁斋、徂徕的《论语》注释

朱熹在继承和重组程颢、程颐、周敦颐等北宋以来的道学系谱的基础上，作为对整个世界进行说明的一大体系，同时作为以达到"圣人"的境界为目的而进行的具有实践性的"修己治人"的学问，开始讲述庞大的儒家哲学。其核心思想是"理气"论，尤其是对"理"的解释。朱熹所谓的"理"，是"所以然之故，所当然之则"。也就是说，朱熹认为"理"具有两面性，既是事物的规律，也是伦理道德的基本准则，而将其规定为终极的规范概念，并由此理念开展对经书的注释（例如《四书集注》）。另一方面，其正统性（正当性）通过科举等得以确立后，朱熹的思想也获得了制度上的保障。

之后，朱子学在18世纪成为覆盖东亚全境的最大思想，且与构筑近代的思想运动产生了很大关系。众所周知，"理（穷理）/气、本然之性/气质之性、情、未发/已发、体/用、形而上/形而下、格物/致知……"朱子学特有的术语，为东亚提供了"学术讨论的共同语言"，而这些语言又在翻译近代西方文明时被再次利用。

在江户时期的日本，对朱子学反映强烈并排斥它的是后来被称为"古学派"的儒学家们，即伊藤仁斋和荻生徂徕等人。当时，他们最怀疑的是关于朱子学的"理"这一概念。仁斋认为朱子学的"理"本为死字，是原本没有实体的概念。而徂徕则认为它是没有明确标准的概念，批判其作为规范和根据的不确定性。他们把朱子学的理气论作为包含在"语言—逻辑构造"中的问题来把握，并以此为基点进行文献

批判，怀疑其对人和世界的理解方法，指出经书注释的问题，而由此构筑他们特有的儒家学说。

当初学习朱子学，之后又转为对其进行批判的京都商人儒学家伊藤仁斋，认为朱熹的"性理之学"并非孔孟本意，而主张回归到《论语》本身。他指出，在古代儒家经典中，朱子学所说的"本然""气质""理/气"等词语本身并不存在，认为儒教最初的原点，即孔子的《论语》才是"最上至极宇宙第一书"，并给予其最大限度的推崇。

为表明其同朱子学的典型区别，笔者从仁斋的《论语》注释中选择一例进行说明。在《论语·学而》篇中"有子曰，其为人也，孝悌而好犯上者鲜矣"这一章的注释里，仁斋将章末"君子务本，本立而道生，孝悌也者其为仁之本与"的最后一句，注释为"孝悌也者，其为，仁之本欤"（《论语古义》）①。然而，朱熹注则为"其，为仁之本欤"。很显然，根据"为"字所关联的内容不同，这句话的意思发生变化。对于仁斋而言，并不是说"孝悌"这一现实而具体的人为活动的背后有"仁"这一"本体（理）"，而是说"孝悌"这一近在咫尺的行为本身即为"仁之本体"。仁斋认为"仁"不是朱熹所谓的"爱之理"，而是"曰，爱而已矣"（伊藤仁斋《童子问》）②。也就是说，仁斋主张不要用新的概念去进行抽象且分析性的解释，而是要去实践孔子关于"仁"的"学说"。

跟伊藤仁斋相比，对朱子学的逻辑构造进行更为尖锐批判的是荻生徂徕。徂徕欲从《论语》中找出孔子所学的"先王（古代圣人）之道"的所在。他质疑道，人们不打算学孔子的"学习方法"，而想要学习孔子本身，但孔子本人不是自称是祖述"古代圣人之道"的传播者吗？而且他认为古代圣人之"道"并不是作为理念（概念）而存在，而是实际存在于古代书籍之中。例如对《论语·述而》篇中的"子曰，仁远乎哉，我欲仁，斯仁至矣"这一章，徂徕对其施之以自己独特的注释，即"孔子，卷先王之道怀之，岂远乎哉"（《论语征》）③。这同朱熹注中的"'仁'是'心之德'，是存于内心的东西，如果人真心去追求的话就会马上从心中涌现出来"这一解释完全不同。这里的"仁"，于徂徕而言是记载"先王之道"的"六经"这一

---

① 関儀一郎编：《日本名家四書註釈全書　学庸部一》，東洋図書刊行会，1926年，第2頁。
② 家永三郎、清水茂ほか編：《日本古典文学大系97　近世思想家集》，岩波書店，1966年，第215頁。
③ 小川環樹編：《荻生徂徕全集》3，みすず書房，1977年，第311頁。

江户时期日本儒教的趣味性——以荻生徂徕为中心

书籍本身。

徂徕所说的"仁"，并非是跟内心相关的概念，而是指"安民""安天下之德"，即广义上的政治能力。由此看来，"既然孔子将'先王之道（书）'卷入怀中，那么作为'先王之道'的'仁（书）'如字面意思所示，就在孔子的身边"这一解释，是如此的现实和有趣。徂徕在注释《论语》中的其他地方，例如《卫灵公》篇中"君子哉蘧伯玉，邦有道则仕，邦无道，则可卷而怀之"这一处时，也解释说"卷而怀之"不是"不仕隐遁（古注、新注）"，而是"卷其道而怀之也"。①也就是说，应该卷起放入怀中的"道"，只有"六经"。对于徂徕而言，"先王之道"即是"六经"，存在于距离人们内心世界并不遥远的"外在世界（与人们内心世界并不相续）"。而且徂徕认为即使于孔子这样的圣人而言，"道"也是外在于人们的内心世界的。如前所述，徂徕将"仁"定义为"仁者，谓长人安民之德也"（《辨名》）②。对徂徕而言，"道"首先是作为制作于远古时代的"六经"这样的书籍里所记载的历史事实而存在的。由此，孔子被重新定位为是学习"先王之道"的人，是将"先王之道"的"学习方法"传达给我们的人。

当然，以上摘录的只是江户时期儒学家注释《论语》的一部分。从崎门派（以山崎暗斋为代表的学派）到怀德堂（大阪的商人们创办的儒学校），甚至是企图将近代西方思想同儒教融合的横井小楠（1809—1869）等，经过与朱子学的邂逅，儒教在日本开花结果，形成了各种各样的《论语》注释。由于篇幅有限，在此不做叙述。

那么徂徕和仁斋为何会这样解释《论语》呢？对比朱子学他们想要主张的是什么呢？

他们观点中的共同点，是将世界看成"活物"。徂徕批判朱子学"理"的世界观，并说"只要自己坚持认为此事本应该这样，其事本应该那样"（《徂徕先生答问书》下）③的话，是不可能真正获得"道"的。为什么这么说呢，因为世界应当被看作是"生生不息"的"活物"。而且只有立足于这样的世界观，学问才不是运用抽象的语言来进行理念构筑的学问，而是作为极其生动的"活物"，且与当前的现

---

① 小川環樹编：《荻生徂徕全集》4，みすず書房，1978 年，第 227 页。

② 吉川幸次郎、丸山眞男ほか编：《日本思想大系 36　荻生徂徕》，岩波書店，1973 年，第213 页。

③ 此处，日语原文为"此事をかくあるべきはづ、其事は左あるべき筈と手前より極め出して"，收录于島田虔次编：《荻生徂徕全集》1，みすず書房，1973 年，第 477 页。

实世界相符合的学问。

五、徂徕的言辞及思想的开放性

正如众多杰出思想家的言辞那样，江户时期的儒学家荻生徂徕的言辞也同样吸引着人们。荻生徂徕是活跃在江户前期到中期的儒学家，所以他所用的词语也主要由儒教固有的专门术语构成。尤其是徂徕的学问，正如他自称为"古文辞之学"一样，以极其晦涩难懂的用语而为人所知。徂徕所偏爱的自称"不佞"也是较为生僻的词。然而即便如此，徂徕所使用的言辞，通过直截了当的表达，具有直击人心的力量。

《学则》汇集了古文辞中难懂的用语和典故，从开头的第一则"东海不出圣人。西海不出圣人。是唯诗书礼乐之为教也"[1]，到以"达其财成器以共天职，古之道也。故学宁为诸子百家曲艺之事，而不愿为道学先生"[2]为结尾的第七则，全文主旨都是，朴实无华且坦率明快地向读者提出问题。与其说难懂是因为徂徕独特的用语，倒不如说是源于如何理解"故君子必论世。亦唯物"（第四则）[3]这种被过于简明记载的思想核心。正因为直接且简明的用语里没有多余的修饰和废话，才引发我们关注更为核心的课题。

《徂徕先生答问书》是将回答山形庄内藩的某位执政者的疑问的回信汇编而成的书籍。其中也充满了令人深思且极具魅力的语言。徂徕对提问者劝说道"天地为活物，人亦为活物，只要天地和人相遇，人与人相遇，就会发生无尽之变动，无法提前预知会发生什么"[4]"天地为活物，人亦为活物，如果将其用绳子等捆住（指将天地和人放入一定的框架内来看待——笔者注）的话，实在是毫无价值的学问，只能让人增长些小聪明罢了"[5]，将如何用人比作如何驾驭"烈马"，并回答说"如果没有三次五次被踢下马的觉悟，便不能说能驾驭烈马。当下之人，因

---

① 前揭《日本思想大系 36　荻生徂徕》，第 256 頁。
② 前揭《日本思想大系 36　荻生徂徕》，第 258 頁。
③ 前揭《日本思想大系 36　荻生徂徕》，第 257 頁。
④ 此处，日语原文为"天地も活物、人も活物に候故、天地と人との出合候上、人と人との出合候上には、無尽之変動出来り、先達而計知候事は不成物に候"，收录于前揭岛田编：《荻生徂徕全集》1，第 462—463 頁。
⑤ 此处，日语原文为"天地も活物に候、人も活物に候を、縄などにて縛りからげたるごとく見候は、誠に無用之学問にて、只人の利口を長じ候迄にて御座候故"，收录于前揭岛田编：《荻生徂徕全集》1，第 432 頁。

江户时期日本儒教的趣味性——以荻生徂徕为中心

责备他人过失之心甚重，而往往忽略自身的过失。因此，先入为主地认为自己不能用错人，所以会认为瑕疵之物（指有缺点的人——笔者注）很难为自己所用。如果不是骑马有过失败经历的人，便不能驾驭烈马。如果不是有过用错人的经历的人，便无法做到善于用人"①。看过徂徕的这些表述的读者，就会获得一种对世界和人乐观开放的视点。这揭示了对世界和人的一种豁达的观点。用徂徕的话说，只要天地、人都是不断变化的"活物"，那么学问也必须是与之相应的东西。

徂徕的言辞，具有引导人的力量。能使学习者从儒教固有的术语空间解放出来，走向更为广阔的视野和进行更为开阔的思考。这也是徂徕学及其影响不仅限于执政者、专家和儒学家的世界范围内，而是能广泛地普及到江户时期一般社会的原因之一吧。徂徕的言辞、思想、世界观、生活方式（包括他私塾的氛围和那里的学习方法）所带来的某种开放感，其实超越了对徂徕学的恶骂和中伤，以及后世评论家对他贴上的一些诸如功利主义者、中华主义者等标签。而这也是他被世人广泛接受的理由。

实际上，从徂徕在世时到近代为止，关于他的评价不胜枚举，里面掺杂了褒贬毁誉。正如他的名字出现在江户时期的俳句中，他的逸闻趣事成为讲谈、落语的题材，徂徕作为江户儒学者中特别亲近于市井的知识分子，一直到近代都被人们喜爱着、谈论着。

荻生徂徕或徂徕学这一名称，可以说是在江户的思想文化中广泛流通的一大符号。那么为什么徂徕这个名称或徂徕学能够不限于儒者世界而在江户时期整个社会流通呢？当然，它在学问上所拥有的强大颠覆力是首要理由。因为徂徕学所带来的颠覆性，是江户后期到近代的一大事件。同时，可以想象徂徕的言辞魅力、形象性和感召力也大大酿成了大众对徂徕的亲近感。在与徂徕相关的多种表述背景下，不单是停留在文化表层的问题，在其深处，徂徕学的内容本身、以及徂徕的言辞给人带来的感觉上的亲近感，同样广泛地留存在知识阶层。如此想来，就能理解徂徕学在江户时期大获流行以及它对后世影响力之大的原因。

那么徂徕的学问以及徂徕学的言辞魅力来自何处？笔者认为，在于其言辞和思

---

① 此处，日语原文为"三度も五度もなげられ候心得にて無御座候ては、くせ馬にはのられ不申候。今時之人は人の過失を咎むる心つよく候故、自分も過失なき様にと存候。是により使ひそこなふまじきと思召候御心故、疵物之使ひにくき事被仰候にて御座候。馬に乗そこなふ人ならでは馬はのり得ぬ事に候。人を使ひそこなふ人ならでは人をば使ひ不得候"，收录于前揭岛田编：《荻生徂来全集》1，第444頁。

想具有开放性这一点。这里的"具有开放性"是指，他的思想没有闭塞在特定的思想语言内，而是同儒者以外的世界（市井世界）相联结着，其思考的逻辑并没有闭塞在专家集团内部。而且徂徕所提出的问题在近代被各种思想所继承，又构成了新的问题体系。

讨论荻生徂徕时，他的"南总经验"常被提及。徂徕的父亲在触犯主人被逐出江户时，举家迁居到南总（今千叶县）。学界认为，在这样一个接触不到都市风潮和当时流行的学问，甚至连书籍都没在身边的乡下生活的十几年，正好形成了徂徕学说的基础。徂徕本人也在盘点自身学问形成时常常言及此事。与此相关，不由让人想到徂徕常用的"kuruwa/曲轮"一词。"曲轮"是指围绕在城堡、要塞四周的城墙。徂徕常使用"曲轮"这个比喻，来批判那些受限于自己周围的社会和社会环境，无法从自身的视野来自由地看待这个世界的人们。

徂徕感叹道，人人都染上了"此国，今之风俗"，"心态"和"智慧的作用"都不能走出"曲轮"（《太平策》）。正因为如此，徂徕说人应该强烈意识到必须走出自己设定的"曲轮"。的确，徂徕讲述的儒学，是从意识到跳出既成学问框架之外的困难这一点开始的。徂徕对日本传统"训读"这一学问方法进行批判，认为需要排除"将中国古典日本化以期达到自己认为的'觉得好像明白了'"这一想当然的观点。这一批判也是跟"曲轮"批判相通的。正如徂徕基于自身的经验，在很多情况下通过对比乡下和城市进行具体讲述的那样，徂徕学是跳出了城市知识分子和既成学者的视野，从相对大的视野来俯瞰学问而展开讨论的。他在说"终极的学问在于对历史的学习"（《徂徕先生答问书》）[1]的时候，也意味着无论是在空间上还是在时间上都要跳出自闭于"曲轮"内的儒家流派的言说。

同时，徂徕学的"开放性"也意味着，儒家学说要超越学派的界限，广泛向知识社会敞开。徂徕提出的各个课题，超越了学派间的界限被广泛接受。正因为徂徕学作为所谓的"思想磁场"发挥作用，所以后世各种思想得以开展，其学问被发展成为一个问题体系。也正因为如此，在思想史研究所面临的几次转折点时，徂徕作为讨论的契机而被人提起。其中，丸山真男的《日本政治思想史研究》（东京大学出版会，1952 年）即为代表例。

徂徕反复强调将人、物、世界看作"活物"，他自己构筑的儒学世界也作为"活

---

[1] 此处，日语原文为"学問は歴史に極まり候事に候"，收录于前揭岛田编：《荻生徂徕全集》1，第 433 页。

江户时期日本儒教的趣味性——以荻生徂徕为中心

物"是开放性的。笔者在拙著《徂徕学的思想圈》中提到，同徂徕学的本质部分相关的"物""古言""气质之性""风俗"等这些徂徕特有的词汇，也跟徂徕学作为"活物"的特征，以及是开放性的学问这一性格息息相关。

接下来，从徂徕学的成立过程中，尤其是聚焦于它同朱子学交锋的场面，来简单叙述一下徂徕的"物"概念的成立。

六、徂徕的朱子学批判

荻生徂徕的学问，是同形而上学的朱子学，即讲述"理气心性"的朱熹的学问相抗衡，为服务眼下的江户社会及当时的人们，而欲重新把握儒学的学问。徂徕严厉批判朱子学，以及他认为是以朱子学为标准的伊藤仁斋的学问。对徂徕而言，朱子学无非是儒学心学化的一种产物。

徂徕批判说，原本由批判禅宗佛教而展开的朱子学把"理"这个在内心把握的根据作为学说起点，并创造出新的心学。并指出，把思考的根据限定在原本就没有"定准"的"理"中展开议论，是不可能真正获得"道"的。而且，对当初他高度评价的伊藤仁斋的学问，也断定说只要将学问的归宿点放在源于人内心的"仁"上，在本质上是和宋学不变的。

如前所述，南宋的儒学家朱熹，继承并重组北宋以来的道学系谱，作为彻底说明世界万物的一大体系，同时作为以达到"圣人"的境界为目的而进行的具有实践性的"修己之人"的学问，而讲述了宏大的儒家哲学。其根本在于"理气"论，尤其是"理"这一概念。而在江户时期，被称为古学派的伊藤仁斋、荻生徂徕等儒学家反应最强烈并批判的正是朱子学的"理"这一概念。他们把朱子学的"理"（"一元之理"和"理一分殊"）定位为"语言—逻辑"这样的构造来把握，以此展开严厉的朱子学批判，并进行经书的原文批判（《中庸章句》批判等），为其实施新的注释，欲构筑他们不同于朱子学的思想世界。

然而值得一提的是，他们对朱子学如何在以士大夫阶层主导的中国社会发中挥作用，以及如何与那个学说的逻辑构造产生密切的关系这一点几乎不感兴趣。同时，他们对当时信奉朱子学的"地方官、地方士绅"的存在，以及在当时社会实际发挥作用的"乡约、社仓、书院"[1]等，也几乎毫不关心。古学派的儒学家们

---

[1] 前揭小岛：《儒教の歴史》。

主要专注于经书注释的场面，对解释世界的朱熹的语言，以及使其成立的逻辑构造给予强烈的关注。

正如前文所述，江户时期的日本没有采用科举制度，所以作为体制教学的朱子学没有起到充分的作用。除此之外，还跟以下事项有关，即无论是朱子学还是阳明学，主要是通过隔海远渡而来的书籍，几乎同时进入学者的视野并被接受。而不是作为儒学学问系统内部发展史的一部分，由日本的儒学者通过自身体验而产生的学术系统。

对于江户时期的儒学家而言，常被误解为朱子学并不是先行的学术权威，而是通过学习朱子学来开创自身的儒学，并且同时走上一条对朱子学进行自身理解的深化的过程。朱子学最激进的信奉者山崎暗斋的思想形成同伊藤仁斋的古义学的确立处于同一时期。正是因为有伊藤仁斋的朱子学批判，才加深了对朱子学的理解，进而出现了对朱子学展开更为严厉批判的徂徕学，由此形成了江户时期的儒学家对朱子学理解的一个模式。

那么连同仁斋学说对朱子学也一并进行批判的徂徕，到底讲述了什么，又是如何讲述的呢？

徂徕认为"道"是"先王之道"，是由"先王"制作的用来统治人民的所有的具体方法。并指出其治理国家的要点在于，君子如何去体会和实践这种方法。因此，"教"和"学"必须是"事事（以事为事）"的东西，而不是过度集中在朱子学所重视的思维方式上。

如果我们用现代日语来表达"事事"的话，可以说它是"遵循事实"的教法。然而即使这样也还是有些无法释然的地方。因为要将徂徕所说的"事事（以事为事）"这句话的内容用别的表达来替换是非常困难的，我们也很难想象用脱离辩证的思维方式去思考"教"和"学"的真正意义。而且徂徕所说的"事实"绝不是直接指眼前社会的具体事物本身，而是基于独特定义的"事实"。

"事事（以事为事）"的教法是源于徂徕提出了"物"这一概念。那么，"物"和"事"到底是什么意思呢？

七、依据"物"的教法和"活物"的世界

比如下面这一章，鲜明地反映了徂徕对"物"的关心。

江户时期日本儒教的趣味性——以荻生徂徕为中心

盖先王之教，以物不以理，教以物者，必有事事焉。教以理者，言语
详焉。物者众理所聚也。而必从事焉者久之，乃心实知之。何假言也。言
所尽者，仅仅乎理之一端耳。(《辨道》16)①

这里主要记载了以下两个重要的事项。即，

(1)对抗朱熹哲学中"理"的是"物"。

(2)"物"的发现形式是"事"，而"物"与"事"是两个不同阶段的概念。

将徂徕所说内容用进行图示，即为：

朱熹—理—（作为发现）—言

徂徕—物—（作为发现）—事

如果说朱子学中的"理"是超越时间和空间作为普遍妥当的规范而被提出的话，那么徂徕的"物"是作为一种什么样的内容来与之抗衡的呢?此外，为什么徂徕认为"物"比"理"的规范更具优势呢?

徂徕说，如果根据"物"来教化人的话，那必定是以"事事（以事为事）"的形态出现。另一方面，学习者则会长期依据"事事（以事为事）"，达到从心底真正理解"物"的境界。并且"物"是"众理之聚"的地方，因此朱子学的"言"只能传达"理的一端"，而"物"则通过"事"这种更加具体的发现，将人引向作为整体的"道"。

这样一来，徂徕的"物"具有能同朱子学的"理"相抗衡的一种规范性。同时，它也揭示了在本质上具有跟"理"不同性格的"规范"性的东西。但是它作为"规范"所带给人的推动作用，和"理"对人和社会的作用并不相同。"理"是使用多种"言辞"来促使人的"理解"，与此不同，"物"是通过"事"来对人产生作用，"物"的这一状态也被认为是一种独特的性质。

那么徂徕在此所说的"物"是指什么呢? 直截了当地说，他所说的"物"是指古代经典"六经"的记述本身，即"六经"里记载的古代事物的具体姿态（"夫六经物也，道具存焉"《学则》3)②。特别是指有关"礼"的古代记载，徂徕称其为"物"。徂徕论述道，人们将它作为需遵循的具体"基准"来参照，即可实现尽善尽美的世界（"物者美之成也，好美者民之性也，故礼有物，而后民必有所则法也。"

---

① 前揭《日本思想大系36 荻生徂徕》，第205頁。
② 前揭《日本思想大系36 荻生徂徕》，第257頁。

——《萱园七笔》①。

徂徕还说，比起朱子学依据于"理"的教导（教诲），依据"物"的教导（教诲）来作为"安民"之术更加有效。徂徕认为，依据游离于事实之外的"无定准之理"的教导（教诲），最终可能会成为说教者心中的教导（教诲）（"且理者，莫不适者也，吾以我意而自取之。"——《辨名》"序"）②。如果反复进行说明，将解释的语言尽量详细地展示出来，反而会陷入无止境的议论之中。而与之相对，依据历史、文化这种实际存在的"物"的教导（教诲），作为"事事（以事为事）"的教法，才能在具体的行为活动中得到实现，人们通过在心中临摹实际存在的"事"，宛如在心中曾经实际经历过那样获得对于"事"的体会（"物者，教之条件也。古之人学以求成德于己。故教人者教以条件。学者亦以条件守之。"，"人记忆古言，而在其胸中，犹如有物然。故谓之物。若任臆肆言，则胸中莫有所记忆。莫有一物，是无物也。"——《辨名》"物"）③。也就是说，徂徕认为"物"具有自然而然地感化人的功能。

与这种主张并行而成的徂徕的古代典籍的注释，则是为了证明"物"具有规范性、以及"物"的学习方法而进行的工作。正如前文所述，徂徕认为《论语》不是记录"圣人孔子"或"神圣语言"的书籍，而是孔子通过实践将古代"依据'物'的教导（教诲）"展示给世人的详细记录（《论语征》）。在《论语征》的注释中随处可见的孔子形象，是极具人性的孔子形象，是学习"先王之道"的孔子作为一个人的姿态。

在徂徕学的成立中，"六经"尤其是从"礼"的记述中发现的事实极为重要，特别是人世间和社会的存在方式，成了后世的准则得到实现。这是徂徕学进行论述的出发点。以此为起点，徂徕开始批判朱子学逻辑的"虚构"性。徂徕对"先王制作"的具体事实的集合进行重新解释，认为"先王制作"的具体事实的集合并不应该被理解为言语上的教化，而应被理解为用事实"制定"的规范，即以"物"为准则。而且它作为规范的根据，是寻求于"天"赋予"先王"制作的"使命"这一"历史性场面"。也就是说，把理解世界的基准，固定在"历史"当中。徂徕将价值的根据固定在特定的古代典籍的记述中，如此反而会获得一种，不是将眼

---

① 西田太一郎编：《荻生徂徕全集》17，みすず书房，1976年，第471页。
② 前揭《日本思想大系36　荻生徂徕》，第257页。
③ 前揭《日本思想大系36　荻生徂徕》，第253—254页。

江户时期日本儒教的趣味性——以荻生徂徕为中心

前的世界和人作为一种僵化的概念，而是作为"活物"，作为鲜活生动的东西来重新捕捉的视野。

毋庸置疑，作为徂徕学说的前提存在着这样一个认识。即，从徂徕的角度而言，人类世界绝不是朱熹向人们所解释的那样是"机械性的构筑物"，本来就形形色色的人只有在多样的或好或坏的相互关联中才能构成一个整体。

徂徕在"人性"论中也强调说，排除朱子学"本然之性"和"气质之性"的区别，人的"性"只有"气质之性"。认为"气质之性"才是"生之质"。并且对宋学所说的改变人"性"使其成为"圣人"这一观点进行批判。认为那是不可能实现且强加于人的做法，最终只能创造出像克隆人一样单一的人。

> 关于气质变化之事，宋儒所妄言，将虚妄之事强加于人，皆为勉强之至。无论如何气质都是不会变化的东西。米永远是米，豆永远是豆。只有培养气质，成就它生而俱来的东西才是学问。比如于米也好于豆也好，如同施肥时要让它按照天性开花结果。如果都长成秕是没有用的。所以为了世界万物，米为米用，豆为豆用。米不能变成豆，豆也不能变成米（《答问书》中）①

"秕（しいな）"是指只有壳没有果实的稻谷，或是没有成熟之前就已经枯萎的果实。徂徕的人性论中的"气质不变"说自始至终用明快的语言，将读者从朱子学的修身论及严格主义中解放出来，甚至可以说是从理解人性的角度，给予读者一种爽快感的至理名言。那么原本就各种各样的人，要构筑统一的理想世界，需要什么样的方法？士人想要实现"道"需要以什么为基准？另外以什么为基准，人们才能参与到实现理想世界中去？徂徕学正是在如此构想之下得以构筑，作为其学问的起点，以及同"理"的规范相对抗的东西，"物"这一概念被提出。

江户时期的儒教在同朱子学的对抗中，以多种形式得以展开并且深化。既有更纯粹地信奉朱子学的学派，也有众多采取折中立场的儒学家。在此种背景下，荻生徂徕通过彻底批判朱子学的"理"的构图，尝试讲述另一种儒学。在徂徕的学说中，

---

① 此处，日语原文为"気質を変化すると申候事は、宋儒の妄説にてならぬ事を人に責候無理之至に候。気質は何としても変化はならぬ物にて候。米はいつ迄も米、豆はいつまでも豆にて候。只気質を養い候て、其生れ得たる通りを成就いたし候が学問にて候。たとえば米にても豆にても、その天性のまゝに実いりよく候様にこやしを致したて候ごとくに候。しいなにては用に立不申候。されば世界の為にも、米は米にて用にたち、豆は豆にて用に立申候。米は豆にはならぬ物に候。豆は米にはならぬ物に候"，收录于前揭島田编：《荻生徂徕全集》1，第456—457頁。

他试图描绘出一个与"理"的世界相抗衡的理想化的"活物"的世界观。

从这点来看，徂徕的学说是东亚儒学史上颇有意义的一个思想实践。

（作者：中村春作，日本广岛大学名誉教授；译者：于君，南开大学外国语学院日语系讲师）

新见唐《李训墓志》之"日本国朝臣备"解析*

李广志

内容摘要 2019 年 12 月 25 日,一合唐开元年间鸿胪寺丞李训的墓志公布于世,名为"大唐故鸿胪寺丞李君墓志铭并序"。志石呈正方形,四边有花叶纹,全志 19 行,共计 328 字,李训于开元二十二年六月二十日去世,同年六月二十五日下葬,末尾写有"日本国朝臣备书"。墓志所载除补史书之阙外,为日本遣唐使及相关领域研究提供了新的史料。文章考释了该墓志的主要内容,指出"日本国朝臣备书"这一信息的重大意义,在 7 世纪末至 8 世纪初石刻资料中,写有"日本"二字者已见四方墓志,但"日本国"三字仅见于此。"朝臣备"其人,很可能就是开元和天宝年间两次入唐的吉备真备。文章还介绍了墓志引发的质疑之声,希望学界深入研究,辨其真伪,还原历史真相。

关键词 鸿胪寺丞李训 日本国 遣唐使 朝臣备 吉备真备

---

*本文系国家社科基金项目"日本遣唐使研究"(项目批号:17BSS026)的阶段性成果之一。

An analysis of the "Japanese Ason Bi" in the epitaph of Li Xun in the Tang Dynasty

Li Guangzhi

Abstract: December 25th, 2019, a piece of the gravestone of Li Xun, the assistant minister of the Court of State Ceremonial Honglusi was revealed to the public. The title of the memorial tablet is "the epitaph and the introductory of Mr. Li Xun, the former assistant minister of Honglusi". The gravestone is square—shaped and there are carvings of flowers and leaves on four sides. There are 19 lines and 328 characters in total, and the end of the epitaph says "written by Japanese Ason Bi". This article studied and interpreted the content of the epitaph, thus identificating the great significance of "the Japanese Ason Bi" and pointing out the doubts raised by this epitaph.

Keywords: Li Xun the assistant minister of Honglusi; Japan; Japanese envoys; Ason Bi; Kibi no Makibi

　　7 世纪末至 8 世纪初，日本社会发展到一个新的阶段，其国号也由"倭国"改为"日本"。这一点从文献史料上基本可以得到确认。然而，"日本"国号究竟诞生于何时？历来说法不一，尚无定论，日本学界曾在 20 世纪 60 年代以前主张"孝德朝"（645—649）成立说，20 世纪 70 年代并行"齐明朝"（655—661）和"天智朝"（668—671）说，20 世纪 80 年代以后并存"天武·持统朝"（673—697）说和"文武朝"（697—707）成立说[1]。目前后两种学说占主流。

　　然而基于文献基础上时间概念，真伪混杂，缺少可靠的实证材料。近年来，考古发现有了很大进展，为揭开"日本"最初诞生之谜提供了有利证据。截至目前，涉及"日本"一词的唐代墓志发现三方：（1）2011 年公布的百济人《大唐故右威卫将军上柱国祢公墓志铭并序》（以下简称《祢军墓志》）[2]；（2）2004 年发现的《赠尚衣奉御井公墓志文并序》（以下简称《井真成墓志》）[3]；（3）1995 年公布的《徐

---

　　① 西本昌弘：《祢軍墓誌の「日本」と「風谷」》，《日本歴史》第 779 号，2013 年，第 88—94 页。

　　② 王连龙：《百济人〈祢军墓志〉考论》，《社会科学战线》，2011 年第 7 期，第 123—129 页。

　　③ 贾麦明：《新发现的唐日本人井真成墓志及初步研究》，《西北大学学报》（哲学社会科学版）第 34 卷第 6 期，2004 年 11 月，第 12—14 页；王建新：《西北大学博物馆收藏唐代日本留学生墓志考释》，《西北大学学报》（哲学社会科学版）第 34 卷第 6 期，2004 年 11 月，第 18—20 页。

新见唐《李训墓志》之"日本国朝臣备"解析

州刺史杜嗣先墓志》(以下简称《杜嗣先墓志》)①。三方墓志的年代分别为 678 年、734 年和 713 年。对此，学界已有很多讨论，基本辨明其"日本"的价值。2019 年底，忽闻又一方唐代鸿胪寺丞李训的墓志问世，名为"大唐故鸿胪寺丞李君墓志铭并序"(以下简称《李训墓志》)，里边带有"日本国"字样。由于时间较近，除发布者著作外，尚未见到其他相关论文。以下，就这方墓志及其中的"日本国朝臣备书"谈一点拙见。

一、《李训墓志》问世

2019 年 12 月 25 日中午，笔者看到《朝日新闻》网上的一则消息，题为"中国发现吉备真备笔迹墓志？可能是留学时所书"。发布的时间为 12 时。消息全文如下：

中国发现吉备真备亲笔墓志？可能是留学时所书

中国发现了曾作为遣唐使 2 次入唐，日本奈良时代高官、执掌朝廷政务的吉备真备亲笔书写的墓志（死者简单传记）。25 日，所藏博物馆等在北京召开发布会。墓志可能是 8 世纪前期，真备作为留学生在中国期间书写的。这是国内外第一次发现的真备笔迹，也是首次发现日本人为中国人书写的墓志铭。长期以来，记载真备留学生活的文献史料极为少见，此次发现，作为记载古代东亚关系的珍贵史料，备受瞩目。

该墓志是深圳望野博物馆 2013 年获得的，石材长 35 厘米，宽 36 厘米，厚 8.9 厘米，刻有 19 行，共 328 个汉字。这是唐王朝负责接待外国使节机构"鸿胪寺"中级官员李训的墓志，记载他于开元二十二（734）年 6 月 20 日去世，同年 6 月 25 日下葬。

末尾一行写有"秘书丞褚思光文"和"日本国朝臣备书"，可以认为撰写墓志文的是中国人褚思光，手书者是称作"备"的人。日本学者认为，遣唐使在当地有改用中国名字的事例，吉备真备也很可能被称为"真备"。日中学者认为，墓志中记有表示日本王朝地位的"朝臣"两字，可以认为真备书写的可

---

① 叶国良：《唐代墓志考释八则》，《台大中文学报》第 7 期，1995 年 4 月，第 51—76 页。

能性极大。①

（深圳望野博物馆提供）

　　消息除文字外，另配五张照片。接着，笔者继续搜寻其他线索，下午 NHK 又播放了图像新闻，题为"中国唐代墓志　或为日本人吉备真备书写"②。深圳卫视播出新闻：《日本国朝臣备书丹褚思光撰文鸿胪寺丞李训墓志考》新书发布暨学术成果公告会在京举行③。至此，该消息的真实性已确定无疑，但尚未见到墓志全文，也未见其他中文报道。

　　次日，笔者联系到墓志的第一发现人和研究者深圳望野博物馆馆长阎焰先生，询问墓志的相关情况和发布会的始末，并购买了其论著《日本国朝臣备书丹　褚思光撰文　鸿胪寺丞李训墓志考》。12 月 26 日，日本各大报纸相继报道。同时，第一篇中文报道出现在《参考消息》发布的网络版上，题为"日媒：中国发现遣唐使吉

---

　　① 「吉備真備筆? の墓誌、中国発見　留学中書かれた可能性」，『朝日新聞』，2019 年 12 月 25 日（水）12:00 配信。中文为笔者译。https://headlines.yahoo.co.jp/hl?a=20191225—00000016—asahi—soci，2019 年 12 月 25 日。

　　② 「中国の唐の時代の墓誌　日本から渡った吉備真備が書いたものか」，NHK 新闻，2019 年 12 月 25 日，17 時 48 分。https://www3.nhk.or.jp/news/html/20191225/k10012228161000.html，2019 年 12 月 25 日。

　　③ 深圳卫视—正午 30 分：《日本国朝臣备书丹褚思光撰文鸿胪寺丞李训墓志考》新书发布暨学术成果公告会在京举行，20219 年 12 月 25 日下午 15:20 分。https://k.sina.com.cn/article_1842606855_m6dd3f30702000lg0z.html。

新见唐《李训墓志》之"日本国朝臣备"解析

备真备所写墓志 或为真迹"①，27 日开始出现了中文报道《〈日本国朝臣备书丹 褚思光撰文 鸿胪寺丞李训墓志考〉新书发布 全世界第一次见到最早的日本人书写"日本国"》②。29 日《澎湃新闻》发出了学术讨论的文章，题为"王瑞来：《李训墓志》书写者"朝臣备"是不是吉备真备？"③。此后，关于这个该墓志的讨论逐渐展开，"澎湃私家历史"连续发表几篇文章，一些公众号也有相关讨论。有别于其他讨论的是，辛德勇先生于 12 月 30 日发出一篇短文《所谓"李训墓志"当属赝造》④，并于 2020 年 1 月 11 日公开讲座，提出质疑声音。总之，《李训墓志》一问世，立刻引起学界广泛讨论，众说纷纭，百家争鸣。首先，我们回到墓志本身。

墓志的盖面为篆书九字："大唐故李府君墓志铭"，李训墓志铭全文如下：

> 大唐故鸿胪寺丞李君墓志铭并序公讳训，字恒，出自陇西，为天下着姓。曾祖亮，随太子洗马；祖知顺，为右千牛，事文皇帝；父元恭，大理少卿兼吏部侍郎。君少有异操，长而介立。好学所以观古，能文不以曜世。故士友重之，而时人不测也。弱冠以辇脚调补陈留尉，未赴陈留而吏部君亡。君至性自天，柴毁骨立。礼非玉帛，情岂苴麻。惟是哀心，感伤行路。服阕，历左率府录事参军，太子通事舍人，卫尉主簿、鸿胪寺丞。以有道之时，当用人之代，骥足方骋，龙泉在割，岂不伟欤！而天与其才，不与其寿。梁在厦而始构，舟中流而遽覆。呜呼，子罕言命，盖知之矣。享年五十有二，开元廿二年六月廿日，以疾终于河南圣善寺之别院，即以其月廿五日权殡于洛阳感德乡之原。夫旆以书名，志以谍行，乃勒石作铭云：洪惟夫子，灼灼其芳。道足经世，言而有章。亦既来仕，休闻烈光。如何不淑，弃代云亡。其引也，盖殡也，用纪乎山岗。
>
> 秘书丞褚思光文　　日本国朝臣备书⑤

担任鸿胪寺丞的李训因疾病终于河南圣善寺之别院，时年 52 岁，时间是开元

---

① 《日媒：中国发现遣唐使吉备真备所写墓志 或为真迹》，《参考消息》2019 年 12 月 26 日，12 点 34 分发布，参考消息在线（北京）文化传播有限公司。https://baijiahao.baidu.com/s?id=165395578308 8686475 &wfr=spider&for=pc，2019 年 12 月 26 日。

② 香港商报网，2019 年 12 月 27 日。http://www.hkcd.com/content/2019—12/27/content_1171565.html，2019 年 12 月 27 日。

③ 王瑞来：《〈李训墓志〉书写者"朝臣备"是不是吉备真备？》，《澎湃新闻》2019 年 29 日 09 时 37 分。http://www.sohu.com/a/363461115_260616，2019 年 12 月 29 日。

④ 微信公众号，辛德勇自述：《所谓"李训墓志"当属赝造》。https://mp.weixin.qq.com/s/ddDvWox DWerU1MmVwbkqXw，2019 年 12 月 30 日。

⑤ 参见阎焰：《日本国朝臣备书丹 褚思光撰文 鸿胪寺丞李训墓志考》，文物出版社，2019 年，第 11 页。

二十二年（734）年六月二十日，五天后出殡。可知其683年生，734年去世。李训生于陇西，"天下着姓"，出自天下名声显赫的李姓家族。李训的身世，通过其夫人的墓志可以得到印证。2000年陕西省眉县常兴镇砖厂出土一方墓志，后由西安碑林博物馆征集收藏，是为《李训夫人王氏墓志》。据其载"公讳训，兴圣皇帝十叶孙也"。这一点与《李训墓志》相吻合。所谓"兴圣皇帝"指凉武昭王李暠（351—417），唐天宝二年（743）追赠的尊号。李训曾祖李亮，任隋（随）太子洗马；祖李知顺，以右千牛职，侍奉文皇帝（唐太宗）；父李元恭，任大理寺少卿兼吏部侍郎。

李训墓志中的家族系谱情况，通过其姐姐的墓志也得以印证。近年民间流散一合《大唐前恒州司功参军萧君妻李氏墓志铭并序》的唐志，墓主萧君之妻李氏，为李元恭之女，太极元年（712）亡，殁年43岁。志中载有李家世系，曾祖亮左千牛；祖知顺；父元恭正议大夫、大理寺少卿、判东都吏部侍郎兼掌选事[1]。不过，其父李元恭，生卒年不详，史料中却记有许多他的信息，《太平广记》卷四百四十九中载有《李元恭》传。

《全唐文》中所载的《陇西李君墓志》中李修的家世显示，李修祖父为李元恭、父亲李讷。李元恭"开无中，以文学政事历大理卿，判尚书吏部侍郎。侍郎生烈考讷，官至太府寺丞"[2]。如此看来，李元恭开元年间尚在，按李训年龄推测，其父开元中年龄似乎不小。

在此，值得关注的是，李训死亡的地点，《李训夫人王氏墓志》载"开元廿二载，李公无状卒于鸿胪丞之官舍"[3]，而《李训墓志》则为"以疾终于河南圣善寺之别院"，两墓志记载的死亡地不同。

李训病逝前的官职为鸿胪寺丞，该职务官员的实物史料并不多见。唐代鸿胪寺属于九寺之一，掌管外交事务，设卿一人、少卿二人、丞二人、主簿一人、录事二人。据《唐六典》卷十八载："鸿胪寺：卿一人，从三品；少卿二人，从四品上。鸿胪卿之职，掌宾客及凶仪之事，领典客、司仪二署，以率其官属，而供其职务；

---

① 阎焰书转引毛阳光、余扶危主编《洛阳流散唐代墓志汇编》，七八"大唐前恒州司功参军萧君妻李氏墓志铭并序"；葬于太极元年（公元712）二月十五日，国家图书馆出版社，2013年，第156页；阎焰：《日本国朝臣备书丹 褚思光撰文 鸿胪寺丞李训墓志考》，文物出版社，2019年12月，第16页。

② 《全唐文》第06部·卷五百二十一《陇西李君墓志》。

③ 刘莲芳：《唐〈李训夫人王氏墓志〉考释》，《碑林集刊》（十），陕西人民美术出版社，2004年，第124页。

新见唐《李训墓志》之"日本国朝臣备"解析

少卿为之二。凡四方夷狄君长朝见者，辨其等位，以宾待之。凡二王之后及夷狄君长之子袭官爵者，皆辨其嫡庶，详其可否，以上尚书。若诸蕃大酋渠有封建礼命，则受册而往其国。凡天下寺观三纲及京都大德，皆取其道德高妙为众所推者补充，上尚书祠部。凡皇帝、皇太子为五服之亲及大臣发哀临吊，则赞相焉。凡诏葬大臣，一品则卿护其丧事；二品则少卿；三品，丞一人往，皆命司仪，以示礼制也。丞二人，从六品上；主簿一人，从七品上；录事二人，从九品上。丞掌判寺事。主簿掌印，勾检稽失。录事掌受事发辰。"[①]可知，鸿胪寺丞的李训官品为从六品上，其职主要"掌判寺事"，负责处理鸿胪寺中的日常事务。

《李训墓志》的撰文者是"秘书丞褚思光"。褚思光为著名文人褚无量的侄子，"无量五从侄思光，虞部郎中"[②]秘书丞，则属于秘书省官员，《唐六典》卷十·秘书省载："丞一人，从五品上……丞掌判省事。"可见，褚思光任职虞部郎中，又转为秘书丞。不仅如此，他曾于开元七年（719）以才华横溢、文辞雅丽登科入仕[③]。李训和褚思光，一个为鸿胪寺丞，另个为秘书丞，两人身份、地位接近，为其撰写墓志道也合情合理。

墓志最后一句为"日本国朝臣备书"，由此可知，书写者"朝臣备"为日本人。那么"朝臣备"又是何人呢？阎焰的结论是墓志的书写者"朝臣备"是吉备真备。

先看"朝臣"。这里的朝臣，并非汉语本意，显然指的是日本人的姓氏。汉语"朝臣"之意指朝廷大臣或朝中之臣，或为来华朝贡的外国使臣。墓志中的"朝臣"之姓，源于日本天武十三年（685）冬十月一日颁布的诏令，诏曰：

更改诸氏之族姓，作八色之姓，以混天下万姓。一曰，真人。二曰，朝臣。三曰，宿祢。四曰，忌寸。五曰，道师。六曰，臣。七曰，连。八曰，稻置。[④]

"朝臣"位居第二。日本早期的"氏"与"姓"是一个相对的概念，一般称"氏姓制度"，属于政治概念。"氏"日语读"うじ"（uji），指氏族的共同体，或具有特殊技能、祭祀和军事世袭职业的族群，被倭政权授之"氏"，形成于5世纪末至6世纪初。如"苏我""巨势""春日""物部""土师""中臣"等。对此，倭朝廷又授予这些豪族"姓"，日语读"かばね"（kabane），如"臣、连、君、直、造、首、

---

① （唐）李林甫：《唐六典》，陈仲夫点校，中华书局，2008年，第504—506页。
② 《元和姓纂》卷六·钱塘褚氏条。
③ 《唐会要》卷七十六·贡举中·进士"制科举"条："七年，文辞雅丽科。邢巨、苗晋卿、褚思光、赵良器及第。"
④ 小岛宪之，直木孝次郎等校·訳：《日本书纪3》，小学馆，1999年，第436—438页。

史"等。而"真人"和"朝臣"等"八色之姓"是朝廷为加强皇权,在原有的"姓"的基础上又规定的规格更高的"姓"。由此,在奈良时代以及平安时代,"朝臣"之"姓"赐予很多贵族。另外,给"氏"赐以"姓"之后,两者结合起来构成广义的"姓"。需要注意的是,日本"氏姓制度"中,所赐之"姓"一定要在"氏"之后,即"氏"＋"姓",这一顺序不能改变。凡提到"朝臣",必定是跟在"氏"之后。诸如高向朝臣麻吕、藤原朝臣不比等、粟田朝臣真人、石上朝臣麻吕、小野朝臣毛野、中臣朝臣麻吕、巨势朝臣多益须、田中朝臣法麻吕等[①]。

所说的吉备真备,来唐当时全称为下道朝臣真备。已经拥有"臣"姓的下道豪族,被赐姓为"下道朝臣",为所赐五十二姓之一。"朝臣备"若是吉备真备,在日本的正确表述是"下道"(氏)＋"朝臣"(姓)＋"真备"(名),合并之后成为完整的姓名。或者也可称其为"下道朝臣"或"下道真备"。在日本文献中,未见有"朝臣备"的表述,亦无"朝臣真备"之语。

然而,在遣唐使来华过程中,朝臣之姓也随之传来,唐人林宝在《元和姓纂》卷五"朝臣"条记:"朝臣。日本国使臣朝臣真人,长安中拜司膳卿同正,朝臣大父,拜率更令同正。朝臣,姓也。"[②]此处所记的"朝臣真人",《旧唐书》和《新唐书》均有载,指的是长安二年(702)十月抵达的日本遣唐使执节使粟田朝臣真人,"朝臣大父"则为副使的巨势朝臣祖父。此后,717年抵达长安的遣唐使中,留学生阿倍仲麻吕也称两《唐书》称为"朝臣仲满"。

关于"朝臣＋名"的中国式称呼,更直接的史料是张九龄起草的《敕日本国王书》[③],该敕书作于同一时期,介绍了下道朝臣真备回国时的遣唐使船航行情况,除一船顺利外,其他船飘荡或遇难。敕书称遣唐大使丹墀(多治比)真人广成为"真人广成",称遣唐副使中臣朝臣名代为"朝臣名代",称遣唐判官平群朝臣广成为"朝臣广成"。由此可见,把日本人的姓去掉,以"朝臣"＋"名"相称,似乎更符合唐朝以上对下的君臣关系的理念。因此,日本"朝臣"之姓,似乎被理解为代表姓氏的一种"代称"。

此外,还应考虑到这个《李训墓志》中的"朝臣备",应该是褚思光行文时写

---

① 石晓军:《也说〈李训墓志〉中的"朝臣"》,澎湃新闻,2020 年 1 月 8 日:10:26. https://www.thepaper.cn/newsDetail_forward_5448442。

② (唐)林宝撰,岑仲勉校记:《元和姓纂》卷五·朝臣,中华书局,1994 年,第 559 页。

③ (唐)张九龄:《唐丞相曲江张先生文集》(简称《曲江集》)卷十二。另见《文苑英华》卷四百七十一、《全唐文》卷二百八十七。

好的，而非书者自己临时命的名。

二、"日本国朝臣备"为何人

"日本"国号的诞生，文献所指基本集中在 7 世纪末至 8 世纪初。然而，考古实物所见，目前只有三方墓志带有"日本"，其中《祢军墓志》中出现的"日本"一词，是否为国号问题，尚有争议[①]，墓志年代为仪凤三年（678）；《杜嗣先墓志》出现的年代为先天二年（713），志文则写有"日本来庭"，此当为最早记录"日本"国号的实物[②]；《井真成墓志》则明确写有"公姓井，字真成，国号日本"，埋葬日期是开元二十二年（734）二月四日。可见，8 世纪初，在以唐为中心的国际舞台上，"日本"之国号已正式登场。

而此次新公布的《李训墓志》，其书者最后落款为"日本国朝臣备书"，这也是实物所见"日本国"国号的首次完整表示，时间同样是开元二十二年，李训的入葬日期略晚于井真成，为六月二十五日。那么"朝臣备"究竟为何人呢？

在 734 年这个时间点上，停留在唐朝的日本人中，带有"备"字名的除下道朝臣真备之外，未见其他人。因此，可以认为"朝臣备"就是后来的吉备真备。关于吉备真备，在其去世后《续日本纪》载有一篇他的薨传，简要概括了他的一生。据《续日本纪》卷三十"宝龟六年（775）十月壬戌（二日）"条载：

> 壬戌，前右大臣正二位勋二等吉备朝臣真备薨。右卫士少尉下道国胜之子也。灵龟二年，年二十二，从使入唐，留学受业。研览经史，该涉众艺。我朝学生，播名唐国者，唯大臣及朝衡二人而已。天平七年，归朝。授正六位下，拜大学助。高野天皇师之，受《礼记》及《汉书》。恩宠甚渥。赐姓吉备朝臣。累迁，七岁中，至从四位上右京大夫兼右卫士督。十一年，式部少辅从五位下藤原朝臣广嗣，与玄昉法师有隙。出为大宰少贰，到任，即起兵反。以讨玄昉及真备为名。虽兵败伏诛，逆魂未息。胜宝二年，左降筑前守，俄迁肥前守。胜宝四年，为入唐副使。回日授正四位下，拜大宰大贰。建议，创作筑前国怡

---

① 马云超：《东亚视野下的百济人祢军墓志——以"日本余噍"和"僭帝称臣"为中心》，《唐史论丛》（第 21 辑），三秦出版社，2015 年，第 37—49 页。

② 高桥继男：《最古の「日本」——「杜嗣先墓誌」の紹介》，専修大学・西北大学共同プロジェクト編《遣唐使の見た中国と日本》，朝日新聞社，2005 年，第 316—330 页。

土城。宝字七年，功夫略毕。迁造东大寺长官。八年，仲满谋反。大臣，计其必走，分兵遮之。指麾部分，甚有筹略。贼遂陷谋中，旬日悉平。以功授从三位勋二等，为参议中卫大将。神护二年，任中纳言，俄转大纳言，拜右大臣，授从二位。先是，大学释奠，其仪未备。大臣，依稽礼典，器物始修。礼容可观。又大藏省双仓被烧，大臣私更营构，于今存焉。宝龟元年，上启致仕。优诏不许。唯罢中卫大将。二年，累抗启乞骸骨。许之。薨时年八十三。遣使吊赙之。①

吉备真备（695—775），父为下道国胜，母为杨贵（八木）氏，生一男一女，子曰泉，女曰由利（亦有妹妹一说）。原姓下道朝臣，746 年（天平十八年）赐姓吉备朝臣，官升至右大臣、正二品。两次入唐，第一次为 717—734 年，第二次为 752—753 年。吉备真备在日本古代史上名声显赫，在遣唐使中属于出类拔萃者，通览经史，涉猎众艺，《续日本纪》称"我朝学生播名唐国者，唯大臣及朝衡二人而已"。可以看出，日本朝廷对他的评价极高，他与阿倍仲麻吕二人在唐的影响最大。李训墓志的书写者若为吉备真备，其价值则尤显珍贵。

吉备真备去世时间是 775 年，"薨时年八十三"，同时又记他灵龟二年（716）被选为留学生时 22 岁，另依据《续日本纪》中"去天平宝字八年（764），真备生年数满七十"的记载，他的实际年龄应该是 81 岁。

吉备真备留学是在开元初，其过程，中日史料均有载。此次遣唐于日本灵龟二年（716）任命，《续日本纪》灵龟二年八月、九月条载：

（八月二十日）是日，以从四位下多治比真人县守为遣唐押使，从五位上阿倍朝臣安麻侣为大使，正六位下藤原朝臣马养为副使，大判官一人、少判官二人、大录事二人、少录事二人。

己巳（二十六日），授正六位下藤原朝臣马养从五位下。

九月丙子（四日），以从五位下大伴宿祢山守，代为遣唐大使。②

大使先任命为阿倍安麻侣，九月又换成大伴山守。遣唐使人员中还有请益生大倭忌寸小东人（后改赐姓大和宿祢长冈）、留学生下道朝臣真备（吉备真备）、阿倍仲麻吕、留学僧玄昉、傔人羽栗古麻吕等。但这些留学人员地位较低，尚不在首脑

---

① 青木和夫、稻冈耕二等校注：《续日本纪　四》（新日本古典文学大系），岩波书店，1995 年，第 458—460 页。

② 青木和夫、稻冈耕二等校注：《续日本纪　二》（新日本古典文学大系），岩波书店，1995 年，第 18 页。

新见唐《李训墓志》之"日本国朝臣备"解析

真容之列。关于这次遣唐使的行程，包括何时从平城京出发、途径何处、航海路线，以及在唐的上岸地及返航口岸等，中日史料均无记载，具体路线不是很清楚。但是从其任命到返回，仅用了一年多时间，养老二年（718）十月二十日遣唐使一行就已回到九州大宰府①。依《续日本纪》所载："此度使人，略无阙亡"，②也就是，除了留在唐朝学习的留学生、留学僧以外，其他使团人员安全归国，未造成任何损失。

下道朝臣真备留学 17 年，其间在唐的活动情况史料无明确记载。但遣唐使及留学人员在长安的活动情况，《旧唐书》《新唐书》和《册府元龟》有一些记载。《旧唐书·东夷·日本传》载：

> 开元初，又遣使来朝，因请儒士授经。诏四门助教赵玄默就鸿胪寺教之。乃遗玄默阔幅布以为束脩之礼。题云"白龟元年调布"。人亦疑其伪。所得锡赉，尽市文籍，泛海而还。其偏使朝臣仲满，慕中国之风，因留不去，改姓名为朝衡，仕历左补阙、仪王友。衡留京师五十年，好书籍，放归乡，逗留不去。

那么日本留学生中何人就读于四门学呢？详细考证过阿倍仲麻吕生平的杉本直治郎认为，跟随赵玄默学习的人是下道真备，并且他以日本"白龟"（灵龟）元年的调布为"束脩之礼"③，东野治之也认同此观点④。真备在唐的活动所知甚少，此为其一。

不过，受教于赵玄默的日本学生，恐怕非真备一人。日本派来的留学生还有阿倍仲麻吕、玄昉，以及短期请益的大倭小东人等，求学之请大概是日本使团的集体愿望，具体学习时间不详。

下道真备是跟随 734 年遣唐使一起回国的。关于这次遣唐使的情况，中日史料都有记载，互为印证，总体行程基本清楚。天平四年（732）八月十七日，日本朝廷任命遣唐使，多治比广成为大使，中臣名代为副使，判官四人，录事四人。此后，经过造船、授节刀及送别，天平五年（733）七月离开博多，驶向大唐，八月抵苏州。此行四船，总共 594 人。苏州刺史钱惟正向朝廷汇报后，玄宗皇帝派通事舍人韦景先慰劳。开元二十二年（734）四月，遣唐使至洛阳，朝见皇帝。同年十月从苏州解缆归国，途中遇险。大使乘的第一船于天平六年（734）十一月在多祢岛（种

---

① 《续日本纪》养老二年十月庚辰条。
② 《续日本纪》养老二年十二月甲戌条。
③ 杉本直治郎：《阿倍仲麻吕传研究》，育芳社，1940 年，第 312—315 页。
④ 東野治之：《遣唐使と正倉院》，岩波書店，1992 年，第 33 页。

子岛）着岸；副使所乘的第二船，一度折回唐土，天平八年（736）五月经萨摩抵大宰府；第三船漂至昆仑国，人员遇贼寇袭击、饥饿和疾病等各种灾难，仅存 4 人，重返长安，最终于天平十一年（739）七月经渤海国回国；第四船下落不明。不过，此次遣使的人数，中国史料记为 590 人[①]，日本史料为 594 人[②]，但相差不大。真备 734 年底或 735 年初回到奈良，他给日本带回许多天文、历法、科技、礼乐等方面的书籍和工具[③]。

这样，在鸿胪寺丞李训去世时，虽然还属于留学生，但年已过 41 岁，学业有成。如果下道真备为李训书写的"大唐故鸿胪寺丞李君墓志铭并序"，必然是在开元二十二年四月遣唐使抵达洛阳以后，朝见玄宗皇帝期间遇李训去世，受托而写。也可以推测他与李训交往较深，得到遗属的信任。同时也反映遣唐使与鸿胪寺之间的密切关系。

三、墓志引发质疑

《李训墓志》一经公开，立即引起人们热议。阎焰著《日本国朝臣备书丹　褚思光撰文　鸿胪寺丞李训墓志考》也同时开始发行。不过，绝大多数人都是通过网络新闻获得的信息，通过媒体第一时间发表观点。这期间，辛德勇首先对墓志提出质疑，他于 2020 年 12 月 30 日在"辛德勇自述"微信公众号发出一篇短文，题为《所谓"李训墓志"当属赝造》。此后，连续几天补充自己的看法，并于 2020 年 1 月 11 日在北京生活、读书、新知三联书店举行公开讲座，内容发表在 1 月 13 日中国经营网上[④]，标题为"北大教授辛德勇：由'打虎武松'看日本国朝臣备的真假"，文中的小标题分别为：

○听不到声响的"轰动效应"

○"预流"还是"作浪"？

---

① 《册府元龟》卷九七一·外臣部·朝贡第四载："（开元二十一）八月，日本国朝贺使真人广成与僚从五百九十人，舟行遇风，飘至苏州，刺史钱惟正以闻。诏通书舍人韦景先往苏州宣慰焉。"

② 《扶桑略记》卷六·天平五年七月庚午条："七月庚午日，（中略）遣唐大使多治比广成，副使中臣名代，乘船四艘，惣五百九十四人渡海。沙门荣睿、普照法师等随使入唐。"

③ 《续日本纪》天平七年（735）四月辛亥条。

④ 辛德勇：《北大教授辛德勇：由"打虎武松"看日本国朝臣备的真假》，讲稿首发于中国经营网，2020 年 1 月 13 日：09:26。http://www.cb.com.cn/index/show/rw/cv/cv13457191239。

新见唐《李训墓志》之"日本国朝臣备"解析

○真赝先折中于理

○大唐盛世"古人之理"

○"打虎武松"与留学青年

○虚实再辨之以文

○"不测""不寿"原来"不通"

○"杂烩乱炖"弄巧反拙

○当李鬼遭遇李逵

○虚实"朝臣备"重睹"大模样"

他又于 1 月 22 日,在自己的微信公众号上发表一文,题为"由《井真成墓志》看所谓《李训墓志》的真伪"①,文章开头写道:

> 我认为所谓《李训墓志》出自今世贾人赝造,主要是出自历史研究的一个"大理"——这就是它是不是符合那个时代的一般观念和做法,而在我看来,"日本国朝臣备书"这一衔名题写形式,是完全背离唐朝的实际情况的,因而其必假无疑。

> 所谓不符合唐朝的一般观念和做法,大体包括两个方面。

> 一是吉备真备或者是其他还另有一位什么"朝臣备",作为普通的日本留学生,并没有资格,来为大唐王朝的从六品上官员鸿胪寺丞李训来运笔书写墓志;也就是说,他不够格。

> 二是退一步讲,即使这位日本人基于某种特殊的因缘真的会出面为李训书丹上石,他也一定要记明自己的身份,而不会像我们看到的这样,竟然只写上个"日本国"三字作为头衔。这也就意味着他是啥行头都不穿,光着膀子上来为一位朝廷的官员挥毫作书的。这是古今中外都不可能出现的事儿。

除辛文外,还有人从书法角度提出质疑,一篇题为"真品还是伪作,日本国朝臣备书《李训墓志》的书法鉴定?"的文章发表在名为"书法一瞬斋"的微信公众号上,主张"伪作无疑"②。

另一方面,针对质疑,反驳意见也同时出现。2020 年 1 月 2 日,《澎湃新闻·私

① 辛德勇:《由〈井真成墓志〉看所谓〈李训墓志〉的真伪》,微信公众号:辛德勇自述,2020 年 1 月 22 日。https://mp.weixin.qq.com/s/J3J3uJpi__5IGrPGgb—14g。

② 飞卿大兄:《真品还是伪作,日本国朝臣备书〈李训墓志〉的书法鉴定?》,2020 年 1 月 16 日,https://mp.weixin.qq.com/s/3hJ64zEgd—ASaD4tC3zuSA。

家历史》栏目刊登一篇阎焰的文章，题为"阎焰：我为什么认为《李训墓志》中"朝臣备"就是吉备真备？"，进一步阐释了他的观点，指出"此志全篇 328 字，这应该是目前存世最准确、最大篇幅的朝臣备（吉备朝臣真备）手迹了"①。

此外，李训墓志公布以后，引起日本学界极大关注。2020 年 1 月 25 日，日本唐史研究会举行学习会，专题讨论《李训墓志》。其中也提到墓志的真伪问题，对于中国部分学者提出的伪造说，主攻石刻资料的隋唐史研究专家气贺泽保规认为，基于墓志形状、文章表达、历史事实等，认定为可能是真备在唐代书写的，这一点并不矛盾。同时他反驳道②：

> 唐朝是个多民族国家，并存有中亚、南亚等多种文化。虽说日本人为中国人书写墓志属于例外，但日本留学生与唐朝官员交往密切也不足为怪。

针对墓志的真伪，会上展开激烈讨论。无论是赞成也好，怀疑也罢，都有必要反复验证。遣唐使自身的墓志，见于 2004 年发现的中国人书写的井真成墓志，他与李训同年正月死于长安。还有 2011 年发现的百济人"祢军"墓志，里面有"日本"的记述。新史料不断增多，人们期待在中国的墓志热潮背景下，谨慎且大胆地展开研究，从而揭开更多日本古代史的谜团③。

日本现存一幅吉备真备为其母亲写的墓志铭，名为《杨贵氏墓志》。该墓志发现于 1728 年，在奈良县五条市出土，墓志铭曰："从五位上，守右卫士督兼行中宫亮，下道朝臣真备葬亡姚杨贵之墓。天平十一年八月十二日记。岁次乙卯。"天平十一年，即公元 739 年，此时吉备真备尚未受赐"吉备朝臣"之姓，仍称"下道朝臣"。尽管该墓志的真伪受到质疑，现墓志实物无存，仅有拓本流传于世，但也没有完全排除其真实性，赞成和反对意见并存。值得注意的是，墓志上的文字与《李训墓志》差别较大，二者的风格迥异。即便《杨贵氏墓志》是假文物，从书写角度，对于正确辨析《李训墓志》或许具有参考价值，作为稀世的吉备真备书写的汉字，其书法风格如何，有待于专家进一步论证。

---

① 《阎焰：我为什么认为〈李训墓志〉中"朝臣备"就是吉备真备？》，《澎湃新闻》，2020 年 1 月 2 日 11 点 4 分。https://www.thepaper.cn/newsDetail_forward_5381911。
② 塚本和人：《「吉備真備の書」浮かぶ交流史》，《朝日新聞》，2020 年 2 月 6 日（13 版）。
③ 辻本芳孝：《「吉備真備碑文」で論議　唐代の墓誌「日本国」表記》，《読売新聞》，2020 年 1 月 29 日（12 版）。

四、结　语

近年先发现的考古资料中，涉及"日本"事项的新史料有 3 合墓志，即《祢军墓志》《井真成墓志》《杜嗣先墓志》，此次新发现的《李训墓志》为第 4 个重要史料。综上所述，从中日交流史和遣唐使的角度看，"李训墓志"的意义深远，至少有以下四点值得强调。

第一，《李训墓志》的发现，丰富了鸿胪寺丞李训的资料，完整地展现出其一生的事迹。同时又有秘书丞褚思光的撰文，对于丰富唐史又补充一份新史料。

第二，日本人亲自书写在刻石上的国号，首现于"朝臣备"书的"日本国"三字。反映出 8 世纪初日本国号的变化轨迹。就像阿倍仲麻吕改名为"朝衡"（晁衡）、734 年死于长安的"井真成"一样，下道朝臣真备很可能用"朝臣备"作为中国名，至少是唐人为他取的"代称"。此为日本留学生取中国名的又一实例。

第三，丰富了吉备真备在唐的活动内容。作为名垂千史的历史名人，他在唐的生活情况史料无载。通过墓志可以推测，他与鸿胪寺丞李训有着密切交往，甚至推测他与秘书丞褚思光相识为友。

第四，墓志的真与伪。这一点，不可忽视上述质疑声音，需要学界深入研究，澄清史料的虚与实，终究志石流转渠道不十分明朗，来自民间，其他消息不详。所以如何以科学的方法、强有力的证据辨其真伪，消除疑惑，恐怕是个长期的课题。

（作者：李广志，宁波大学外国语学院副教授）

明治初期日本来华外交官的文化交际透视[*]

——以竹添光鸿为中心的考察

吴留营

内容摘要 作为明治时代初期派往中国的外交人员，竹添光鸿在华期间游历十数省，留心风土人文，并凭借出色的汉诗文，广泛结交李鸿章、张之洞、俞樾、王韬等中国各界闻人。继而迅速打开了在华外交局面，在朝鲜问题、琉球问题的交涉中占据上风。竹添光鸿等人的在华交游为其刺探情报、达成外交目的而服务，而此时的多数晚清文人或沉湎在同文之交的大国迷梦中，或对其所倡言的日清协力御辱之说有所迎拒。而就竹添光鸿本身的汉诗文及汉学成就而言，又难以将其作为专门的情报人员进行界定。因此须就具体时段，结合具体语境对其涉华行述进行全方位观照，以厘清其身份构成的矛盾性、复杂性，从而做出符合客观史实的评价。

关键词 竹添光鸿 《栈云峡雨稿》 明治初期 文化交际

*本文系国家社科基金重大项目"东亚汉诗史"（19ZDA295）的阶段性研究成果，以及国家社科基金青年项目"明清中国与琉球交往诗歌文献整理研究"（20CZW026）、中国博士后科学基金项目"清代中国与琉球诗歌交流研究"（2020M670952）阶段性研究成果。

明治初期日本来华外交官的文化交际透视——以竹添光鸿为中心的考察

Cultural communication perspective of Japanese diplomats to China in the early Meiji Period——An investigation centered on Takezoe Koko

Wu Liuying

Abstract：As a diplomat sent to China in the early Meiji era, Takezoe Koko traveled to more than ten provinces during his stay in China, paying attention to local conditions and culture. With his outstanding Chinese poetry and prose, he made extensive acquaintance with Li Hongzhang, Zhang Zhidong, Yu Yue, Wang Tao, and other celebrities. Then he quickly opened up the diplomatic situation in China and gained the upper hand in the negotiations on the Korean issue and the Ryukyu issue. Takezoe Koko's diplomatic tours in China served for his intelligence and diplomatic purposes. At that time, most of the literati in the late Qing Dynasty indulged in the dream of great power or opposed the idea that the Japanese and Qing Dynasties should work together to resist humiliation. In terms of his own Chinese poetry and Sinology achievements, it is difficult to define him as a special intelligence officer. Therefore, in order to clarify the contradiction and complexity of his identity, and to evaluate his actions with the objective historical facts, it is necessary to take a comprehensive view of its China—related narratives in light of specific periods and specific contexts.

Keywords：Takezoe Koko; zhanyunxiayu; the early Meiji period; cultural communication

19 世纪 70 年代，在维新政策影响下的日本明治政府主动开展对外交往，出于拓展资本主义市场的需要，急切渴望与中国订交签约，并试图效仿西方列强取得在中国市场的最惠国待遇。作为此际派往中国的外交人员，竹添光鸿（1842—1917）是颇具典型意义的一位。他字渐卿，号井井居士，通称进一郎，九州熊本人。先后任藩学训导、修史局协修、驻华公使随员、大藏省少书记、驻天津领事、驻朝鲜公使等职。在华期间游历十数省，与李鸿章、张之洞、王韬、俞樾等近代中国政界、文坛名流交游，诗文往还，成诗文集《栈云峡雨稿》。外交实践中则在琉球问题、朝鲜问题上与李鸿章、袁世凯针锋相对，以致酿成"甲申政变"中日军队流血冲突。晚年竹添光鸿回归学术，潜心钻研汉学，曾出任东京帝国大学教授，后归隐著书，有《左氏会笺》《毛诗会笺》及《论语会笺》等，在日本近代汉学领域得占一席。竹添的汉诗文及汉学成就，与其早期从事外交工作时的作为，构成了其身份认识的复杂性。今学者对竹添光鸿的研究，多围绕其经学成就；少数关注其诗文者①，往往着重于揭示其社会学价值，对文学活动本身及其多重意涵注意较少。本文试就这一视点，钩稽中日相关史料，对竹添光鸿进行全方位的剖析，以期由点到面，揭示明治初期日本在华外交人员的文化交涉实况及其影响。

一、竹添光鸿七次来华经历述略

日本明治时代，经由维新政改，主动与世界各国交往。而与近邻中国的关系，自然是重中之重。1870 年（同治九年、明治三年）9 月，日本外务权大丞柳原前光、少丞藤原义质来华，由上海登陆，至天津，先后拜会三口通商大臣成林、直隶总督李鸿章，致函总理衙门。经李鸿章从中周旋，清廷最终允准订约，中日两国于翌年正式建立起外交关系。依据所订《修好条规》"两国均可派秉权大臣并携带眷属、随员，驻扎京师"②的条款，日本很快在北京构筑使馆，柳原前光成为首任驻华公使。柳原前光任期仅数月，1875 年由外务少辅森有礼接任。森有礼曾留学英美，崇拜西学，且有三年驻美公使的履历，但对其时之中国，显然缺乏了解。故而在伊藤博文支持下，自幼研习汉学、深谙中国文化且有赴华经历③的竹添进一郎被选作公使随员，赞襄其事。

该使团一行于 1875 年（光绪元年）底在烟台登陆，旋抵京，至总理衙门谒见恭亲王奕䜣，交涉朝鲜"江华岛事件"，刺探清廷态度。此为明治时代竹添首次来华，其由日本航海至山东，经由陆路进京途中，有诗纪行，结集为《乘槎稿》。

1876 年 2 月，《日朝修好条规》（《江华条约》）订立，日本得以打开朝鲜国门，

---

① 冯岁平《竹添井井及其〈栈云峡雨日记〉》，《成都大学学报》（社会科学版），2003 年第 4 期；武光辉《〈栈云峡雨日记〉所折射的晚清社会状况初探》，《华夏文化》，2012 年第 3 期；武光辉《竹添进一郎〈栈云峡雨日记〉中三峡史料价值》，《华中人文论丛》，2012 年第 2 期；惠科、周勇《近代日本外交官和汉学家的重庆认知——以竹添井井〈栈云峡雨日记并诗草〉为中心》，《东疆学刊》，2019 年第 1 期。

② 李鸿章、伊达宗城签署：《中日修好条规》，王芸生：《六十年来中国与日本》第一卷，生活、读书、新知三联书店，1982 年，第 45 页。

③ 竹添光鸿曾于江户时代末期由熊本藩秘密派往上海，负责修船。参见张明杰整理本《栈云峡雨日记》，第 4 页。

明治初期日本来华外交官的文化交际透视——以竹添光鸿为中心的考察

攫取了一系列特权。而日本的此次"胜利",不得不说得益于森有礼使团在数次针锋相对的交涉中"辩赢"了奕䜣、李鸿章之流,后者承认日朝两国关系"由该国自行专主,中国从不与闻"①,听任日本对清朝属国进行恫吓威胁。至 5 月初,竹添光鸿与日本驻华公使馆一等书记官津田静一(1852—1909,字君亮)请长假,赴中国西南地区旅游考察,或是作为对前述业绩的奖赏。而竹添在《日记》中则云:"余从森公使航清国,驻北京公使馆者数月。每闻客自蜀中来谈其山水风土,神飞魂驰,不能自禁。遂请于公使,与津田君亮以九年五月二日治装启行。"②其一行三人,自北京启程,经河北、河南地,进入关中地区,再经由栈道,涉入汉中,继续西南行至四川境内,在重庆下三峡,沿江顺流而东,抵于上海。用时几三月,行程近万里。此间著有《栈云峡雨日记》及《栈云峡雨诗草》,其中所记山川之脉络、特产之盈虚、社会风气之升降、国计民生之得失,皆细致而深刻。

西南之行后,竹添接到继续在华搜集情报的指令。此后回国接家眷来华,以便常驻中国行事。1877 年,驻扎上海的竹添,除遍游沪上,成《沪上游草》外,还前往杭州、嘉兴、吴县、苏州等地览胜,结交俞樾等贤达闻人。此后回国,任职于大藏省。

1878 年前后,华北地区发生"丁戊奇荒",上千万人饿毙。当时有日本实业家募集善款,竹添奉命来华将赈灾物资交与直隶总督李鸿章。此举于公于私,都为竹添光鸿增分不少。此际,李鸿章特为其《栈云峡雨日记》等集作序,以示交好。此后竹添再次回日本效力。1879 年 3 月间,王韬应邀赴日之前,在上海偶遇竹添光鸿。王韬《扶桑游记》言其事曰:"偕钱昕伯至有马洋行,见日本文士竹添渐卿。"③次日,竹添特为王韬设宴饯行。及王韬将要登船启行,竹添与日本驻沪领事品川忠道均亲往送行至船上。

1879 年 4 月,日本宣布将清朝朝贡国琉球改为冲绳县。李鸿章及总理衙门自知无力回天,仅象征性诘问。驻日公使何如璋不明就里,在东京严词交涉,谈判陷入僵局。而此年,琉球士族向德宏等人在福州、天津、北京等地游说清廷大吏,意

---

① 故宫博物院:《清光绪朝中日交涉史料》卷一,文海出版社,第 1 页。

② 竹添光鸿:《栈云峡雨稿》,冯岁平点校,三秦出版社,2006 年,第 37 页。竹添光鸿《栈云峡雨日记并诗草》或曰《栈云峡雨稿》,日本整理本有岩城秀夫译注的平凡社,2000 年,中国国内整理本另有张明杰的 2007 年中华书局版,周勇、黄晓东、惠科的 2018 年重庆出版社版。本文所引皆依冯岁平点校本。

③ 王韬撰:《漫游随录·扶桑游记》,陈尚凡、任光亮校点,湖南人民出版社,1982 年,第 177 页。

欲请援复国。日外务省先后两次派遣竹添光鸿来华，一则侦查向德宏等人的动向，二则与李鸿章交涉琉球事件，以确保和扩大日本既得利益。竹添光鸿以当时日本惯用的"亚洲主义"策略，即日清提携、共同对抗欧洲，声称吞并琉球亦是抵御俄、德势力渗透的"不得已"之举。劝说李鸿章让步，认可既定事实。李鸿章坚持琉球为中国属国的立场，依据《中日修好条规》不应互扰邦土。本年度数次谈判均不欢而散。此后竹添再次回国。

归国后，竹添汇报情况，并与外务卿井上馨商讨琉球问题的破局之策，提出了"分岛改约案"，即将琉球南部的先岛群岛归属中国，余部归属日本，而中国则须以给予日本最惠国待遇作为代价。1880 年 3 月，竹添携此策来华晤谈李鸿章。亲历中日建交始末的李鸿章早在建交之初订约时即重点防范，不让与日本最惠国待遇，此时自然亦不同意让与；只言分岛方案尚且可谈。总理衙门对分岛案和改约案均不认同，此事又无果而终，而日本吞并琉球群岛则已成既定事实。

当年 5 月，竹添进一郎被任命为驻天津领事，更方便与李鸿章对等谈判。至1882 年 3 月间，双方又多次笔谈会晤，拉锯谈判，互有让步而因时局变动终未果其事。1882 年 6 月，朝鲜"壬午兵变"事起，清日两国在朝鲜的利益纷争更显棘手，且为当务之急。竹添光鸿以其与李鸿章等中国方面交涉的经验和人脉著称，而被任命为驻朝鲜公使，调离天津。驻朝期间，竹添光鸿与开化党人共同策划"甲申政变"，试图驱逐清廷势力，而遭袁世凯的果断弹压。事败后，竹添罢官回国，仕途终结，转向从事汉学研究，隐居而终。其晚年所撰《左氏会笺》《毛诗会笺》《论语会笺》等书，得到了俞樾等人的称誉，但竹添再无踏上中土的机缘。

二、公务兼私交：竹添光鸿与李鸿章及其幕客

竹添光鸿数次来华交涉，与李鸿章多有交集。浅野哲夫《独抱楼诗文稿例言》直指竹添"海外知己则莫少荃李氏若焉"[1]，以李鸿章为第一知己。在竹添光鸿之前，中日正式建交之《修好条规》即由李鸿章代表清廷签署。竹添来华后，亦多在天津与李氏周旋。

就诗文而言，李鸿章虽以淮军起家，以洋务名世，其本身亦是进士出身。虽不

---

① 浅野哲夫：《独抱楼诗文稿》例言，竹添光鸿《独抱楼诗文稿》，吉川弘文馆明治四十三年（1910）铅印本。

明治初期日本来华外交官的文化交际透视——以竹添光鸿为中心的考察

以诗文著称，别集中可圈点处依然不少。然而，检视现存李氏诗文，其为时人唱和以诗、题序以文均属少见，屈指可数。1873 年，日本外务卿副岛仲臣来华庆贺同治帝大婚，并交换批准后的《修好条规》及《通商章程》，时与清廷高官诗文唱和。而李鸿章仅题"忠勤亮特"四字与之。1876 年，副岛再次来华，会晤李氏，以诗集《沧海集》索和。李氏仅题数语，其言曰："大作古义磅礴，有汉魏人之风。吾公冗猬集，无暇属和，愧甚。"[1]连让幕僚捉刀都无，相当敷衍。翌年，日本历史学者青山延光由驻华公使森有礼引介，请序于李鸿章，李"因诺其请"[2]，撰成七百字序文。

　　而李鸿章既为之和诗，又题序的，仅竹添光鸿一人。其时在光绪四年（1878）六月，竹添光鸿受日本大藏省委派，运米麦、草药并携善款来津助赈，交与李鸿章，以救济华北地区灾民。此际所遭遇的"丁戊奇荒"确是"二百余年未有之灾"，整个灾区受到旱灾及饥荒严重影响的居民人数，约占举国之半。[3]灾荒除波及山西、直隶、陕西、河南、山东等省近千州县外，灾民逃难所影响更达江南地区。包括李鸿章在内的地方督抚无不焦灼，而日本方面此时的救急显得颇为及时，故而李氏对竹添另眼相看。此间赠诗云："往年雨泽累愆期，晋豫燕齐竞阻饥。推食解衣吾辈分，捐困海外有人奇。"[4]援引推食解衣之典，以致谢忱。李氏另在《栈云峡雨日记并诗草叙》中言及：

　　　　光绪三年，畿辅、山西、河南饥。其明年，日本井井居士竹添进一，实来饩饥氓以粟，余既感其意而谢之。就与语，闳豁无涯涘，盖笃雅劬学士也。[5]

　　谈及竹添所作《杭苏游草》《栈云峡雨诗草》并《日记》，李鸿章援引司马迁周览天下、杜子美踏遍秦蜀之例，言诗文得江山之助而益奇。进而赞许竹添之文"含咀道味，瑰辞奥义，间见叠出"，其诗"思骞韵远，摆脱尘垢，不履近人之藩"，评价可谓甚高。至于末尾提到的"继自今有踵居士而来游者，余将东向速客，延之上座，一叩其胸中之奇也"，只可作客套话观之罢了。1871 年订约之际，李鸿章即有

------

① 副岛种臣：《沧海遗稿》，明治三十八年（1905）刊本。
② 李鸿章：《国史纪事本末序》，青山延光：《国史纪事本末》，明治九年（1876）刊本。
③ 详参郝平：《丁戊奇荒——光绪初年山西灾荒与救济研究》，北京大学出版社，2012 年。
④ 李鸿章赠诗见于竹添光鸿：《致清国李少荃傅相书附李氏赠诗》，《独抱楼诗文稿》第二，吉川弘文馆 1910 年铅印本。
⑤ 竹添光鸿：《栈云峡雨稿》，第 29 页。

"日人诡谲好谋"①的印象。及次年又遣使意欲改约，李鸿章则有"议约甫定，忽又派人来津商改，狡黠可恶"之说，甚至预言"百年后必为中国肘腋之患"。②至1874年，日本悍然出兵中国台湾，李鸿章在致沈葆桢的信中言日本"其人外貌呴呴恭谨，性情狙诈深险，变幻百端……无信无义，狗彘不食其余"③。1875年底，森有礼与李鸿章首次会晤，即放言"和约没甚意义"，"至国家举事，只看谁强"④，被李当面斥为谬论。1878年6月李鸿章做此序文之际，其"日本认识"恐怕未有大的改观。而在1877年10月写给青山延光《国史纪事本末》的序文中，结尾处更有"观书中纪其国历朝崇文之盛，尤不禁为之神往也"之语。此话与年过半百、官居一品且屡与日人较量的李鸿章多少有几分违合之处，除去官场间固有的客套虚语之因素外，此类诗文抑或由其幕客代笔。

由此不得不提及的是李鸿章幕府。李鸿章驰骋晚清政坛数十载，无论是前期戎马生涯，还是后期执掌中枢，奏令公牍的接应与发出，目不暇接（仅上海图书馆藏的奏折抄本底稿即有一万二千余件），而多假以人手。署名为李鸿章的《栈云峡雨日记并诗草叙》写就于光绪四年（1878）六月，该年吴汝纶、薛福成均在其幕府中效力。薛福成，号庸庵，江苏无锡人，先后佐幕于曾国藩、李鸿章，其中栖身李幕十年。检阅薛福成《庸庵文外编》，《代李伯相日本某居士集序（戊寅）》一文赫然在列。至于收录代作之文入编，早在丁亥年（1887）刊出《庸庵文编》时即定《凡例》曰："近来诸家刻集，有代作者，或不入集，或注代字于题下，竟不知所代为何人。古人于代作之文皆入集，如昌黎有代张籍与李浙东书，东坡有代张方平谏用兵书，皆于题中标出所代之人，兹编谨仿其例。"⑤执庸庵代作与《栈云峡雨稿》卷首序文两相对读，代作中称"某居士"，李氏书写时改为"井井居士"实称，少数同义字词更替外并无过多差异。而在此年前后，中日间交涉琉球等事件，李鸿章指示驻日公使何如璋的书函，竟均有薛福成代作，函中多次强调"遇有外洋纷争之端，颇以清静无为为宗旨"，"意在息事而弥衅，所谓不服药为中医也"⑥。另一重要幕

---

① 李鸿章：《复曾中堂》，顾廷龙、戴逸主编：《李鸿章全集》第30册，安徽教育出版社，2008年，第276页。
② 李鸿章：《复黄子寿太史》，《李鸿章全集》第30册，第439—440页。
③ 李鸿章：《复沈幼丹节帅》，《李鸿章全集》第31册，第41页。
④ 李鸿章：《李鸿章全集》第31册，第340页。
⑤ 薛福成：《庸庵文编》凡例，《薛福成集》，安徽教育出版社，2014年，第1页。
⑥ 薛福成：《代李伯相复何星使书（戊寅）》，《薛福成集》，第764页。

明治初期日本来华外交官的文化交际透视——以竹添光鸿为中心的考察

客吴汝纶在《答日本中岛生》信札中亦言"曩挹楢原风采，今接中岛笔札，何贵国之多才也"①。此际李鸿章幕府中主客人员的对日立场，颇显微妙。

而薛福成与竹添的直接往来，既可佐证上述代作之可信，又足为我们延展竹添的交际视野。同年八月，薛氏为《栈云峡雨稿》跋文，称该书于山川之脉络、风气之升降、国计民生之得失，考证既详，用笔亦妙。结尾一句"如有刊本，幸以饷我"②，说明当时该集尚未梓行，薛氏所阅，仍为稿本。收录在《庸庵文外编》的、同作于戊寅年的《送日本某居士东归序》，亦可见二人交谊。此文当作于竹添归国之前，其中追溯了二人相识之缘："光绪四年夏，日本某居士至天津，介青浦朱格仁静山内交于余，并视所为诗文。"③由此可见，薛氏虽在李鸿章幕后捉刀撰文，但结识竹添则另经由他人，其即时任北洋大臣公署翻译的朱格仁。

同样通过朱格仁而与竹添获交的还有徐庆铨。徐庆铨，仁和人，同治间刊行的《国朝词综续编》即由黄燮清编纂、徐庆铨编次。光绪二年曾随李鸿章与英人签订《烟台条约》。据徐庆铨戊寅年九月朔日为《栈云峡雨稿》所作跋文，"戊寅之夏，居士税驾津门，余以朱君静山之介，晤于池田领事④之署，既赋长律以赠之。因获睹居士是编，复为述其梗概，跋而归之，以志向往"⑤。戊寅年夏，竹添已任职于日本驻津领事馆，徐庆铨与薛福成由朱格仁之引荐，结识竹添光鸿。

顺便一提的是，曾纪泽亦曾在此际为竹添光鸿《栈云峡雨稿》题诗。曾纪泽，字劼刚，曾国藩之子，丁丑年袭侯爵，翌年出任驻英、法大臣。所撰《奉读竹添渐卿〈栈云峡雨日记〉及诗文草率题一律并引》记曰："余居京邸时，已闻井井居士之名。光绪戊寅秋，衔命使于欧罗巴洲，道出津沽，池田松坪出居士所为诗、古文及《栈云峡雨日记》，问序于余。"⑥所题诗并引文近六百字，以"水木湛华清入句，冰霜无滓净成文"称许竹添之诗文，言在累日案牍之中读此书，使其有"忽开迷雾见晴云"之愉悦。

三、万里送诗来：竹添光鸿的北京交际

① 吴汝纶撰：《吴汝纶全集》第三册，施培毅、徐寿凯校点，黄山书社，2002年，第153页。
② 竹添光鸿：《栈云峡雨稿》，第208页。
③ 薛福成：《薛福成集》，第371页。
④ 池田宽治，日本驻天津首届领事。
⑤ 竹添光鸿：《栈云峡雨稿》，第286页。
⑥ 同上，第209页。

1879 年秋，竹添光鸿在北京期间，拜会张之洞、宝廷等人，结下诗缘。张之洞时任国子监司业，其在致书潘祖荫时提及与竹添会见事。书云："日本权少书记官（彼国四品）竹添进一，前日曾与相见，文学颇优，识趣亦正，冠西冠，服唐服，其心亦苦矣。闻其言今秋尚欲南游，谒孔林也。"如此客观描述中，可见由江户时代跨入明治时代新旧交替阶段的缩影。点评竹添《燕京游草》诗册，张之洞亦多有"论古有识""有蕴藉""气骨雄健，音调亦合"之誉。

清宗室宝廷，字仲献，号竹坡，晚号偶斋，有"满洲八旗第一诗人"之盛名[1]。且有政声，与张佩纶、黄体芳、张之洞号称"翰林四谏"，以直声名振天下。官至内阁学士兼礼部侍郎、正黄旗蒙古副都统，以纳妾事自劾免官。竹添请见时，宝廷任侍读学士兼詹事府少詹事。当时情形，亦颇曲折，据《题日本竹添光鸿栈云峡雨日记诗集》诗前引文载：

> （竹添）今岁复至京，仲秋来访予，遗日记并诗集，予方游山未归。次日复来，使阍人辞焉，返其所遗。光鸿凭其驻京使臣田边太一致书总理各国事务衙门，代上闻，移文詹事府，遗书求见，仍以前所遗者遗焉。季秋既望来见，与语，弗尽解，笔谈久之，始去。求题其日记、诗集并诗赠别，盖将东归也。[2]

由上述引文，结合宝廷之子寿富所撰《先考侍郎公年谱》可知，竹添进京后慕名求见宝廷而不遇，便留下诗集和日记请序。次日再访，宝廷虽在，但以"人臣无外交"之由拒见，并将其书册返还。而竹添并不气馁，委托日本驻华公使田边太一致书清廷总理衙门，由总理衙门行文宝廷所在的詹事府，允其相见。于是二人始得见。宝廷记其时为"季秋既望"，即九月十六日。

虽然如此，但两人初次相见，宝廷似乎对其印象并不甚佳。其原因大致有二，第一，语言不通，相互交谈"弗尽解"，此点借助笔谈还能弥补；第二，宝廷读其诗后，觉"其人有诗癖，今体颇佳，古体音节未尽谐"。而最终，宝廷允其请为其诗集题诗，则出于两方面的考量，其一，宝廷认识到"其国读书杂以土语，字不尽读本音"，因此作近体诗尚有平仄可摩，而古体则无所范围。更重要的是，竹添"自

---

① 袁行云《清人诗集叙录》亦称誉宝廷"晚清八旗诗人，当推第一"，人民文学出版社，2016 年，第 2780 页。

② 宝廷：《偶斋诗草》内次集卷四，聂世美校点，上海古籍出版社 2012 年版，第 240 页。

明治初期日本来华外交官的文化交际透视——以竹添光鸿为中心的考察

知其非，求教甚殷"①，宝廷为之所感，且念同奉儒教之谊，而允题诗一篇。值得一提的是，宝廷所题诗正是竹添不太擅长的古体长篇，或有示范之意。该诗中写道："手摩金牛登剑门，举舫渴挹岷山源。高唐题诗招楚魂，狂歌遏退巫阳云，顺流东下寻春申。"巧用事典，将竹添《日记》中所载的行程经历一一诗化，内容丰满而气韵浑成，宝廷诗才灿然显现。事实上，所评者所言，"能令宝廷坐上满族第一诗人交椅的应是其创作的数量众多的、质量上乘的七古与杂言歌行"②。宝廷为诗，正以七古取胜。"我生好诗兼好游，模山范水轻险幽。读君诗更游兴遒，涤笔思赴万里流。醉来磨墨蓬山头，天吴蜩像相唱酬，踏遍三岛穷十洲。"③结尾数句，气势不减，将一个心胸坦荡、钟情山水的自我形象托出，正可谓诗如其人，行间散发出李谪仙的气质。而游兴盎然，正是由竹添纪游诗而引发，如此也正贴合了酬赠诗的题中之义。

此外，宝廷另有《竹添进一以〈蜀江图〉属题书廿字应之》诗，可见除了《栈云峡雨稿》之外，竹添还携带《蜀江图》请宝廷题画。上文述及竹添来访"求题其日记、诗集并诗赠别"，而宝廷则以身疾辞，于是竹添为此延后回国时间，等待宝廷痊愈。《送竹添进一归日本》诗云"临别索我赠诗句，为我十日迟行期"，并自注曰"进一索诗赠别，予辞以疾，进一为待诗，改行期"。时值立冬日，竹添光鸿归期终至，行前再访宝廷话别。此日，竹添有诗赠予宝廷。宝廷在《和竹添进一见赠韵》诗中"惟有骚人忘险阻，海天万里送诗来"④一句颇显中日文人的诗缘之可贵。

不唯如此，立冬当天竹添来话别时，宝廷诗友宗韶、清阶平及家庭教师王兰君均在，于是唱和"朋友圈"扩大，五人把酒临风，联句赋诗，以送远人。《竹添进一过我言别，宗子美、清阶平适至，遂同西席王兰君联句，是日立冬》五言诗中写道：

> 别离已难堪，何况适异国。天海万里遥，重见恐未得。言志诗有情，解忧酒无力。但尽别筵杯，莫吹离亭笛。语闷笔能言，秋去花留色。人间新诗酒，天外大主客。所言况匪私，彼此何间隔。圣贤同我师，斯道在简册。精神所贯通，乾坤一咫尺。十二万年后，复同今日席。⑤

---

① 宝廷：《偶斋诗草》内次集卷四，聂世美校点，第240页。
② 聂世美：《偶斋诗草》前言，宝廷：《偶斋诗草》，聂世美校点，第38页。
③ 宝廷：《偶斋诗草》内次集卷四，聂世美校点，第241页。
④ 宝廷：《偶斋诗草》外次集卷五，聂世美校点，第754页。
⑤ 宝廷：《偶斋诗草》外集卷四，聂世美校点，第505—506页。

首二句由宝廷起唱，竹添所联两句"言志诗有情，解忧酒无力"，与当时形势及其人均甚合。竹添诗作或以鸣志，或以抒情，而以言者居多，是其儒者思想的外化。竹添好酒，则在前文王韬日记中已有描述。而此时，酒无力解之忧，是离别之忧，亦当是奉命来华交涉琉球问题但无果将返之忧。"语阂笔能言"则颇贴合中日双方文人以笔代言的交往场景。竹添所接联句"圣贤同我师，斯道在简册"，其意虽出自当时日本外交官对华宣称的亚洲主义策略，但尊儒重道，不可谓不是竹添内心的执念。

五言联句之后，众人诗兴未艾，再以七言联句。子美、皆平先后出句：秋光西去客东归，万里长风逸兴飞。竹添以"海外新交同骨肉"接续，将前句中的万里之客关系拉近，可见其作为外交人员的导向和用心。竹添二次联句"四海即今为比邻"与皆平句"况逢诗酒倍相亲"将此次中日诗人雅集推向高潮。宝廷喜交游，生平与同好结社吟诗，相继有探骊吟社、迟菊诗社、戊因诗社等，与人联句成诗，为集中所录者即达六十余首。而有所不同的是，此次联吟竹添光鸿的参与，给诗社增添异域光彩。

参与联句、素与宝廷相善的宗韶另外专门有诗为竹添赠别且为其题跋《诗稿》。宗韶，字子美，号梦石道人，满洲旗人，历官内阁中书、兵部员外郎。所著诗集《四松草堂诗略》，卷二有《题栈云峡雨稿赠日本国大藏省少书记竹添渐卿光鸿》一诗，称许竹添"经邦论道饱学术"，其《栈云峡雨稿》则"诗篇更喜清且婉，奇语偶尔盘秋穹"。宗韶狷介傲物，在官场蹭蹬多年而不得升迁。"吾谋不用坐卑贱，圣明在上虚宸衷"，腹中牢骚亦向异国友人倾诉。"何时星槎遂初志，破浪万里乘长风"足见其壮志满怀。然而，此诗因题于竹添诗稿之后，日后极可能梓行于世，故而诗中仍以正统思想主导。其如"望君归去宣圣教，海波不动鲸鲵空"[1]之语，与明清时期廷臣赠予藩属国使臣相类，于晚近则流于虚语。"异端扇惑岂足道"一语，当借用竹添之说。此次竹添来华目的之一，即是侦查琉球王国遗臣向德宏的在华动向。竹添在与李鸿章等人会晤时，声称向德宏等请愿人士是挑拨中日关系的"一二妄人"[2]。此外，"蓄才万斛游上国"，"盛世况复车文同"，以上国、盛世自谓，仍未脱旧时习气。

宗韶另有《送日本竹添渐卿归国》一诗，则多由自身言起，可谓是"私语"。

① 宗韶：《四松草堂诗略》，《清代诗文集汇编》第 753 册，第 151 页。
② 竹添光鸿：《日本竹添进一上书》，李鸿章：《李鸿章全集》第 32 册，第 498 页。

明治初期日本来华外交官的文化交际透视——以竹添光鸿为中心的考察

"宗生好诗兼好游，梦中时拟浮瀛洲。竹生好奇甚于我，航海直到天西头。"同好之人相见，自然互生钦慕。"自言风雅夙所耽，卖宅遨游无长物。人言穷后乃工诗，中外由来同一辙。嗟我原非肉食人，家声清白何嫌贫。"宗韶沉沦下僚而性嗜酒，一生潦倒，在贫穷和"穷而工诗"方面，与卖宅遨游的竹添又有了共同话语。"乾坤从此联诗社，万里交游过海滨"①，宗韶向与宝廷同结诗社，如今有海外诗人参与诗社，交游得跨东海，于其时不可不谓盛事。横向来看，竹添光鸿与宝廷、宗韶等人的联句赋诗，稍早于中国驻日使领馆人员与驻地文人的联句赋诗。19世纪70年代晚期勃兴于东海两岸的文人互动交流，是颇值得注意的文化现象。

四、东西有同怀：竹添光鸿汉诗文交往余绪

光绪六年（1880）三月，竹添光鸿与李鸿章就"分岛改约案"展开拉锯谈判，难成共识。四月，双方再以诗歌为媒介，展开诗文外交。即李氏所言"渐卿居士见访，论事不合，旋出绢索书，即次曾劼刚星使奉赠原韵以寄意"。李氏的寄意诗云：

> 昨夕官书触绪梦，惠然飞到海东云。狂言惊坐终怜直，把袂移时又欲分。
> 大国交邻先字小，远人阙贡贵修文。凭君寄语中枢辅，漫讽戈船域外勋。②

该诗与前述曾纪泽诗同韵，此时《栈云峡雨稿》业已出版，曾氏赠诗刊于其中。李氏诗前四联已写出谈判时"狂言惊坐"，意见不合，关系亲密而又难掩分歧。后四联则更是将外交立场寄寓其中，言"大国字小""贵修文"，意在劝诫日本政府勿要并吞琉球，而应存其国脉。且委托竹添回国后转达日本内阁，善与邻邦，不应在域外炫示武力强权。竹添光鸿自然能解其中寓意，五月间，双方再次会晤、笔谈，竹添当时言"乃赐大作并有所命于进一（七律第七句即是）"，所指就是该诗。至1910年《独抱楼诗文稿》出版前夕，竹添在编次该集时，再读此诗，不禁唏嘘不已，提笔记曰：

> 琉球一案，余与李会见以笔代舌，论争者前后七次。其三次笔论纸片存余箧底，其人则亡而时局亦一变矣。今诵此诗，不禁今昔之感。庚戌冬日井井记。③

---

① 宗韶：《四松草堂诗略》，《清代诗文集汇编》第753册，第151页。
②③ 竹添光鸿：《示李傅相》附李少荃诗，《独抱楼诗文稿》第三。

　　时过 20 年，20 世纪之交的中日关系乃至环球形势斗转星移、变幻多端。而足引为海外知己第一的"昔日对手"已阴阳两隔，作为经历时代风云、已是古稀之年的当事人，竹添是应发出沧桑之叹。而从清朝赴日游历官口中，得知杨见山、李香岩、高陶堂、吴桐云、吴愉庭诸公皆归道山，竹添亦发出了"断琴之感曷极"①的哀叹。

　　再回至光绪九年，竹添任职驻朝鲜公使期间，与李鸿章仍有诗文往还。是年李氏寄以信札，竹添有诗记曰《驻扎韩京得清国李傅相柬》。其中有"忽忽我心何日降，美人天末采兰茝。多情自有白河水，远送双鱼到汉江"之句，读来似痴情男女之语，而绝无两国争锋、剑拔弩张之气。在朝鲜期间，竹添与兵部尚书彭玉麟亦千里传音，诗文相酬。彭氏长期负责长江防务，关系华中、华东安全大局。军务之暇，吟诗作画，尤擅画梅，平生所绘梅花图上万幅。该年暮春，彭氏病中画梅并题二绝句诗遥寄竹添光鸿，"为渐卿公大雅清品"。其诗中有言"春风不负岁寒盟，煖透江南驿使程。记取梅华休浪折，一枝写赠入东瀛"②。寒与暖，急与缓，正是当时中日关系的映射。

　　竹添光鸿接获彭氏题画诗，以梅花寄意，赋诗回赠。诗云："冰心玉为骨，不敢上瑶台。老气横天地，前身即是梅。"并言"彭氏为清国中兴勋臣，其清廉刚直，又一代所畏敬"。如其所言，彭氏之清廉刚直，在晚清无出其右，堪称以冰为心、以玉为骨，且此前彭氏先后主动请辞安徽巡抚、漕运总督、两江总督等职，"不上瑶台"，不恋权势是也。竹添将此年诗稿命名为《皇华稿》，远承《诗经》"皇皇者华，君遣使臣也"之义，近接明清历代朝鲜使者《皇华集》之续。而这一年，介于朝鲜"壬午兵变"和"甲申政变"之间，是中日关系难得的"无事之春"，诗文交际成为此际局势的生动写照。

　　光绪六年中日会商琉球问题和商务改约，双方各简派钦差大臣总领其事。总理衙门王大臣恭亲王奕訢虑与俄国伊犁之案未弥，为求"和事"，且避免激怒日本而引发日俄联盟，姑以日人所提方案为是。双方拟订了《琉球专案》和加约条款，只待御笔批准，竹添以为此事将成。而由于琉球林世功自杀事件，李鸿章犹疑，清廷遂以总署大臣无画押之权，再发南北洋大臣议奏。南洋大臣刘坤一虽主张"姑允所

---

　　① 竹添光鸿：《复俞曲园太史书》，《独抱楼诗文稿》第三。
　　②《清国彭宫保作墨梅题二绝句见贻，彭氏为清国中兴勋臣，其清廉刚直，又一代所畏敬，因赋此诗以申景慕》附彭氏题诗，《独抱楼诗文稿》第一。

明治初期日本来华外交官的文化交际透视——以竹添光鸿为中心的考察

请，以了此案"①，又在《论东瀛事》中言"断不坐视琉球之终于覆亡也"②；北洋大臣李鸿章建议从缓，此事遂告吹。当其时，宝廷、张之洞与黄体芳、张佩纶以清流敢言，遇重大政事，必上疏论是非，有"四谏"③之誉。故而，竹添光鸿急向故交张之洞、宝廷求助，呈文陈述此事，请干预朝廷，此即《与清国宝竹坡詹事、张香涛司业二子书》。

而就中日双方今存文史资料来看，此间竹添光鸿的拜会，显然未达成目的。光绪五年，宝廷、张之洞皆为竹添《栈云峡雨稿》诗题批点评。而翌年，竹添的求助信，张之洞似乎并未回复。竹添前往宝廷私邸拜访，双方仍有诗文往还，而此次唱酬诗歌于宝廷《偶斋诗草》无存，仅见于竹添《独抱楼诗文稿》。兹将两集对读互补，其交往全貌始得见。竹添《访宝詹事席上次韵》诗云：

王孙笔力压骚坛，况又休休心宇宽。情切谏章忘忌讳，忧深国步奈艰难。

漫言大壑藏舟固，将见长鲸吸海干。自笑狂生狂日甚，每逢诗酒辄盘桓。④

该诗既言宝廷诗压骚坛、心宽有容，又誉其深忧国事、直言敢谏，自然不应对日本提出的解决双方分歧的方案坐视不问。依其惯有的说辞，如中日失和，定会为西方列强统御东亚助长威风。宝廷虽以"狂生"自谓，但时任詹事府少詹事、充文渊阁直阁事的他表现出无意于涉足中日关系大局，而仅与竹添保持诗酒交往的私人关系。此意在宝廷次韵回赠之诗中亦得体现，宝廷诗曰：

天涯万里筑诗坛，把酒拈髭宇宙宽。同气自然相契易，异邦谁道结交难。

秋风吹海蛟龙冷，皓日当空云雾干。旧事回头将一载，故人重聚且盘桓。⑤

全诗不涉政治，只道异邦故人重逢、同好把酒言欢之事。今存宝廷《长白先生奏议》亦并无这一时期关涉中日的奏议。而宝廷之子寿富所撰《先考侍郎公年谱》，将宝廷所上《日本定约请饬廷议疏》（疏草已失）系于本年⑥。而据该年十一月李鸿章所上奏折，言琉球一案能缓则缓，"彼来催问换约，或与商展限，或再交廷议"，建议朝廷以此计拖延。宝廷所上奏折或为朝廷授意而为，而非为竹添张目。

竹添此次拜会宝廷，再与多人联唱，分韵赋诗。竹添分韵得舟字，作诗云："白

---

① 刘坤一：《复总署》，《刘坤一集》（第5册），岳麓书社，2018年，第410页。
② 刘坤一：《论东瀛事》，《刘坤一集》（第5册），第556页。
③ 赵尔巽：《清史稿》（第41册），中华书局，1977年，第12460页。
④ 竹添光鸿：《访宝詹事席上次韵》，《独抱楼诗文稿》第一。
⑤ 竹添光鸿：《访宝詹事席上次韵》附竹坡诗，《独抱楼诗文稿》第一。
⑥ 寿富：《先考侍郎公年谱》，宝廷：《偶斋诗草》（下册），第1011页。

露为霜天地秋，无边落木入边愁。凭谁共讲和戎策，自古尤难防海筹。水冷鱼龙潜大壑，城高鼓角起危楼。杞人何事枉辛苦，终岁飘飘不系舟。"通篇不离政事，犹期以中日亲善、共御西人之说换取清廷对琉球问题及"一体均沾"条款的妥协。联句诗中，宝廷以"蓬莱文字多仙骨"称许竹添诗才，竹添则以"瀛海波涛惊旅魂"接续，并引出对去年唱和诗人清皆平亡故的沧桑之感。此后，竹添另有《过宝詹事告别》五言长诗相赠，心事未了，故而是"欲去足迟迟"[①]的怀憾之情。

张之洞于本年迭次上疏，言及对日策略。其中，七月《谨陈海防事宜折》谓"日本宜连和以伐其交……宜速与联络，彼所议办商务，可允者早允之"[②]；十月《日本商务可允球案宜缓折》疏言商务利益可允，球案主缓，以观事变，大致与李氏观点相仿。

时至 1904 年，竹添光鸿致书早已晋升封疆大吏的张之洞，就教育问题提出建言。其书信曰"自违光仪，乎乎经二十余载，燕京洽欢，思之如梦，离合之感，不知东西有同怀否？"[③]甲午战争后，张之洞在湖北大规模兴办新式教育，开设新式学堂，培养实业和师范人才。竹添则提出在智育的同时，不可忽视德育，仍倡导推行孔子学说。在湖广总督任上，张之洞先后督办京汉铁路、粤汉铁路。此际，日本铁路协会副会长原口要，被张氏高薪聘请充任勘路顾问。而原口正与竹添同乡。竹添在《与张香涛相国书》除论及铁路建设外，且言：

> 曩者王君司直远枉驾相州海滨，传中堂问安之意，并致惠赐绉绸二疋，且言中堂不弃某迂愚，时辱齿芬，知心之雅，古谊之殷，感铭五内，不知所谢。其后与原口博士晤……往岁托人赠呈《左氏会笺》，想已入青照矣……某所藏卷子，纸质笔态亦似距其时不大远，兹托原口奉呈，以表献纻之意。[④]

由此书柬观之，上次"教育建言"的信函张氏虽未回复，但仍托人传递了对竹添的问候之意，且惠赠礼物；竹添《左氏会笺》于 1903 年刊成后，曾托人赠予张氏；该年再次托原口博士转赠其所收藏的写卷。由二人的世纪之交来看，此可谓在李鸿章辞世后，竹添在海外的第二知己。

① 竹添光鸿：《过宝詹事告别》，《独抱楼诗文稿》第一。
② 张之洞：《谨陈海防事宜折》，《张之洞全集》（第 1 册），武汉出版社，2008 年，第 32 页。
③ 竹添光鸿：《与张香涛公保书》，《独抱楼诗文稿》第三。
④ 竹添光鸿：《与张香涛相国书》，《独抱楼诗文稿》第三。

明治初期日本来华外交官的文化交际透视——以竹添光鸿为中心的考察

五、结 语

竹添光鸿自 1875 年底来华，数年间足迹遍布京津、山东、直隶、河南、陕西、四川、湖北、安徽、江浙等中国东中部沿海、沿江乃至西南腹地，所交涉及政界大员、诗坛一流文人。以竹添光鸿为代表的第一批日本外交人员，迅速打开了在华外交局面，在朝鲜问题、琉球问题等交涉中占据上风。从 1870 年总理衙门以"大信不约"为由婉拒日本的订交请求，到竹添光鸿《栈云峡雨稿》卷前有李鸿章、俞樾题序，卷中有张之洞点评，卷后有曾纪泽、薛福成跋文，前后仅数年而已。此数年间，清王朝不可谓无所变化，而日本经由明治维新更处于快速上升期，在政治、文化、军事活动诸领域渐趋主动。

不得不说，以游历为名义，踏勘中国山川地理，掌握风俗民情，留心社会治理境况，为日本政府决策提供参考，这在已揭示的日本对华外交史料中屡见不鲜。竹添光鸿的西南游历，虽属于早期的、具有文化交流性质的活动，但就其游历受官方资助、归国后将报告上呈内阁等情状来看，又难免与政治目的相牵扯。而从日后其与李鸿章交涉琉球问题而针锋相对、在朝鲜与清朝势力展开你死我活的斗争，则坐实了对《栈云峡雨稿》目的性尚不明确的隐忧。竹添所结交的综理兵船操练的吴大廷、长期负责军械采买的刘瑞芬、巡阅长江水师的彭玉麟，皆非诗坛名手。而竹添仍再三登门求交，自有其别所用心之处。

以汉诗文为面纱，进行自我形象塑造，是明治初期日本外交人员的通关秘语。1879 年 3 月，王韬与竹添光鸿等日本外交人员三天三会，印象颇佳，认为"品川领事能操英语，风度恬静，意致谦抑，有足多者"，"东国之贵官文士待予殷拳若是，亦可见两邦之亲睦矣"[①]，由外交人员的和蔼上升到两国之亲睦。在上海操练兵船的吴大廷在与竹添交往时，"闲与笔谈，皆推诚相与，勖以与中华各敦信义，始终和好，渠颇领悟"，可谓友好相待，并言"若日本人居政府者，能如此人之务正好学，结纳名流，吾无东顾忧矣"[②]。作为武官，吴大廷似乎比文人王韬保持了更多的警醒，但正是竹添这位"务正好学"之人，在"甲申政变"中命令日军向驻朝清军开枪，恐怕是吴大廷等人始料未及的。而在朝鲜与竹添频相交涉的袁世凯则以"气

---

① 王韬撰：《漫游随录·扶桑游记》，陈尚凡、任光亮校点，第 178—179 页。
② 吴大廷：《小酉腴山馆主人自著年谱》，第 335 页。

焰甚大"[①]评之。

以汉诗文为媒介,竹添等人与清朝政坛、文坛人士广泛结交,迅速建立关系网。既有李鸿章一类足以影响中枢外交决策的朝廷重臣,有时已显名、其后更著的张之洞、薛福成等人,又有主持地方一隅的高心夔、陈锡圭等下层官吏,还有盘桓幕府的孙点等人;既有俞樾这样的通国硕儒,又有陈曼寿、汪晓村等布衣文人,还有钱徵、蔡尔康等近代报人。1871 年中日两国构建正式外交关系,文化交流活动迅即大范围展开。与此同时,随着日本国力的上升并走向帝国主义化,围绕东亚海域的利益角逐,日本与清朝之间的矛盾冲突接踵而至且呈加剧态势。而汉诗文,作为外交政治活动的"暖场乐"和"间奏曲",在中国和日本的多个外交场合频频上演。这是有别于世界其他地区的一道独特景观,而对过往历史的多维省察,则可以更全面地认知其人乃至那个复杂而影响深远的时代。

(作者:吴留营,复旦大学中文系博士后、助理研究员)

---

① 袁世凯:《禀北洋大臣李鸿章文》,骆宝善、刘路生编:《袁世凯全集》第一卷,河南大学出版社 2013 年版,第 44 页。

民间交流与国家关系视域下1925年东亚佛教大会探析[*]

谢忠强

内容摘要 中日两国佛教渊源很深，彼此间的交流也由来已久。近代以降，随着中日两国关系因日本侵华战争而被畸形拉近，两国佛教界的接触和往来也日益频繁。日本佛教因受日本军国主义所裹挟，在日本侵华过程中搜集情报、粉饰侵略。中国佛教界虽也渴望加强与日本佛教的交流，但更侧重通过中日佛教文化交流以推动中国佛教改革，以及借推动佛教世界联合化的方式希望可以通过佛教慈悲精神的推广来谋求实现世界和平的最终目的。1925年东亚佛教大会的举行就是在此历史语境下中日两国佛教交流的重要事件。会期虽仅三天之短，但中日两国佛教界还是达成了诸多交流协议。大会的圆满举办不仅大大加强了两国佛教界的交流和联系，也为后续两国民间文化的交流起到了一定的推动作用。然而，由于当时中日两国国际地位的不平等，中日两国佛教界也不可能实现真正的平等交流与友好往来，受历史条件的限制，1925年东亚佛教大会上中日两国佛教界达成的一系列协议也大多没有得到落实。

关键词 东亚佛教大会 民间交流 中日关系

---

* 本文系山西省首届"三晋英才"支持计划（2018030412）成果。

On the conference of east Asian Buddhism in 1925 under the perspective of the folk cultural communication and national relationship

Xie Zhongqiang

Abstract: Chinese and Japanese Buddhism has deep ties, and the communication between each other also has a long history. In modern times, as the relations between China and Japan getting closer due to the Japanese war of aggression against China, the contact and exchanges between the Buddhist circles of the two countries have become more frequent. Being enveloped by Japanese militarism, Japanese Buddhism tried to gather information and whitewash the aggression in the process of Japan's invasion war. Chinese Buddhism was also eager to strengthen the communication with Japanese Buddhism, but more emphasis on Buddhist cultural exchange between China and Japan to promote the reform of Chinese Buddhism, and try to promote peace. As an important event between the two countries` Buddhism, the East Asian Buddhist conference in 1925 was held in the context of the history of friendly relations between Chinese and Japanese. The conference only lasted three days, but still made a lot of agreement. The conference greatly strengthened the Buddhist exchanges and the civil cultural exchanges between the two countries. However, due to the international status of inequality between the two countries, the Buddhism of the two countries could not realize the real equal exchanges and friendly exchanges, and was restricted by historical conditions, the agreements of the conference also fail to be implemented.

Keywords: East Asian Buddhist conference; folk exchanges; Relations between China and Japan

　　1925 年的东亚佛教大会是中日两国佛教交流史上的重要事件，加强对于 1925 年东亚佛教大会的研究具有重要的理论和现实意义。然而长期以来囿于史料及认识的局限，学界对于 1925 年东亚佛教大会的研究尚显薄弱。在此，笔者不揣浅陋，主要在民间交流与国家关系的双重视域下对 1925 年东亚佛教大会的历史背景、缘起、筹备、概况、成果及意义等进行大致的梳理，权充引玉之砖。

民间交流与国家关系视域下 1925 年东亚佛教大会探析

一

　　1925 年东亚佛教大会之举办是中日两国佛教界在各种历史因素的共同作用下，彼此交流不断深入的必然结果。中国和日本的佛教渊源颇深，相互之间交流的历史也十分悠久。近代以降，随着中日两国关系因日本侵华战争而被畸形拉近，两国佛教间的接触和往来也日益频繁。尤其中日甲午战争中最终清朝战败，日本凭借《马关条约》加剧了政治、经济、文化各种势力的对华渗透。而作为深受日本军国主义裹挟的日本佛教则"希望通过协助战争以摆脱明治维新以来长期受打击、受排挤的不得志局面"，在日本侵华过程中"和政府一拍即合"，不仅在一系列侵华战争中"向战场派遣随军僧，在军队中开展佛法活动，追悼死者，慰问将士，照顾伤员，捐赠医护用品，安抚、救济出战军人家属等"，而且还试图通过对华佛教活动的开展，搜集情报、粉饰侵略，以配合日本"大陆政策"的逐步实施。①

　　与日本佛教加强与中国佛教界的联系主要出于配合日本政府侵华的目的不同，中国佛教界虽也渴望加强与日本佛教的交流，但更侧重借中日佛教文化交流以推动中国佛教改革，以及通过推动佛教世界联合化的方式希望可以通过佛教慈悲精神的推广来谋求实现世界和平的最终目的。

　　早在 20 世纪 20 年代之前，以太虚法师为代表的中国佛教界就希望通过中日两国佛教的交流，对"日本佛教明治维新以来的发展情况""日本佛教在欧美的布教情况""日本佛学研究的成绩及其知名学者""日本佛教僧制的特点"等方面做较为深入的了解②，并以日本佛教发展经验为启发，推动中国佛教事业的深入改革。为推动中日两国佛教界的联系，太虚法师于 1917 年 12 月乘船赴日，对日本京都的佛教寺院进行了参观、访问。③而通过一系列的实地考察，太虚法师对日本佛教有了更进一步的感知和了解。

　　太虚法师的 1917 年日本之行在客观上拓宽了中日两国佛教界的联系渠道，同时也加强了彼此之间佛教事务的联系。1923 年 7 月 10 日，太虚法师偕王森甫、史

　　① 何劲松：《近代东亚佛教——以日本军国主义侵略战争为线索》，社会科学文献出版社，2002 年，第 72 页。

　　② 陈永革：《人间潮音——太虚大师传》，浙江人民出版社，2003 年，第 81 页。

　　③ 释印顺：《太虚大师年谱》，中华书局，2011 年，第 67 页。

一如等人前往庐山，主持暑期佛学讲习会。讲习活动持续了 20 天，太虚总共讲演 4 次，参与听众近百人。太虚法师主持的大林寺佛学讲习活动，不仅开启了民国时期庐山讲习佛学之先河，而且还引起了庐山外籍人员的普遍关注，特别是旅庐日人的注意。日本驻九江领事不仅假日本佛教徒的名义参加法会，而且还与日本佛教界联络，约定委派佛教代表于次年参加法会。在讲习会举办期间，日本大谷大学教授稻叶圆成应邀参加，会上中日佛教人士就以佛教救济世界人类这一远大理想为主题展开了充分的交流和讨论，言及组织世界佛教联合会事宜。庐山暑期佛教讲习会的顺利召开，特别是日本佛教方面的积极态度，使太虚法师感到世界佛教联合运动应以中日两国佛教联合为先导，而佛教联合自然离不开佛教徒之间的相互了解。因此，太虚法师决定从两方面着手：一是组织日本佛教徒前往中国进行佛教巡历、观光，二是中日两国互换佛教留学生。太虚法师为世界佛教联合的前景所鼓舞，计划于 1924 年在庐山召开第一次世界佛教联合会，并由地方转呈中央政府备案，同时着手扩建讲堂规模，函邀泰国（时称暹罗）、缅甸、锡兰（即今斯里兰卡）等国佛教徒参加。①

　　毫无疑问，上述以太虚法师为代表的中国佛教界与日本佛教界的交往在很大程度上增进了两国佛教的联系。而在此基础上，1923 年 9 月日本关东大地震发生后中国佛教界不遗余力地协助赈济则又使中日两国佛教间的关系迅速升温，在客观上大大深化和巩固了中日两国佛教界的彼此友谊和联系机制。"1923 年 9 月，日本关东地区发生大地震，伤亡惨重，灾黎遍野。地震发生后，中国佛教界首先与全国人民一起投入到了为日本关东大地震灾区民众的捐助活动之中。除了向日本灾区民众捐助救灾物资外，中国佛教界还组织了一系列为超度在地震中遇难民众灵魂的佛教法事。在 1923 年日本关东大地震发生之后，中国佛教界所组织的一系列赈济活动赢得了广大日本民众的感激和尊重，从而在一定程度上大大提升了两国佛教间的国际友谊"②。显而易见，对于近代以来一直对中国施行侵略政策的日本而言，包括中国佛教界在内的全体中国人民在日本民众因自然灾害而身处水深火热境地之时，非但没有袖手旁观而是积极组织援助的精神，在感动了日本普通民众的同时，也在无形中大大深化了"日本民众对于中华民族善良本性的认识和了解"③，自然

---

① 陈永革：《人间潮音——太虚大师传》，浙江人民出版社，2003 年，第 93 页。
② 谢忠强：《中国佛教界对 1923 年日本关东大地震的赈济》，《五台山研究》，2015 年第 3 期。
③ 章志成：《日本在关东大地震期间惨杀浙籍旅日华工与北洋政府对日本当局的交涉》，《浙江学刊》，1990 年第 6 期。

民间交流与国家关系视域下 1925 年东亚佛教大会探析

更推动了中日两国佛教界的后续交流。

1924 年 7 月份，第一届世界佛教联合会又在中国的庐山如约举行。与前述参加庐山佛教暑期讲习会日方与会代表相比，第一届世界佛教联合会的日方参会人数有所增加。除了东京帝国大学教授木村泰贤博士、法相宗法隆寺管主佐伯定胤作为日本佛教界的正式代表出席大会外，水野梅晓以个人身份参加。另外，日本大德寺派管长代理胜平大喜、权田雷斧的代理小林正盛和上海东亚僧团的向出哲堂等人还作为特别代表出席了会议。

第一届世界佛教联合会日方参会人数比之庐山佛教暑期讲习会的大大增加，不仅彰显了中日两国佛教界人士对于相互联系的重视，更进一步推动了两国佛教界加强后续交流的进展。因此，在第一届世界佛教联合会闭幕之后，中日两国的参会代表还举行了一次联合恳谈会。经过恳谈会上双方代表的认真磋商，最终达成了关于"中日两国佛教徒联合的方法"及"振兴中国佛教的措施"的联合决议，并议定中日两国佛教界将于 1925 年在日本的东京举办首届东亚佛教大会。①

二

参加第一届世界佛教联合会的日方代表回到日本后，正式向日本佛教界转达了1925 年首届东亚佛教大会拟在日本东京召开的消息，并得到了日本国内民众的广泛支持。随即，日本佛教界着手进行了认真而细致的筹备工作。

1924 年 11 月 28 日，日本佛教联合会在京都妙法院召开了第十三次定期评议员会议。会议的中心议题为如何筹备 1925 年拟在日本东京召开的东亚佛教大会。经过讨论，确定 1925 年东亚佛教大会的开会时间大致为 1925 年的 9、10 月份，地点为东京的增上寺，会议形式则以中国佛教界为主宾，广泛邀请朝鲜、印度等亚洲各国佛教人士参加。自此以后，1925 年东亚佛教大会正式进入筹备阶段。②

1925 年春，东亚佛教大会筹备方推举佐伯定胤担任大会会长、木村泰贤为教义研究部部长，委员初步确定为 20 人；推举加藤咄堂为教义宣传部部长，委员初步确定为 26 人；推举渡边海旭为社会事业部部长，委员初步确定为 25 人；推举高楠顺次郎为教育事业部部长，委员初步确定为 34 人。此外，为了确保大会筹备工

---

① 吴平：《近代上海的对外佛教文化交流》，《海交史研究》，2000 年第 1 期。
② 吴平：《民国时期上海的对外佛教文化交流》，《法音》，2001 年第 11 期。

作的顺利进行，日方筹备组还设立了总务部、联络部、接待部、会计部和文书部等共 10 个部门。各个部门的部长和委员大都请一些具有一定社会影响力的人士担任。其后，为了进一步明确 1925 年东亚佛教大会筹备工作的相关细节，日本佛教联合会在日本的京都和东京分别召开了多达数十次的筹备协商会。日方对于 1925 年东亚佛教大会的重视程度及筹备工作的充分与细致，由此可见一斑。

与日本佛教界人士一样，中国佛教界对于 1925 年拟在日本举办的东亚佛教大会也是空前重视。早在 1924 年的第一届世界佛教联合会上，中国佛教界就召开了全国代表会议，就太虚法师倡导的"中国国内各省佛教徒的联合方法""东亚各国佛教徒的联合方法"以及"将来以东亚佛教真精神向欧美各国宣传，以期事实上成为世界佛教联合会的方法"三条提案进行了讨论。最终经过四川代表黄肃方、浙江代表武仲英、江苏代表常惺、上海代表张纯一、江西代表李证刚和湖北代表赵南山等人的协商，起草了组织大纲和简章，同时以中华佛教联合会筹备处总干事释太虚的名义，推荐各省赴日本参加 1925 年东亚佛教大会的代表。随后，中国佛教界人士为筹备参加 1925 年东亚佛教大会的工作也就逐步发展成了一次全国性的佛教活动。

中国佛教界的东亚佛教大会筹备组起初设于武昌佛学院内，后来根据筹备工作开展的实际需要迁移至北京。最终，经过中国佛教各省代表的协商，决定推举全朗、现明、白普仁喇嘛、庄蕴宽居士、胡瑞霖居士 5 人为筹备组理事，委任释普泉、白普仁、马振宪三人为筹备组主任。筹备组通过多次的会议协商，推选释现明（太虚法师的代表）、释普泉、齐丹僧（西藏班禅喇嘛的代表）、白普仁（蒙古章嘉活佛的代表）、熊希龄、马振宪 6 人为总干事。在北京政府的支持、资助下，上述 6 位总干事向全国的宗教人士发出倡议，着手遴选 1925 年赴日本东京增上寺参加东亚佛教大会的代表人选事宜。

中日两国佛教界的认真筹备，最终促成了 1925 年东亚佛教大会的顺利召开。1925 年 10 月 30 日，中国佛教界代表一行 27 人抵达日本神户，第二天辗转抵达东京。1925 年 11 月 1 日，东亚佛教大会在东京芝区增上寺召开，会议为期 3 天，除中方代表外，参加或出席大会的还有日本政府机关的有关官员、德国大使和佐尔夫、贝茨沃尔德教授、贡戴尔教授、甘德烈教授以及神崎神道联合会会长头山满、日本各界民众等近千人。"大会会长为日本法相宗管长佐伯定胤，副会长为中方的道阶法师；教义研究部部长为日方的村上专精，理事为日方的木村泰贤、中方的持松法

民间交流与国家关系视域下 1925 年东亚佛教大会探析

师；教义宣传部部长为中方的太虚法师，理事为日方的加藤咄堂、中方的炎虚法师；教育事业部部长为日方的高楠顺次郎，理事为中方的佛智法师、日方的高仓满一；社会事业部部长为中方的王一亭居士，理事为日方的渡边海旭、中方的弘参法师"。①

1925 年 11 月 1 日上午 9 时，大会以佛前诵经的方式拉开序幕，担任会议主持的日本佛教联合会主事哇川旭丈宣布东亚佛教大会正式开幕，会长佐伯定胤致辞，渡边旭海致欢迎词。随后，日本佛教界各宗管长宣读贺词。此外，大会还宣读了日本加藤总理大臣、冈田文部大臣、中国驻日公使以及朝鲜代表等的贺词，副会长道阶致辞后，石堂干事致辞，大会开幕式结束，全体代表一起拍照留念。②

1925 年 11 月 1 日下午，大会召开教义研究部部会，提交论著并发言者 20 人。其中，中国佛教界代表韩清净提交著作《十义量》，并做特别发言③。11 月 2 日，教义宣传部和教育事业部分别于上、下午举行讨论会议。

教义研究部部会讨论认为，"今后的学术研究，完全不是只靠一个国家就能完成的"，"不在国际范围内进行研究，佛教研究是不会完成的"，"尤其是日中两国今后必须紧密携手，推动研究进程"。④故而，为了真正实现"今后日中两国联合起来，并就纯粹的佛教教义的研究相互携手"之目的，一致通过了"交换教授（各宗最赢学者的往来）""交换学生（学习语言及专业）""交换研究（论著交换）"三项决议内容。⑤

教义宣传部部会讨论认为，为了实现"东亚佛教徒相互提携，向世界传播佛教，以期佛陀的慈光普照全人类"的伟大目标，今后东亚佛教界应该着手筹划"发行西文佛学书籍""发行西文佛教杂志""向世界各地派遣传教师"等工作⑥；另外，为了使释迦牟尼诞生日成为全人类的习俗节日，还要世界全体佛教徒必须一起举行圣诞法会。

11 月 3 日，上午召开社会事业部部会。经过讨论，决议通过了一系列关于佛教教育推广的方案。具体内容主要包括以下十几个方面：

① 《东亚佛教大会记》，《世界佛教居士林林刊》，1925 年第 11 期。
② 《东亚佛教大会开幕祝词》，《新佛化》，1926 年第 1—8 期。
③ 道端良秀：《日中佛教友好二千年史》，中华书局，1992 年，第 142 页。
④⑤⑥ 宁达蕴：《东亚佛教大会三日大会之经过及所议决之议案》，《新佛化》，1926 年第 1—8 期合订本。

在一般教育中,要注意"讲授培养儿童宗教观念的方法";体育教育方面,"星期日学校、暑期学校,应在古代佛教斋日'夏安居'意义上,成为进行佛教的一般修学制度";在佛教教育中,讲佛教的根本主义,至少应该注意"非创造神主义(否认神为造物主)、平等主义(否认种族歧视见解)、大慈主义(否认偏爱主义)、理想主义(否认实在主义倾向)、自觉主义(以引导人类走向自觉平等的救济为主,否定盲目的救济)"等特点;"在佛教专科学校及大学中,因为佛教学的进步,多靠研究原文来促进,故应把梵文或巴利文作为必修课";为尊重研究原文的历史,应留意"贝叶梵文、纸本梵文、汉文古经"等古文佛书的搜集、保存和阅览,一旦发现了相关古文佛书,应通过拍照、抄写、相互通告,向世界公布;"以讲授普及社会教化方法,为佛教成人教育";"应完善从幼儿园、小学、中学、女子高中到专科学校、大学的佛教教育";"和男子教育同样,平等推行妇女教育";"研究编纂完成佛教教科书的方法,作为教育部事业";"各国应设法相互对佛教教育家的旅行考察提供特殊方便,尤应奖励朝拜佛祖圣迹和朝拜印度佛迹";"在英国设立佛教小学校,并在北京或上海设立一个欧美传教的预备学校"。①

除了上述十数条关于佛教教育事业的推广方案外,社会事业部还提议"东亚各国组织佛教徒社会事业联盟"作为"东亚佛教徒社会事业联络机构",并规定"各国联盟,每年交换一次事业报告和研究成果"②。另外,鉴于"众生皆有佛性的本旨",为了纠正伤害"妇女儿童人格"的弊病,需要进一步振兴有关保护措施;为了实现"看病福音的教义",需要设法普及施医送药的医疗救济事业,"严格执行不饮酒戒,努力禁止随便使用酒精和鸦片";同时"根据相互友爱和尊敬的精神,振兴监狱内的教育感化和保护释放者的事业"。③最终,东亚佛教大会决定陆续在上海等地建设佛教慈善医院等慈善救助机构。

11月3日下午14时举行大会全体代表会议,15时20分举行大会闭幕式。由佐伯会长、道阶副会长致辞,随即日本佛教界各宗管长总代表新井石禅、中国代表太虚法师、日本国内会员代表井上角五郎、朝鲜代表李允用、佛教联合会常务干事栗木智道等相继发言。17时,大会主持哇川旭丈宣布大会圆满结束。

---

① 宁达蕴:《东亚佛教大会三日大会之经过及所议决之议案》,《新佛化》1926年第1—8期合订本。
②③ 道端良秀:《日中佛教友好二千年史》,中华书局,1992年,第145页。

民间交流与国家关系视域下 1925 年东亚佛教大会探析

三

1925 年东亚佛教大会闭幕后，与会的中国佛教界代表还顺便到日光、东京市内、名古屋永平寺、京都、比睿山、石山三井寺、奈良、法隆寺以及信贵山、黄檗山、高野山、大阪等各地名山大刹进行了参观、游览，所到之处，均受到了日方民众的热烈欢迎。中国佛教界代表团于 1925 年 11 月 19 日由神户乘坐上海丸号轮船回到国内。①

中国佛教代表团赴日参加 1925 年东亚佛教大会会期只有短短 3 天，即使连中国代表团会后在日本的参观、游览活动也算在内，前后也只有 20 天左右，从时间上看无论如何都是非常短暂的，但其对于中日两国佛教的交流却产生了十分重要的影响，值得我们站在中日两国佛教交流史及中日两国民间文化交流的高度予以认真总结。

首先，1925 年东亚佛教大会极大加强了中日两国佛教界的联系和交流。如前所述，1925 年东亚佛教大会的顺利举办本身就是中日两国佛教界人士共同推动、筹备的结果。无论是大会召开前的筹备工作还是会后两国佛教界人士对于此次大会的评价都是积极和肯定的。从两国佛教渊源而言，日本佛教起源于中国，但在漫长的历史发展过程中，两国佛教界均取得了各自不同的发展经验。所以近代以来，如何看待和借鉴日本佛教的发展经验一直都是中国佛教界普遍关注的问题之一。而经过此次大会，中方佛教界与日本佛教界在平等、友好、真诚交流的基础上还在会后借现场参观日本知名寺院的机会，中方佛教界对日本佛教发展的经验有了直观的认识和感受。如中方代表团在回国时的"留别日本诸佛教同胞文"称："由是名古屋宿觉王山，焕然新制，福井县参永平寺，卓尔古风"，"见皆堪学，胜过读书十年"。②与中方代表深感收获相类似，日本佛教界也对大会的成效给予了充分的肯定。他们认为东亚佛教大会上日中佛教界的高僧、博学之士，会聚一堂，共同探讨佛教争取世界人类和平和自由，并公布决议，其意义无论是对中国佛教还是日本佛教都是极具正面影响的。③

其次，1925 年东亚佛教大会还在很大程度上推动了中日两国佛教界的后续交

---

① 《赴日佛教团回沪讯》，《时报》，1925 年 11 月 20 日，第 9 版。
② 肖平：《近代中国佛教的复兴》，广东人民出版社，2003，第 291 页。
③ 《东亚佛教大会日方欢迎词》，《世界佛教居士林林刊》，1925 年第 11 期。

往。1925 年东亚佛教大会的召开所产生的积极效应令两国佛教界均感意犹未尽。如日本佛教联合会主事、日中佛教联络员洼川旭丈在其《日本佛教徒访华录》"前言"部分提道："大正十四年 11 月 1 日至 3 日，在东京芝区增上寺召开的东亚佛教大会，是有史以来从未曾试图举行过的一次东亚佛教大会。幸在各方面的赞助下，取得了非常良好的成果。但是，今后如果不以某种方法持续下去，那么难得的这次东亚佛教大会将毫无意义。思念及此，在大正十四年 12 月 22 日召开的大会善后会上，曾提出一项方案，建议从日本佛教各宗派中选出若干代表，在本会的主持下，组织一个考察团，于大正十五年秋季考察中国佛教，兼向出席东亚佛教大会的中国代表诸师表示答谢，到中国南北方各主要地方做一次佛迹巡礼。全体与会人员一致同意通过，本会将此作为大正十五年度的一项事业付诸实行。"①而在日本答谢东亚佛教大会访华团在 1926 年夏天到中国交流的过程中也受到了中国佛教界的隆重欢迎和热情接待。日本答谢访华团访华期间除了游览、访问中国各地的名寺古刹外，两国佛教界还就"宗教和艺术"进行了深入的交流。

再次，1925 年东亚佛教大会的召开也在一定程度上推动了东亚各国佛教界彼此之间的相互交流，甚至在一定程度上扩大了佛教在整个世界范围的影响。1925 年佛教大会除了中日两国佛教界人士参加外，还有来自朝鲜、暹罗等国家和中国台湾地区的佛教界代表参加。而且从前述大会所讨论、通过的决议内容分析，如何推动各国佛教界的"消息交换"及扩大佛教在整个世界范围内的影响才是 1925 年东亚佛教大会的主旨所在。从大会所形成决议各部分的内容比例分析，大会分成教义研究部、教义宣传部和社会事业部讨论相关决议，而最终社会事业部有关推动佛教全球化的内容篇幅几乎相当于教义研究部和教义宣传部所形成的决议内容之总和。而随着东亚佛教大会所形成的有关扩大东亚佛教与欧美国家佛教界联系、交流决议的落实，中日两国佛教界的对外交流也逐渐突破了亚洲的范围。②

最后，1925 年东亚佛教大会的召开也在一定程度上推动了中日两国民间的友好交流。佛教是民间文化的载体和纽带。尽管在中国佛教代表团赴日参加 1925 年东亚佛教大会启程前在国内发表声明称"只担负关于佛教上演讲责任"③ [16]，但东亚佛教大会对于两国间友好交流的意义是佛教之于民间文化关系的必然效应。这一点，

---

① 道端良秀：《日中佛教友好二千年史》，中华书局，1992 年，第 147 页。
② 沈文泉：《海上奇人王一亭》，中国社会科学出版社，2011 年，第 136 页。
③ 《中华佛教赴日讲演团宣言》，《世界佛教居士林林刊》，1925 年第 11 期。

民间交流与国家关系视域下1925年东亚佛教大会探析

在中国佛教代表团在日参会及游览期间的具体行踪也是可以得到印证的。中国佛教代表团"除出席大会外，兼代表中国佛教团，历访日本外务省、东京府市政厅、同文会、日华实业协会及各寺院，从事联络，及大会闭幕后，并分访日本各地政界、实业界及其他名流，多所周旋"；而中方代表参会及会后游览期间，"日本朝野热情赞助，设备周到，招待殷勤，外务省等各重要机关，对于代表团尤多表示好意"①。显而易见，1925年东亚佛教大会从形式上而言仅是一次两国佛教界的交流而已，但从其实际效果和国际反响看，其成功召开也在一定程度上推动了中日两国间的友好交流。

撰诸史实，1925年东亚佛教大会是中日佛教交流的一次圆满聚会，更是中日民间文化友好交流的一次盛会，其无论是对两国佛教还是两国民众今后的友好交流与往来都具有重要的历史启发和借鉴意义。

当然，我们在充分肯定1925年东亚佛教大会之于中日两国民间交往的历史意义的同时也应客观地认识到由于近代历史上中日两国国际地位的不平等，中日两国佛教间也不可能进行真正意义上的平等交往。而且由于战争等历史条件的限制，1925年东亚佛教大会上中日两国佛教界所达成的一系列旨在推动东亚佛教联合的协议也大多没有得到实质性的贯彻和落实。就在1925年东亚佛教大会召开6年后日本在中国东北发动了九一八事变，逐步加深了对中国的侵略。而在整个日本侵华战争中，"日本佛教势力大多扮演了助纣为虐的角色"②，中日两国佛教间再也没有出现像1925年东亚佛教大会那样的交流盛会。历史启发我们，只有中日两国的国家关系实现了真正的和解与友好，包括两国佛教在内的中日两国民间文化的交流才能实现健康而持久的开展。

（作者：谢忠强，山西大学马克思主义学院教授）

---

① 王中秀：《王一亭年谱长编》，上海书画出版社，2010年，第357页。
② 忻平：《日本佛教的战争责任研究》，《华东师范大学学报》（哲学社会科学版），2001年第5期。

中国公学运营中的日本因素

郝禹

内容摘要　中国公学作为近代中国最早的私立大学之一，其因日本侵略中国而生，因日本侵略中国而亡，其身上带有明显的民族独立与爱国思想。但同时它的成立又离不开日本教育界的影响，中国公学与日本的关系可谓既有联系又有矛盾，这也使得中国公学作为近代一所重要的学校，其所展现的日本因素既突出又复杂。综观中国公学的办学历程，其中体现出的是学校的日本因素由多到少，距离日本教育制度由近到远的一个过程。在学校创办初期，从创办人员到学生都是从日本留学归来的留学生，因此学校从运营、教学上都直接借鉴了日本的大学的模式。但是在学校发展过程中，却逐渐体现出学习对象从日本向欧美的转变，而这一点也与近代教育、留学、改革等活动方面的转变是相契合的，因此中国公学的日本因素也折射出了中日近代教育以及近代关系间的趋势。

关键词　中国公学　教育制度　日本因素　留学生

中国公学运营中的日本因素

Japanese Factors in the Operation of Chinese Public School

Hao Yu

Abstract: As one of the earliest private universities in modern China, Chinese public school was born as a result of Japanese aggression in China and disappeared also as a result of Japanese aggression. It bears obvious national independence and patriotic ideas. But at the same time, its establishment is inseparable from the influence of the Japanese education community. The relationship between Chinese public schools and Japan can be described as both connected and contradictory, which also makes Chinese public schools an important school in modern times, and its Japanese factors were prominent and complex. Throughout the running course of the public schools in China, it reflects the process of the separation from Japanese factors and education system. In the early days of school establishment, from the founders to the students, they were all returned students from Japan. Therefore, the school directly borrowed from the Japanese university model in operation and teaching. However, in the course of school development, it gradually reflects the change of learning objects from Japan to Europe and the United States, and this is also consistent with the changes in modern education, study abroad, reform and other activities, so the Japanese factor of Chinese public school also reflected the trends in modern education and relations between China and Japan.

Keywords: Chinese Public School; Educational System; Japanese Factors; Foreign Students

中国公学作为近代中国最早的私立大学之一，其因日本侵略中国而生，因日本侵略中国而亡。甲午战争后到 20 世纪初，在日的中国留学生达到了一个空前的增长高潮，到 1906 年，留学日本的人数到达了一个顶峰。1906 年是留日学生人数最多的一年，共达一万三四千或二万名之谱。[1]而如此多的留学生潮水般的涌向日本，不仅给日本教育界带来了校舍的拥挤，而且遇到了教学上的困难。[2]因为这些留学生从年龄、文化水平到出身都参差不齐，且官费生、自费生数量不等，自费生

---

① 实藤惠秀：《中国人留学日本史》，生活、读书、新知三联书店，1983 年，第 36 页。
② 李喜所：《中国留学史论稿》，中华书局，2007 年，第 209 页。

占了很大比例。因此，为了更好地管理大批的留学生，日本文部省在 1905 年 11 月 2 日公布了《关于准许清国人入学之公私立学校之规程》，一般称其为《清国留学生取缔规则》。而留学生们却对此"规则"爆发了一场激烈的抗议风潮，甚至导致多达 2000 名留学生退学回国。归国后，留学生们召开了会议，商定在上海自办一所学校："我辈归国初心为兴学耳，勿论东京交涉为失败之交涉，纵不失败，长此俯仰随人，长依赖外人之根性，堕独立国民之精神，非丈夫也，我辈只知兴学挽回教育权耳，不知其他。乃以多数之决议为兴学之初步。"[1]经过决议，学校定名"中国公学"，取意于"中国人公有之学校"，校名当中既带有强烈的对外自立色彩，又寄予着鲜明的家国情怀。

一、独特的组织架构

一所学校想要正常、顺利地运转，必然离不开高效有序的组织机构。而中国公学作为一所由归国留日学生自创的学校，其组织机构不可避免的借鉴了日本的组织构成模式。中国公学的组织构成比较独特，可以说是吸收了日本教育模式中的特点，同时受到特殊时期的限制，形成了一套具有自己特色的组织形式。公学初不设校长，只有公选的干事，分任斋务、教务、庶务的事[2]，如下图。但不设校长多是因为当时学校准备工作仓促，回国留学生中缺乏一位有社会名望之人担任校长一职。因为缺乏这样一位社会贤达，中国公学在成立之初才会没能得到主流社会的认可与帮助。然而中国公学的干事们也尝试过寻找一位校长，1906 年 1 月 22 日，中国公学正干事刘棵英代表全体师生前去拜访郑孝胥，邀请其出任中国公学校长。但郑孝胥以"仆前谢后，不愿与官府往来"为理由，婉拒了刘棵英的这一邀请[3]。中国公学在筹备期的组织构成与留日时期最大的留学生集体组织——清国留学生会馆的组织构成基本相似，清国留学生会馆于 1902 年修订章程，规定形成了较为完备的职员区分与职务分工，"干事十二人，分任执事、书记、会计。其中执事六人，分章庶务"[4]。由此可见，公学初不设校长与公选干事分任庶务、教务与斋务一特点应

---

① 郑孝胥：《中国公学第一次报告书》，上海商务印书馆，第 8 页。
② 胡适：《中国公学校史》，《胡适全集》，安徽教育出版社，2003 年，第 146 页。
③ 章玉政：《光荣与梦想——中国公学往事》，浙江人民出版社，2014 年，第 55 页。
④ 清国留学生会馆：《清国留学生会馆第四次报告》，清国留学生会馆，1904 年，第 3 页。

是脱胎于留日学生在日本的自治组织。

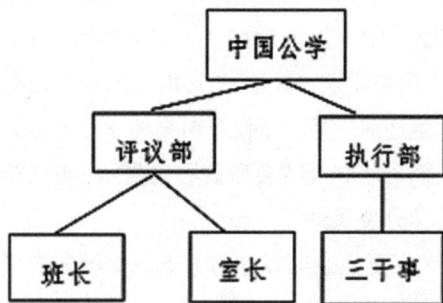

```
              中国公学
            ┌─────┴─────┐
          评议部        执行部
        ┌───┴───┐        │
      班长     室长      三干事
```

中国公学成立以后，组织多带有民主政治之意，全校分设执行与评议两部。执行部的职员是学生投票互选出来的，有一定的任期，并且对于评议部负责任。而评议部是由班长和室长组织成的，有定期地开会，有监督和弹劾职员之权[1]。执行部下设斋务、教务和庶务三科，管理具体事物，评议部由全体学生选举部分代表，定期召开会议，行使监督和弹劾职员的权利[2]。中国公学成立之初，曾聘马君武先生为总教，但马君武先生不久即前往德国留学，总教一职也就随之荒废。1907 年 3 月，郑孝胥正式出任中国公学监督，从此结束了中国公学没有校长的"自治"局面。但是郑孝胥虽出任监督一职，但并无意于执掌中国公学的行政大权，他之前就曾多次推辞于校长一职，此次出任也只是碍于两江总督端方的邀请，才答应"出山"担任中国公学监督一职。并且于 1908 年即行辞任中国公学监督一职，由夏敬观先生接任此职位。郑孝胥的"加盟"依旧保持了中国公学的自治体制，他并不参与到学校的管理中来，基本维持过去的人事安排，将学校的日常事务和经费筹措等具体事务，仍交给由学生选举出来的三干事王敬芳、张邦杰和黄兆祥负责[3]。

郑孝胥出任中国公学监督之后，虽不参与公学的具体事务管理，但仍造成了诸多矛盾之处，比如学校职员是由监督选聘还是由评议部选举产生；是对监督负责还是对评议部负责等。而为了解决这些问题，张邦杰、王敬芳和黄兆祥三干事于 1907 年 12 月修改学校章程，取消评议部，干事改由监督聘任。章程的修改直接引起了学校当局和学生的严重对立。反对改制的学生以原有校章为依据，认定三干事修改

---

① 胡适：《中国公学校史》，《胡适全集》，安徽教育出版社，2003 年，第 147 页。
② 董鼐编：《私立中国公学》，南京出版公司，1982 年，第 7—9 页。
③ 章玉政：《光荣与梦想——中国公学往事》，浙江人民出版社，2014 年，第 63 页。

校章，"非经全体三分之二承认，不得修改"①。而三干事则认为监督负责制已成事实，郑孝胥任监督已大半年了，从这个角度来看，修改校章是必然的。双方依此各不相让，反对的学生以全体学生组织校友会的名义发起抗议，双方争执不断。郑孝胥于 1908 年 3 月卸任中国公学监督一职，4 月由江苏提学使夏敬观接任监督一职，但此时三干事已经与学生达成一致，新校章由全体学生修改。但是新校章却并未得到夏敬观的认可。1908 年 9 月 27 日，夏敬观贴出告示，否认学生有修订校章之权，于是引发新、旧中国公学分裂风潮②。

1908 年 9 月 13 日，在夏敬观监督的努力下，中国公学第一次董事会于上海一品香饭店举行。张謇被选为总董，熊希龄副之，列名董事会的还有郑孝胥、罗焕章、陈三立、于右任、夏敬观、王敬芳、黄兆祥、张邦杰等人。根据中国公学董事会章程规定，董事会是学校最高权力机构，有权决定学校的大政方针，监督选聘、经费筹措等事务。但与学生之间的矛盾却并未解决，反而使得矛盾愈加激化，1908 年 10 月 3 日，167 名学生退学自办中国新公学，与旧公学相抗衡。新公学成立之后，学生按原来的学校章程，实行学生自治，选出干事朱经农、李鹤琴、罗毅负责庶务、教务和斋务。新公学为了筹款，也成立了校董会，并推举李平书为总董。新中国公学虽然成立，但困扰新公学最大的问题就是经费短缺问题。学校一直难以将教师薪俸全数发放，胡适在日记中对此情况也加以记载："经费实在太穷，教员只能拿一部分的薪俸，干事处常常受收房捐和收巡捕捐的人的恶气；往往因为学校不能付房捐与巡捕捐，同学们大家凑出钱来，借给干事处"③。由于新公学难以维继，再加上熊希龄、郑孝胥等人的居中调节，1909 年 11 月 13 日，新旧公学董事与干事共同会商新旧公学合并办法："约定即日将庆祥里新公学房屋退租，学生皆移入中国公学，所有新公学欠款由公学分别缓急酌为认还。"④11 月 17 日，中国公学为新生合并事开会。中国新公学在艰难维持一年之后，几经调停，新旧公学重新复合为一。新旧公学合并之后，中国公学董事会"改为监督行事之法，以夏敬观为监督，驻学办事，各教员职员皆由监督聘订，别定严肃规则，以除从前之习气"⑤。

至此，中国公学第一次风潮结束，中国公学的组织构成到此也渐趋于稳定。之

---

① 胡适：《四十自述》，中国文联出版公司，1993 年，第 84 页。
② 章玉政：《光荣与梦想——中国公学往事》，浙江人民出版社，2014 年，第 72 页。
③ 胡适：《四十自述》，中国文联出版公司，1993 年，第 88 页。
④ 郑孝胥：《郑孝胥日记》，中华书局，1993 年，第 1032 页。
⑤ 陈谊：《夏敬观先生年谱》，黄山书社，2007 年，第 48 页。

后再发生的学潮也是因为人事变动以及意见相左等原因，而不再因为组织机构等问题。

二、艰难的分科建设

中国公学成立之后，组织机构经过几年的摸索找到了适合自己的道路，然而对于一所学校而言，最重要的是其要承担的教学与研究任务。

1906 年中国公学刚成立时，首批学生虽都是归国留日学生，但其出身来自中国 13 个省，在日的专业、学历也不相同。虽然第一批学生仅有二百六十余人，但仍按照其学历程度以及所修专业的不同分配了不同的班级：普通预科两班，两年毕业；中学普通四班，三年毕业；理化专修一班，一年毕业；师范速成一班，两年毕业。各班人数自然也不尽相同，从二十余人至六十余人不等。学生的年龄相差也是比较大的，如胡适所在的高等预科甲班，最小年龄 17 岁，最大的已是 31 岁，相差达 14 岁[①]。胡适也曾对此感慨道："他们的年纪都比我大得多，我是做惯班长的人，到这里才感觉我是个小孩子。"由于中国公学仓促间成立，教师配备未能完全跟上，"有好几门功课都不能不请日本教员来教，如高等代数、解析几何、博物学，最初都是日本人教授，由懂日语的同学翻译"[②]。而一些年龄稍长的同学，还兼任起学校的职员或教员，比如与胡适同班的但懋辛就曾担任他们班级的体操教员。

中国公学成立之初时，"除中学外次第附设师范、理化、英文、算学各专修科"[③]。不过这只是初期的过渡阶段，公学在 1908 年校董会成立之后，郑孝胥、张謇、熊希龄等人便积极谋划将中国公学升格为大学预科，但此时的中国公学要升格为一所大学还稍显稚嫩，因而郑孝胥等人便上书建议先设中国公学为高等公学预备。1909 年端方上奏朝廷："顾大学全备六科，科目既烦，规模至大，言乎学额，非数千不可；言乎秩序，非先有中学高等之毕业生不可。权衡形势，而先其所至急，莫若就上海制造局相近，先建工科大学，即以已成之中国公学，为高等公学之预备，次第经营，四五年后，即可希成效之发生，有完之公学。更三数年后，各省热心从事工业之处，得有相助为理之人，不至如今日之实业索埴冥行，难言进步，其于

---

① 章玉政：《光荣与梦想——中国公学往事》，浙江人民出版社，2014 年，第 43 页。
② 季羡林编，胡适著：《胡适全集》，安徽教育出版社，2003 年，第 66 页。
③ 董鼐编：《私立中国公学》，南京出版公司，1982 年，第 1 页。

国计民生关系，实为重要。[①]"

此后一段时间内，中国公学都受限于经费不足的问题，并且因为中华民国成立初期时局动荡，学生人数减少等原因，中国公学的分科建设多为停滞，至王敬芳任校长时，公学仅有商科专门以及中学。1922 年张东荪先生辞任校长后，由陈筑山先生代理校长，"即将原有之商科专门提高程度，改升大学"[②]。次年由于校舍不足，将商科大学迁至上海，1924 年董事会推张东荪先生为商科大学长，次年商科大学迁回吴淞，同时筹划添设哲学、政治、经济诸学系。1927 年，中国公学几位毕业班的学生代表请到何鲁先生出任中国公学的校长，在何鲁的努力下，中国公学重新改选了董事会，并立即着手拟定新的办学方针："（一）扩充学额。（二）改善商、法二科，该校商科原设银行、会计两系，现拟添设实习科目多种，法科亦将偏重实习方面，陈教务主任已定有详细办法。（三）添建校舍，以备扩充学额时应用。"[③]在何鲁先生任内，公学之学科组织共分文学院、商学院、法学院、理工学院四院，设十七学系。但因经费不足，终未能建设完备[④]。

何鲁任校长时期，由于经费不足以及第二次风潮的影响，所做出的学科设计多未实现。及至 1928 年 4 月 30 日胡适应邀出任中国公学的校长，中国公学才开始走向"中兴"之路，杨亮功称胡适任公学校长期间，"无论从学校秩序上或教学内容上看皆有显著的进步"[⑤]，可称之为中国公学的"黄金时期"或"短暂的春天"。胡适任校长后，从 1928 年的暑假开始，中国公学进行院系调整：裁撤毫无设备的工学院；法学院裁并为社会科学院，同时成立文理学院；商学院改为社会科学院中的商学系，即（一）文理学院，分（1）中国文学系，（2）外国语文系，（3）哲学系，（4）数理学系。（二）社会科学院，分（1）史学系，（2）政治经济学系，（3）商学系。[⑥]而胡适在担任校长的同时担任文理学院院长，高一涵为社会科学院院长。中国公学在胡适任校长时期得到了很大的发展，学生数达到一千余人，教职员逾百人。并且 1929 年，因学生数骤增，商学系又扩充为商学院。中国公学于 1929 年改为三院六系，即："文理学院，属此者为文史学系，数理学系；社会科学院，属此

① 端方：《筹办工科大学折》，《端忠敏公奏稿》，台湾文海出版社，1967 年，第 1791 页。
② 胡适：《中国公学校史》，《胡适全集》，安徽教育出版社，2003 年，第 149 页。
③ 《中国公学大学部之新计划》，《申报》，1927 年 5 月 22 日，第 10 版。
④ 胡适：《中国公学校史》，《胡适全集》，安徽教育出版社，2003 年，第 150 页。
⑤ 杨亮功：《早期三十年的教学生活》，黄山书社，2008 年，第 71 页。
⑥ 《中国公学新组织》，《中央日报》，1928 年 7 月 21 日刊。

者为政治经济学系，法律学系；商学院，属此者为普通商学系，银行会计学系。"①

胡适任校长时，中国公学迎来了两年的"黄金时期"，但胡适之后因为发表了《人权与约法》《知难行亦不易》等文章触怒了国民党当局，随后被上海特别市、中央训练部、江苏省党部等警告，于是1930年5月，胡适辞职离开中国公学②。胡适从中国公学辞任之后，校长一职由马君武接任，然而校内却发生了更为严重的学潮，校内矛盾冲突激化，一片混乱。之后校长由邵子力接任，此时又由于时局困难，民族矛盾尖锐，九一八事变以及一、二八事变以后，校内抗日风潮四起，校舍被毁，学生星散，中国公学茕茕孑立于风雨飘摇之中。在此之后，学校断断续续重开，然而学生人数再难回到之前鼎盛时期，学校最终于1936年停办。

三、日本教育体系的深刻影响

在行政运营方面，1886年(日本明治十九年)，日本政府发布了《帝国大学令》，并在《帝国大学令》之中规定了大学的作用："帝国大学是以按照国家之需要教授应有之学术技艺以及探究其奥蕴为目的。"③同时还规定了帝国大学由大学院以及分科大学两部分组成，为了确保大学行政的运行，下设评议官、书记官、书记。评议官由文部大臣从各分科大学中选取两名教授，构成评议会来负责评议大学院以及分科大学相关的重要事项。东京帝国大学据《帝国大学令》进行了改革，在校内设立咨询会，分为总咨询会与部咨询会，其任务主要是就教育相关的问题进行审议，并对"总理"④以及各分科院长提出建议，并不具有大学运营上实质的权限。同时与咨询会相呼应的，还按照《帝国大学令》中的规定组成大学评议会，大学评议会的审议事项不仅有校内规章制度以及学生、教员的相关人事工作，还包括大学相关的法规和财政问题⑤。由此看来，中国公学初期在学校组织机构方面的设置，可以说来源于日本《帝国大学令》下各帝国大学的组织机构构成。但是虽然中国公学模仿日本大学也成立了评议会与审议会，却对于具体事务的规定没有明确，三干事的权

---

① 马君武：《中国公学校史》，《私立中国公学》，南京出版公司，1982年，第15页。
② 季羡林编，胡适著：《胡适全集》，安徽教育出版社，2003年，第503页。
③ 文部省：『学制八十年史』，大藏省印刷局，1954年，第138頁。
④ 总理：保持帝国大学的秩序，监视帝国大学的情况并向文部大臣提出建议，担任法科大学长的职务。
⑤ 天野郁夫：『大学の誕生』，中公新書，2009年，第101頁。

力范围也不明确，以至于后来三干事取消评议部，引发了"新旧公学"分立事件。

在学科设置方面，1879 年，日本文部省发布《教育令》，其中对大学规定："大学是教授法学、理学、医学和文学等专门学科之所在"①。而《帝国大学令》当中第二条的规定是："帝国大学由大学院及分科大学两部分构成，且各具不同之职能。即大学院是研究学术技艺的机关，而分科大学是教授学术技艺的理论以及应用的机关"②。而当时帝国大学的分科主要有法科大学、医科大学、工科大学、文科大学、理科大学五种。"帝国大学令"公布的同时制定了许多规则，其中规定了各分科大学的学科，法科大学有法律学第一科、第二科、政治学科、行政学科、财政学科、外交学科；医科大学有医学科、药学科；工科大学有土木工学科、机械学科、造船学科、电气工学科等；文科大学有哲学科、和文学科、汉文学科、博言学科；理科大学有数学科、星学科、物理学科、化学科等。③东京大学于 1877 年由东京开成学校、东京医学校所合并而成，成立后的东京大学设置了法学、文学、理学和医学四大类学科。之后 1886 年又将工科大学并入，与理学部剥离出来的工艺学科合并为工学部。另外早稻田大学在成立之初的学科设置为政治经济、法律、理学和英语四科，而早稻田大学清国留学生部预科设置为日语、数学、地理、历史等普通科，而本科计划为政法理财科、师范科、商科，庆应大学最初的学科设置为文科、理科和法科三科，同志社大学最初也为文科、法科、理科、医科四科。④中国公学在升格为大学之后进行的学科建设以文、法、理、商四学科为主，共十七学系，与近代日本大学的分科多有共同之处。

在教学内容及授课方式方面，中国公学在升格为大学之前，以普通的师范教育以及大学预科教育为主导。中国公学初期这种分科形式的原因，则与留学生在日留学时所接受的教育有关。留学生在"取缔事件"发生回国前在日本所接受的教育主要有两个特征：（1）教授内容为普通学科而非专门学科；（2）教育性质为速成教育而非正式教育。如留学生人数最多的弘文学院，"又有速成师范科、速成理化科、速成音乐科等，其年限均系随时酌定"⑤。其时教授留学生最多的几所学校，如东京同文书院、弘文学院、早大清国留学生部等学校，其所设课程也多是日语、普通

① 文部省：『学制八十年史』，大藏省印刷局，1954 年，第 745 页。
② 文部省：『学制八十年史』，大藏省印刷局，1954 年，第 138 页。
③ 文部省：『学制八十年史』，大藏省印刷局，1954 年，第 139 页。
④ 天野郁夫：『大学の誕生』，中公新书，2009 年，第 159—161 页。
⑤ 实藤惠秀：《中国人留学日本史》，生活・读书・新知三联书店，1983 年，第 60 页。

中国公学运营中的日本因素

中等学科以及速成师范等。而端方在《学部奏咨辑要》中对留学生的入学情况也有所记录："习速成者居百分之六十，习普通者居百分之三十，中途辍学辗转无成者居百分之五六，入高等专门者百分之三四，入大学者仅百分之一而已"[①]。由此可见，留学生在日本所受到的教育多为预科与速成教育，而这也就导致了中国公学在成立初期是一所教授预科与师范的高等学校，学科建设也是以师范教育与大学预科教育为主。并且学校早期由于教师人数难以为继，"有好几门功课都不能不请日本教员来教，如高等代数、解析几何、博物学，最初都是日本人教授，由懂日语的同学翻译"[②]。胡适的同班同学朱经农、李鹤琴等，就曾担任过日语翻译。

在发展道路方面，日本近代大学的建成也离不开欧美国家的大学的经验。文部大臣森有礼在欧美留学时比较了英美法德的大学建设，并认为"英国的大学不过是为了绅士与市民的大学，法国由于大革命中世以来的大学尽皆解体，而美国的大学以德国为楷模"[③]。而且东京帝国大学在成立之初以德国大学为主要学习目标，聘请多位德国教师，文理两科德语皆为必修课程，向德国派遣留学生。但是在学校走上正轨以后，学校开始培养本土教师，德籍教师在学校的占比开始逐渐降低，并且开始逐渐实现学术独立，逐步摆脱对欧美发达大学的学术依赖，东京帝国大学开始真正成为"帝国"的大学。另一方面，中国公学的建立亦离不开日本大学的经验，建立之初从创办者到学生皆是留日学生，并且在建校初期亦聘请日籍教师。中国公学和日本的大学的建校轨迹都十分的相似，但是在之后的发展道路上却大相径庭，中国公学的学习对象逐渐由日本的大学转向欧美的大学。此中缘由，引人深思，值得探究。

四、余 论

本章主要从组织机构、学科建设、办学道路等方面列举了中国公学办学过程当中的日本因素，从中可以看到，由于中国公学的创办是由归国留学生创办的，中国公学被称为"第一所先有学生后有老师的学校"。因为当时清政府和日本政府都下令让因为"取缔事件"而回国的留学生尽快归日复课，所以中国公学为了保证入学

---

① 舒新城：《近代中国教育史料》，上海科学技术文献出版社，2015 年，第 224 页。
② 季羡林编，胡适著：《胡适全集》，安徽教育出版社，2003 年，第 66 页。
③ 天野郁夫：『大学の誕生』，中公新书，2009 年，第 90 页。

学生人数，起事于匆忙之际，创校于仓促之间，准备自然难以充分。所以中国公学从筹备期开始，就脱胎于留学生在日本留学时期的自治组织——清国留学生会馆。而到了初创期，留学生群体由于没有独立办学的经验，所以成立初期的中国公学从组织构成到学科建设，都与日本经过改革之后的大学构成相近。而当中国公学到了胡适担任校长并迎来短暂的"中兴期"之时，中国公学经过合理的调整，逐渐走入了发展期，之前的一些日本因素在这一时期得到了改善，并且之后到了舒新城任校长后，学校也进行了更多的尝试，如引入西方的"道尔顿制^①"等。

虽然中国公学从创立到运行都借鉴了日本大学的成功经验，但结局却与日本大学大相径庭。日本近代教育制度的代表——东京帝国大学，在日后成了世界一流大学以及"日本科学家的摇篮"，而中国公学则学潮频发，最终闭校于抗日战争前。中国公学没能成为中国教育界的"标杆"，原因大致可以总结为以下几点：

中国公学所处的历史背景比较复杂。中国公学成立于 1906 年，清政府正处于风雨飘摇的阶段，国内革命气息浓厚，再加上留日学生中不乏革命人士，使得中国公学从建立之初就带有着革命气质。胡适在日记中就曾记载："我那时只有十几岁，初进去时，只见许多没有辫子的中年少年，后来才知道大多数都是革命党人，有许多人用的都是假姓名。同学之中死于革命的，我所能记忆的有廖德璠，死于端方之手；饶可权死于辛亥三月广州之役，为黄花岗七十二人之一。熊克武、但懋辛皆参与广州之役。"^②而且随着 1912 年辛亥革命清政府倒台，中国社会进入了更加复杂混乱的军阀混战时期。因此，中国公学从创立到发展所处在的社会环境不是在封建王朝腐朽统治的末端飘零，就是在军阀割据群雄逐鹿的夹缝中生存，从资金到生源再到师资等各方面都面临着各种各样的困难，甚至校舍多次被损坏，最后中国公学闭校也是因为抗日而被炸毁校舍。因此可以看出，和谐稳定的社会环境对于教育的发展有着不可忽视的推动作用。

中国公学所拥有的办学基础较弱。中国公学的创立可以说更多的是一时的民族热情抒发的产物，留日学生在日本集体抗议"取缔规则"，随后一起罢课回国，誓要建立"中国人自己的大学"，且革命志士陈天华、办校发起人姚宏业投海自尽，中国公学才由此创立。但是中国公学的创立在此之前并无任何办学基础，发起人都

---

① 道尔顿制：1920 年 2 月由美国教育学家柏克赫斯特所创，道尔顿制有三大原则：一是自由，二是合作，三是时间预算。

② 胡适：《中国公学校史》，《胡适全集》，安徽教育出版社，2003 年，第 147 页。

中国公学运营中的日本因素

是留日学生,而且要从零开始、短时间内快速成立一所学校,所做的准备必然不足。而日本的大学则经过"藩校"的改革,以及文部省相继颁布《学制》《教育令》《帝国大学令》等制度进行改革,留给日本大学的教育"遗产"相对丰富,且改革的时间较充足,因此日本的大学得到了比中国公学较好的发展。

中国公学吸收先进经验的水平较低。日本在明治维新以后大规模学习西方的各种制度、技术等先进经验,其中办学经验经过考察后主要以德国的大学作为学习的榜样,除了派遣留学生与教师前去学习外,还大批引进德籍教师,且初期学生的德语为必修课等。但当学校走上正轨以后,学校又进行改革,实行学术自主化以及学术独立,德籍教师的比重开始下降,并且注重培养本国人才,之后又遵循本国的传统以及现实情况推出了讲座制、研究生院制等。可以看出,日本的大学在创立发展的过程当中,善于吸收接纳异文化中的优秀元素,并同时与自身文化进行融合,形成一种独特的风格,这也导致了日本的大学在近代发展道路中不致迷失。而中国公学在成立初期自然是将日本的大学作为了学习的对象,从组织机构设置到学科设置等等制度都来自日本,并且聘请日籍教师授课。可以说在吸收经验的初期阶段二者所走过的道路大致相同。但是之后的发展过程当中,日本的大学可以将外来的先进经验和自身较优秀的传统相结合,既不会迷失自我丧失独立性,也不会全盘否定异质文化。而中国公学在发展过程中虽然也尽可能地保持自身办学的独立性,致力于打造"中国人公有之学校",并且也在教学出现问题时积极引入西方的制度加以改革,但是问题在于没有解决异质文化的"水土不服"现象,使其没能很好地被中国公学所吸收接纳。中国公学没能在教育领域成为"标杆",还有一个重要原因是中国公学的爱国革命气息浓厚,少年胡适初到上海求学时说自己对"那些早已叩上中国大门的新潮流是全然懵懂的。而十三岁不到,就已经变成了一个革命分子"[①]。胡适虽然并不是十分明显的革命分子,但也充分说明了中国公学的革命传统,而中国公学的爱国革命传统也是从留日学生在日时期就开始传承的。

(作者:郝禹,中国人民抗日战争纪念馆编辑研究部馆员)

---

① 江勇振:《舍我其谁:胡适》,新星出版社,2011年,第50—51页。

日本政治史

8世纪日本御葬司初探

——兼论唐日之异同

宋兆辉

内容摘要 本文在先行研究的基础上，结合史料考察了在8世纪日本的御葬司的形成与演变的过程。日本御葬司和唐王朝的山陵使在职能、构成等方面，看似十分相似，但通过比较研究发现，实际上两者有较大差别，而这些差别的产生基于两国不同的政治、文化背景。在8世纪的日本，已经有了吉礼、凶礼不并行的观念。本文通过考察唐的凶礼中包含的吉礼要素，以及日本御葬司之下的装束司和前后次第司，两官司的成立过程，论证了唐的吉凶礼意识可能对日本产生了影响，以及在8世纪的日本吉礼和凶礼的要素之间可以相互转化。

关键词 御葬司 天皇丧葬 薄葬意识 律令体制 吉凶礼意识

The Research of the Gosoushi in Japan in the Eighth Century

Song Zhaohui

Abstract：Based on previous research, this article investigated the formation and evolution of the Gosoushi in Japan in the eighth century with historical records. The Gosoushi and the Shanlingshi of the Tang Dynasty seem to be very similar in terms of their function and composition. But through comparative research, it can be found that there are large differences between the two, and these differences are based on the different political and cultural background of the two countries. In the eighth century in Japan, the concept that the Jili and the Xiongli can not be held together has already arisen. This article investigates the elements of the Jili contained in the Xiongli of the Tang Dynasty, as well as the Formation process of the Shouzokushi and the ZenGoshidaishi under the Gosoushi, to demonstrated that consciousness of the Jili and the Xiongli in Tang has also influenced Japan. The elements of Jili and Xiongli could be also transformed into each other in the eighth century in Japan.

Keywords: the Gosoushi;the Mourning and Funeral of Emperor；the Consciousness of Simple Burial；the Ritsuryo System；the Consciousness of the Jili and the Xiongli

丧葬仪礼作为人类的通过礼仪之一，在任何时代、任何地区都受到重视。古代日本在其民族文化传统的基础上，吸收大陆的丧葬文化，而逐渐形成了一套独特的丧葬仪礼。8 世纪是日本的天皇丧葬仪礼的重要转变期，随着律令国家的确立，与天皇丧葬有关的官僚机构也被逐步纳入律令体制。本文探讨的御葬司是日本古代负责天皇、皇后葬仪的临时官司的合称，成立于 8 世纪，是该时期天皇丧葬礼仪转变的重要见证。

学界对天皇丧葬仪礼的研究已有很多，近年来集大成的研究有稻田奈津子《日本古代的丧葬仪礼和律令制》[1]等。对御葬司的专论，也有如榊佳子《关于古代掌管天皇大葬官司的研究》[2]、虎尾达哉《围绕上代葬司的任用——律令政治社会管

---

[1] 稻田奈津子："日本古代の喪葬儀礼と律令制"，吉川弘文館，2015 年。
[2] 榊佳子："古代における天皇大葬管掌司について"，"国立歴史民俗博物館研究報告"第 141 号，2008 年，第 41—60 页。

8 世纪日本御葬司初探——兼论唐日之异同

见》①等研究。上述研究主要考察了天皇葬司的任命、职能等问题，是葬司问题的基础性研究。但以上研究多少局限于日本史的视角，在研究中强调御葬司的独特性。关于御葬司在 8 世纪成立及演变的过程，尚有探讨空间，本文从中国研究者的视角，对 8 世纪日本的御葬司进行探究。

一、8 世纪御葬司的初现

为了更清晰地展现 8 世纪御葬司的形态，作 8 世纪天皇、皇后葬司表如下：

表 1 文献史料所见的 8 世纪天皇、皇后御葬司

大行天皇/皇后	逝世时间	葬司任命时间	葬司构成	葬司首班②	葬司首班任职	史料出典
持统太上天皇	大宝二年（702）十二月甲寅（廿二）	大宝三年（703）十月丁卯（九）	作殡宫司、造大殿垣司、御装长官、御装副长官、造御灶长官、造御灶副长官	二品穗积亲王	作殡宫司（长官）、御装长官	《续日本纪》卷二、三
文武天皇	庆云四年（707）六月壬午（十六）	庆云四年十月丁卯（三）	殡宫供奉、造御灶司、造山陵司、御装司	二品新田部亲王	造御灶司	《续日本纪》卷三
元明太上天皇	养老五年（721）十二月己卯（七）	养老五年十二月庚辰（八）	行御装束事、供营陵事	从二位长屋王	行御装束事	《续日本纪》卷八
元正太上天皇	天平二十年（748）四月庚申（廿一）	天平二十年四月辛酉（廿二）	御装束司、山作司③、养役夫司	从三位智努王、三原王	御装束司、山作司	《续日本纪》卷十七

①虎尾達哉：《上代葬司の任用をめぐって—律令政治社会管見》，《人文学科論集》（鹿児島大学法文学部），第 25 号，1987 年，第 31—74 页。

② 本文中的葬司首班指在御葬司中品位最高的贵族，相同品位的贵族有多人时，依从史料记录先后顺序。葬司首班任职指葬司首班在御葬司中任职所在的具体官司。

③ 同造山陵司。

续表

大皇大后藤原宫子	天平胜宝六年（754）七月壬子（十九）	天平胜宝六年七月癸丑（二十）	御装束司、造山司	正一位橘朝臣诸兄	御装束司	《续日本纪》卷十九
圣武太上天皇	天平胜宝八岁（756）五月乙卯（二）	天平胜宝八岁五月丙辰（三）	御装束司、山作司、造方相司、养役夫司	从二位藤原朝臣丰成	御装束司	《续日本纪》卷十九
光明皇后	天平宝字四年（760）六月乙丑（七）	天平宝字四年（760）六月乙丑（七）	装束司、山作司、养役夫司、前后次第司	三品船亲王、池田亲王	装束司、山作司	《续日本纪》卷二十二
称德天皇	宝龟元年（770）八月癸巳	宝龟元年八月丙午	御装束司、作山陵司、作路司、养役夫司、御前次第司、御后次第司	从三位文室真人大市、石川朝臣丰成、藤原朝臣鱼名	御装束司、作山陵司、御前次第司	《续日本纪》卷三十
光仁太上天皇	天应元年（781）十二月丁未（廿三）	天应元年（781）十二月丁未（廿三）	御装束司、山作司、养役夫司、作方相司、作路司	正三位藤原朝臣小黑麻吕	御装束司	《续日本纪》卷三十六
皇太后高野新笠	延历八年（789）十二月乙未（廿八）	延历八年十二月丙申（廿九）	御葬司①、山作司、养民司、作路司	从二位藤原朝臣继绳	御葬司	《续日本纪》卷四十
皇后藤原乙牟漏	延历九年（790）闰三月丙子（十）	延历九年闰三月丁丑（十一）	御葬司、山作司、养民司②、作路司	从二位藤原朝臣继绳	御葬司	《续日本纪》卷四十

从上表可以观察到，持统与文武的葬司构成较为相似，包括负责建造殡宫、山

---

① 一般认为《续日本纪》延历八年十二月丙申条及延历九年闰三月丁丑条中的"御葬司"是御装束司的误写，此处依从史料记为"御葬司"，但延历八年及九年设立的具体官司应为御装束司。『续日本纪·五』（新日本古典大系）（青木和夫、稻冈耕二、笹山晴生、白藤禮幸校注，岩波书店，1998 年）第 450 页注 2 及第 463 页注 24。

② 同养役夫司。

8世纪日本御葬司初探——兼论唐日之异同

陵等职责的官司。御葬司的基本形态可以说是在持统、文武的葬司中确定下来的。元正葬司增加了养役夫司[①]，其后圣武葬司又增加了造方相司[②]。光明皇后的葬司中，出现了前后次第司，关于前后次第司的成立详见后文考察。此后，称德葬司又新增作路司。[③]因历代天皇的遗诏有不同要求，以及不同时代的不同政治背景，历代葬司的具体官司构成各有增减，不尽相同，但是从官司职能及葬司长官身份的演变来看，在8世纪御葬司的发展过程中，持统·文武御葬司、元明御葬司和圣武御葬司的葬司构成具有特殊的意义。本节拟先通过御葬司设立初期的持统、文武两代御葬司，考察御葬司的基本构成和特征。

一般认为，御葬司首次出现于大宝三年持统太上天皇的丧葬中。该年冬十月丁卯御葬司设立，"以二品穗积亲王为御装长官，从四位下广濑王·正五位下石川朝臣宫麻吕·从五位下猪名真人大村为副。政人四人，史二人。四品志纪亲王为造御灶长官，从四位上息长王·正五位上高桥朝臣笠间·正五位下土师宿祢马手为副。政人四人，史四人。"[④]

持统的丧葬仪礼一直以来被视为古代日本丧葬礼仪的重要分界线，是首次按照律令体制的丧葬令进行的天皇大葬。由此开始，一方面以往的殡宫礼被逐渐边缘化，另一方面唐的仪制被逐步导入。在吸取和改造唐制的基础上，日本特有的丧葬仪礼逐渐成形。[⑤]此前的天皇大葬被记录在《日本书纪》中，有可能因史料的编纂策略不同等原因，而造成对天皇大葬的记录有较大区别。无法否定在持统以前曾设有葬司的可能性，但亦无史料可以支撑这种可能，从现阶段掌握的史料来看，认为葬司初见于持统大葬之际的观点基本没有问题。[⑥]

庆云四年（707）冬十月，文武天皇崩御后，成立了御葬司。

> 以二品新田部亲王，从四位上阿倍朝臣宿奈麻吕，从四位下佐伯宿祢太麻吕，从五位下纪朝臣男人，为造御灶司。从四位上下毛野朝臣古麻吕，正五位上土师宿祢马手，正五位下民忌寸比良夫，从五位上石上朝臣丰庭，从五位下

---

① 养役夫司负责管理在丧葬仪礼中调用的各种役夫的粮食、报酬等。
② 造方相司即掌管方相氏的临时官司。方相氏在送葬中担任辒车的先导，驱逐恶灵。
③ 造路司负责整修送葬沿途的道路、桥梁等。
④《续日本纪》大宝三年十月丁卯条。
⑤ 稻田奈津子：《日本古代の喪葬儀礼と律令制》，吉川弘文馆，2015年，第63—64页。
⑥ 榊佳子：《古代における天皇大葬管掌司について》，《国立歴史民俗博物館研究報告》第一四一号，2008年，第41—60页。

藤原朝臣房前，为造山陵司。正四位下犬上王，从五位上采女朝臣枚夫，多治比真人三宅麻吕，从五位下黄文连本实，米多君北助，为御装司。①

综合以上两条史料可以看到，实际上御葬司本身并不是一个官僚机构，而是多个临时官司的合称。持统太上天皇因死后与天武天皇合葬，不需另建山陵。因此，大宝三年的葬司中并未设有造山陵司。由持统、文武两代的葬司可见，8 世纪早期的御葬司基本由造御灶司、造山陵司和御装司，三个临时官司构成。

二、元明御葬司的结构性转变

经过持统、文武两代天皇的丧葬仪礼，御葬司的基本结构确定了下来。随后的元明御葬司的结构，在持统、文武两代的御葬司基础上，发生了重大转变，主要表现在两个方面上：

（一）薄葬与御葬司构成

养老五年（721）十二月己卯，元明上皇病亡，次日设立葬司。葬司任命记事中没有明确记录各官司的机构名，而是记录了负责"御装束事"和"营陵事"的官员，"从二位长屋王，从三位藤原朝臣武智麻吕等，行御装束事。从三位大伴宿祢旅人供营陵事"②。一般认为这与元明太上天皇生前要求死后薄葬有关。③天皇（太上天皇）在生前要求薄葬的传统由来已久④，但从《续日本纪》的记载来看，元明太上天皇的葬司记录最为简单，生前发布要求薄葬诏书的次数也相对较多。例如，元明太上天皇在死前曾发布诏敕：

---

① 《续日本纪》庆云四年十月丁卯条。
② 《续日本纪》养老五年十二月庚辰条。
③ 《續日本紀·二》（新日本古典大系）（青木和夫、稻冈耕二、笹山晴生、白藤禮幸校注，岩波书店，1998 年）第 105 页注 23。
④ 天皇薄葬可以追溯到推古天皇的遗诏，此后断续有天皇提出薄葬的要求。8 世纪后，自持统太上天皇起，天皇生前要求薄葬逐渐成为惯例。天皇的薄葬要求受到中国及新罗的影响，同时也与厚葬的经济负担过大等内在性的因素有关。8 世纪的薄葬与天皇仪的一系列变化如火葬、殡的时间缩短等紧密相关。参考高桥照彦「律令期葬制の成立过程—「大化薄葬令」の再檢討を中心に」，『日本史研究』第 559 号，2009 年，第 1—24 页；渡部真弓「古代丧葬仪礼の研究—奈良时代における天皇丧葬仪礼の変遷」，『神道史研究』第 40 号，1992 年，第 100—124 页，等文。

8世纪日本御葬司初探——兼论唐日之异同

万物之生，靡不有死，此则天地之理，奚可哀悲。厚葬破业，重服伤生，朕甚不取焉。朕崩之后，宜于大和国添上郡藏宝山雍良岑造灶火葬，莫改他处。[①]

丧事所须，一事以上，准依前敕，勿致阙失。其轜车、灵驾之具，不得刻镂金玉，绘饰丹青。素薄是用，卑谦是顺。仍丘体为堂，就山作灶，芟棘开场，即为丧处。又其地者，皆殖常叶之树，即立刻字之碑。[②]

正是元明生前多次的薄葬要求，使得元明上皇的薄葬进入了新的阶段。可以说，元明太上天皇的葬仪是以当时最简单、最基础的形式进行的，而"御装束事"和"营陵事"两部分构成了最基础的葬仪。

结合前文对持统、文武葬司等考察，可知在8世纪初逐渐强化的薄葬氛围下，当时的天皇葬仪被理解为"御装束事"和"营陵事"的复合体。早期葬司由负责"营陵事"的造御灶司、造山陵司和负责"御装束事"的御装司构成。

巧合的是，御葬司的这种结构，与唐前期存在的两种山陵使，即负责皇帝山陵营建的山陵使和由宰相兼任负责丧葬仪礼进行的山陵使，十分相似。[③]山陵使在唐一代的皇帝丧葬仪礼中始终扮演着重要的角色，在唐后期出现了明显的角色分工，但在唐前期两种山陵使同时散见于史料中。日本8世纪前半叶的御葬司的"营陵""装束"二元构成，受到唐两种山陵使影响的可能性很大。古代日本在改造天皇大葬的过程中，对应两种山陵使的职能分别成立专职官司，合称御葬司。御葬司的分工而统一的构成与唐后期在山陵使之下设立细致分工的使职，相互协作的趋势不谋而合。由此可见，日本作为律令体制受容的一方，在负责丧葬仪礼的官僚体制的改革上可能反而早于唐，在葬司的设置上更加追求官僚机构的专职化。

（二）作殡宫司的消失

在元明以前，持统、文武死后，朝廷皆迅速任命殡宫礼的相关官司。以持统的丧葬为例，大宝二年十二月甲寅日，持统上皇崩御。次日，迅速成立作殡宫司和造大殿垣司两个临时官司，任命以穗积亲王为首的官员负责举行持统的殡宫礼。"以

---

① 《续日本纪》养老五年十月丁亥条。
② 《续日本纪》养老五年十月庚寅条。
③ 关于唐早期的两种山陵使，详见吴丽娱：《终极之典·中古丧葬制度研究》，中华书局，2012年，第321—326页。

二品穗积亲王，从四位上犬上王，正五位下路真人大人，从五位下佐伯宿祢百足·黄文连本实，为作殡宫司。三品刑部亲王·从四位下广濑王·从五位上引田朝臣宿奈麻吕·从五位下民忌寸比良夫，为造大殿垣司。"①殡宫礼持续一年有余，直到次年十二月举行了诔词奏上的仪式，殡宫礼才结束随即准备下葬。②

殡宫礼是自大化前代就已存在的日本传统丧礼。天皇死后，为其营建殡宫，以皇后为中心的后宫女性在殡宫中笼居并举行一系列秘仪，以太子为中心的男性贵族在殡宫外的殡庭举行号哭、诔词奏上等仪式。③参照表一及前文所引史料，在元明上皇的大葬中，并没有设立专职负责殡宫礼的官司。自元明以后，殡宫礼的时期大幅缩短，与殡宫礼相关的记录也基本不见于正史。作殡宫司的消失直接反映了天皇丧葬中殡宫礼的衰退。虽然殡宫礼并未彻底消失，如殡宫御膳等一小部分的殡宫礼仍然被保留，④但自元明以后，传统的殡宫礼在丧葬过程中的地位下降，被吸收到其他仪式中。

元明大葬中作殡宫司的消失，也促使御葬司发生了相应的转变。传统的天皇丧葬仪礼中，相较于葬的环节，涉及天皇权威转移的殡宫礼更为重要。在殡宫礼持续期间，笼居的皇后实际上继承了天皇的权威，在新天皇即位前统管朝政。殡宫礼结束后皇后将大权逐渐转交给继任天皇。特殊情况下，也可能自己即位。⑤持统死后，相较于御葬司，关于殡宫礼的记录更多，殡宫礼持续时间也更长。持统的御葬司在持统死后10个月后方才设立，只负责葬礼的部分。与之相对，元明的葬司在元明死后次日随即设立。元明以后，御葬司基本都在天皇死后当日或次日便设立。这说明自元明大葬开始，御葬司从单纯负责天皇下葬过程，升格为负责天皇丧葬仪礼的所有环节，真正意义上主导天皇的丧葬。作殡宫司等殡宫相关官司的部分职能被吸收到御葬司中。

---

① 《续日本纪》大宝二年十二月乙卯条。
② 《续日本纪》大宝三年十二月癸酉条，"癸酉，从四位上当麻真人智德，率诸王·诸臣，奉诔太上天皇。谥曰大倭根子天之广野日女尊。是日，火葬于飞鸟冈。"
③ 稻田奈津子：《日本古代の喪葬儀礼と律令制》，吉川弘文馆，2015年，第1—23页。
④ 渡部真弓：《古代喪葬儀礼の研究—奈良時代における天皇喪葬儀礼の変遷》，《神道史研究》第40期，1992年，第100—124页。
⑤ 稻田奈津子：《日本古代の喪葬儀礼と律令制》，吉川弘文馆，2015年，第1—23页。

三、圣武葬司首班身份的变化——从"封闭"到"开放"

　　天平胜宝六年，大皇大后藤原宫子[①]去世，两年后圣武上皇去世。藤原宫子和圣武的葬司都设立于天平胜宝年间，时间间隔较近，也表现出一些相似的特征。

　　从持统到元正，御葬司的首班一直由皇室成员出任。[②]而藤原宫子和圣武上皇的葬司中的首班不再是皇室成员，而是由皇室外的贵族出任。藤原宫子的葬司中位阶最高的橘诸兄，本为皇室成员，起初称葛城王，后上奏请求下赐臣姓。因此真正由皇室外的贵族主导天皇大葬是从圣武大葬开始的。

　　这种转变可能是受到当时特殊的政治局势影响。圣武去世前，天武系的直系后裔多已故去。圣武虽已让位给孝谦，但由于孝谦的女性身份，政局始终不稳，活跃在政局中的皇室贵族与孝谦存在着潜在的竞争关系。因而在当时基本没有合适的皇族可以作为圣武御葬司的首班。

　　此外，这种转变也反映了天皇丧葬转向"开放"的大趋势。自大化前代以来，日本传统的天皇丧葬仪礼都是由皇后、太子在内的皇室成员主导的。尤其是殡宫礼的环节，皇后在殡宫笼居期间代行天皇大权，殡宫笼居也被认为是女帝践祚之前必不可少的环节。[③]正是因为牵扯到天皇权威的转移和继承，传统的丧葬仪礼是封闭而神秘的，带有较强的"私礼"属性。持统以来，天皇的丧葬仪礼虽然产生了巨大的变化，但这种强调私礼的意识还深刻地影响了数代天皇。圣武之后依然有由皇族主导天皇丧葬的情况，但由皇族外的贵族主导天皇丧葬逐渐成为主流。这是因为传统的殡宫礼衰退，而律令体制下的天皇丧葬与皇位继承的关联不强。特别是奈良时代的皇权继承普遍采用女帝或上皇加以中继，皇权在天皇死前就已发生转移的情况较多。[④]上皇的丧葬自然不直接涉及皇位继承或皇权转移。因而天皇丧葬逐渐开放，转由律令贵族负责也不会对皇权产生实际的威胁。同时，律令体制的丧葬仪礼本身就具有开放的属性，丧葬的过程需要展示给臣民，以显示皇帝的权威。主导天皇丧葬的官人从皇族转变为一般贵族，体现了天皇丧葬从传统的封闭转向律令体制下开

---

　　① 藤原宫子是文武天皇夫人，藤原不比等之女，圣武生母，于孝谦朝被尊称"大皇大后"。

　　② 持统葬司中品位最高的为穗积亲王，文武葬司中的是新田部亲王，元明葬司中的是长屋王，元正葬司中的是智努王和三原王。

　　③ 稻田奈津子：《日本古代の喪葬儀礼と律令制》，吉川弘文館，2015 年，第 1—23 頁。

　　④ 岸俊男：《元明太上天皇の崩御－8 世紀における皇権の所在－》，《日本古代政治史研究》，塙書房，1966 年，第 177—211 頁。

放的大趋势。

虽然天平胜宝年间以后的日本御葬司，表面上同样是由臣下组织天皇（皇帝）的丧葬，与唐的山陵使具有相似性，但二者在权限上是有本质上区别的。唐的山陵使是由有着最高名号的重臣担任的负责皇帝丧葬的最高使职，在丧葬的多个场合中代表着皇帝本人。与山陵使一同任命的摄冢宰在名义上代替皇帝在谅暗期间统领百官，处理政务。山陵使和摄冢宰在嗣皇帝的二次即位中扮演重要角色，是嗣皇帝即位的见证人，其地位之高，可见一斑。[①]与之相对，日本的御葬司中的贵族只负责丧葬仪礼的推进，尚未发现史料能佐证御葬司中任职的贵族在皇位继承和皇权转移的过程中扮演了任何角色。御葬司中的首班大多是年长、资历老、位阶高的重臣，但少有权臣。虎尾达哉在统计了古代御葬司中任职的官员后指出，葬司的任命中广泛存在着重复任命的情况，即同一人在葬司的不同官司中任职，或在几代天皇的葬司中都有任职。他认为这种重复任职，说明可能存在超越官职、官司的，广义的专职于负责丧葬的律令官员团体。[②]虎尾达哉的考察说明御葬司的任命倾向于官员在丧葬仪式上的经验，而不是他们在朝廷中的地位。唐也有重复任命的山陵使，如阎立德被委任负责高祖、文德皇后、太宗的山陵。[③]阎立德属于两种山陵使中专司山陵营建的山陵使，在丧葬仪礼以及皇帝即位的仪式中可能参与有限。由此可见，御葬司也好，山陵使也好，任命的固定化趋势说明其在形式上、礼制上承担的意义有限。

唐日体制的另一点不同表现在，唐皇帝大葬结束后，往往由嗣皇帝对在丧葬中担当重任的山陵使予以丰厚的嘉奖，赐予高位及荣誉性称号等。以韦挺为例，"则天临朝，拜吏部尚书，摄司空，营高宗山陵，功毕，加金紫光禄大夫，改为天官尚书、同凤阁鸾台三品，赐物一千段，仍与一子五品"[④]。而在日本，在御葬司中任职的律令贵族则基本没有相应的，在丧葬事毕后因在天皇丧葬中担当重任而获嘉奖的案例。

事毕嘉奖不只是对官员的犒赏，同时是嗣皇帝表达自己尽孝和即位正当性的一种方式，是围绕着皇帝丧葬的君臣互动的方式之一。这种互动在日本的消失，很可能意味着御葬司在日本的律令体制中，没有受到和山陵使在唐的体制中所享有的同

---

① 吴丽娱：《终极之典·中古丧葬制度研究》，中华书局，2012年，138—164页。

② 虎尾達哉：《上代葬司の任用をめぐって—律令政治社会管見》，《人文学科論集》（鹿児島大学法文学部），第二十五号，1987年，第31—74页。

③《旧唐书》，北京：中华书局，1975年，卷七十七，阎立德传。

④《旧唐书》，卷七十七，韦挺传。

等的重视。

总而言之，唐的山陵使广泛地参与到丧葬仪礼和即位仪礼中，因而位高权重，地位重要。日本的御葬司等的官员则基本只负责丧葬仪礼本身，与皇权转移关联不大，因而位高权未必重，且逐渐表现出固定化、专业化的趋势。上节考察的御葬司在成立之初就表现出的分工合作精神也是相同的专业化趋势的一种体现。

四、从御葬司看8世纪的吉凶礼意识

围绕奈良时代的吉凶礼意识，已有不少学者做过研究。学界已基本就奈良时代存在"吉凶判然"，即吉礼、凶礼不能同时进行的观念，达成共识。渡部真弓指出，在8世纪初，丧葬属于凶礼的意识就已存在。凶礼需要与传统的神事、即位、朝贺等[1]仪礼作区别的宗教意识，即"吉凶判然"的意识在7世纪末8世纪初已然表现出来。

"吉凶判然"的观念之外，吉礼和凶礼之间的联系似乎还没有被充分的考察。尾留川方孝指出，"丧葬自体不是'凶'的礼，而是出现'凶'的时候应当实行的礼，是为了构建秩序而由国家参与、管制的礼。作为凶礼的丧葬是国家秩序的一环，凶礼将国家秩序实体化"。同样，吉礼也是国家秩序的一环，也是将国家秩序具体化的手段之一。二者在目的上天然相通，导致其在过程、表现形式上也有相似之处。本节拟考察8世纪的吉凶礼之间的联系。

一直以来，日本史学者对吉凶礼意识的考察主要集中在日本史的范畴内，对作为日本礼制母制的唐的礼制中的吉凶礼意识认识似乎不够。

唐的凶礼中广泛地包含着吉礼的元素。皇帝崩御之后，皇太子即位。作为国家仪礼中最重要的吉礼之一的即位礼实际上是大行皇帝的丧礼期间完成的。将皇帝遗体收于梓宫并封盖的大敛仪式结束后，接着进行的就是即位仪式。从大敛开始，葬仪的中心从死者向丧主转移，主客关系逆转。

在唐的送葬仪礼中也表现出类似的特征。送葬开始两日前，于大极殿设吉凶二幄，"前二日、所司设文武群官次于大极殿门外，东西廊下。又设帐殿庭，帐内设

---

① 渡部真弓：《古代喪葬儀礼の研究—奈良時代における天皇喪葬儀礼の変遷》，《神道史研究》第40期，1992年，第100—124頁。

吉幄，幄内设神座，南向。又设龙辂素幄于殿庭吉幄之右"。[1]吉幄中放置象征皇帝灵魂的神座，凶幄中安置收纳皇帝遗体的梓宫。此后的仪礼中，神座和梓宫一直并列安放，先对神座行吉礼后对梓宫行凶礼。神座载于皇帝行幸时所用的玉辂之上，而与之相对，载有梓宫的车不称"辂"而称"辒辌车"。神座从吉幄转移到玉辂称"谒"，安置到玉辂之上的过程称为"登车"。而梓宫安放到辒辌车的过程则称为"升车"。神座本身是没有移动能力的物品，但描述神座时使用的动词和描述活着的皇帝的动作的动词是一样的。"登车"是有意识的动作，而"升车"是无意识的，仅是在描述这一过程。玉辂和辒辌车一起向山陵进发。皇帝遗体埋葬后，辒辌车等凶礼用具全部在山陵焚烧，而玉辂则载着神座重新回到大极殿。

对于上述的唐王朝丧葬仪礼，尤其是烧毁辒辌车等凶礼用具的做法，来村多加认为，是将皇帝的魂遗弃在山陵，为了在皇帝的葬送仪礼中明确区分吉礼和凶礼。稻田奈津子对其加以指正，史料明确记载，载有皇帝魂的是灵车而不是辒辌车，皇帝魂在葬礼结束后，仍然回到皇宫。烧毁辒辌车含有避免皇帝重复死亡的意思。

在送葬的过程中，神座所代表的皇帝灵魂是不死不灭的。在仪式过程中，神座和在世、在位的皇帝享有同样的礼遇。神座（灵魂）和梓宫（躯体）两者合一才是完整的皇帝，葬礼只埋葬皇帝的躯体，不埋葬皇帝的灵魂。凶礼仅针对皇帝的躯体，而神座从大极殿出发抵达山陵又返回大极殿的过程，就如同在位的皇帝从大极殿出发行幸再返回大极殿一样。换而言之，作为吉礼的行幸被包含在凶礼的葬仪之中。

综上所述，唐的吉礼和凶礼是紧密关联的，凶礼之中包含了大量吉礼的要素，尤其是送葬，可以将其理解为行幸的一种变体。把行幸的鼓吹稍加改变，增加挽歌等凶礼的要素，加入把皇帝遗体埋入山陵等步骤，吉礼的行幸就变成了凶礼的送葬。

唐的这种相对但相通的吉凶礼观念可能也被引入日本。吉凶礼观念进入日本的时间很可能是8世纪早期。日本的送葬和行幸也表现出和唐类似的联系。日本的吉凶礼同样表现出相对但相通，吉凶礼要素相互转化的特征。日本的吉凶礼观念可以从御葬司下的装束司和前后次第司，这两个临时官司的成立史中一窥究竟。

如前文所述，8世纪早期的御葬司的基本构成之一为御装司。神龟三年，圣武天皇行幸的队伍中首次出现了装束司，装束司从御装司演变而来的可能性很大。

《续日本纪》神龟三年九月壬寅条内容如下：

---

① 《通典》卷第八十六，礼四十六，凶礼八丧制之四，荐车马明器及饰棺。

8 世纪日本御葬司初探——兼论唐日之异同

（前略）以正四位上六人部王，藤原朝臣麻吕，正五位下巨势朝臣真人，从五位下县犬养宿祢石次·大神朝臣道守等廿七人，为装束司。（中略）为将幸播磨国印南野也。[①]

圣武天皇自神龟元年（724）即位以来，已数次行幸。在圣武天皇以前，史料中可确认的行幸最早可以追溯到 7 世纪早期。在此拟探讨为何在印南野行幸的准备过程中第一次出现了装束司。

关于日本古代的行幸，学术史上最初认为行幸是和律令体制一起在八世纪前后导入的，带有浓烈的唐的政治、文化色彩。但近年来，学术界逐渐倾向于认为日本的行幸制度形成是基于大化前代以来的国见[②]等传统，随后在奈良时代又吸收了唐的行幸制度。[③]仁藤敦史把日本自有的传统的行幸称为"大王行幸"，把融合了唐制之后的行幸称为"天皇行幸"。他认为天皇行幸成立于以天平十二年的圣武天皇关东行幸为中心的天平时代后期。[④]笔者则认为从大王行幸向天皇行幸的转变不是突然完成的，在神龟三年的阶段可能就已开始了。

回到印南野行幸的问题上，首先要从这次行幸上的特殊性上来考虑设立新官司的原因。

第一，印南野行幸的外出时间相对长。自冬十月辛亥（七日）出发，于癸亥（十九日）抵达难波宫，癸酉（二十九日）返回平城宫，结束行幸。此次行幸共历 22 日，路线也相对复杂。此前的芳野宫行幸仅耗时 5 日，纪伊行幸虽然花费了 18 日，但纪伊行幸中有举办大尝祭的特殊活动，行幸的性质并不强。行幸的时间以及移动距离越长，随行官人必然增多，准备过程也自然更复杂，因此设置专门的临时官司的必要性也就增加了。

第二，要考虑印南野及难波宫行幸背后特殊的政治意义。荣原永远男指出，圣武天皇的印南野行幸与中大兄皇子的丰旗云之歌[⑤]之间有着隐秘的联系。他认为，"对于圣武天皇而言，作为瑞兆的祥云，可以使人联想起他与大海人皇子及中大兄

---

① 《续日本纪》神龟三年九月壬寅条。
② 国见是指大王或地方上的首长从高处眺望国家的地势和人民的生活状态等，具有对该地区遂行统治的象征意义。
③ 仁藤敦史：《古代王权と行幸》，《古代王权と祭礼》，吉川弘文馆，1992 年，第 3—48 页；铃木景二《日本古代の行幸》，《ヒストリア》，一二五号，1989 年，第 26—55 页。
④ 仁藤敦史：《古代王权と行幸》，《古代王权と祭礼》，吉川弘文馆，1992 年，第 3—48 页。
⑤ 此处的丰旗云之歌指《万叶集》卷一第十五首，"わたつみの、豊旗雲に、入日さし、今夜の月夜、さやけかりこそ。"丰旗云指如高扬的旗帜一样的云，是祥瑞的一种。

皇子两人联系。圣武天皇的神龟三年的印南野行幸，是在这两个典故的背景下进行的。圣武天皇作为天智天皇和天武天皇的后继，为了看到丰旗云的瑞兆而前往印南野行幸。"①

中大兄皇子写下丰旗云之歌的背景是，齐明天皇六年（660）时，为向百济发遣援军，而行幸至难波宫。"十二月丁卯朔庚寅，天皇幸于难波宫。天皇方随福信所乞之意，思幸筑紫，将遣救军，而初幸斯，备诸军器"②，是军事性质很强的一次行幸。

从"军器"可以联想到装束司所负责的装束。圣武天皇如果有模仿齐明天皇的难波行幸的意识的话，应该也会考虑展示行幸的军事性质。如前所述，葬仪中的御装司负责送葬，也要负责送葬的卤簿。全副武装的卫府兵士在天皇送葬的卤簿中扮演着重要的角色。③他们负责保障送葬队伍的安全，同时也是向民众展示天皇权威的重要途径。因而有可能为强化印南野行幸的军事属性，导入已经成熟的，丧葬仪礼中的御装司制度，而将其转为服务行幸的装束司，来统管行幸中的诸般事宜。

装束司的成立是天皇行幸成立的重要标志之一，而神龟三年装束司的成立的前提是，此前在葬仪方面对唐制的吸收和对天皇葬仪的整备中成熟起来的御装司的确立。日本对唐的礼制的吸收是渐次进行的，这在多个领域中已被充分地讨论。御装司到装束司的转变体现了天皇葬仪的成立对天皇行幸的成立的制度性的影响。

装束司的成立是御葬司中的官司转变为行幸的临时官司，也即凶礼的要素被吸收进吉礼的一例。与装束司相对，稍晚成立的前后次第司则说明了相反的过程也同样存在。吉礼的要素也会被吸收到凶礼之中。

天平十二年（740）前后次第司首次出现在行幸的史料中，"任次第司。以从四位上盐烧王为御前长官。从四位下石川王为御后长官。正五位下藤原朝臣仲麻吕为前骑兵大将军，正五位下纪朝臣麻路为后骑兵大将军。征发骑兵东西史部，秦忌寸等总四百人"④。

天平十二年新设前后次第司时，并无设立装束司的史料。仁藤敦史根据天平十

①　栄原永遠男：《聖武天皇の印南野行幸と難波宮の造営》，《大阪歴史博物館研究紀要》第13号，2015年，第1—9页。
②　《日本书纪》（日本古典文学大系）齐明天皇六年十二月丁卯朔庚寅条。
③　关于行幸中各卫府兵士装束《延喜式》有详细记载，参照《延喜式》(译注日本史料)，集英社，2005—2017年，左右近卫府中的记录。
④　《续日本纪》天平十二年十月丙子条。

8世纪日本御葬司初探——兼论唐日之异同

二年前后的神龟三年印南野行幸和天平十四年的紫香乐宫行幸中都设立了装束司，推测天平十二年时也设立了装束司。[①]但并无更多史料可以佐证天平十二年设立了装束司。笔者则倾向于回归史料，即认为天平十二年新设前后次第司而未设装束司。

天平十二年史料的背景是藤原广嗣之乱[②]的爆发和圣武天皇的关东行幸。圣武天皇在叛乱尚未收束之时，突然选择前往关东一带行幸。"勅大将军大野朝臣东人等曰：朕，缘有所意。今月之末，暂往关东。虽非其时，事不能已。将军知之，不须惊怪。"[③]关于这次行幸的目的，众说纷纭，未有定论，但如池守清吉所指出，关东行幸带有极强的军事特性。[④]不仅征发骑兵，还动员了相当数量的渡来系武装。[⑤]这与此前行幸的背景都截然不同。前后次第司是为了应对关东行幸的军事特性而设立的可能性很大。圣武天皇在关东行幸中，还新设了骑兵司。骑兵司在"六国史"中仅出现三次，另外两次分别是在天平神护二年称德天皇行幸及宝龟元年称德天皇去世之时设立[⑥]，而这三例中皆设有前后次第司。可见前后次第司和骑兵司的同时出现并非巧合，而是两者之间有着天然的联系，这也佐证了前后次第司的军事性质。

由此进一步推测，天平十二年时，因为当时情况紧急，需要迅速完成行幸的准备，同时需要应对关东行幸特有的军事性质，而新设了前后次第司这一机构，来代替装束司的部分或全部职能。前后次第司本身是特殊的政治背景下的产物，在此后的行幸等大型仪式中，逐渐成为稳定独立的临时官司。

直至天平十二年，装束司和前后次第司都已分别出现在史料中。从职能看，两官司之间有着紧密的联系。天平十四年（742）九月二十一日、二十二日分别任命了装束司和前后次第司。为同一次仪式而同时设立装束司和前后次第司的情况，是第一次在史料中出现。两官司协同工作的事例在此后的任命史料中占多数。

---

① 仁藤敦史：《古代王権と行幸》，《古代王権と祭礼》，吉川弘文館，第3—48页，1992年。

② 藤原广嗣之乱是指由藤原广嗣（式家藤原宇合的长子）在天平十二年（740）引发的内乱。藤原广嗣在天平十年（738）末左迁大宰府，天平十二年八月上表要求罢免僧玄昉和吉备真备。不待朝廷回应，于八月末举兵。同年十一月内乱以广嗣、纲手兄弟被处以斩刑而告终。

③ 《续日本纪》天平十二年十月己卯条。

④ 池守清吉：《聖武天皇の関東行幸》，《史元》第14号，1970年。

⑤ 森田悌：《従駕騎兵と授刀舍人》，《奈良平安時代史の諸相》，高科書店，1997年，第39—51頁。

⑥ 澤木智子：《日本古代の行幸における従駕形態をめぐって一八世紀を中心に》，《史艸》第三十号，1989年，第63—81頁。

天平宝字四年（760），光明皇太后病逝，其葬司中设立了装束司和前后次第司。

天平应真仁正皇太后崩。（中略）以三品船亲王，从三位藤原朝臣永手·藤原朝臣弟贞，从四位上藤原朝臣御楯，从四位下安倍朝臣岛麻吕·藤原惠美朝臣久须麻吕等十二人，为装束司。（中略）以从三位冰上真人塩烧，从三位讳，正五位下石川朝臣丰成，从五位下大原真人继麻吕等，为前后次第司。判官·主典各二人。天下诸国举哀三日、服期三日。[1]

自此以后，天皇、皇后的御葬司中基本都同时包含装束司和前后次第司两官司。最初出现在行幸中的前后次第司由此被吸纳入御葬司中，此为吉礼向凶礼的转换。

众所周知，中国的行幸和丧葬在唐以前就已有成熟的礼制，唐的礼制中表现出的对照而相通的吉凶礼意识在唐以前已有基础。至唐时已难以分辨出，吉凶礼之间共同的要素是先出自吉礼抑或是凶礼。但回顾日本御葬司中两官司的成立史，可以看出自持统以来开始进行律令制改革的天皇丧葬，对圣武时期开始形成的天皇行幸的制度性影响，而天皇行幸成熟之后又反向地影响天皇丧葬。这种吉凶礼之间的相互吸收，在古代中国相对成熟的礼制中很难直接观察到，因此对中国史的研究或许也有启发作用。

在古代日本，作为代表性的凶礼的天皇葬仪和代表性的吉礼的天皇行幸都在8世纪快速转变。仪礼中，大化前代以来的日本传统的仪式要素不断减弱，取而代之的是律令体制下的带有浓厚大陆色彩的仪式要素。在这样的大背景下，唐吉凶礼意识也被日本吸收。本节通过考察装束司和前后次第司这两个同时出现在吉礼的行幸和凶礼的丧葬中的两官司的成立史，证明吉礼和凶礼的要素在古代日本是相互吸收，相互转化的。

五、结　语

以上分析了8世纪早期御葬司的基本形态，并考察唐山陵使制度对御葬司的影响，以及在8世纪中御葬司的几次转变，探究了8世纪日本的吉凶礼意识。

随着律令制国家的成立，薄葬的意识逐渐成为主流，天皇大葬被纳入律令体制中。至元明葬司，以往的作殡宫司消失，同时御葬司的地位提升，成为主导天皇大

---

① 《续日本纪》天平宝字四年六月乙丑条。

8世纪日本御葬司初探——兼论唐日之异同

葬的临时机构。另一方面，圣武御葬司开始由"封闭"转向"开放"，强调皇族以外的高层贵族的参与。在与唐山陵使的比较分析中，可以观察到御葬司因不涉及即位和皇权转移而呈现出分工细致化、任职固定化等特质。

日本古代的御葬司与唐的山陵使两者有许多相似之处，但在各自政治、社会背景之下不断发展，最终演变为相去甚远的两种制度。8世纪早期日本在导入唐的丧葬、行幸等礼制时，并没有全盘模仿唐的制度，而是基于本国的传统对唐王朝的制度加以改造并吸收。比起制度本身，在8世纪日本吸收的以吉凶礼观念为代表的唐的礼制背后的思想和文化观念，吉礼和凶礼的元素相互转化的意识等，在日本后期的制度演变中发挥了更大的作用。结合大陆的文化要素和日本固有的文化要素，新的制度和官僚机构，如装束司、前后次第司等被创造出来。其设立背后，存在复杂的原因，既有日本旧有的传统，也与当时的时局背景的影响等有关。

限于篇幅，本文仅讨论了御装司在8世纪的成立及转变的相关问题。天皇的丧葬制度问题十分复杂，挂一漏万。而对于律令体制的其他部分，或许也可从类似的视角出发加以考察。

（作者：宋兆辉，浙江大学世界历史研究所研究生）

日本近世武家双官制并行辨析[*]

杨立影

内容摘要 官制是古代政治构建和运行的核心内容之一，德川幕府在建立过程中逐渐完善、固定下来两套官制：一是以大老、老中、若年寄等构成的官职序列；另一套则是在传统律令制影响下的武家官位叙任制度。一实一虚，两种官制本质相异却同时并存，因此成为参与幕政的儒者的重点讨论对象。他们主张幕府应改革现有官制，形成一套独立的官僚体制，从根本上巩固武家政权的合法性，强化将军权威。如果说幕府推行双官制的原因是出于实际统治需要的话，儒者的改革建议则体现出近世对礼文化和礼秩序的内在需求。特别是与幕府官职制度相比，武家官位叙任对内涉及官僚的身份认同、朝幕关系，对外影响日本的国体问题。作为高级武士重要的身份象征，武家官位叙任因其"礼"之人文意涵发挥着强大的政治隐形力。日本近世虽然两套官制并存却非"互补"关系，从动态的历史发展来观察，近世武家官位叙任的象征性意义甚至超出了幕府"中央官僚体制"所具效力。

关键词 幕府职制 武家官位叙任 礼乐制度 新井白石 荻生徂徕

---

*本文系天津市 2018 年度哲学社科规划课题"东亚视域下日本江户古学派经世思想及其启示"（项目号：TJSL18—003）的阶段性成果。

日本近世武家双官制并行辨析

The Coexistence of Two Official Regimes for Buke in Edo Period

Yang Liying

Abstract: Official regimes once served as a kernel of the institution and operation of the government in Japan. Tokugawa Shogunate, the last Shogunate's politics governed by a traditional Japanese military named Buke, had developed and settled two official regimes. One is about the government positions, consisting of Tairou, Roujyuu, Wakadoshiyori, etc., and the other one is on the hierarchy of the official positions for Shogunate, established under the influence of traditional Ritsuryo, a regime to consolidate the central government. The former regime has potency while the latter one is nominal. The two coexisted systems are fundamentally different from each other, therefore they became the major subject discussed by intellectuals as participators of shogunate politics, who had argued that the shogunate should reform the current official regime and develop an independent one to consolidate the legitimacy of Buke regime governed by the military, and to strengthen the power of the shogunate. If the shogunate had carried out the two official regimes in consideration of requirement in actual governance, the reformation suggested by intellectuals had revealed the inner demand for culture and orders of "*Li*"—Confucian ethics and rites, by the society of Edo period. Compared to the system of government positions, the hierarchical positions of Buke is of greater significance—internally, it has represented the identity of Buke, also the relationship between the royal court and shogunate, and externally, it would affect the state system of the country, which was crucial to diplomatic affairs. The regime of the hierarchical positions, as an important symbol of a senior Buke's identity, has played an invisible but powerful political role because of its humanistic implication of "*Li*". Although the two systems coexisted with each other, they were not functionally complementary. To observe this subject in the dynamic process of historical development, the symbolization of the regime about the hierarchical positions of Buke has even overtopped the potency of the shogunate's central bureaucracy during that time.

Keywords: Government Post; Official Position; the Ritual System; Arai Hakuseki; Ogyu Sorai

　　《周礼·秋官司寇·叙官》中言：惟王建国，辨方正位，体国经野，设官分职，以为民极。官制是古代政治制度的泛称，更是新政权建立后的首要政治安排之一。日本江户幕府在建立过程中形成了两套官制体系①：一是以大老、老中、若年寄、大目附等构成的官职序列，主要由谱代大名、旗本等亲信担任，外样大名与这套官僚体制几乎无缘；另一套则是在传统律令制影响下的武家官位制度，实际任命权掌握在幕府手中，但名义上由天皇授予，称为武家官位叙任。"叙任"一词是日语词汇，意为授予位阶和官职，日本历史上的官位便是由位阶与官职二者共同构成的，近世后期几乎所有的大小名，包括大藩、强藩的家老都叙任了官位。在两套官制中，前者在幕府担任公职，掌控着幕府实际的各项政治权力，负责管理社会。后者看似仅是"虚位"和身份象征，并非真正践行官职的内涵。一实一虚，一个时代存在两套并立不悖的官僚体制，这不得不说是一个有趣且值得探讨的历史现象。

　　对于这两套官制，学界历来的研究多侧重其中之一。国内方面，吴廷璆主编《日本史》②及李卓等著《日本近世史》③等专著中都重点论及了江户幕府的职制问题。而对于此前不被重视的官位叙任制度，从20世纪80年代后期至2000年前后，日本学界从武家官位成立过程、与天皇制兴衰关系、在德川政权不同发展时期中的作用等④不同侧面展开了研究，成果甚为丰富。日本方面的研究特色之一是便于利用一手资料对德川幕府的官位叙任制度变迁、叙任手续、幕藩认知程度等进行详细的考证，其二是将其置于幕藩关系、朝幕关系、朝藩关系等多层政治权力构建中进行考察。日本法制史大家水林彪提出以天皇为最高位的律令制官位制度不仅影响了近世幕藩体制的形成且在天皇制历经中世"没落"至近世"复活"中起到了至关重要的作用。虽然官位叙任、制定历法、改元被认为是近世天皇仅有的三项实权⑤，但

　　① 日本近世政治上的二元性使得日本法制史专家把镰仓幕府以后武家的任官制度称为"职制"而非官制，笔者以为这种分类方法固然有据可循，但"官制"一词的含义非天皇朝廷所独占，日本近世武家官位叙任不仅完全独立于公家官制且与公家官制本质也不相同，其是武家社会内部特有的任官制度。因此，若刻意区分本有着密切关系且同为高级武士集团身份标志的两套任官体系，无疑会割裂对近世武家政治的整体性理解，故而本文认为应将其理解为双官制。

　　② 吴廷璆：《日本史》，南开大学出版社，1994年。

　　③ 李卓：《日本近世史》，昆仑出版社，2016年。

　　④ 相关研究成果非常丰富，撷重点在此列举：水林彪「幕藩体制における公儀と朝廷統一権力形成期の天皇制復活の論理」，收录于『日本の社会史3』，岩波書店，1987年；永原慶二编『武家官位制の創出』，收录于『大名領国を歩く』，吉川弘文館，1993年；下村劲「豊臣氏官位制度の成立と展開」，『日本史研究』第377号，1994年；橋本政宣编『近世武家官位の研究』，続群書類従完成会，1999年。

　　⑤ 石井良助：『天皇』，山川出版社，1982年。

日本近世武家双官制并行辨析

新近的研究成果却主张在讨论近世天皇权力时,要避免对武家官位叙任中天皇权限的过大化处理,因为在武家官位叙任一问题上,主导权完全在幕府,幕府积极推动官位叙任的目的也主要在于增强大名的"敬幕"感。①

从以上的成果梳理可知,学界对武家社会为何存在并行不悖的两套官制的研究并不多见。近世日本②是一个秩序化的社会,或者可以说是用秩序来支配内政与外交,而官制体系就是其中非常重要的一个秩序层级。笔者以为,包括官制在内的各种秩序的形成是需要礼仪制度和礼思想贯穿其中的,否则很难解释江户时代与战国及织丰时代的不同,也很难理解德川氏带来的两个半世纪的和平。因此,礼制③视角下对日本近世双官制的辨析,可以一定程度上弥补仅限于权力构建层面的探讨,进而从政治制度的全般来观察近世日本双官制并行之意义。

一、官位叙任制度的历史变迁

(一)官位叙任制度的渊源

日本官位制度最初源自推古天皇 603 年制定的冠位十二阶,冠位十二阶几经变化,最终在 701 年(大宝元年)制定的大宝律令中基本固定下来。日本律令制度下的官位制④虽受到唐朝官品令的影响,但最终发展成为独自的官吏序列制度。尤其在位阶与官职二者关系中,日本律令制的特点是位阶重于官职,位阶是主,官职是从。朝廷根据位阶差别来确定服色⑤,以表示身份的高低贵贱。位阶根据功劳大小晋升,官吏们先按照位阶排序,然后再确定职务,即不同的位阶有相应的官职。在大宝律令中,官职与位阶统一起来,与位阶对应的职务叫作"官位相当"。另外,律令制度下,朝廷会根据军功授予"勋位",共计十二等。⑥位阶必须由天皇授予,

---

① 堀新:『近世武家官位の成立と展開—大名の官位を中心に』,出自山本博文編『国家と秩序 新しい近世史』,新人物往来社,1996 年版。
② 本文所指"近世"的历史分期为江户时代。
③ 礼制:礼文化庞博精深,意义复杂。礼制主要涵盖礼法律令及国家体制方面的内容。
④ 律令官制分为中央和地方两个体系,中央官职主要有神祇官和太政官,太政官下辖太政大臣、左大臣、右大臣,之下是大纳言,少纳言和外记。
⑤ 《养老律令》中《衣服令》规定:亲王深紫色,二位以下五位以上浅紫色,臣下一位深紫色,二位、三位浅紫色,四位深红色,五位浅红色,六位深绿色,七位浅绿色,八位深蓝色,初位浅蓝色。
⑥ 十世纪以后这一根据武功大小授予勋位荣誉的制度逐渐消失,取而代之的是官位制度的完善。

因此官位叙任是以天皇为权力顶峰的律令制官僚体系的核心，其特点是职务不能世袭，根据人的能力、才干，由天皇决定、任命大臣。

武家崛起后，天皇式微，律令制度逐渐衰落，但没有变化的一点是武家依旧对以朝廷主导的官位叙任制度显示出极大的关心。在镰仓幕府及室町幕府时期，武家官位叙任的形式是由幕府向朝廷进行申请，称为"武家执奏"[①]。源赖朝官至正二位右大将大纳言，足利义满升至从一位太政大臣，不过对于武家社会整体而言，镰仓幕府和室町幕府时期的武家官位叙任显然欠缺规模性和系统性。

武家官位叙任制度的正式形成始自战国与织丰时代。1585 年（天正十三年）7月，丰臣秀吉官至关白太政大臣（从一位），除建立武家独自的职官制度外，学者指出：丰臣秀吉同时积极利用官位叙任，即朝廷的权威来统治自己的武士团[②]，当时甚至连德川家康、毛利等大名的陪臣都叙任了官位。丰臣秀吉此举的目的在于通过积极推进官位叙任从而把私人性质的主从关系转向公性质的主从上下关系，进而削弱强势大名的政治威胁。[③]

1603 年，德川家康身披征夷大将军、右大臣（从一位）、源氏长者、淳和奖学两院别当[④]的荣耀开创了德川幕府。虽有丰臣秀吉打下的政治基础，但德川幕府在草创期也面临诸多课题和困难。如何建立固若金汤的政治统治，真正完成天下统一，是德川幕府首要考虑的课题，而分官设职、建立系统的官职制度则是重中之重。

（二）江户时代武家官位叙任的变化

在德川政权前期，德川家康不仅继承了武家历来重视官位叙任的传统，且立即表现出了有别于之前的做法。1606 年，幕府成立后的第三年，德川家康奏请朝廷，请求武家官位叙任应先由幕府进行推举，其后再由天皇进行授予。接下来的 1615年，即德川家康去世前一年是武家官位叙任制度发生根本性变化的一年。是年，幕府颁布《禁中并公家诸法度》，其中第七条规定：武家之官位者，可为公家当官之

---

① "武家执奏"同时也是武家社会的官职名称，其职责为联络朝廷和幕府间各种事物。
② 水林彪：「幕藩体制における公儀と朝廷」，『日本の社会史 3』，岩波書店，1987 年。
③ 李启煌：「近世武家官位制の成立過程について」，『史林』第 74 卷第 6 号，1991 年，第 816—846 頁。
④ 『後陽成天皇実録』慶長八年二月十二日条，第 2 卷 357 頁。東京大学史料編纂所近世編年データベース所収。別当，日本古代官職名称，历代源氏长者兼任淳和院和奖学院两院的别当。

日本近世武家双官制并行辨析

外事。① 由是，幕府依靠法律保障，正式宣布武家官位叙任脱离朝廷的束缚，由此武家独立的官位叙任制度逐渐形成。就叙任方法而言：在四代将军德川家纲之前，幕府首先向朝廷上奏，然后由幕府正式进行官位叙任。五代将军德川纲吉之后，则变为幕府先行叙任，其后向朝廷申请授位证书及"口宣案②"，这说明武家官位的实际任命者真正由天皇变为了幕府的将军，幕府从此取得了叙任的主动权，而天皇仅是负责事后在形式上颁发授予文书和口头宣旨。

近世武家官位序列为大臣（包括太政大臣、左大臣、右大臣、内大臣或右大将）、大纳言（亚相）、中纳言（黄门）、参议（宰相）、中将（羽林次将）、少将（羽林次将）、侍从（拾遗）四品及诸大夫。依照律令制规定的"官位相当"原则，以上各官职名称对应的位阶大体为，大臣与大纳言是二位，中纳言、参议、中将是三位，少将、侍从、四品是四位，诸大夫是五位。武家官位只叙任到五位，六位以下不进行叙任。③ "宽永期（1624—1645）以后的叙任（幕末除外），将军担任大臣官职，大纳言、中纳言是以御三家为代表的德川一门，参议只有加贺前田家。谱代大名因担任京都所司代、老中等职务，所以最高叙任官位是侍从，大部分大名都止于诸大夫官职。"④

下表为笔者根据史料归纳所作，其中大名、石高、位阶与官职三项出自《大武鉴》卷之一。

表　武家位阶与官职⑤

大名	石高（俸禄）	位阶与官职	家格	谒见将军时的席位	幕府职务
保科正之	二十三万石	正四位下中将　肥后守	秀忠三男	溜间	将军辅佐
德川纲重	二十五万石	正三位　甲府宰相	家光三男	大廊下	无
德川光义	六十一万九千五百石	正三位　尾张中纳言	御三家	大廊下	无

① 司法省調査課：司法資料第 170 号『德川禁令考（第一帙）』（法令禁制之部），1934 年，第 2 頁。

② 『大百科事典』「官位（近世）」，平凡社，1984 年。

③ 五位以下的武士无位无官故而称为"布衣"。

④ 堀新：『近世武家官位の成立と展開—大名の官位を中心に』，出自山本博文編『国家と秩序　新しい近世史』，新人物往来社，1996 年版，第 200 頁。

⑤ 「寛文九年武家系譜」，出自橋本博編：『大武鑑』巻之 1，大治社，1935 年。

续表

德川光贞	五十五万五千石	从二位　纪伊宰相	御三家	大廊下	无
德川光国	二十八万石	从三位　水户宰相	御三家	大廊下	无
酒井忠清	十三万石	从四位下少将　雅乐头	谱代大名	溜间	老中、大老
永井尚庸	一万石	从五位下诸太夫　伊贺守	谱代大名	雁间	京都所司代
前田纲纪	一百一十九万五千石	正四位下中将　加贺守	外样大名	大廊下	无
浅野长直	五万三千五百石	从五位　内匠头	外样大名	柳间	无

　　叙任官位的主要是大名和旗本，宽文期（1661—1673）即四代将军德川家纲的治世时所有的大名均叙任了官位。[1] 如图所示，武士尤其是高级武士的身份格式就是由上表中的内容所决定的。例如前田纲纪（1645—1723）虽身为 100 万石加贺藩藩主，但由于历史原因，外样大名无法在幕府担任要职。但因其是最大强藩，前田家又与德川家康有着深厚的渊源，因此无论是在官位叙任还是在江户参勤时的席位方面，前田家均与御三家几乎同等规格。

二、双官制的成熟：江户任官制度

（一）幕府"中央官僚体制"的建立

　　自镰仓幕府建立以来，武家均形成了独立的职制体系，但最成熟的莫过于江户幕府。

　　由上可知，武家官位叙任制度历史悠久，与之相比，幕府的"中央官僚体制"则是随着近世幕藩体制的确立而逐渐形成的。德川官僚体制始自"出头人"。"出头人"是指本多正信、本多正纯父子及大久保长安等，在德川家康 1605 年让位德川秀忠前，他们的身份是德川家康的年寄，并积极参与了德川秀忠时的幕政事务。德川秀忠时期的年寄土井利胜等以及德川家光时期的"六人众"[2]等将军或者是大御

---

　　① 李启煌：「近世武家官位制の成立過程について」，『史林』第 74 卷第 6 号，1991 年，第 816—846 頁。

　　② 六人众指德川家光执政初期的六名侧近，他们组成了幕政的核心，此后的若年寄即起源于此。

日本近世武家双官制并行辨析

所身边的亲信也可称为出头人。^① 很明显,这种官制运行模式虽然能迅速传达将军意志,但出头人的权力却不受制约和监督。在将军职位发生更替时,因争权夺利更容易产生严重的斗争,不利于德川政权稳定。经历了德川家康和德川秀忠两代官僚体制摸索期后,在三代将军德川家光时,他顺应时势开始整顿、建立更加规范的幕阁体制。为了强化将军权力,德川家光先是于 1632 年设置了大目付,"以'诸大名、旗本'等全体武家为对象实施监视督查,并汇报给家光"^②;1634 年又制定了《老中职务定则》十条及《若年寄职务定则》七条"^③,分别规定了老中和若年寄的职务范围。

1635 年《老中及诸役人定则》中规定:"老中负责管理国持大名事务及其诉讼之事。土井大炊(利胜)、酒井赞岐(忠胜)、松平伊豆(信纲)、阿部丰后(忠秋)、崛田加贺(正盛)等五人按月交替执行政务","若年寄负责旗本等诸奉公人事务及其诉讼之事。土井远江(利隆)、备后(酒井忠朝)、志摩(三浦正次)、备中(太田资宗)、对马(阿部重次)等五人按月交替执行政务"。^④如此一来,老中和若年寄的职能分工更加明确合理,有利于体制的完善和正规化。老中和若年寄每月交替处理公务,每月的日常政务由一人担当负责。但每遇大事时,采取的是集体商议的形式。

于是在 1635 年,由三名老中和三名若年寄组成的德川家光幕阁正式成立,包括将军德川家光在内,大都是二三十岁充满活力的年轻人。这一新的幕府政治组织以老中制为核心,也可以说标志着"老中制度的确立"^⑤。虽然五代将军德川纲吉、六代德川家宣、九代德川家治、十一代德川家齐时期重用过侧用人,但老中制依旧构成了官僚体制的核心。

同时,幕府在职制方面完善了三奉行及直辖都市的奉行制度,对幕府直辖地"天领"的地方统治机构也进行了整顿。至此,由老中、若年寄、三奉行构成的幕阁中枢正式成立,他们各自负责不同的领域,采取合议制和月番制处理幕政。随着幕藩

---

① 参阅藤井譲治编:『日本の近世 第 3 卷 支配のしくみ』,中央公論社,1991 年,第 138 頁。

② 『内閣文庫所蔵史籍叢刊 22 教令類纂』初集二,汲古書院,1982 年,第 62 頁。转引自『岩波講座 日本歷史第 11 卷 近世 2』,2014 年,第 10 頁。

③ 藤野保著:『幕政と藩政』,吉川弘文館,1979 年,第 194 頁。

④ 歷史学研究会编:『日本史史料「3」近世』,岩波書店,2008 年,第 78 頁。国持大名:领有一国或者几国的实力大名。

⑤ 『岩波講座 日本歷史第 11 卷近世 2』,岩波書店,2014 年,第 14 頁。

体制在这一时期的基本确立①，江户日本也进入了社会稳定期，这与德川家光时期官僚体制的组建及整顿、完善政治体制密切相关。

研究指出：德川家康去世时仍旧担心西国外样大名是否真正服从幕府，而德川秀忠去世时给家光留下遗言，要其完善法律与制度②。从两代将军离世时不同的心境可以窥探到，正是在稳健扎实、步步为营之中，幕府的职制由出头人、大御所政治过渡到老中制，幕府的"中央官僚体制"正式建立，幕政开始走入正轨，社会进入了和平稳定期。

（二）两套官制的区别与联系

以上分析可知，两套官制各有其特点，首先来看幕府内部官僚体制的特点。幕府委任官员时只有官职名，没有位阶，由将军直接任命，朝廷不予干涉。以老中制为核心的幕府"中央官僚体制"掌控着政治实权。随着江户幕府政治制度的逐渐成熟，职务分工越来越细，各级官员各司其职，承担与官职名相应的职责内容，负责政治运行和社会统治，这套成熟的职官制度是之前任何一个武家政权都无法比拟的。另一方面，经过德川家康的改革，武家官位虽然从公家分离出来，但整体上依旧沿用的是公家的律令制度。显然，即便是未独立于公家官位时，叙任了官位的大名当然也不会担当与官位相符的朝廷内部职责。而武家官位体系无论是否独立，官位对武家而言，总归是"虚职"和名誉，主要表示地位高低、身份的贵贱。即使如此，武家官位叙任在近世却受到德川幕府的极大重视。1615 年，即幕府通过法律脱离公家官位的这一年，幕府便基于武家官位制度制定了大名的服制③；元禄时期幕府在江户城召开的五节拜贺中也开始根据官位决定大名的序列。④ 总之，幕府"中央官僚体制"的实质是行使社会管理权，负责管理"现实秩序"；而武家官位叙任则逐渐成为武家身份格式的重要标志，与高级武士的服饰、车马、觐见将军时的席位

---

① 北岛正元编：『体系日本史叢書政治Ⅱ』（第三章「幕藩体制の完成」），山川出版社，1989 年版。
② 参阅藤野保著：『幕政と藩政』，吉川弘文館，1979 年，第 189 页。
③ 武家侍从以上官位的正装为直垂，原本为公家常服，头戴乌帽子，着白小袖；四位武士的正式礼服为狩衣；五位为大纹，色为浅红，手执笏或者桧扇；无位无官、布衣以下的武士礼服为素襖，头戴乌帽子，着长袴。進士慶幹：『江戸時代　武士の生活（増補版）』，雄山閣出版，1966 年版，第 10—35 页。
④ 山本博文编：『国家と秩序　新しい近世史』，新人物往来社，1996 年。

等直接相关。虽然武家官位看上去"流于形式"，但这与渡边浩提出的幕府通过显示身份等级的各种仪式来强化将军的"御威光"一样[1]，武家官位制度恰反映了"象征性"政治行为在德川政治构建中的重要性。

两种官制虽然性质不同，但既然同时并存于近世，必定有一定的联系，那就是他们都与武士的"格式"即身份制度密切相关。江户时期武家家格的确立，除去我们熟知的与将军家的亲疏远近、在幕府是否任职及官职大小、领地大小及石高多寡外，大名的官位也是其中重要的一项因素。随着武家社会内部的不断发展，"格"变得愈加重要，大名之间为巩固自己的领国统治也不断追求更高的家格，以求在武家序列中占据有利地位，而武家官位叙任没有谱代或外样之分，于是愈加受到大名和旗本的重视。在近世士农工商身份制社会背景下，对作为近世统治阶层的大名也会以"官位、俸禄、家格、职务等等四者为基准进行细致的阶层划分"[2]。可见，两套官制同为确立高级武士身份序列的核心要素，自然受到大名们的追捧。

综上，德川幕府在建立过程中逐渐完善、固定下来两套官制：一是以大老、老中、若年寄、大目附等构成的官职序列，主要由谱代大名、旗本等亲信担任，外样大名与其无缘；另一套则是在传统律令制影响下的武家官位制度，名义上由天皇授予文书，称为武家官位叙任。武家官位叙任与是否是谱代亦或外样无关，近世后期几乎所有的大小名、直属将军的旗本和大藩、强藩的家老都叙任了官位。前者掌控着幕府实际的各项政治运营，负责管理统治社会；后者并不承担与官职名相符的工作内容与职责，看似仅是一种"名分"和荣誉。一实一虚，两种官制本质相异却同时并存，因此成为儒者的重点议论对象，他们主张德川幕府应改革现有官制，尤其要形成一套独立的位阶体制，以此从根本上加强武家政权的合法性，强化将军权威。

三、礼与官制：儒者的官制改革论

《礼记·坊记》言："夫礼者，所以章疑别微，以为民坊者也。故贵贱有等，衣服有别，朝廷有位，则民有所让。"[3] 朝廷有位次，衣服显差等说的正是官位在礼制度中的地位和重要性。何谓礼？礼之内涵丰富，它包含了大到古代国家制度的

① 渡辺浩：『東アジアの王権と思想』，東京大学出版会，1997年。
② 進士慶幹：『江戸時代　武士の生活（増補版）』，雄山閣出版，1966年，第7页。
③ 杨天宇撰：《礼记译注　下》，上海古籍出版社，2014年，第676页。

全部及治理国家的准则，小到日常行为标准。日本学者也指出："礼是包括从所谓'礼仪三百'，'威仪三千'的礼仪作法直到政治机构以及制度法律在内的治国之根本，是为了在天下实现伦理与最高政治思想的'仁'而应遵从的规范。"① 《资治通鉴》中亦言：何谓礼？纪纲是也。何谓分？君、臣是也。何谓名？公、侯、卿、大夫是也。说的正是儒家礼制度中的官位问题。

（一）基于"名实"思想的武家官位叙任改革论

辅佐幕府第六代、七代将军的新井白石（1657—1725）是与政治走得最近的儒者，他在《读史余论》和《武家官位装束考》中都谈及了武家官位叙任问题及改革建议，具有明显的儒家"名实论"色彩。

他先是引用《论语·子路》篇开始了他的议论：

昔夫子曰：名不正，则言不顺；言不顺，则事不成；事不成，则礼乐不兴；礼乐不兴，则刑罚不中；刑罚不中，则民无所措手足。故君子名之必可言也，言之必可行也，君子于其言，无所苟而已矣。②

接下来，新井白石根据"名分"论和"名实"论分析了"臣"的含义。他认为"人臣"的定义乃是仕君之官，官必有其职掌，即是说名称为"臣"，实际必有其掌管的事物和职责，这才是孔子所言"名之必可言也，言之必可行"。③ 现实日本是天皇势力衰微，武家执掌天下，虽然天皇依旧存在，但应立天子④为世之共主。在此政治背景下，新井白石认为武家官位叙任制度的存在引来了更大的麻烦，即"人臣"之名与其实不相符，"王臣"之名实乖离："我既受王官，却不事王事。若我命仕于我者之事，其下心服之我哉？……且我受之为王官也，我臣亦如此，君臣共受王官，其'实'乃君臣，然其'名'共为王臣也。臣之'名'，岂合乎我之'实'哉！"⑤ 意思是说，将军和大名本是"君臣"关系，然而将军与大名都接受律令制下的王官官位，这无异于武家政权整体对天皇"俯首称臣"，如此一来，不仅武家社会内部牢固的君臣关系被破坏，就连将军都和大名"同格"并列，即都属于天皇之王臣。

---

① 信夫清三郎著：《日本政治史》第一卷，周启乾译，上海译文出版社，1982年，第5—6页。
②③⑤ 松村明ら校注：『日本思想大系35新井白石』『読史余論』，岩波书店，1975年，第369页。
④ 此处所指"天子"，应是新井白石主张将幕府将军立为天下之共主。

日本近世武家双官制并行辨析

可见，新井白石通过辨析"臣"之内涵，发现武家官位叙任制度是不正常且危险的：一是即便叙任了武家官位，然而光有官位其名，却不事"王事"、不履行官位之应有的职责之实，这从理论上讲是典型的有名无实，有"言"而无"行"，是非常危险的政治行为。更为严重的是，"王臣"之名使得将军在天皇面前被降格对待，掌握近世政治实权的将军怎能是天皇的"王臣"呢！而且武家官位叙任虽名义上由天皇授予，这在身为儒者的新井白石看来，授予的不仅是官位之"名"，更是由天皇定义武家"王臣"之"实"，这与将军应为天下共主之事实严重不符。名不正则言不顺，新井白石担心名与实的乖离不仅造成称呼上的混乱，更是实质上对武家政权正统性和权威性的打击。由此可见，在接待朝鲜通讯使时，新井白石力主把将军的称呼由"大君"改成"国王"的意见也正是受到名实论的影响。因为新井白石要改变的不仅是将军的称谓，更重要的是通过改称谓来确立将军的国王之"实"。

正如上述，新井白石对武家官位的名实论还体现在对外关系中，新井白石虽然不满意现有的武家官位制度，但实际上他认为武家被授予官位是非常必须的，因为这涉及到日本在对外关系中的国体问题。在《武家官位装束考》中，白石谈到：老中在现有制度下，其官职只是侍从，位阶也仅是从四位下，可见朝廷是非常轻视幕府老中之职的。更何况异朝（中国）及朝鲜、琉球等国若听闻我国执政大臣其官位竟如此之低，必定会嘲笑之。[1] 针对此，新井白石提出的改革建议为：重新复活古代专门针对武将的从勋一等到十二等的勋阶制，如此，老中可以被授予勋一等，相当于公家的正三位，那么幕府的老中和公家的大纳言就平起平坐了，同时保存了日本在外交交涉时的国体颜面。[2] 可见，幕府在处理对外关系时是以官位高低来对应的，官位制度因其来自中国的历史渊源及华夷秩序的影响从而具有了在东亚通行的"国际法"效力。而幕府自身的官僚体制显然不具备这一功能，这也说明了日本近世双官制各自的本质和作用。

（二）社会功能主导下的武家官制改革论

荻生徂徕（1666—1728）非常重视人事制度，视其为"治之根本"[3]。荻生徂

---

① 歷史学研究会：『日本史史料』3 近世，「武家官位装束考」，2008 年版，第 175 页。
② 歷史学研究会：『日本史史料』3 近世，「武家官位装束考」，2008 年版，第 175—176 页。
③ 荻生徂徕著、平石直昭校注：『政談——服部本』，平凡社，2011 年，第 156 页。

徕提出：日本自古以来存在官、位、爵、禄，其中，俸禄一直以来变动较小，而前三者从历史的发展来看则古今稍有不同。徂徕把古代的"官"理解为现代的"役"，也就是职务，"位"相当于如今的"席"（类似武家的身份格式），而"爵"是官位之外另外被授予的荣誉，即如今的武家官位叙任制度。针对当时的官制，他先是批判了幕府"中央官制"设置上的不合理之处。

荻生徂徕指出，目前武家规定"一职一席"，当一个人职务发生变动时，"席"必须随之上升或下降。这种僵化不变通的制度会导致职务安排时的不便：当某人对上面安排的职务无法得心应手地驾驭时势必面临职务上的调整，按照目前的规定，其人之"席"（身份格式）也必须随之变动。荻生徂徕认为若单纯调整职务而非带有褒奖或者惩处之意时，完全没有必要再变动身份格式，因为那样是有"害处"的。荻生徂徕的担心不无道理，如上述我们知道，自四代将军德川家纲的宽文时期大名家格制确立①后，武家社会愈发重视身份格式，因为这是"牵一发而动全身"的事。所以可以想象，"席"的变动是异常困难的，一旦操作不当，可能会造成武家社会的动乱。对此，荻生徂徕提出给"一职一席""松绑"、细分武家自身职制的建议。譬如给同级别的"席"设置多个职务；或者给所有职务分设头、助、丞、目等不同的级别，这样一来问题便迎刃而解了。此外，荻生徂徕还对当时老中月番制度、代官问题、职务分工、任官标准等人事问题提出了细致且中肯的建议，受篇幅影响不再详述。

其次，荻生徂徕力主彻底建立武家独立的官位制度，这一点与上述新井白石的观点不谋而合②。对于目前的武家官位叙任制度，荻生徂徕认为可以引入古代的"勋阶"制代替目前与天皇朝廷依旧存在瓜葛的官位制。荻生徂徕详细论述了他的自勋一等至勋十二等共 12 个阶位的具体构想，重要的是徂徕提出了武家构建独立的位阶制的紧迫性：

> 很明显，公家和武家、朝廷和幕府应当分别建立官制。京都的公家总是干扰幕府的政务，导致将军有时难以按自己意愿处理政事，所以我才提出此愚案。③

---

① 松平（上野）秀治：「德川時代の武家の官位」，『歷史公論』第 107 号，1984 年。

② 新井白石和荻生徂徕所言的武家独立的"勋阶"制度大体是指在律令制度下，根据军功授予的"勳位"，共计 12 等。10 世纪以后这一制度逐渐消失。

③ 荻生徂徕著、平石直昭校注：『政談——服部本』，平凡社，2011 年，第 161 頁。

日本近世武家双官制并行辨析

至今天皇朝廷未采用勋阶制。幸而未被天皇采纳，今武家可利用之。以此建立武士格式，以取代目前职务上"一职一席"之规定。将"席"按"勋阶"排列高低，若在同一级别勋阶上设置数个不同职务，或许便于任命官吏时量才使用吧。此外，亦便于在各项职务中分设头、助、丞、目。①

同样，荻生徂徕也认为以目前的官位制来接待朝鲜通讯使的话十分不妥。荻生徂徕认为朝鲜国王和将军处于同级别，御三家相当于宗室或者亲王级别，可是在现有官位制度下，御三家仅被授予"三位"位阶，因此不得不负责接待同为"三位"的朝鲜通讯史。在荻生徂徕看来，这种外交安排是非常不合理的，因为当时日本的外交代表应是幕府，朝鲜也仅向幕府派遣使节，若向天皇派遣使节，天皇的地位又低于将军，那么御三家出面接待是合乎规矩的。因此，徂徕担心目前"混乱"的武家官位制势必会模糊幕府才是日本真正的统治者的事实。难怪荻生徂徕在既无内忧更无外患的江户中期就预言道：

虽说天下的大名都是将军之家臣，然需得到天皇圣旨亦或授位证书。故而私下里可能还有人把京都朝廷天皇当成自己真正的主君。目前这些人慑于将军的威力俯首称臣，一旦世道混乱，很有可能发生令幕府不安之事。②

虽然当代学者指出：武家官位叙任制度的存在主要是幕府方欲增加武士的敬幕感，大名一方所期待的是家格的维持以及与其他藩确认等级差别；即便叙任了官位，其"朝臣意识"并不强烈③。即便如此，当我们观察幕末的剧烈变动时，近世两个半世纪的政治二元性以及历史的复杂性很难说武家官位叙任与近代天皇权威的树立关联不大。随着幕府的倒台，武家官位制也在"王政复古"后被明治政府分阶段废除，取而代之的是华族制度的确立。④

综上可知，新井白石以儒家名分论、名实论讨论了武家官位叙任制度；荻生徂徕显然更加大胆地挑战现有制度，他对近世武家的双官制进行了整体尖锐的批判并提出了具体改革建议。二者侧重点各不相同，政见也相异，但都是在礼制度范围内议论官制问题。首先，新井白石对近世武家官位叙任制度感到非常不满的原因是基于他对历史的反思和忧患。他在《读史余论》中并没有直接批判德川幕府未建立起

① 荻生徂徕著、平石直昭校注：『政談——服部本』，平凡社，2011年，第159页。
② 荻生徂徕著、平石直昭校注：『政談——服部本』，平凡社，2011年，第160页。
③ 堀新：『近世武家官位の成立と展開—大名の官位を中心に』，出自山本博文编『国家と秩序 新しい近世史』，新人物往来社，1996年。
④ 李卓：《近代日本华族制度的确立》，《南开日本研究》，2019年。

合乎规范的礼仪，而是把矛头指向了足利义满，认为足利义满虽然曾试图建立武家礼仪，但在官位问题上却没有和公家分立门户，从而才导致之后德川幕府在此问题上的被动。这与白石相信礼乐征伐应出自将军的思想不无关系。而荻生徂徕则更无需多言，他是一个礼乐制度的强力支持者，"非离礼乐刑政别有所谓道者也"[1]。熟悉三礼的荻生徂徕当然非常清楚官制与治国的密切相关性，与新井白石不同的是，荻生徂徕更看重合理高效的官制带来的统治社会的实际效果，所以他主张大胆改革人事制度，以此确立现实社会中的秩序，使得礼乐刑政落实到实处。

　　两位儒者也都意识到天皇虽然暂时没有统治日本的实力和权力，但通过武家官位叙任却为掌握实权的将军提供一定程度上的权力正当性来源，因此幕府除去自身在人事上锐意进取外，更为紧迫的是建立独立的位阶制度以此来达到"服人心"的最终目的。

四、结论：礼制度与江户政治

　　正如改正朔、易服色、定官名所言一样，古代官制是宣示政权归属的重要形式之一，其本质是礼秩序及礼思想。日本近世形成了两套成熟的官制体系，幕府的"中央官僚体制"负责现实秩序统治；武家官位叙任的象征性意义更大一些。对此，不论是新井白石欲以名实论为武家"正名"，还是荻生徂徕大胆的制度改革论，两位儒者均基于儒家礼制度思想，欲通过对官制的设计和改革，培养武家官僚严格的责任意识、确立规范、制定现实社会秩序标准，从根本上巩固武家政权，强化将军权威。因为显然，仅依靠"拳头"并不能使人心服，欲达到治国的目的，礼乐制度是上乘之选。儒者的言论总是与社会发展、时代风气、政治氛围的转换息息相关，新井白石和荻生徂徕都生活在日本向"礼仪"社会[2]转变的时代。四代将军时这种趋势已经显现，1683年五代将军德川纲吉的天和令中将"潜心文武弓马之道"变为"奖励文武忠孝，正礼仪"已经明显表现出幕府层面欲施行文治的策略。故而自这一时期，儒者也开始对礼秩序的建立进行探索，新井白石和荻生徂徕的官制改革论是典型代表。如果说幕府强力推行双官制的原因是出于实际统治需要的话，儒者一方的改革建议则体现出近世对礼文化和礼秩序的内在需求。

---

① 吉川幸次郎、丸山真男等编：『日本思想大系36 荻生徂徕』「弁道」，岩波书店，1973年，第201页。
② 高埜利彦编：『日本の時代史15　元禄の社会と文化』，吉川弘文館，2003年，第89页。

日本近世武家双官制并行辨析

武家官位历史悠久，与幕府官职制度相比，武家官位叙任对内涉及官僚的身份认同、武家内部统治、朝幕关系，对外影响日本的国体问题，在日本近世各种秩序层级中，武家官位叙任因其自身"礼"之人文意涵故而发挥着强大的政治隐形力。因此，日本近世虽然两套官制并立共存却非"互补"关系，从动态的历史发展来观察，近世武家官位叙任的象征性意义甚至超出了幕府"中央官僚体制"所具效力，对此应继续展开深入研究。

（作者：杨立影，天津外国语大学日语学院副教授）

近代以来日本的文明论与国家走向[*]
——文明论视域下的"东洋"与"西洋"

瞿亮　李佳乐

内容摘要　文明论是近代以来日本衡量东西优劣，判定自身在世界文明序列中所处位置的重要依据。它划分为"西洋文明论""东洋文明论"和"东西文明调和论"三种类别。明治维新期间，全面学习西洋已然成为共识，在"文明开化"的倡导下，西洋文明论为人们所推崇。甲午战争后随着日本的亚洲主义思潮兴起，"东洋文明论"逐渐为人所接受。20世纪开始，东西文明调和论横空出世，并成为日本争取国际地位、攫取亚洲利益的法宝。战后，在美国民主化改革的推动下，西洋文明论则以"拥抱战败"的姿态重新活跃起来，成为重塑意识形态的工具。近现代日本文明论的多重性，反映了其在亚欧身份定位上的两难处境。本文力图分析近代以来日本文明论的发展轨迹及其相互间的逻辑关联，为理解日本在明治维新、日俄战争及战后的自我国际定位提供新的视角。

关键词　近代日本　西洋文明论　东洋文明论　东西文明调和

*本文系国家社科基金青年项目"日本江户时代的史学变革研究"（批准文号：17CSS002）、湖南省教育厅优秀青年项目"18—19世纪日本对本国疆域的认识"（批准文号：15B240）的阶段性研究成果。

168

近代以来日本的文明论与国家走向——文明论视域下的"东洋"与"西洋"

Civilization Theory and the Trend of Japan since the Modern Times

Qu Liang   Li Jiala

Abstract: Since modern times, civilization theory was an important basis for Japan to measure the merits of eastern and western civilizations as well as its position in the world civilization sequence. Civilization theory in Japan can be divided into "Western Civilization Theory", "Japanese Civilization Theory" and "Japan—west Cultural Conciliation Theory". During the period of the Meiji Restoration, a comprehensive study of the west has become a nationwide consensus. In the course of Fukuzawa Yukichi's advocating of "civilization", the western civilization theory was highly praised by the public. However, in the 20th century when the national crisis of Japan eliminated, national strength increased and the thought of Asianism surged, the Japanese civilization theory began to be accepted by the masses. The Yellow Peril prevailed after the Russo—Japanese War, thus the Japan—west cultural conciliation theory became a magic weapon for Japan to strive for international status and Asian interests. After World War II, driven by the democratic reform by the United States, the western civilization theory came alive again with an attitude of "Embracing Defeat" and became a tool to reshape the national ideology. The multiplicity of civilization theory since modern times reflected Japan's dilemma in the orientation of Asia—Europe identity. This paper tries to analyze the development path of civilization theory since the Meiji Restoration and its logical relationship, to provide a new perspective for understanding Japan's positioning before and after the Meiji Restoration, Russo—Japanese War, and World War II, as well as the understanding of east—west civilization.

Keywords: Western Civilization Theory； Japanese Civilization Theory； Japan—west Cultural Conciliation； Modern Japan

文明论是近代以来日本判断东西文明强弱和自身定位的重要理论依据之一。近代前的日本并未形成类似于欧洲的"文明"概念，而是利用华夷秩序去审视自我与他者。战国时期"南蛮贸易"使得大名初次接触到西方文明，在选择接受或是排斥天主教的过程中，日本与西洋文明间产生了最初的直接交流，但德川时代的锁国体制中断了这一联系，使得关于西洋①的理解依然处于传统华夷思想的层面，并没有上升到文明论高度。不过随着兰学的出现，江户中后期开始"对海外，特别是西洋的兴趣不断增强"。②朦胧的文明观念在与西洋海外史地知识对接后逐渐形成。诸如箕作省吾的《坤舆图识》、长山樗园的《西洋小史》和箕作阮甫的《八纮通志》中已出现了对西洋文明的思索。③

当今国内学界关于近代以来日本文明论的研究颇为丰富。按照时间阶段划分来看，对近代日本的文明论研究主要集中于对福泽谕吉、冈仓天心以及大隈重信的东西文明认识展开分析。④战后的研究则针对"箱根会议"将"近代化论"作为衡量文明的准则以来，就"近代超克""日本文明的未来"等问题展开。⑤其中，大多研究仅就个别人物和文本分析论述，缺乏一以贯之的纵向分析和横向对比。事实上，各文明论之间存在着看似对立却又共生共存的关系，它们共同构成了日本人对于"自文明"和"他文明"的认知。本文从日本文明论的西洋、东洋和东西调和三大坐标出发，理清各文明论发展轨迹与它们之间的区别和联系，以剖析近代以来日本对东西格局的认识和自身定位。

一、西洋文明论

进入 19 世纪中期，随着西力东渐的冲击最终波及日本，开国、倒幕和维新接

---

①不同时期，日本关于"东洋""西洋"这些地域概念有所不同。为避免混淆，本文中"东洋"概指传统东亚儒家文明圈所辐射的地区，西洋概指欧美近代工业文明所覆盖的地区。关于"东洋"和"西洋"地域概念的变化，可分别阅见黄东兰：《作为隐喻的空间——日本史学研究中"东洋""东亚"与"东部欧亚"概念》（《学术月刊》，2019 年第 2 期）、东洋史中的"东洋"概念——以中日两国东洋史教科书为素材》（《福建论坛》2018 年第 3 期）、佐藤正幸著：《历史认识的时空》（郭海良译，生活、读书、新知三联书店，2019 年，第 158—165 页）。

② 三谷博著：《黑船来行》，张宪生译，社会科学文献出版社，2017 年，第 4 页。

③ 参见瞿亮：《日本近世的修史与史学》，南开大学 2012 年博士论文，第 199—205 页。

④ 可参见郭丽：《福泽谕吉的西洋文明观》，《日本研究论集》，2004 年刊；王钦：《"文明论"的身体——论福泽谕吉〈文明论概略〉》《杭州师范大学学报》，2017 年第 4 期；许佳、吴玲：《"脱亚论"与"兴亚论"》（《日本学论坛》，2008 年第 2 期)；孙道凤、孙健：《近代日本的国际定位构想》（《新西部》2017 年 28 期）；杨延峰：《大隈重信的"东西文明调和论"》，（《日本问题研究》，2011 年第 4 期）；刘岳兵：《作为"文明"输出的明治维新》（《历史教学》，2019 年第 3 期）；马冰洁：《〈开国五十年史〉与民明治日本的文化输出》，（《史学理论研究》，2017 年第 4 期）。

⑤ 参见孙歌：《竹内好的亚洲主义研究》（《开放时代》2019 年 01 期）；韩东育：《丸山真男"原型论"考辨》（《历史研究》，2015 年第 1 期）。

近代以来日本的文明论与国家走向——文明论视域下的"东洋"与"西洋"

踵而至，为摆脱危机，有识之士开始倡导以欧美强国为模范进行全面西化。其中，福泽谕吉受巴克尔的《英国文明史》和基佐的《欧洲文明史》所启发，在《西洋事情》《文明论概略》中引入了"文明"概念，倡导举国上下向西洋文明学习以捍卫国家的独立。

福泽谕吉将人类社会分为野蛮、半开化和文明三个阶段，但由于世界各个区域间的情况不同，其文明发达的程度也有所差异，因而此三个不同的阶段在世界范围内都有存在。具体到现实来说，非洲、澳洲文明属于愚昧无知的第一阶段；印度、中国和日本以及土耳其等地则尚经历着过渡中的第二阶段；唯有西洋才处在文明程度最高的第三阶段。[①]虽然相对于那些尚未开化的落后地区来说，日本文明无疑是具有优越性的，但相比于西洋各国来说，日本文明则不值一提。有基于此，福泽谕吉倡导日本应摒弃半开化状态，向先进的西洋文明学习。

福泽贬斥包括中国在内的人们处于半开化时期的地区，[②]他进而认为其"徒有文明之名，而无文明之实；徒具文明之外形，而缺乏内在之精神"[③]。他指出"中国、高丽的民众和国家，均不思进取之辈……吾以为今西洋文明如疹疫流行，而中国及高丽竟讨逆天而行之，杜言防川以自闭，此乃不智也"[④]。与之相对，他认为"古今之西人殊无大异，然今世得以神通，皆因交通此一利器也"[⑤]，主张要文明开化就必须像西洋文明一样发展交通，学习实学。福泽把摒弃儒学作为发展实学的前提，认为传统的儒家伦理不过是无用的说教，"后世儒教愈传愈坏，乃至逐渐降低了人的智德"[⑥]，在他的文明坐标轴中儒学成了落后的存在。

虽然福泽主张学习脱亚，但从未提倡过"入欧"。[⑦]福泽曾强烈批判崇洋媚外，呼吁不应盲目追崇西方，[⑧]只需通过学习西方先进的技术来捍卫日本独立。他对于西洋文明的态度是功利性的，他仅是希望通过西洋文明去捍卫日本的天皇制度。可见，福泽尽管在某种程度上要求向西洋靠拢，但在最根本的政治制度和思想观念方面，则将西洋排除在外。其文明论实质上是为了日本的国家扩张所需，他将中国置

---

① 福沢諭吉：『文明論之概略』，第21页。
② 福沢諭吉：「学問ノススメ」，『福沢全集』卷1，時事新報社，1898年，第101页。
③ 福沢諭吉：「学問ノススメ」，第18页。
④⑤ 福沢諭吉：「脱亜論」，『福沢諭吉全集』第10卷，岩波書店，1960年，第187页。
⑥ 福沢諭吉：『文明論之概略』，第180—181页。
⑦ 丸山眞男：「福沢諭吉と日本の近代化」，『丸山眞男集』卷15，第218页。
⑧ 福沢諭吉：「学問ノススメ」，『福沢全集』卷1，第151页。

于与日本平齐甚或是更为低劣的位置，而在宗藩关系中位处外臣地位的朝鲜便自然远在日本之下，如此便隐然形成了"日本>中国>朝鲜"的文明等级图示。早先的柳原前光赴清定约恰是出于此种"算计"[①]。相比于将中国定性为半开或者固陋，福泽却为朝鲜的开化派留下了足够的"上升空间"，这既在主观意愿层面将中朝之宗藩关系分解，又使朝鲜得以在独立和文明的旗号下向日靠拢。然而，这种对朝鲜开化与独立的期待反而是陷阱，从根本上来说只是为排除中国、进入朝鲜所捏造出的"大义名分"。而随着甲午战争胜利和日俄战争的迫近，福泽之前倡导的"西化主义"也因不符合与西洋列强角逐东亚霸权的新情势退出舞台，取而代之的是以冈仓天心、内藤湖南所代表的"东洋文明论"。直到第二次世界大战战败后的民主化改革时，日本开始真正植入民主思想，西洋文明论方得以再度发展。其中以丸山真男、梅棹忠夫两人最具代表，他们对"西洋文明论"的再诠释，重塑了战后日本的主流意识。

民主化改革之初，美国"从天而降"的民主尚未完全植入日本国民肌体当中，[②]丸山真男再提"西洋文明论"，重塑出"自由主义"式的福泽谕吉。丸山认为，日本成功走上近代化道路在于"福泽谕吉洞悉到了日本得以避免和'支那'一样命运的深奥思想源泉"[③]，他通过挖掘福泽"近代日本国家结构特性"[④]的理论，将日本划分成"摒弃西洋一切事物的江户'全面锁国'""意识形态和技术分而视之的明治'半开国'"和"意识形态和技术一并吸纳的战后'全面开国'"三种状态。[⑤]他指出这种状态是日本独特的"雨漏型"文化吸收模式造成，"日本在历史上吸收外来文化时是像雨水渗透土地一样缓慢的，在其融合吸纳的过程中选择性地吸纳能够为自身所用的精华"[⑥]。为了消解战后国内对民主化改革的担忧，与福泽在《文明论概略》中突出西洋文明只是暂时性目标相同，丸山真男强调"就当今日本而言，最为急迫之事莫过于像文明开化时期一样以西方文明为目标进行取舍式地学习"。[⑦]事实上，

① 毛利敏彦：「明治初期外交の朝鮮観」，『国際政治』1974 年号，第 39 页。
② 约翰·道尔以"一个打广告卖商品却无货可卖的店铺"作比，认为战后初期的日本民主化改革成效甚微，很多看似民主化的措施仅仅停留在表面。可参见约翰·道尔著：《拥抱战败——第二次世界大战后的日本》，胡博译，三联书店，2006 年，第 37 页。
③ 松沢弘陽编：『丸山真男集』第 3 卷，岩波书店，1995 年，第 23 页。
④ 关于福泽的"近代日本国家结构特性"，可参见《文明论概略》的第二章。
⑤ 丸山真男著：《丸山真男讲义录》第六册，唐永亮译，四川教育出版社，2017 年，第 18 页。
⑥ 丸山真男：『丸山真男講義録』第 4 册，東京大学出版会，1952 年，第 44 页。
⑦ 丸山眞男：「文明論之概略を読む」，『丸山真男集』卷 13、第 92 页。

近代以来日本的文明论与国家走向——文明论视域下的"东洋"与"西洋"

他始终坚持向西方文明学习和被其同化并非同义，指出即便"日本自古以来就不断地摄取世界上最优秀的文化"，但"日本在根底上却依然保存着自古以来的文化"[①]。丸山一方面宣扬了福泽全面学习西洋文明的主张，将近代日本文明开化和以美国为模范的第三次"文化开国"对接了起来；另一方面，他运用"原型"[②]和"雨漏"等理论，消除了害怕过度"西化"而迷失本体的忧虑，为保留日本思想注入定心剂。而正是这种功利性的解读，安川寿之辅和桥川文三称丸山真男笔下的"福泽谕吉"是经他解构并再造后带有自由主义思想的"丸山谕吉"[③]。

不可否认，丸山根据民主化改革的需要重塑了福泽谕吉，但他肯定日本明治维新的正面意义，通过"原型论"的构建，为再次全面学习西方提供理论基础，这与福泽"全面以西洋文明为目标"是一脉相承的。他试图通过文明论分析日本传统如何走向现代化，对"西方中心说"取审视与批判的态度，"丸山真男刻意强调福泽谕吉批判传统儒教而主张个人独立自由的启蒙主义思想一面，同时不断为其国家主义色彩浓厚的西洋文明论辩护"[④]。可以说，丸山的思考"工具"是西方式的，但所站在的位置却在文化民族主义。

战后初期，丸山真男为日本新的建国方向提出了倡议，而进入到经济高速成长时期，西洋文明论有了新的发展，由于综合国力的增强和国际地位的提高，西洋文明论在倡导向西洋看齐的同时也开始更加突出日本的主体性。其代表人物有梅棹忠夫，他认为"日本文化并非西方文化的输入的嫁接品，而是彻头彻尾的杂交产物"[⑤]，指出近代的日本正如汤因比的挑战—应战的模式[⑥]那样，是以落后的、濒临衰亡文明的身份在应对新兴、发达的西洋文明。其结果便是惨遭失败，被迫引入相当数量的西欧文化因素。但应战失败后的日本文明在此应战过程中孕育出了崭新的、且为日本所独有的高度发达的文明，它保存着强劲的非西欧文化因素。梅棹

---

① 丸山真男著：《丸山真男讲义录》第六册，唐永亮译，四川教育出版社，2017年，第9页。
② 丸山的原型论把日本的思想看作是一种"层叠"和"累积"的形态，最深层的是绳纹时代以来形成的本土思想，以后无论是古代中国文化还是近代西洋文化，都仅以杂居的状态存在于其表层。参见丸山真男：『歴史認識の「古層」』，『丸山真男集』第10卷，岩波书店，第3—64页。
③ 可参见安川寿之辅著：《福泽谕吉与丸山真男——结构"丸山谕吉"神话》，刘曙野译，中国大百科全书出版社，2015年，第256—283、308—337页。
④ 赵京华：《中日间的思想》，生活·读书·新知三联书店，2019年，第47—48页。
⑤ 梅棹忠夫：『文明の生態史観』，中公文库，1974年，第84—85页。
⑥ 关于汤因比同时代文明的挑战—应战理论，可参见汤因比著：《历史研究》下卷，郭小凌等译，上海人民出版社，2009年，第802—820页。

忠夫一方面不断鼓吹近代以来日本式近代化的特殊性，以与西洋文明相区别；另一方面又致力于将古代的日本和西方对接起来，使得日本又与落后的东洋文明划清界限，"从现在的情形看来，日本是亚洲的孤儿，然而稍加思索会发现，这并不是启于今年的事实。在很早以前，在数百年以前，日本就已经踏上了与其他亚洲各国不同的历史道路"①。梅棹忠夫在继承和发展了福泽的"文明发展三阶段说"，将世界划分为第一地区和第二地区。按照其定下的"是否经历了封建制度并发展出了资本主义"和"是否处于干燥或湿润地带"为区分标准，日本和西洋各国属于文明的第一地区，而除此之外的一切国家，都是现今相对落后的第二地区。②他甚至是对于日本近代以来的侵略扩张大加粉饰："日本是东亚唯一的第一地区"；"第二次世界大战中以及战后的状况，是我们都知道的。日本赶走了西欧各国，将各国从殖民地的境遇下解放出来……而战后第一地区各国以各种形式，对第二地区予以援助"。③可见，梅棹忠夫的"生态史观"丝毫没有对近代以来日本打压近邻、殖民侵略的行为自我反省，它强调历史和地理环境的特殊性将日本与东亚世界隔开的同时，也将日本对东亚发动战争等责任问题一并掩盖。

19 世纪中期，鉴于开国不久的日本为是否应当全面学习西方、如何学习西方的问题所困，福泽谕吉提出"脱亚"主张，通过学习西洋来"增我文明之治、助我武备之盛"④，保卫国家独立。但西洋文明论的影响力到甲午战争胜利后已经开始消退。二战结束以后，丸山真男重提福泽谕吉和他的西洋文明论，同时在其中加入"日本特殊性"的元素以适应美国式民主化改造。而到了战后日本经济腾飞的 60年代，梅棹忠夫继承和发展了丸山谕吉一脉的西洋文明论，并将日本总结为虽地处东洋世界却更像西洋世界的独特之花，以显示其文明先进的特殊性。这种视西洋为先进、以东洋为劣等的西洋文明论形成了一套完整体系，它通过"发展的特殊性"与古代东洋划清界限、和近代西洋联系起来，成为一种新的意识形态逐渐为国民们所接受，而其强调特殊性的思维方式至今仍有着巨大影响力。

---

① 梅棹忠夫：『文明の生態史観』，第 66 页。
② 梅棹忠夫：『文明の生態史観』，第 139 页。
③ 梅棹忠夫：『文明の生態史観』，第 190 页。
④ 福沢諭吉：「西洋事情」初編 卷の 1，『福沢全集』卷 2，時事新報社，1898 年，第 7 页。

近代以来日本的文明论与国家走向——文明论视域下的"东洋"与"西洋"

二、东洋文明论

"东洋文明论"是内部矛盾和外部压力共同作用的结果。就内部而言，甲午战争胜利使得日本开始急速膨胀，高捧西洋却贬低自身的西洋文明论已不能继续适应业已变动的时局，历经"欧风美雨"的知识分子重新在东西文明的抉择问题上犹豫。从外部来说，"三国干涉还辽"不久沙俄又在中国东北不断侵犯日本"业已猎得"的在华利益，于是日本从保护其自身利益的角度把自身包装为新"东洋世界领导者"。冈仓天心顺势提出了"亚洲一体"论，号召日本联合亚洲各民族为反抗西洋进犯而奋斗。[①]

他在《东洋的理想》[②]中向西方世界叙述了亚洲美术的历史与未来："正如古希腊文明的诞生倘若没有埃及、波斯文明的历史背景，那么不管它本身如何充满艺术生命活力，都没有可能达到世界的巅峰……日本在吸收大陆文化的过程中，也始终没有失去其具有的顽强的生命活力和原始艺术精神"。[③]他认为不论印度或是中国，都只是东洋文明的起点，而终点则是进入近代国家的日本，当"中国和印度把自己创造的理想早已抛到九霄云外去的时候，日本则将其中纯粹的形式真诚地保存了下来"。[④]因此，他主张日本作为东洋文明的继承者必须"自觉地认识到历史赋予的重大责任……唤醒整个东洋，唤醒至今沉睡的一切"[⑤]，让衰落的东洋文明重新"焕发活力"。冈仓天心进一步指出，东洋民族的思想、科学、诗歌和艺术弥足珍贵："如果亚洲人抛弃了自己的传统，印度将失去国民宗教生活的精髓，堕落为卑贱、虚伪和痴狂的国家；而中国如果是只是一味的去追求物质文明而置精神文明不顾，它将会失去古代国家的传统尊严与道德伦理"。[⑥]他进而把隶属于亚洲的日本比喻成为纯洁的铜镜，当今大量涌入的西方思想则就如同大和明镜上的阴影。如果阴影覆盖了镜面，便预示着大和民族即将灭亡。多亏于明治维新和王政复古的救赎，日本从濒死的状态中涅槃。得到重生的日本并未被西方腐朽文化的阴影所淹没："我们

---

① Kakuzo Okakura , *The Ideals of the East* , Stone Bridge Press,2007, p.145.

② 该书虽名为《东洋的理想》，但实际上大部分篇幅都用在介绍古代日本的艺术上，对于中国和印度的文化，冈仓天心只分别拿出两章和一章轻描而过，对于朝鲜更是只字未提。事实上，这部作品隐含着"日本是东洋文明代表者"的构想。

③ Kakuzo Okakura , *The Ideals of the East*,p.19.

④ Kakuzo Okakura , *The Ideals of the East*,p.133.

⑤ Kakuzo Okakura , *The Ideals of the East*,p.134.

⑥ Kakuzo Okakura , *The Ideals of the East*,p.144.

依然保持着传统思想的真实性，虽然我们的草鞋已经被改变，但我们的旅行还是在继续着[①]；"她穿着现代化的服饰，但这颗旧日本的心脏仍然在强烈地跳动着"。[②]由此可见，冈仓天心所谓的"东洋理想"实际上就是以回归亚洲为契机，强调日本肩负着引领中国、印度等国摆脱西洋文明压制的责任，这与日俄战争前夕明治政府声称以黄种人身份迎击以俄国为首的白种人达成了契合。

日俄战争爆发后，内藤湖南承接了冈仓天心"亚洲一体"的构想，进一步发展出"日本天职论"。内藤湖南把文明与人的一生相类比，指出文明有着自身兴衰交替的规律："夫幼而壮、壮而老，社会仅此一元者必将为幼者取而代之。老者难复昌盛，个人如是，社会亦如是。"[③]既然衰微的地区已无力再继续发扬该文明，那必有新兴的区域承担起让该文明再度焕发活力的责任。内藤湖南继而提出了"地气东移说"，他指出东洋文明的中心始终存在着东移的趋势："唐代文明有一半是传自西域和印度……以此看来，在文明中心移动的过程之中，前者的特色有所失去，而为后者的特色所取代。"[④]在他看来，中国文明在唐宋时期就已经达到顶峰，随即开始衰落。以至于到了近代，面对西洋文明的侵入毫无"还手之力"。因此，中国已然"盛运穷尽、弊患始萌"[⑤]，那么接管东洋领头地位就成为日本的天职。"所谓更始革命，一切世局之动荡，不过少老者之争尔"[⑥]。内藤的这种主张在《诸葛武侯》中就已初现端倪，他借引三国局势表达了日本应效仿诸葛孔明匡扶汉室对抗西洋的决心。[⑦]所谓的"匡扶汉室"也就是取代旧的汉家天下而建立新天下。1924年，内藤湖南出版《新支那论》时，他还将中日分别喻作"蚯蚓"和"常山之蛇"[⑧]，不仅将中国国民贬损为不知爱国麻木不仁的"低级动物"，还强行为前述共管与满洲日占编织正当性。而更需指出的是，内藤湖南本身是由记者身份被狩野直喜召入京都帝大，这一姊妹篇也就作为意见领袖的作品广为传播。也因此，《支那论》可能是内藤庞大著述中读者最多的一册，而在1938年姊妹篇结为合集后映衬着所谓"北

---

① Kakuzo Okakura, *The Awakening of Japan*, J.Murray, 1922, p.185.

② Kakuzo Okakura, *The Awakening of Japan*, J.Murray, 1922, p.9.

③ 神田喜一郎编：「赠渡米僧序」，『内藤湖南全集』第1卷，筑摩书房，1970年，第344页。

④ 内藤虎次郎：「日本の天職と学者」，『近代文学史论』，政教社，1897年，第21页。

⑤ 内藤虎次郎：「日本の天職と学者」，『近代文学史论』，第17页。

⑥ 神田喜一郎编：「诸葛武侯」，『内藤湖南全集』第1卷，第215页。

⑦ 详见神田喜一郎编：「诸葛武侯」，『内藤湖南全集』第1卷。

⑧ 内藤虎次郎：『新支那論』，博文堂，1924年，第32—33页。

近代以来日本的文明论与国家走向——文明论视域下的"东洋"与"西洋"

支事变"更是于出版发行 10 日之内加印 10 版，①据此可知作品中的观点可能给日本社会带去的影响。此外，内藤湖南作为京大东洋史的先驱之一，他的观念和学说在很大程度上设定了这一学科的视线，比方说所谓唐宋变革论就在宫崎市定的宋近世说中继续得到推进，但潜存于变革论中的停滞观与目的论②也被延续下来。因此，在政治与历史的交互回旋中再度审视内藤湖南既是对其成就的肯定，也是对其矛盾中的帝国视线的分离。③从这个角度上看，内藤湖南的"日本天职论"与冈仓天心的"亚洲一体"的思维逻辑是一脉相承的，他们都蕴藏着日本充当东洋"领头羊"去对抗西洋，进而称霸世界的野心。

在强调了日本的天职后，内藤湖南抨击了西洋文明。他认为西洋近代文明相比于矜持、儒雅的东洋儒家文明它是野蛮的，西洋文明总是一厢情愿地要去帮助同为上帝的子民去"开化"，④他们疯狂到以至于称爱好和平艺术之时的日本人为粗鄙野人，而当日本在"满洲"生灵涂炭之时，竟反而称其为文明之邦。⑤因而他认为西洋文明即便在当时看似如日中天，但它源不远更流不长，其强势不过是临终前的回光返照。⑥他指出只有待到日本文明崛起，继而发展出"光被坤舆"的新秩序，世界文明方能得以继续发展。从某种意义上看，其思想与昭和时代的军国主义达到了一定程度上的契合，随着日本帝国侵略步伐的加剧，它也和亚细亚主义一道成为战争的帮凶并最终因日本战败而宣告破产。

日美安保条约签订前后，"日本究竟是什么"成为思想界必须考虑的课题，竹内好再度提及"近代超克论"，希望摆脱西洋近代化的束缚，解决"日本的近代化、日本在世界史上的地位"⑦。竹内好提出，明治以来日本"奴隶性"式追随西洋的近代化是"一种从外而内应急式的，非自发性的，也是没有前途的"⑧，唯具有双重性质的"大东亚战争"⑨是摆脱其奴隶性的尝试。但由于战前日本帝国的侵略倾

---

① 子安宣邦：『日本近代思想批判』，岩波书店，2003 年，第 105—106 页。
② 包弼德著：《斯文：唐宋思想的转型》，刘宁译，江苏人民出版社 2017 年版。
③ 傅佛果著：《内藤湖南：政治与汉学（1866—1934）》，陶德民、何英莺译，江苏人民出版社，2016年版。
④ 内藤虎次郎：「日本の天職と学者」，『近代文学史論』，第 18 页。
⑤ 冈仓天心：『茶の本』，岩波书店，1945 年，第 23 页。
⑥ 神田喜一郎编：「贈渡米僧序」，『内藤湖南全集第 1 卷』，第 344 页。
⑦ 竹内好著：《近代的超克》，《近代的超克》，孙歌编/译，第 369 页。
⑧ 竹内好著：《作为方法的亚洲》，熊文莉译，高仕明等主编：《人间思想》第四辑，第 233 页。
⑨ 竹内好认为，"大东亚战争"既有统领亚洲的性质，也存在着帮助亚洲驱逐欧美进而统领世界的性质；它既是现实里超越西方国家的挣扎，也是在精神层面上克服和摆脱西洋文明的尝试。

向导致了其阶段性失败,战后虽然经历民主化改造,但日本仍处于迷茫与惆怅状态,他认为解决的方法唯有在现实和平环境下从精神层面上发动"永久的大东亚战争"。他以鲁迅作为和平且自内而外进行"近代超克"的典范,希望借鉴中国"具有着更加强大生命力和后劲力"①的近代化模式,照出日本无主体的病理:"进入近代的日本没有抵抗,说明日本并不具有东洋的性格,同时,它没有自我保存的欲望这一点,又说明了日本不具有欧洲的性格。也就是说,日本它什么都不是。"②不过,竹内好并没有仅仅停留在单纯地去批判层面,他试图利用中国的文学和思想革命来夺回民族主义的话语权,引导战后日本在精神上继续发展。战前他执着于"研究支那",是要创造出"加以超越支那的存在"③,而他否定现代文化、否定自身,则是要以日本为核心,"建立起真正意义上的大东亚文化"④。竹内好思想的核心并没有冲出"东洋文明论"的框架,不论是战前发表《太平洋战争与吾等决意》,还是战后在鲁迅身上寻求超克之路,竹内好始终是东洋文明论的"笔战士"。不过,虽然竹内好他揭开了自我批判的盖子,指出日本在现实层面的大东亚战争的侵略性问题上日本"无法摆脱道德上的责任"⑤,但正如子安宣邦所批判,所谓"大东亚战争的双重性"仅仅是对日本帝国主义侵略战争的性质进行了暧昧化处理,其"日本亚洲主义"也"始终贯穿着为膨胀主义的辩解"⑥。这种自省中存在着自我怜悯之意,远不及真正达到清算和反省战争责任的高度。

东洋文明论是明治维新和产业革命的产物。但就冈仓天心"亚洲一体"构想和内藤湖南提倡的"光被坤舆"的妄念中可以看出,他们虽然倡导亚洲联合起来对抗"蛮横"的西洋,但这种联合都是以日本统领为前提的,但凡中国和印度"胆敢"对于日本的领头地位产生任何威胁,便要"削释迦牟尼之首,剁孔子为肉泥"⑦。

---

① 竹内好著:《作为方法的亚洲》,熊文莉译,第 234 页。
② 竹内好著:《何谓近代——以日本与中国为例》,孙歌编译,《近代的超克》,生活、读书、新知三联书店,2016 年,第 270 页。
③ 竹内好著:《〈中国文学〉的废刊与我》,《近代的超克》,孙歌编译,第 250 页。
④ 同上,第 253 页。
⑤ 竹内好著:《近代的超克》,《近代的超克》,孙歌编译,第 300 页。
⑥ 子安宣邦著:《何谓"现代的超克"》,董炳月译,三联书店,2018 年,第 159、182 页。
⑦ 此句引用自冈仓天心《东洋的理想》,原文是山崎暗斋斋面对"若有一日佛陀、孔子为正副统帅,带兵进犯日本,大人该如何应对"时"吾当奋勇杀敌,削释迦牟尼首,剁孔子为肉泥"的回答。不过,根据《山崎暗斋学派》一书中对于《先哲丛谈》的转引,山崎暗斋的原话应当是"我将奋勇前去,生擒孔孟!"。因此,笔者认为此处很大可能是冈仓天心有意为之:用代表印度文明的释迦牟尼去替换原代表中国儒学的孟子、以更加血腥的画面渲染,故事的寓意瞬间由原本保卫日本思想独立转变成为必须由日本统领亚洲、主宰亚洲。从此字里行间管窥冈仓天心强烈的独霸亚洲思想。参见西顺藏、丸山真男:「山崎闇斎学派」,『日本思想大系』,岩波书店,1980 年,第 573 页;Kakuzo Okakura ,*The Ideals of the East*,1922 p.127.

近代以来日本的文明论与国家走向——文明论视域下的"东洋"与"西洋"

正是由于这种民族沙文主义，使得东洋文明论到了"大东亚战争时期"被军部所利用，成为其企图凌驾东亚、称霸世界的"八纮一宇"思想来源和对抗英美的"大东亚战争"理论基石。战后竹内好重启东洋文明论，对日本"西洋式的近代化"和植入日本民族深处的"奴隶性"宣战，企图谋求同中国一样能够实现由内而外完成近代化的道路，也包含了为"大东亚战争"的狡辩。无论战前战后，东洋文明论一以贯之的就是统领亚洲、超越欧洲进而主导世界的膨胀性逻辑。

三、东西文明调和论

东西文明调和论主张日本作为东西文明的交界点，应当承担起调和东西文明的责任，发挥引领世界的作用。"东西文明调和论"发轫于日俄战争前后，日本在终结了以中国为中心的传统华夷秩序后，逐步谋求与西方列强在亚洲同等的殖民利益。为了取得西方世界认同并笼络、扶持东亚其他国家的亲日势力，大隈重信趁势兜售"东西文明之调和"以巩固并扩大其霸权地位。

大隈重信指出，世界上所有的文明都起源于西亚，但随着人口的迁徙，东西文明逐渐被区分开来，[1]东方文明和西方文明起初"都具有各自的特征乃至优缺点，同时二者各有自身独特的魅力"。但在各自发展的过程中，东方与外界的交流接触甚少，因此逐渐丧失了生机和发展的机会，西洋文明凭借开放的优势逐渐在某些方面超越了东洋文明。[2]大隈认为，正由于中国文明逐渐衰落，东西文明的平衡被彻底打破，世界陷入了混乱的状态，因此"东方之和平即世界之和平，支那文明对于世界和平能够产生最大的影响"[3]，只有重振中国文明，方可使得东西文明回到协调的状态。而日本古代同化东洋文明、近代又学习西洋文明，遂成为两文明最为突出的接触点。于是大隈进一步指出："日本民族原有宽容之性、而薄于猜忌之念、恒纳他善而融化之"[4]；"日清、日俄战争胜利以后的日本已经展现了作为大国卓绝的武力"[5]，他觉得日本有责任和能力帮扶中国，进而调和东西文明。但大隈的理论并不仅仅满足于调和东西方，其背后所蕴藏的是日本跻身列强参与其划分世界的

---

① 早稻田大学编辑部：『大隈伯演説集』，大日本文明协会，1908 年，第 513 页。
② 大隈重信：『東西文明の調和』，大日本文明协会，1924 年，第 87—117 页。
③ 早稻田大学编辑部：『大隈伯演説集』，第 522 页。
④ 大隈重信：《日本开国五十年史》下册，上海社会科学院出版社，2007 年，第 1334 页。
⑤ 大隈重信：『青年訓話』，丸山舍書籍部，1914 年，第 30 页。

野心。大隈内阁时期"支那保全""日英同盟"等日本对华侵略扩张的政策正是在其"东西文明调和"外衣之下的政治实践。大隈甚至声称"日本国民当有吞并东西、合并世界文明之抱负"①，在超越东西洋之上成为新的世界霸主。

大隈重信的"东西文明调和论"是一种不完整、无体系的文明论，有着明显的"骑墙"主义倾向：它反驳欧美黄祸论的同时，又将中国作为未开化之地排斥在外。它呼吁西洋人停止对于东洋国家的侵略，却又打着东洋文明的继承者和代表者的旗号，道貌岸然地逼迫中国北洋政府接受"二十一条"，对其他东洋国家大行扩张之事。正是由于其一味强调地位保全和利益获取，完全不顾中国以及其他东方国家主权，这致使他的东西文明调和论沦为发动对外战争的思想基础之一。

调和论在 20 世纪 40 年代经京都学派发展出"东亚共荣圈""世界史哲学"等理论，为"大东亚共荣圈"等侵略实践提供了助力。②在战败初期，调和论因强调"日本的世界史作用"而被归为带有军国思想而遭到限制。直到 20 世纪 90 年代日本泡沫经济的破灭，战后"赶英超美"发展模式再次遭到了质疑，调和论以反思再探日本近代之路的面目重新登场。川胜平太受大隈重信调和东西文明启发，又在梅棹忠夫生态史观基础之上③，吸纳马克思主义史学及年鉴学派布罗代尔的思想，将海洋视为东西交流的纽带，提出了融合东西文明的海洋史观。川胜指出"近代亚洲自海洋诞生"④，海洋亚洲是近代文明发生的催化剂，而曾经处于边缘的日本和西欧则是近代文明诞生的摇篮，近世以后日本和西欧开始共同拥有了中国东南沿海至东南亚海域在内的"海洋亚洲"，它们通过输出金银等矿产资源，以换取东方珍贵的物产。另一方面，他认为亚洲内部的"生产—消费"网络早已形成，不需要再进口外部世界的物产，在这种贸易体系中日本和西欧对于亚洲存在着巨大赤字。为缩小逆差，18 世纪以后的日本和西欧通过生产革命，摆脱了对亚洲物产的依赖实

---

① 大隈重信：『東西文明の併吞』，日本書院，1918 年，第 225 頁。

② 关于京都学派西田几多郎的"东亚共荣圈"、高坂正显的"世界史哲学"与军部"大东亚共荣圈"关系的比较，参见吴玲：《西田哲学中的"东亚共荣圈"原理》，《外国问题研究》，2012 年第 3 期；子安宣邦：《何谓"现代的超克"》，董炳月译，第 42—45 页。

③ 海洋史观建立在生态史观的文明图谱的基础上，它注重海洋对文明产生的重大影响，在世界发展史中加融入了海洋这一因子。海洋史观看似是生态史观的延续，其实不然。梅棹忠夫的生态史观提倡日本继续融入和追随西洋，而川胜平太的海洋史观则希望日本摆脱美国的束缚，开辟出一条独特的日本式现代化道路。下文关于生态史观不再赘述。有关海洋史观与生态史观之间的关系，可参见川胜平太：『文明の海洋史観』，中公叢書，1997 年，第 152—163 頁。

④ 川勝平太：『文明の海洋史観』，第 1 頁。

近代以来日本的文明论与国家走向——文明论视域下的"东洋"与"西洋"

现了"脱亚"。①但两者脱亚方式不同，欧洲采取的是资本集约的工业革命，而日本则是提高土地生产力的勤勉革命。②于是近代后欧洲为谋求更广阔的资源供给地走上了殖民扩张的道路；而日本则在内部极力提高单位生产效率，实行闭关锁国。直到 19 世纪败于欧洲文明后，日本开始糅合两文明长处谋求生存和独立，在"近世建立的劳动集约型生产革命的基础上，嫁接了资本集约型生产革命，从而成为亚洲最早的现代国家"③。川胜认为"岩仓一行人仅仅被眼前的都市工业所吸引，只看到了日本所不具备的东西"④，而疏忽了"日本堪称绿色地球理念的缩影"⑤，他否定了岩仓使节团访欧以来"殖产兴业"的欧化模式，认为正是这误导了明治以来日本的发展。川胜进一步指出，近代以来世界逐渐连接成为一个整体，资源被开发殆尽，西方式肆无忌惮发展模式业已终结。他判定"无论东方精神还是西方文明，二者皆无力继续展望未来"⑥；而"日本历时两千多年，融合了东洋文明和西洋文明"⑦，唯有日本才能引领世界继续发展。他认为现代人赖以生存的地球如同江户时代，只有重新发掘"锁国的智慧"才能为人类生存发展提供可靠的方案。川胜倡导未来世界应效仿江户时代，将其改造为 17 世纪欧洲人笔下如日本岛般的"桃源乡"。⑧

由此可见，川胜平太力图冲破以往"西方文明优于东方"的近代世界体系，把日本融合东西方文明视为未来世界发展的唯一出路。这与大隈重信的"东西文明之调和"有异曲同工之处：日本游离于东西文明之外，对东方而言它是西方文明的介绍者，对西方而言它又是东方文明的代表者，故日本是最为适当的调和者。综上，海洋史观就是战后日本发展新瓶颈阶段的东西文明调和论，它剥去了以往赶英追美抑或是主导亚洲的"追赶—主导"的模式，取而代之的是以和平共存、协调发展的"和平—协调"的发展理念。

东西文明调和论在前二种文明论基础之上，既看到了东方式的不足又看到了西方式主导的缺点。虽然这种以协调和融合为核心的文明论看似旨在避免东西文明相

---

① 川勝平太：『文明の海洋史観』，第 7 頁。
② 川勝平太：『文明の海洋史観』，第 8 頁。
③ 川勝平太：『文明の海洋史観』，第 10 頁。
④ 川勝平太：『文明の海洋史観』，第 239 頁。
⑤ 川勝平太：『文明の海洋史観』，第 254 頁。
⑥ 川勝平太：『文明の海洋史観』，第 226 頁。
⑦ 川勝平太：『文明の海洋史観』，第 254 頁。
⑧ 川勝平太：『文明の海洋史観』，第 13—15 頁。

互的冲突，但事实上无论是大隈重信以"东西文明之调和"为法宝进一步攫取亚洲利益，还是川胜平太以"海洋史观"为标杆号召各国学日本建设新世界，如何以优越的姿态融入东西方始终是其探讨的核心，战前和战后的调和论始终没有摆脱日本主导其他文明的意识。

四、余 论

正是由于明治维新的"复古"与"维新"的混杂性，明治之初的日本不仅是对外关系混杂，其对外认识呈现出"入亚"和"脱亚"两种截然不同的面貌，促成了西洋文明论和东洋文明论两种对立思潮。[①]甲午战争和日俄战争胜利以后，日本成功实现了"脱亚"，却没有为西洋所接受，"既非东洋又非西洋"的尴尬处境催生了东西文明调和论。战后的民主化改革致使"大东亚共荣"式日本主导的意识开始褪色，西洋文明论重回意识形态主流，并经丸山真男重塑，成为了迎合民主化改造的工具；而东洋文明论则在竹内好的"坚守"下，成左翼团体抵制《日美安保条例》的武器。经济高速成长时期，围绕着是否继续跟随美国，文明论以"未来文明走向"为切入点，衍生出了梅棹忠夫"继续融入西方"的"文明的生态史观"和川胜平太建设"日本式花园国家"的"海洋史观"。

纵观西洋文明论、东洋文明论和东西文明调和论，它们的本质差异在于对东、西文明以及自身在世界文明序列的认知。西洋文明论认为西洋文明处于世界主导地位，日本须融于其中，加入国际体系主导者的行列。而东洋文明论则认为，西洋依仗着蛮力去侵略和蹂躏古老璀璨的东洋文明，它倡导日本带领亚洲各民族去与西方对抗，将西洋殖民者从东洋赶出去、褪去西洋文明的影响。所谓东西文明调和论则认为日本处在东西文明的交界点上，东西文明最终势必汇流入日本并经由其改造孕育出新的世界性文明。三者之间亦有共性，它们的最高理想都是创立出以日本为核心的普世性文明。西洋文明论的先驱福泽谕吉呼吁日本学习西洋以超越西洋；东洋文明论的提倡者冈仓天心以日本为主导构建"亚洲一体"；而东西文明调和论始作俑者大隈重信则坚信日本必会融合东西文明并引领世界。与近代以来西方的文明论不同，"国家主义"在日本文明论中是始终存在并处于中心位置。它从来没有刻意

---

① 宋志勇著：《日本近现代对华关系史》，世界知识出版社，2010年，第31页。

近代以来日本的文明论与国家走向——文明论视域下的"东洋"与"西洋"

消解"国家"的地位和作用,甚至将日本中心主义嵌入到各阶段形形色色的文明论中。故上述三种看似迥异的文明论可被视为自《古事记》《日本书纪》《神皇正统记》《直毗灵》《弘道馆记》以来"大和魂"与"国体"的变种。国家意识是其相异于西方"文明论"的独特点。

泡沫经济以来,川胜平太、盛田昭夫、石原慎太郎等发出了"摆脱美国"的声音,"脱亚"和"入亚"这一近代以来始终面临的老问题继续成为上述各种文明论和国家走向的重要课题。鉴于以往各文明论发展过程中所存在的弊端,未来日本的国家走向应超越"国家主义"为核心的文明论范式,新的文明论既不能唆使日本尾随美国继续充当其东亚战略布局中的棋子,又不应刻意膨胀地发展出类似于战前"大东亚共荣"式的霸权思想。它应当以各有所长的多元式、包容型的眼光去看待和接纳东西方迥异的文明,引导日本这一国家作为沟通东西方世界的桥梁,并真正地为世界文明健康发展做出贡献。

(作者:瞿亮,湘潭大学哲学与历史文化学院东亚研究中心研究员;李佳乐,湘潭大学哲学与历史文化学院 2017 级历史学本科生)

权威的构建——明治天皇巡幸研究

李 征

内容摘要 明治天皇为努力走向权力中心，建立皇室权威，终其一生做了一系列的巡幸与行幸。巡幸包括参观各类如商店、学校、医院、法庭等普通的劳动生产场所，也包括游览诸如大海、山川、河流在内的自然景观，还包括视察如镇台、藩镇、兵营等军事设施，更有祭祀拜会各类庙宇、神社、宗祠及墓陵等意识形态场所，兼具经济、政治、军事、宗教色彩。天皇的巡幸按时期划分从早期京都阶段开始构建权威，至迁都东京之后的南北大巡幸初步建立，至明治十年权力基盘已稳，再到宪法颁布，天皇权威构建完成。明治天皇一生巡幸之地超过日本历史天皇之总和，可谓开天辟地，这为构建近代皇权权威发挥了重要作用。

关键词 明治天皇 巡幸 东京 京都 演习 权威

权威的构建——明治天皇巡幸研究

The Authority Construction: Inspection Tours of Meiji Tenno

LI Zheng

Abstract：In order to get back the center of power and establish the royal authority, Meiji Tenno made a series of inspections tours throughout his life. The inspection places included all kinds of ordinary workplaces such as shops, schools, hospitals, courts, natural landscapes such as the sea, mountains, rivers, and military facilities such as Chindai, garrisons, barracks, and all kinds of ideological places such as temples, shrines, ancestral halls, and mausoleums, which has the economic, political, military and religious features. According to the period, the inspection tours were divided from the early Kyoto stage to the establishment of north and south tour after the capital was moved to Tokyo, to the stable power base in the 10th year of Meiji, and then to the promulgation of the constitution, the construction of the emperor's authority was completed. Meiji Tenno visited more places than the total numbers of all his ancestors in history. All tours played a very important role in the construction of modern imperial authority.

Keywords：Meiji Tenno; Inspection Tour; Tokyo; Kyoto; Drill; Authority

天皇巡幸①体现天皇的神格，在彰显对权力的控制及对国家的参与治理方面起重要作用，是天皇构建自身权威的重要组成部分。天皇对国家的深度参与也为构建共同的民族思想、记忆与认同奠定基础。包括江户时代在内的数百年间，天皇"无为"且少有存在感。明治天皇自登基之始，便试图利用巡幸这一方式扩大皇家的影响。诚然，这既得利于新政府对皇室的借力，也体现天皇自身的权力的彰显。需要指出的是，明治天皇登基与天皇掌实权之间没有必然的因果关系。室町南北朝时后醍醐等天皇也都曾有过看似掌权的"美景"，终究不过昙花一现。明治天皇能有其

---

① "行幸""巡幸"含意并不相同，前者指皇帝出行，常伴有具体的事，后者则专指远行，带有较为明显的或政治军事、或经济文化等目的。文中并不做严格区别。"御"等表述为敬语，本文为尊重原始文献使用，此类如"天览""发辇""驻辇""临御""乘御""亲谒"等同。本文时间为文献记载时间，其中年均为公历对应，月日则为日本旧历。明治五年（1872）日本废太阴历，改为太阳历，此后时间为公历。本文如大阪、东京等地也指当时文献地点。明治初期的东京、大阪等地区范围比如今都府小很多，随着行政规划与变迁，地点所属也有改变，因此部分巡幸路线看似往返重叠，实则不然。另外，一般而言，天皇巡幸只指其本人，但有时天皇会指派皇子、皇后等代为巡览或慰问接见，也可以视为其皇族行为，本中不表。

临终时的权威、《大日本帝国宪法》能颁布都与明治天皇个人努力有直接关系。明治一生为构建其以个人权威为中心的皇权不懈努力。根据日本史籍协会《明治天皇行幸年表》及宫内省《明治天皇纪》统计，明治天皇共在位 45 年，其"鸾辇"临幸之地几乎遍及全日本，明确的地点即有一千多个。因此，以"造势"与"亮相"为主要内容的巡幸是天皇在民众中建立权威的重要手段。

目前国内学界对于天皇巡幸的专门研究较少，在明治天皇个人、皇室在明治维新的进程中的作用与影响等领域有若干探讨，如李卓《明治时代天皇权威的重建》对天皇在构建权威过程中通过巡幸等手段为目的进行了讨论。秦楚《明治时期天皇形象重塑》探讨了明治天皇重塑形象的几种手段，如巡幸、御真影、锦绘等方式。明治天皇作为近代天皇制的始创者，巡幸的价值重大，有足够的空间值得探讨。本文将明治天皇一生的巡幸分为四个阶段，以权威构建为主线，以时间为轴，试图探究其权威构建的过程与意义。

一

天皇虽然是日本古老的存在，但在日本普通民众中，存在感甚低。"民众现实生活并非不知有天皇，只是没有关系的存在"，[①]甚至所谓"只知有幕府，不知有朝廷"，[②]多为其真实写照。明治之前，天皇形象倾向于非政治性的，且多扎根于民间宗教，这种传统包括天皇所接受的教育并未把他培养成公众人物。即早期的天皇形象与近现代人熟知的天皇形象有着巨大的差别。早期天皇每天的工作似乎都是主持各种仪式。这些仪式日复一日地重复了数百年不曾有变。天皇生活范围也非常小，他们从未远离御所，但偶尔会到城里。例如 1626 年后水尾天皇在二条城（幕府将军在京都的行辕）住了四天。1632 年德川秀忠死后，其子德川家光便不允许天皇离开御所。有几次御所发生了大火，天皇被迫到京都寺庙避难，因此天皇即使身居京都通常也与民众隔绝。1787 年大约七万人聚集在御所周围向天皇祈祷，希冀自己能摆脱饥饿。光格天皇和逊位的后樱町天皇深为感动，光格天皇破例要求幕府赈灾，这是德川幕府时代第一次天皇干预国家政策。

黑船来航后，这一传统也已不符合新时代的要求。明治天皇"践阼"之初，大

---

① 多木浩二：『天皇の肖像』，岩波書店，1988 年，第 5 頁。
② 遠山茂樹：『天皇と華族』，岩波書店，1988 年，第 47 頁。

权威的构建——明治天皇巡幸研究

久保利通就建议天皇不要远离大众，所谓"龙颜难以拜见，玉体不踏寸地，过于推尊，自认分外尊大高贵，终致形成今日上下隔绝之弊害。"[1]大久保利通参照法国的路易十四，亲手打造了让天皇可视化这一国家工程。"长期以来封建时代天皇因民众疏远的关系，有碍新国家权威，为打破这个障碍，首先要为一般人肉眼所见之存在，留以印象"。[2]大久保不愧为国家栋梁之材，为营造天皇的存在感，特别是限于仅16岁之"幼帝"形象，建议三步走：巡幸、亲征、迁都。这为后来树立权威实现国家统一奠定了坚实基础。

根据大久保利通的建议，明治天皇开始了为期50天的大阪行幸。明治元年（1868）三月廿一日，京都皇居"御发辇"，目的为亲征并一同检阅海军，同日抵京都市下京区中珠数屋町及鸟羽与伏见……京都府淀町淀城石清水八幡宫，祈念平定四海逆贼……闰四月七日迄御驻辇，廿六日同港区陆军粮秣支厂天保山行在所（行宫，临时滞留处），阅肥前、肥后、萨摩等军舰操练，四月六日同大阪城纪州殿阅诸藩兵……下问木户孝允、后藤象二郎海外事情……四月一日（闰）（太政官代）谒见英国特派全权公使帕库斯。[3]

天皇巡幸的第一个目的就是助力于维新志士，诚然志士们也是借天皇的声势权威，互相借力打气。此时幕府军与新政府军战事吃紧，也有消灾祈福之目的。天皇还亲见了英国公使，这也是天皇第一次接见外国使节，为开创历史的事件，这与其父孝明天皇对外国的抗拒与排斥形成鲜明的对比。大阪行幸可以被认为是明治天皇第一次巡幸，是第一次自主的，且能跨过京都的外游，是数百年来天皇（家族）第一次见到京都以外的世界。天皇从大阪返回京都不久，就颁布了一项公告，宣布将亲自处理一切国事："主上年幼，故迄今住居后宫，然依先前誓言及主上所思虑，今后移居前殿，每日辰时出御学问所，为万机之政，听辅相奏闻。亦时时亲临八景之间。御清暇之时研习文武，申时归前殿。此顺序为御制定之事。"[4]横井小楠说："如斯盛事，实千余年绝无之事。"[5]

随即天皇行幸东京。"今春以来，东部百姓饱受战火煎熬，天皇很久以来就希

---

① 遠山茂樹：『日本近代思想大系 2：天皇と華族』，岩波書店，1988 年，第 7 頁。

② 多木浩二：『天皇の肖像』，岩波書店，1988 年，第 6 頁。

③ 明治天皇接见法国公使罗斯和荷兰政府代理人德克·德·格雷夫·范·波尔斯布鲁克（Dirk de Graeff van Polsbroek）。日本史籍協会：『明治天皇行幸年表』，東京大学出版会，1933 年，第 1—3 頁。

④ 宮内庁編『明治天皇紀 1』，吉川弘文館，1969 年，第 705 頁。

⑤ 宮内庁編『明治天皇紀 1』，吉川弘文館，1969 年，第 705—706 頁。

望慰问他们。"①此阶段政府军已取得决定性胜利，江户已经实现无血开城，作为七百余年幕府政治中心关东之地，东京行幸有非常大的政治意义。巡幸前朝廷发布《沿道府藩县布告令》，"东幸途中场所，高龄者及受灾者救济，行孝子义仆节妇表彰，由府藩县申请……布施朝廷之恩义，强调儒教之道德"②。天皇安抚群众，收揽民心。八月九日，天皇在京都祭祀加茂神社并在廿九日京都市东山区拜天智天皇山科陵、孝明天皇后月轮陵青莲院及妙法院。天皇拜祖，祈求平安。九月廿日，京都东山区御遥拜山科天智天皇陵。廿四日到伊势两神宫御遥拜。廿七日抵热田神宫乘凤辇御参拜……十月一日抵静冈县白须贺町，在汐见坂，史料记载"御野立（野外休息），初御远望大洋"。③关于天皇第一次看到大海，不同材料都有描述，明治天皇也是代表皇室释数百年之悲闷，十分感慨。四月三日抵静冈县金谷台，"御野立，初御远望富士山"。④日本天皇虽然名义上贵为一国之君，"万世一系"的国家象征与现人神，见富士山的心情与普通人无异。由此可见皇家在三个幕府压制的七百余年的苦闷与压抑。天皇十一日抵神奈川，举行"发祝炮"仪式，横滨炮台回应。十三日抵东京，游高轮、芝。十六日，到吹上御苑（千代田城内）。⑤在东京停留了近两个月后还幸京都，这次巡幸史称"东幸"。

该"东幸"曾为外国人佐藤所记载："天皇黑漆凤辇，我等十分难得，略靠近一些看，群众俱肃静，十分感动"。⑥明治天皇第一次到东京（江户），同时也是天皇家族有史以来第一次到东京，意义重大。之前的大阪巡幸虽然时间较久，但实际上京阪之间距离相当于"同城圈"范围，此次东幸为巨大突破，也是天皇目前为止最远的一次巡幸。"东幸是国家权力确立的最初政策，也是迁都预告"。⑦东京是德川幕府开创的，其城市设施氛围与京都有太大差别。而且在传统印象中东日本一直作为"蛮荒"之地与京都大阪之文化圣地之间互相鄙夷心理至今都有影响。应该说东京市民是见过世面的，毕竟二三百年作为政治中心的将军所在之处无论规模还是繁华都非其他地方可比。特别是每年都有各藩来的"参觐"团，百姓会根据行列队

① 宫内厅编『明治天皇纪1』，吉川弘文馆，1969年，第787页。
② 多木浩二著『天皇の肖像』，岩波书店，1988年，第27页。
③ 日本史籍协会：『明治天皇行幸年表』，東京大学出版会，1933年，第8页。
④ 日本史籍协会：『明治天皇行幸年表』，東京大学出版会，1933年，第10页。
⑤ 日本史籍协会：『明治天皇行幸年表』，東京大学出版会，1933年，第13页。
⑥ 多木浩二：『天皇の肖像』，岩波书店，1988年，第24—25页。
⑦ 多木浩二：『天皇の肖像』，岩波书店，1988年，第17页。

权威的构建——明治天皇巡幸研究

伍的规模判断威严之大小，即所谓"御威光"。"显示行列（队伍）支配身份强化了格式序列，由行列的威力向万人展示政治的中心"。[①]天皇深知这点，不仅如此，在特定地段行走时，"要整备道路，打扫清洁，铺以白砂（小砂石），天皇通过时，隐及远置不洁物，以排除不洁，彰显天皇圣性"[②]，更显示出皇室的"威仪"。

天皇早期的巡幸为天皇权威构建之始，虽然天皇"践阼"，但实际上天皇政权是昙花一现还是能长期稳定并无把握，因此为了加强皇权，播撒皇威才进行了大阪与东京两大巡幸，这在江户时代是不可想象的事情。整个江户时代，天皇只有两次巡幸，第一次是宽永三年（1626）水尾天皇为了会见德川家光而到京都二条城的行幸，而第二次是文久三年（1863）孝明天皇由将军和诸侯跟随、为了"攘夷祈愿"到京都加茂神社的行幸。其所谓巡幸，就是出了皇宫而已。天皇毕生所见不过数百朝臣，普通日本人一眼都未见过他。京都人当然知道天皇就住在御所的高墙后面，但是除了一些极罕见的场合外，他们连他坐的轿子都难得一见，更不要说天皇本人。除了少数几名高级侍臣，没有人能见到他。天皇是一个隐藏在帘子后面的人，让人敬畏，并与人间俗世相距甚远。天皇贵为一国之尊，数百年间寓于京都狭小"御所"之内，似为"囚笼"一般，着实令人可叹。[③]因此在此基础之上，天皇更加确信了自己的地位与影响，同时进一步扩大了巡幸的范围。

二

从 1869 年明治天皇入驻东京到 1877 年西南战争爆发的明治十年，天皇在真正感受到至尊的同时，开始彰显其已有的权威。因此陆续进行全国性大巡幸，其中最重要的两次南北大巡幸，为其个人权威奠定了重要的基础。

明治天皇在初建政权后，国家百废待兴，而对于皇族而言，破除原以幕府为主的东日本势力范围尤其重要，因此对于迁都之议成为一个重要话题。日本当时高层

---

① 多木浩二：『天皇の肖像』，岩波书店，1988 年，第 23 页。
② 多木浩二：『天皇の肖像』，岩波书店，1988 年，第 27—28 页。
③ 值得一提的是，逊位天皇比起在位天皇享有更多一点自由，幕府允许逊位和出家后的天皇享有这种自由，但在位天皇没有。从 1632 年到 1863 年孝明参拜贺茂神社和石清水八幡宫为止，历代天皇极少离开御所，少有的几次也是因为发生了什么灾难。他们没有人见过大海或富士山，更没见过幕府统治下的江户城。参照唐纳德·基恩：《明治天皇：1852—1912》，曾小楚、伍秋玉译，上海三联书店，2018 年，第 21 页。

对于定都选址一直有不同意见，最终高层决定定都东京。明治二年（1969），天皇再次巡幸东京，而本次巡幸实为搬家。"二月廿九日在加茂上下神社御参拜，三月七日东京御再幸并伊势两宫御亲谒，京都皇居御发辇。"①天皇告别列祖列宗，即将搬离"千年"首都。廿日抵宇治山田市，"御亲谒"丰受大神宫（外宫）、皇太神宫（内宫）……廿七日抵蒲田东京府，经品川、尾张町、数寄屋桥门、马场行门，于十月十三日抵达，废"江户"改称"东京"。"六月廿八日麹町区日比谷门外，同神祇官临御国是给告天神地祇并列祖列宗"。②正式告祖迁都完成。天皇搬家，浩浩荡荡，其从属队伍就三千三百人，其余后来往返者不计。至此，天皇家族长住东京至今。

天皇入驻东京后，首先游乐休息一段时间。从五月二日到十二月六日，天皇一直是"御乘马"，由此可见天皇心情也不错。六月十三日，本丸阯，大炮天览……九月十六日，山里，"奥国公使随从士官洋琴天听"。③天皇自此放松心情，开始接触新鲜事物，特别是西洋乐器演奏及带有游猎性质的"御乘马"都有纵情的色彩，另外也与大久保要打造天皇军人形象的需要有关。

此间，天皇巡幸内容不多，主要也是以祭祀及军事意义为主的行幸。明治四年（1871）"三月十一日，神祇官，行幸，神武天皇御亲祭……七月廿六日，赐岛津忠义馔（食物）……九月三日，行幸麹町区有乐町兵部省，在滨离宫内迁辽馆，赐山县兵部大辅敕语"。"因汝等积年劳苦才有今日之实力，朕嘉奖，今外交内务日新之时当邦家盛衰，实兵强弱，汝等深体朕意，应弥以纪律严明，众心一致，励精尽力也"。④兵部省为改革初创之机构，天皇倍加重视。同时"行幸司法省，滨离宫，赐循规德川庆胜、山内丰信宴"。⑤此时天皇赐赏岛津忠义，接见山内家、德川家，都是在为版籍奉还与废藩置县做积极的人事工作。这些旧士族大名代表，特别是原德川家及势力较大的岛津等家，政府通过赐赏封号的手段褫夺其领地与实权，这是一种安抚工作。

天皇在东京基盘稳固后，进行了一次全国性的大巡幸。明治五年（1872）天皇赴近畿、中国地区、九州巡幸。这一时期是岩仓使节团外游期间，国内由三条实美与西乡隆盛主政。在西乡隆盛的倡导下，天皇进行了当时为止最长途大巡幸。三条

---

① 日本史籍協会：『明治天皇行幸年表』，東京大学出版会，1933年，第20页。
② 日本史籍協会：『明治天皇行幸年表』，東京大学出版会，1933年，第27页。
③ 日本史籍協会：『明治天皇行幸年表』，東京大学出版会，1933年，第28页。
④ 宮内庁編：『明治天皇紀2』，吉川弘文館，1969年，第537页。
⑤ 日本史籍協会：『明治天皇行幸年表』，東京大学出版会，1933年，第35—40页。

权威的构建——明治天皇巡幸研究

实美建言："圣明君临四海，盖内全国形势，民情体察；外与万国对峙，群僚百官各奉其职，而天下富岳安置……全国巡视，地理形势、人民风土视察，万世不拔之志，开辟未有之盛事也。"[1]

于是天皇于五月廿三日由滨离宫御乘端船至品川冲移驾龙骧舰，御发舰。廿八日，抵大阪市，卅日达到京都伏见区南滨町，随后抵京都御所。这是天皇入驻东京后第一次回京都，随即祭祖。六月二日，后月轮东山陵御拜，建仁寺御立寄。知恩院上供品，临幸开设博览会。三日于京都府厅（二条城内）、城北中学（旧所司代邸）行幸，于英学校（女红场），旧九条邸执务御览，天皇观摩、考察、训话。所到之处，京都市民无不欢欣鼓舞，《明治天皇纪》称"伏见街道进，藤森大佛前休憩，日已暮，市民街灯点，每户轩灯高扬，以表迎奉意，仪仗简易齐整，沿道群众、（天皇）鞍上英姿瞻仰，拍手礼拜，无不感泣天拜龙颜，欢迎之情自与其他地方无异"[2]。天皇此次在京都未多做停留，四日继续西行，五日再抵大阪，视察造币厂，六日到开成学校、医科学校等。天皇途中经神户时召百岁以上老人赐钱，于永代滨处夜晚燃放烟花，并于行在所（行宫）楼上天览（民众）。[3]随即从大阪外国事务局发船经下关于十四日到长崎，十七日抵熊本，廿二日抵鹿儿岛。这也是天皇第一次登上九州的土地，也是天皇唯一一次登陆日本最西南领土。廿二日天皇行幸镇台，同时在"鹿儿岛行在所、可爱、吾平、高屋山陵御遥拜奉纳御币物"同时行幸练兵场，所谓"天览整列式"，于中学校"执业御览"，接见外国人教师、赐金并敕语："朕知生徒教育尽力，嘉奖汝等，当须益勉励，益研学无怠"。[4]

本次巡幸也被称为六大巡幸[5]之始，是天皇目前为止距离上最远的一次远行，历时近两个月。天皇到鹿儿岛一个重要目的是为安抚原萨摩藩元老岛津久光。新政府成立后，内部矛盾丛生，以西乡隆盛为主的下级武士与原藩主及大名之间的矛盾在鹿儿岛突显，因此天皇出面解决，主要内容就是过问探望并封爵。即使如此，爵

---

①② 宫内厅编：『明治天皇纪2』，吉川弘文馆，1969年，第696页。

③ 宫内厅编：『明治天皇纪2』，吉川弘文馆，1969年，第674—676页。

④ 宫内厅编：『明治天皇纪2』，吉川弘文馆，1969年，第700页。

⑤ 六大巡幸包括：1872年5月23日—7月12日，近畿、中国、九州岛（伊势、大阪、京都、下关、长崎、熊本、鹿儿岛）巡幸；1876年6月2日—7月21日，东北（宇都宫、福岛、仙台、盛冈、青森、函馆）巡幸；1878年8月30日—11月9日，北陆道（福井、石川富山、新潟、长野）、东海道（神奈川、静冈、爱知、岐阜）巡幸；1880年6月16日—7月23日，中央道（山梨、三重、京都）巡幸；1881年7月30日—10月11日，东北（山形、秋田）、北海道（函馆、室兰、札幌、小樽）巡幸；1885年7月26日—8月12日，山阳道（大阪、兵库、冈山、广岛、山口）巡幸。

位也多是名誉性的，未见实质内容，包括此前赏赐岛津忠义及次年四月廿七日正院任岛津久光为左大臣。

值得一提的是，这次巡幸回京的最后一段路程天皇是乘火车到东京的，这是文献中记载天皇第一次乘火车。随后，明治天皇于"九月十二日于新桥铁道馆行幸东京横滨间铁道开通式并一同行幸横滨铁道馆"[①]。日本第一条铁路——东京新桥到横滨樱木町之间的铁路于1872年由英国人建成，日本有了自己正式的列车。之后不久，日本就用自己的研发技术，于1882年，"六月廿五日，天皇于日本铁道会社上野高崎间铁道开通式临御，上野停车场发御，群马县高崎市著御……上野停车场开通式临御，赐敕语"[②]。日本的轨道交通走在了亚洲前列。

天皇除巡览外，还特别关照了其家族子弟的教育问题。明治五年（1872）"天皇三月十三日，大学东校，神田区和泉桥，教授器械及诊疗所天览，下敕语雇外国人教授……同月二十九日又大学南校神田区锦町教授器械及诊疗所天览下敕语雇外国人教授"[③]。此处大学为日本学习院大学。学习院大学不同于日本其他大学，与皇族有十分密切的关系。早在江户时代，嘉永二年（1849），孝明天皇赐予御笔亲书"学习院"牌匾。明治十年十月举行开课仪式，明治天皇、皇后亲临会场，颁发圣旨、懿旨，再次赐予御笔亲书"学习院"牌匾（神田锦町）。"本院开业之日，朕亲临汝等示谕，尔来兹五年汝等能体朕意，勉励从事，整顿学务，以观生徒进步"[④]。1890年学习院迁至四谷区尾张町。明治天皇一生巡幸学习院（大学）7次，是除军事院校外去过最多的学校，明治之后许多皇亲国戚，皇室子弟包括令和天皇都曾就读于该校。同时学习院也是当年维新志士的据点之一，具有十分浓厚的"革命传统"。

明治六年（1873），"一月四日，正院，奏事始、政始"。[⑤]天皇此期间正式开始"从政"。1887年后改称"内阁"，以后相同。"政始"一词第一次出现。自此每年均从一月四日"政始"开始，罕有例外，这表明天皇在一年之治的开始。同时"政始"也正式成为行幸的内容，体现天皇亲政。如"明治七年（1874）一月四日，正院，政始。八日，日比谷操练场，陆军始，诸兵整列式天览。九日，海军省，海军

---

① 日本史籍协会：『明治天皇行幸年表』，东京大学出版会，1933年，第51页。
② 日本史籍协会：『明治天皇行幸年表』，东京大学出版会，1933年，第234页。
③ 日本史籍协会：『明治天皇行幸年表』，东京大学出版会，1933年，第44页。
④ 宫内厅编：『明治天皇纪5』，吉川弘文馆，1969年，第330—331页。
⑤ 日本史籍协会：『明治天皇行幸年表』，东京大学出版会，1933年，第53页。

始，诸舰整列式操练天览"。[1]政始加陆军（有时是海军）整列式，便成了惯例内容。天皇在"正院"除了象征意义的皇家地位外，还兼有办公场所之意义，"正院"及"青山御所"比例的攀升，标志着天皇亲政的深度与频率也在提高。如"正院，宫内敕奏任官赐酒肴，四月七日，正院，学业天览；四月廿五日，正院，嘉彰亲王，听闻奏大久保利通平定佐贺之乱复命"[2]。此外，"正院"除上述具体的事务外，也有许多非事务性表述，即仅有一个"正院"。按常理，天皇在"正院"或"青山御所"并非行幸内容，只有"出宫"才算行幸，并且"出宫"必有目的性，或是观摩、视察、游览，或是训话。但实际上二者的出现都体现在工作上，此即表示天皇虽然没有在具体事务上做事，但是在岗，在工作，与臣下肱股协同治国。另外，明治五年十二月十七日之后，文献中陆续出现"皇后宫御同列"。如明治六年（1873）一月四日、廿七日、卅一日、二月三日等，均出现"皇后宫御同列"。[3]现代世界国家元首，包括政府首脑访问，都有夫人陪同，如今日本天皇正式出席活动，也俱有天皇皇后"两陛下"，此处即为肇始。

　　另外，作为日本国家祭祀，牵动整个亚洲乃至世界的靖国神社问题开始出现。"明治七年（1874）一月廿七日，麹町区九段，招魂社，御拜御制山县有朋为陆军卿"。[4]天皇进行例行祭祀，"招魂社例行大祭，早旦神馔（吃早饭），祭主陆军卿山县有朋奏祝词，暂临幸，神门内下马车，进殿内玉座，御拜毕，殿上览海陆诸兵参拜式"。[5]这是有记录以来天皇第一次到东京招魂社。次年（1875）二月廿二日，天皇再次临御东京招魂社。"祭主陆军中将西乡从道临时祭大典……先前十时御出门，雪中抵，赐帛锦料，亲御拜，近卫、东京镇台等诸兵参拜式天览，正午过后还幸。"[6]山县有朋出任日本陆军总负责人。作为大亚洲主义的老牌军国主义分子，山县有朋正式出将入相，日本近代以来的扩张之步伐已经做好迈出的准备。

　　此时，中国台湾问题开始出现。琉球民因台风漂流至中国台湾被民杀一事，引起日本的无礼干预，天皇也参与其中。"同廿七日，正院，招闻全权办理大臣大久保利通复命……廿七日，正院，招闻台湾都督陆军中将西乡从道征台状，并御亲给

　　① 日本史籍協会：『明治天皇行幸年表』，東京大学出版会，1933年，第66頁。
　　② 日本史籍協会：『明治天皇行幸年表』，東京大学出版会，1933年，第66—71頁。
　　③ 日本史籍協会：『明治天皇行幸年表』，：東京大学出版会，1933年，第53—54頁。
　　④ 日本史籍協会：『明治天皇行幸年表』，東京大学出版会，1933年，第66頁。
　　⑤ 宮内庁編：『明治天皇紀3』，吉川弘文館，1969年，第201—202頁。
　　⑥ 宮内庁編：『明治天皇紀3』，吉川弘文館，1969年，第401頁。

赏其功……十一月十二日，正院，招闻清国谈判始末"。^①中日两国在朝鲜问题上矛盾开始加深。此前，天皇曾于正院召集朝鲜遣使评议。"征韩论"甚嚣尘上，政府内部意见也尖锐对立，以西乡隆盛为代表的所谓"征韩派"与以大久保利通为代表的"内治派"明争暗斗，双方对仲裁人三条实美施压，三条肩负举日本全国之未来的重担与责任，急火攻心，不幸"病倒"，^②"天皇十九日，三条实美别邸，探病御慰问"^③。后又访岩仓具视邸，"国家多事之时，太政大臣意外罹病患，朕甚忧苦，汝具视代太政大臣行天职，辅行国家义务，举庶民安堵当勤勉努力"^④。随即日本发生了著名的"明治六年政变"，也称"征韩论政变"，西乡隆盛下野，大久保利通主持局面。这为日后的西南战争埋下伏笔，同时这也是日本第一次正式挑起"朝鲜问题"。

另外一个重要的问题在于对原老及旧政府重臣的做持续的安抚工作。"明治八年（1875）四月四日，本所区小梅町德川昭武邸赏赐其祖先之功，浅草区瓦町德川庆胜邸，赏赐德川庆胜从一位官爵"。^⑤"明治九年（1876）四月十四日，丰岛区上驹入木户孝允别邸，赐敕语赏维新以来功臣"^⑥。不论是赎买的中上级武士，还是半买半抢的下级武士身份特权，天皇在对待明治功臣上加大了力度，以稳定社会情绪。诚然，安抚有功者只是其一，作战时准备及动员也是其重要内容。凡军事大动作之前，都会提高抚恤，拜相封侯之行为。

天皇在忙于政务的同时，也不忘参与文化建设工作。"明治九年（1876）五月九日，上野公园开园，皇后宫御同列，园内御巡览"^⑦。"皇族大臣扈从，内务省献上白葡萄酒、三鞭酒、菓子、冰点等进供，东渐院及德川氏灵庙御览、圣驾精养轩庭内驻进，不忍池瞰望，移玉步至陆海军奏乐所，听演奏"^⑧。天皇第一次到上野公园。上野公园对日本而言，无论是军事动员、节庆礼仪、还是展览会馆、博物通鉴，抑或封台塑像、祭拜典式，都不可或缺，无论是江户城"无血开城"中冲突事

---

① 日本史籍协会：『明治天皇行幸年表』，東京大学出版会，1933 年，第 71—72 页。

② 关于三条实美是否是真病，日本历来有不同意见，参见李征《明治初期"征韩论政变"的虚像与实像》（《北方论丛》，2016—07—15）第 98—99 页。

③ 日本史籍协会：『明治天皇行幸年表』，東京大学出版会，1933 年，第 65 页。

④ 宫内厅编『明治天皇纪 3』，東京：吉川弘文館，1969 年，第 144 页。

⑤ 日本史籍协会：『明治天皇行幸年表』，東京大学出版会，1933 年，第 75 页。

⑥ 日本史籍协会：『明治天皇行幸年表』，東京大学出版会，1933 年，第 83 页。

⑦ 日本史籍协会：『明治天皇行幸年表』，東京大学出版会，1933 年，第 84 页。

⑧ 宫内厅编：『明治天皇纪 3』，吉川弘文館，1969 年，第 599 页

权威的构建——明治天皇巡幸研究

件发生地,还是作为交通枢纽的集中地,都显示出重要作用。日本的第一条铁路即是从新桥通车的,而且作为闻名世界的春季烂漫樱花开放地,每年都吸引着包括皇族在内的全日本、全世界的游客。此后,尤其是晚年,明治天皇及皇后几乎每年都会到上野公园赏樱。

这时天皇进行了又一次大的巡幸。本次巡幸一个重要原因是因当时日本"一揆"频发,"农民蜂起",各种农民运动汹涌,"民众一揆有抑制不住之政治压迫感,此一揆也为自由民权运动的基盘,政府苦虑出此方策"[①]。这次巡幸是六大巡幸之二,也是天皇第一次到东北地区。天皇对东北地区原政治势力进行安抚,收揽民心。明治维新特别是武装冲突在地域上看实际是西南地区藩政府与江户德川政治的冲突与矛盾,而后期则因为政治见解不同,维新势力在东北地区打了硬仗。因此借此十年之机,安抚旧臣及功臣为其内在逻辑。"廿三日,给吊阵声山麓奥羽镇抚总督世罗修藏墓……七月十五日,青森小学校,授业天览,赏赐优等生,奉祝前东奥义塾生唱颂歌,赏赐朗诵文章者。青森县厅,各课御巡览,博物会、民事诉讼、断狱庭、裁判事务局御巡览。"[②]本次视察内容繁多,包括乳羊、绵羊、捕鱼,还有"村民耕草御览",甚至出现两次"产马天览"。虽然不能证明久居深宫高墙天皇第一次看到羊羔牛犊,但在已知文献材料中却是第一次出现。

"七月十六日,青森御发辇明治丸御乘,函馆御上陆。"[③]文献记载:"函馆行,本愿寺挂所御二泊……函馆支厅各课御巡览、海陆物产天览,途中英国领事馆前领事夫人花毯一束进献……函馆病院诊疗所入御,用显微镜,松阴学校御巡览、优等生赐金。七月十九日,函馆还"[④],完成此次巡幸。

此为有记录以来日本天皇第一次登陆北海道,具有开创性意义。早在明治八年(1875),三条实美、木户孝允、大久保利通等就上奏天皇巡幸北海道。"从古昔东土皇化未需,况北海道僻远,维新初迁都实为圣明深虑,今露西亚与桦太交换约成,自当固守北门之锁闭,欲严守僻远地边陲,陛下须亲巡疆域,视其广狭,察民情之厚薄,视群黎仰戴君主"[⑤]。天皇亲临北海道有固境戍边之意。俄国势力南下的压力对日本而言一直存在。北海道地区作为日本的领土,是一个比较模糊的概念。天

---

① 多木浩二:『天皇の肖像』,岩波书店,1988年,第77页。
② 日本史籍协会:『明治天皇行幸年表』,东京大学出版会,1933年,第95—97页。
③ 日本史籍协会:『明治天皇行幸年表』,东京大学出版会,1933年,第97页。
④ 日本史籍协会:『明治天皇行幸年表』,东京大学出版会,1933年,第86—98页。
⑤ 宫内厅编:『明治天皇纪3』,吉川弘文馆,1969年,第473—474页。

皇亲自登临，意义非凡。特别该片区域属于"边境之民"，"巡幸有许多程序与步骤组成，但目标就是让看不见天皇地区的人用肉眼看到天皇（凤辇），让边境之民对天皇起崇敬之念并关心天皇"[①]。至此，明治天皇在地理上大致完成了向南向北的两条主线（背山阳线），其泛足迹几乎覆盖了全日本。

就在政权建立 10 周年之际，天皇再次京都（大和国）大巡幸。此次行幸是历时最久的行幸之一，从一月到七月，目的为"神武天皇陵御拜并孝明天皇御式年祭御执行"。[②]即回乡祭祖。此次天皇（时年 26 岁）阔别五年之后再次踏上京都的土地。"便殿御着，先式部官等陵前装备，神门外左右树大真榊，大阪镇台步兵一大队仪仗阪门口整列，次式部官、奏乐里，神馔，供钱币，大掌典，奏十年式御亲祭霍奉告文"。[③]典礼非常正式。

此时刚好赶上西南战争爆发，天皇正在巡幸中。"二月十三日，堺行在所河盛仁平宅御泊三条太政大臣（三条实美）鹿儿岛暴徒起乱，召开御前会议⋯⋯十九日，布告征伐鹿儿岛暴徒，京都驻辇将持续到廿七日"。此即希望天皇鼓舞士气并停留。这时天皇再次拜神。"十九日，神社一处奉币献金，廿日，御陵墓十二处，神社一处奉币献金，廿一日，御陵墓七处，神社一处奉币献金"。在前述"驻辇"结束后，于卅一日行幸大阪镇台。同时天皇去视察医院，"御慰问""士官医院"与"兵卒医院"，皇太后、皇后宫为御慰问战伤者并授亲制锦旗丝带。[④]因此时日本算作"战时"，但并没有耽误行程，继续巡幸。七月廿八日到横滨，其中廿九日还在远州"海军士官的火技天览"（炮射演习）。因战况渐佳，八月八日，日比谷操练场举行"新募兵队行军式。九月廿日，同第三旋转整列式岩仓右大臣（岩仓具视）奉命临阅"。此处标志西南战争结束，政府军胜利。

从东京迁都到明治 10 年这一时期天皇巡幸，除了一般意义的加强权威外，既有安抚全国情绪之意，同时多有体察民情与造势之感。"治时插秧养蚕之节，政府虑民之烦劳，奉体圣旨，地方官所在地，行在所补葺，道路修筑，新架桥梁以通达⋯⋯旌赏孝子、义仆、节妇及其他德行者众⋯⋯实况赏物供览，管内地图一览表等调制，物产、古器物书画珍品集辑以供天览。"[⑤]定都东京以来，天皇完成了一南一北两大

---

① 多木浩二：『天皇の肖像』，岩波书店，1988 年，第 78 页。
② 日本史籍协会：『明治天皇行幸年表』，東京大学出版会，1933 年，第 101 页。
③ 宫内庁编：『明治天皇纪4』，吉川弘文館，1970 年，第 28 页。
④ 日本史籍协会：『明治天皇行幸年表』，東京大学出版会，1933 年，第 101—108 页。
⑤ 宫内庁编：『明治天皇纪3』，吉川弘文館，1969 年，第 595 页。

权威的构建——明治天皇巡幸研究

巡幸，其足迹大致覆盖了全日本，特别是南到九州鹿儿岛，北到北海道，所谓："有打破传统藩阀地理区隔，全国土地一体化，实现列岛统一之目的。"[①]为建立皇权，扩充皇威起了十分重要的作用。诚然，是否一定如制度设计者所愿，也未必尽然，如巡幸随行岸田吟香记载《东北御巡幸记》记载："凤辇所至之处，有漠不关心泥中种田的农民，也有袒胸露乳给婴儿喂奶的妇女，天皇全无关心之人存在"。[②]当然，这毕竟相对而言是少数，单从影响力讲，明治天皇即使是到这个阶段，也突破了日本历史历代天皇足迹之总和，与以前及至更早的江户时代比，更是天壤之别。天皇至此，其权力根基已稳，需要的只是在法律上与制度上的确认而已了。

三

从明治十年到《大日本帝国宪法》颁布，天皇的努力方向重点在于从制度方面完善巩固自己已有之权威。西南战争结束后，日本政局稳定，各类社会改革开始。天皇自此开始了由参加政府草创期的巡览变成国家建设期的会议时代。天皇在此后一段时期更加重视制度建设，特别是建立咨询队伍、屏障机构。天皇也开始出席各类会议，由之前的闻召到参与。这都体现了对权力的关注。同时这一时期日本要召开国会，颁布宪法，这段时期为宪法预备期。

明治十一年（1878）八月到十一月，明治天皇北陆道、东海道巡幸，历时两个多月，这次被称为六大巡幸第三次。本次行幸内容非常多且深入基层。天皇参观了县厅各课、裁判所诉讼、大宫、县立学校、博物馆、神社、缫丝工场，抵群马县后参观县厅、卫生所、医科学院、师范学校、制丝厂并到东京镇台，参观兵舍、练兵场，抵长野，后参观制丝厂、师范学校、公园、寺院、医科学校、县乡学校，女子师范学校。本次巡幸有为十余年前的戊辰战争熄火之意，如"九月十四日，高滨町，羽田善平宅御小休，戊辰战役状宸问……九月十九日，新发田町旧城址，新发田行在所……廿日，水原町水原，戊辰战役状宸听"。这些巡幸内容表明内战后天皇亲自过问处理战争遗留问题。

天皇对于国家事务的深度参与，也包括比以前更多更深入的外事活动。明治十二年（1879）五月卅日，德国皇孙御访问……十四日，宴飨德国皇孙，皇族、大臣、

---

① 多木浩二：『天皇の肖像』，岩波書店，1988 年，第 89 頁。
② 多木浩二：『天皇の肖像』，岩波書店，1988 年，第 79 頁。

参议、德国公使等陪宴。七日，日比谷操练场，德国皇孙御同伴陆军饰队式天览。在所有外国客人，最引人注目的当属美国前总统格兰特来访。格兰特是在转遍了英国、埃及、印度、暹罗、中国，最后来到日本的。伦敦《泰晤士报》的一篇社论说格兰特将军将成为继华盛顿之后美国历史上最重要的人。英国国王、王后和贵族都很高兴地会见他，尽管之后有人不免批评他没有礼貌。[①]七月七日，日比谷操练场，在格兰特陪同下陆军饰队式天览。芝离宫宴请格兰特夫妇，皇族、大臣、参议、各国公使御陪宴。日本各方对格兰特非常重视，政府几乎各大要员全部出席。八月十日，滨离宫，与格兰特国事访问对谈，太政大臣三条实美陪侍。双方谈了前一段岩仓使团赴美之事及两国所谓"友好"的历史。[②]格兰特来访带有政治目的之一就是希望调停中日在琉球问题的矛盾，但终因力度不够及日本的执念未能成功。[③]而天皇国事功能日渐突出，尤其是与美国的关系，今日日美同盟关系在一百多年前，就有相当的基础。

这一时期天皇又进行了两次大巡幸，分别为：明治十三年（1880）山梨、三重及京都巡幸及即明治十四年（1881）的山形秋田及北海道巡幸。早在前年，黑田清隆就上书天皇要巡幸秋田及北海道。"大政维新纲纪更张，百废俱举，远怀近柔，不顾一日宁静百频年各地巡幸，观风俗、察民情，举利除害，都鄙远近悉而浴恩泽。"[④]诸如此类。该次巡幸的原因在于日本政府对北海道的管理升级，从早年废虾夷地，更名"北海道"到设开拓使，次年又设桦太开拓使，随后合并办公。另外对于新开发地的经营管理、移民安置、农业开拓，都比之前有所进步，因此建议天皇巡幸，更是出于固安现状之意。天皇首先到开拓使本厅，同时巡视了开拓使各课、蒸汽木梳场、旧女学校、制粉所、炼铁所、木工所、水车器械所、制造品御巡览……参观函馆海关，师范学校，医学校，中学校。在金足村北野，竞船、拔河、公立女子学校生徒制品天览。西洋行舫走船长，并且在招魂社内野立。[⑤]天皇本次登陆北海道是其一生最后一次登陆。

同时日本军人政府的色彩越见浓厚。"明治十五年（1882）一月四日，太政官，

---

① 宫内厅编：『明治天皇纪4』，吉川弘文馆，1970年，第697页。
② 宫内厅编：『明治天皇纪4』，吉川弘文馆，1970年，第702—703页。
③ 宫厅内编：『明治天皇纪4』，吉川弘文馆，1970年，第724—732页。
④ 宫厅内编：『明治天皇纪5』，吉川弘文馆，1971年，第375—379页。
⑤ 宫厅内编：『明治天皇纪5』，吉川弘文馆，1969年，第462—477页。

权威的构建——明治天皇巡幸研究

政始，赐陆海军军人敕谕。"[1]军人敕谕是日本近代史的大事件。其起语即是："我国军队世为天皇所亲御。自昔神武天皇亲率大伴物部之兵"。称"敕谕"以区别于其他"敕语"，不但级别更高，而且具有强制力。军人敕谕的颁布是伴随着《征兵令》同时进行的。自此，日本废除武士这个法定的特权阶级，用可得的公民民族（nation of citizens）模式。[2]军人敕谕的发布对日本走上军国主义这一不归路起了不可估量的作用。

日本的扩张内容开始呈现。明治十八年（1885）"六月廿九日，朝鲜国归朝诸兵队整列天览"。[3]朝鲜问题再次成为焦点。"七月三日，参谋本部，七日，芝区高轮伊藤博文邸，击剑，柔术、挥毫天览，皇族大臣参议等御陪食，赐（伊藤）博文千金并物。"[4]参谋本部是日本军制改革后出现的机构，明治天皇一生一共"临御"参谋本部共 7 次。[5]天皇与参谋本部交集并不多，更多地体现在更高一级的统辖与领导上。而伊藤博文也是天皇巡幸文献中第一次出现，伊藤与山县作为日本近代扩张的一文一武两大先锋，对亚洲半岛局势起了极为恶劣的影响，朝鲜半岛局势堪忧。天皇更多参与军事色彩浓厚的巡幸。同十月廿七日，日比谷操练场，近卫步兵三联队军旗授予式，赐联队长敕语。[6]十一月廿六日，长浦行幸（皇后宫御同列），浪花舰、高千穗舰御试乘水雷试验所天览。"浪花舰御试乘横滨港御发舰经夏岛乘汽船长浦御着……长浦御上陆御巡览，高千穗舰御试乘长浦御发舰横滨御上陆"。[7]此"浪花舰"即为"浪速舰"，与"高千穗舰"为姐妹花舰，为甲午战争日本主力舰，参加了丰岛海战。加之前时期天皇行幸日本在英国购买几艘军舰。"七月十日，横滨行幸……横滨港内巡览英国新建扶桑、比叡、金刚三艘军舰"。[8]日本备战可以说较为充分了。

为纪念孝明天皇逝世二十年，明治二十年（1887）天皇行幸京都，御式年祭御

---

① 日本史籍協会：『明治天皇行幸年表』，東京大学出版会，1933 年，第 213 页。

② 本尼迪克特·安德森：《想象的共同体：民族主义的起源与散布》，吴叡人译，上海人民出版社，2003 年，第 111 页。

③④ 日本史籍協会：『明治天皇行幸年表』，東京大学出版会，1933 年，第 240 页。

⑤ 分别为：1888、1898、1899、1900、1902、1909、1911 年。

⑥ 日本史籍協会：『明治天皇行幸年表』，東京大学出版会，1933 年，第 246—247 页。

⑦ 日本史籍協会：『明治天皇行幸年表』，東京大学出版会，1933 年，第 252 页。

⑧ 日本史籍協会：『明治天皇行幸年表』，東京大学出版会，1933 年，第 118 页。

执行，历时一个月。时隔上次行幸有 7 年之久，天皇时年 36 岁。[①]"一月卅日，后月轮东山陵，皇后宫御同列，孝明天皇御陵御亲祭后，桃园天皇陵、光格天皇陵、仁孝天皇陵御拜"。[②]较为有趣的是，明治天皇一百余位祖宗，在进行祭祀仪式的时候，仅挑选特定的几位参拜，在其一生中除其生父孝明天皇每次例行祭祀外，祭祀神武天皇 5 次、桃园天皇 4 次、光格天皇 4 次、仁孝天皇 5 次、天智天皇 3 次、弘文天皇 1 次、后桃园 3 次，笔者以为这表明天皇对其系列的祖先有价值判断与倾向性。

这一时期，明治天皇除了其本人的频繁亮相外，开始着手建设皇权的次级屏障。早在明治十一年（1878）一月十五日，元老院，开院式临行幸，赐敕语。[③]元老院的建立是天皇为实现其以上统下的重要体现。近代世界各国议会制度，虽然称呼不同，但无一不是贵族院与平民院的实质，即通过建立贵族体制牵制民众力量，从而在制度上实施。天皇责成元老院起草宪法。"朕爱我之体，基于海外各国成法，斟酌制订国宪，汝等宜起创之草案，撰之朕以闻。国宪创定为国家之重典，千载之伟业，汝等励精从事，竣效速奏，为赐之敕语"。[④]

屏障机构除元老院外，又设华族机构。明治十六年（1883）五月十九日，麴町区宾田町华族会馆，华族议事天览。"[⑤]华族首次且密集出现。次年，日本颁布《华族令》，"朕惟华族勋胄，宜瞻望国家，以荣爵显宠光，示文武群臣，赞翼伟业"。[⑥]华族爵位设公侯伯子男五等，《明治天皇纪》详细列出了其成员，其中公爵十人，俱为九条、鹰司、二条、近卫等原"公家人"，另有原萨摩藩岛津家两名，原长州藩毛利家一名，德川家一名。其所谓"家系统流，旧禄高下或勋功之人"。[⑦]明治维新后，日本废除原武士阶级及特权阶级，作为过渡时期，原大名等高级武士、公家、贵族称华族，中下级武士称士族，其余皆为平民。"其主旨，明治四年勅谕奉体，

① 宫内厅编：『明治天皇纪 6』，吉川弘文馆，1971 年，第 685—703 页。
② 日本史籍协会：『明治天皇行幸年表』，东京大学出版会，1933 年，第 254 页。
③ 日本史籍协会：『明治天皇行幸年表』，东京大学出版会，1933 年，第 114 页。天皇共出席元老院开院式七次，分别为 1879、1882、1883、1884、1885、1886 年，每次出席都会赐敕语，元老院开院式时间固定。
④ 宫内厅编『明治天皇纪 3』，吉川弘文馆，1969 年，第 696 页。
⑤ 日本史籍协会：『明治天皇行幸年表』，东京：东京大学出版会，1933 年，第 220—225 页。
⑥ 宫内厅编『明治天皇纪 6』，吉川弘文馆，1971 年，第 220 页。
⑦ 宫内厅编『明治天皇纪 6』，吉川弘文馆，1971 年，第 222—262 页。

权威的构建——明治天皇巡幸研究

同志互相审议讨论，开智研学，以图皇室兴隆，裨助国政进步，大尽华族职分。"①
华族作为皇族与广义平民之间的屏障受到天皇多次接见。在宪法颁布之前，屏障已
经初步建立。

国家枢密机构与辅政机构也日渐完备。明治二十一年（1888）五月八日，天皇
枢密院（四日赐皇室典范及宪法草案咨询敕语）开院式临御。五月廿一至七月九日
（其间共 17 天），枢密院皇室典范案御咨询。②天皇长期参与一个事件，极为少有。
该事件的本质是皇室与宪法之间的关系。"朕倚元勋及练达之人咨询国务，仗其
启沃，察其必要，设枢密院，此乃朕之至高顾问府，兹其官制及事物规程裁可
公布。"③

在做好充分的准备之后，天皇正式在法律上颁布宪法。"明治二十二年（1889）
二月十一日，正殿，宪法发布式临御赐敕语……十二日上野公园皇后宫御同列宪法
发布祝典行幸，同日，上野华族会馆同上行幸。"④宪法颁布是在正殿，而非内阁，
并伴有军演，有较为明确的政治寓意。宪法规定："第一条，大日本帝国，由万世
一系之天皇统治之。第二条、皇位，依皇家典范之规定，由皇族男系子孙继承之。
第三条，天皇神圣不可侵犯。第四条、天皇为国家元首，总揽统治权，依本宪法规
定实行之……天皇批准法律，命其公布及执行，天皇召集帝国议会，命其开会、闭
会、停会及解散众议院。第十一条，天皇统率陆海军。第十二条，天皇规定陆海军
之编制及常备兵额。"宪法颁布后天皇到上野公园巡幸，接受民众祝贺。"是日沿道
市民初拜此圣仪，上京（来东京）之地方人民堵列，皆祝，欢迎万岁。"⑤

《大日本帝国宪法》的颁布是世界历史上的重大事件，该宪法也是亚洲第一部
宪法，宪法中的皇权性大大加强，达到一个史无前例的高度。天皇除了历年常规性
的巡幸行幸外，只这一件是长期持续参与的，因此可以看出天皇对于国家权力的垄
断程度。至此，天皇权力在制度上确立无疑，对于天皇本人而言，为构建其权威付
出的努力终得以偿。之后所做之事，即为贯彻实施宪法赋予之权力之彰显。

---

① 宫内厅编『明治天皇纪3』，吉川弘文馆，1969年，第284页。
② 日本史籍协会：『明治天皇行幸年表』，東京大学出版会，1933年，第260—261頁。
③ 宫内厅编『明治天皇纪7』，吉川弘文馆，1972年，第50頁。
④ 日本史籍协会：『明治天皇行幸年表』，東京大学出版会，1933年，第265頁。
⑤ 宫内厅编『明治天皇纪7』，吉川弘文馆，1972年，第218—219頁。

四

宪法颁布之后，天皇终于完成夙愿，在制度上为个人（家族）权力与权威的确立建立了保障。此时国家机构也初建完成。十一月廿九日，麹町区内幸町贵族院，第一回帝国议会开院式行幸赐敕语。天皇参与帝国议会后来成为一个惯例之事。当然，只有宪法颁布之后才称帝国议会，但并没有规定天皇必须出席，天皇只是召集即可，但天皇几乎每年都参加。[1]帝国议会中，天皇只参与元老院会议，即上院会议，天皇通过上院来实现对议会乃至全国的控制。

而宪法颁布后首次大巡幸是在明治二十三年（1890），天皇爱知、京都、广岛、长崎各府县行幸，历时一月有余。此前三条实美上书天皇，如果该次巡幸成行，则为第六次"西巡"，但考虑到以前曾有所谓"代巡"的情况，因此民众略有失望之感，因此再次巡幸，体察民情。[2]另外，值得注意的是该巡幸与《大日本帝国宪法》颁布时间紧密相连。此次巡幸是为"陆海军联合大演习御统裁"。明治天皇尝试了一次真正宪法规定的至高无上地位，尤其是作为"陆海军大元帅"。"三月廿八日新桥乘汽车（火车）廿九日到爱知县名古屋，直抵名古屋大本营。卅日，武丰御统监神岛海军演习。卅一日，半田市龟崎町乙川大演习御统裁，雁宿雨中大演习御统裁"。[3]这时天皇用词也发生了改变，第一次出现"统监""统裁"，实现了由"看"向"领"及"率"的转变。自半岛局势开始明朗化后，天皇的军事职能日益明显。明治二十五年（1892）七月七日，横须贺行幸，军舰秋津洲进水式临御，并海兵团。[4]秋津州号是甲午战争日本主力舰之一。次年（1893）天皇一无例外进行军事行幸。如：十月廿日，群马县前桥、高崎行幸，近卫师团小机动演习天览。廿一日，丰秋村石原演习天览……廿五日小石川区小石川町陆军炮工学校讲演天览，军鸽天览。[5]日本军事手段更为丰富。接连的大演习明治天皇都进行了参与，这表明日本陆军也正在积极地筹划准备更大规模的军事行动。

此时值甲午战争前夕的特殊时间更可以体现天皇对国家控制力，尤其是军事统

---

① 第九回帝国议会没参加，原因不详。因甲午战争关系，1894 年第七回帝国议会在广岛召开，天皇一共参加帝国会议 26 回，到其卒年为止，帝国会议一共召集 28 回，可见其参与度之高。

② 宫内厅编：『明治天皇纪 6』，吉川弘文馆，1971 年，第 439—440 页。

③ 日本史籍协会：『明治天皇行幸年表』，东京大学出版会，1933 年，第 270—273 页。

④ 日本史籍协会：『明治天皇行幸年表』，东京大学出版会，1933 年，第 281 页。

⑤ 日本史籍协会：『明治天皇行幸年表』，东京大学出版会，1933 年，第 285—286 页。

权威的构建——明治天皇巡幸研究

帅权的参与与影响。中日矛盾已经十分尖锐，战争一触即发，天皇密切关注事态并深度参与其中。明治二十七年（1894）九月十三日，天皇广岛、京都行幸，由东京出发经名古屋、神户到广岛大本营第五师团司令部。[①]天皇在广岛一直停留在到十月二日。在驻留广岛期间，天皇仍然召集开了帝国议会。这也是迄今为止帝国议会唯一一次不在东京召开。"朕唯国家今日之急事，身在军旅，既亲其事，又唯立法之早务之急，此协赞议会，当如期召集。"[②]同时下敕语若干。此时中日甲午战争已经打响，两国陆军在朝鲜交战正激。天皇行幸体现诸多战时日本的特征，尤其是天皇对于战事的支持态度。天皇甚至为此做了多首军歌（合作），如：《黄海大捷》《平壤大捷》，如《成欢役》中写道："顷刻水月初，京城内驻兵，水原县及目，旭日升旗（日军军旗）辉"[③]。十一月二日，广岛练兵场帝国议会假（临时）议事堂，陆海军战捷祝贺会……次年四月廿七日，广岛大本营发御，同日抵京都大本营，驻辇京都御所。此次驻辇一直停留到五月卅日。[④]与其他巡幸不同，天皇驻广岛期间，其家属女眷并未陪同，皇后为后期到访。

此次驻营广岛是唯一一次跨年巡幸，同时是历时最久的一次巡幸，由九月一直到次年五月，历时 7 个月。本次巡幸，无论从时间还是距离都是最长的一次，但却并未被日本学者列入"几大巡幸"之中，理由同上，即将其视作对国家意志的体现。宪法颁布后，天皇根基已稳，但其操劳国事比之前更甚，尤其是长驻广岛大本营，支持战争之举，唯明治天皇史中唯一一次。

自甲午年之后，天皇巡幸的内容明显有所减少，但少有例外的是清一色的以军事为主的行幸内容。而且巡幸方式也与之前有明显不同。早期巡幸更多走陆路，后期走水陆居多。陆路如果没有机械交通工具，更多在于过程，不再结果，即"浩浩荡荡""招摇过市"为主要目标，并不急于赶路，而后期巡幸内容水陆陆路俱有，水陆居多，内容也多于直奔主题，随后即返，可见天皇巡幸之目的性。

甲午战争结束时，是明治二十八年（1895）十二月十七日到靖国神社临时大祭

---

① 宫内厅编：『明治天皇纪 8』，吉川弘文馆，1973 年，第 508 页。
② 宫内厅编：『明治天皇纪 8』，吉川弘文馆，1973 年，第 524 页。
③ 宫内厅编：『明治天皇纪 8』，吉川弘文馆，1973 年，第 528—529 页。
④ 日本史籍协会：『明治天皇行幸年表』，东京大学出版会，1933 年，第 289—290 页。

御拜。①"靖国神社"是东京招魂社于 1879 年改名后第一次出现。②"招魂社草创之际为招魂祠或招魂场，为在天之灵招齐神灵……后为神灵镇座之词语称号，祭神伟勋为国家安宁统治之社号，因此改为靖国社号"。③甲午战后，天皇还于十一月廿五日，横须贺行幸，战利军舰"镇远乘御舰内御巡览，上同济远、平远等御远望。④作为甲午战争的战利品，天皇兴奋异常，分别乘坐且观摩了各艘军舰。⑤

　　这期间皇太后宫病逝，天皇巡幸京都。天皇于四月一直在御所驻辇到八月廿一日。⑥这也是天皇离开京都后在御所住的最久的一次，停留四月余。天皇已近天命之年，亲生父母俱已不在，重回故里，感慨万千。该年是明治天皇一生中巡行最少的一年，全年仅去了京都一次，此外只公开露面一次。

　　明治三十五年（1902）天皇接见俄国太公（公使）御访问。八月二日，在离宫，俄国太公御访问。一个月内两次会见俄国要员，日俄关系十分微妙。日本一面示好俄国，一面加紧备战，作为天皇，反复检阅部队。⑦ 1904 年日俄战争打响，天皇敕下对俄国宣战诏书。七月十一日，天皇出席东京帝国大学卒业式，敕语并责大臣勿因军国多事之际而忽视教育。⑧次年十月廿三日横滨行幸。联合舰队凯旋观舰式。四月卅日，青山练兵场，陆军凯旋观兵式，赐敕语。宫城外苑，二重桥外陈列战利品天览。五月一日，新宿御苑，赐凯旋观兵式参与将校同相当官其他同等者赐酒肴，且赐功劳者天杯。⑨日俄战争胜利，天皇一方面迎接凯旋将士，一方面"还愿"诸神，为国家不遗余力。

　　值得注意的是，天皇对日俄战争的重视程度远低于甲午战争。甲午战争时期，天皇长驻广岛大本营，离京近一年之久，而日俄战争，天皇并没有体现出如此高规格的重视。对于皇族而言，与中国的战争更为重要，这也是为解决数千年来东亚霸

---

① 日本史籍協会：『明治天皇行幸年表』，東京大学出版会，1933 年，第 291 頁。
② 明治天皇一生共去过 8 次，分别为前述 1874 年 1875 年日本侵台及临时祭祀、1877 年西南战争、1895 年甲午战争胜利后、1898 年临时大祭（戊辰战争 30 周年）、1905 年（靖国神社临时大祭未参加，贞爱亲王御名代）1906 年日俄战争祭祀及 1907 年，其中，后皇后宫 3 次同列。
③ 宫内厅编『明治天皇纪 4』，吉川弘文馆，1970 年，第 677—678 頁。
④ 日本史籍協会：『明治天皇行幸年表』，東京大学出版会，1933 年，第 293 頁。
⑤ 宫内厅编『明治天皇纪 8』，吉川弘文馆，1973 年，第 530 頁。
⑥ 日本史籍協会：『明治天皇行幸年表』，東京大学出版会，1933 年，第 295 頁。
⑦ 日本史籍協会：『明治天皇行幸年表』，東京大学出版会，1933 年，第 307 頁。
⑧ 日本史籍協会：『明治天皇行幸年表』，東京大学出版会，1933 年，第 315 頁。
⑨ 日本史籍協会：『明治天皇行幸年表』，東京大学出版会，1933 年，第 316—318 頁。

权威的构建——明治天皇巡幸研究

主地位之争。而日俄战争相对而言，分量轻了许多。当然，日本战胜俄国为世界之一惊。1906 年（天皇时年 55 岁）二月十九日，在新桥停车场，英国皇族殿下康诺德（コンノート）御出迎。廿日，在霞关离宫，康诺德殿下御访问。[1]日本与英国突然接近起来，也是世界格局的一大转变。大英帝国在东方需要一股力量牵制俄国，而日本也在国际上需要强国支持，特别是在日俄战争结束后的世界局势下，两国突然有意走近，天皇为此也不遗余力。

在获取了朝鲜半岛的绝对优势后，日本开始准备吞并朝鲜。明治四十年（1907）十二月廿日，韩国太子访问。[2]"韩国"第一次在文献中出现，这时日本的势力范围已经覆盖中国整个东北地区及东北亚半岛，特别是日俄战争日本获胜后，朝鲜问题也因此突显，日本吞并朝鲜已经急不可耐。天皇与国体现明显。但是受限于身体与年龄限制，天皇在巡行方面低调了许多，甚至更多的情况下为"代巡""代览"。

明治四十四年（1911）以后，天皇诸多例行活动都因身体原因中止。[3]按正常逻辑，未能出席的行幸本不应记录，但实际记录体现出本在计划中的事情未能实现，因此也算行幸内容。同时天皇身体状况每况愈下。明治四十五年（1912，卒年），天皇时年 61 岁。历年惯例的内阁政始、青山练兵场、观兵式行幸均停止。四月廿六日，滨离宫赏樱会，皇后宫御同列。五月三日，千叶巡幸，五月九日，在霞关离宫，独逸国（德国）皇族御访问。十八日，海军经理学校、廿二日海军大学校、廿八日陆军士官学校、卅日，陆军中央幼年学校，六月廿九日，陆军户山学校，七月十日，东京帝国大学卒业式，优等生赏赐。七月十五日，枢密院临御。七月卅日，宫城崩御。九月十三日，青山练兵场，青山葬场殿御大葬。十四日，京都市伏见区伏见桃山陵奉葬。[4]

明治天皇晚年巡幸的场所与活动已与前几阶段有很大不同，其主要出席的场合，一是军事统裁的各类部队检阅，再是例行与非例行的帝国议会、元老院会议。由于身体原因，诚然也是因为权力达到顶峰，天皇少有具体活动的视察。

---

① 日本史籍協会：『明治天皇行幸年表』，東京大学出版会，1933 年，第 318 頁。
② 日本史籍協会：『明治天皇行幸年表』，東京大学出版会，1933 年，第 321 頁。
③ 日本史籍協会：『明治天皇行幸年表』，東京大学出版会，1933 年，第 316 頁。
④ 日本史籍協会：『明治天皇行幸年表』，東京大学出版会，1933 年，第 334—335 頁。

五、余　论

由于日本天皇其所谓"万世一系"，"古老性以及其富于象征意义的日本属性，使得天皇极易为官方民族主义所用"。[①]这是日本政府统合国家利用皇室的体现，但天皇个人的努力却不可忽视。天皇行幸，贯其一生，主线即是建立皇权，构建权威，因此在每一个历史节点上都不遗余力。巡幸要经历很多地方场所、经受很多典礼仪式，车马劳顿、天气寒冷火热，遇到台风都是习以为常，还要保持尊贵与优雅，按照常理的确相当辛苦，日野西资博在《天皇的御日常》中提到，演习过程大炮鸣放，天皇拒绝在耳朵里塞棉花，虽然很多人都这么干。[②]天皇依然不遗余力地灌输"皇威"，至少表面上，可以看出天皇乐在其中。《明治天皇纪》中记载："天皇终日辇中辗转，夜十时端坐椅中，今夕行宫狭隘，蚊群袭来，难以堪受，侍从奏请早寝，天皇听之，敕曰，巡幸专视下民疾苦，应亲尝艰苦，通得下情，朕毫无所厌，（旁边）拜闻者皆感泣。"[③]这种表述本身虽然可以怀疑，但天皇一生辛苦行走却是事实，其主观努力是无论如何不可忽略的。总结其一生可以得出以下四个结论：

第一，意识形态第一。每年例行的行幸，天长节是贯彻始终的内容。天长节源于奈良时代光仁天皇，之后曾废止了一段时间，明治政府以四大节日之一的名目再次恢复。[④]"天皇御亲政及御降诞之日始定天长节，赐群臣宴，停止刑戮，国民共思庆福"。[⑤]"天长"二字来源于中国唐朝，最初用于唐玄宗的生日，早年被称为"千秋节"，天宝年间改名为"天长节"。日本战后废止天长节，但将之改名为天皇诞生日而一直持续至今。天长节活动一般前期几乎都在日比谷操练场，后期在青山练兵场，前期称饰队式，或陆军操练队式、除队式（军人退伍仪式），后期统称观兵式。[⑥]明治天皇在位 45 年间，除极特殊情况外，天长节几乎是每年的例行活动，可见天

---

① 本尼迪克特·安德森：《想象的共同体：民族主义的起源与散布》，吴叡人译，上海人民出版社，2003 年，第 112 页。

② 日野西资博：《明治天皇的日常》，第 109 页，转引自唐纳德基恩：《明治天皇：1852—1912》，曾小楚、伍秋玉译，上海三联书店，2018 年。

③ 宫内厅编：『明治天皇纪 4』，吉川弘文館，1970 年，第 490 页。

④ 1868—1872 时间为九月廿二日（农历），从 1873—1911 改为十一月三日，并在 1873 年的时候正式成为国家的节庆。

⑤ 维新史料编纂事务局：『编维新史第 5 卷』，吉川弘文館，1983 年，第 372 页。

⑥ 1895 年与 1905 年没有过天长节，原因可能与甲午战争与日俄战争有关。1897 年，因其母后去逝没过。1902 因为在外巡览，1898 年、1908 年也没过，原因不详。

权威的构建——明治天皇巡幸研究

皇对其自身皇格的重视，也可以看出其向民众灌输皇家意识形态的重要内容。无论是军权、政权或是外事权，都可以视作泛政治权力，而天长节作为意识形态理念，是向民众普及的重要思想内容。天皇节是可以与军人敕谕、教育敕谕并列的重要内容，意义重大且影响深远。

第二，军事权优先。天皇终其一生的行幸，十件中至少七八件与军事有关，特别是对军队的统裁演习、阅兵操练、入伍退伍、劳军慰问、官兵接见、战争支援、军事会议、炮兵工厂、重器生产、军舰观摩，都无一例外的参与。以长驻广岛大本营为例，为其一生少有。天皇对年轻一代军事人才的关注与提领，更是不遗余力。[①]其主要内容就是参与年度的卒业式、优等生赏赐及部分课程、资料、校舍场馆建设、教官师生慰问，并赐敕语，即训话为主要内容，包括天皇卒年身体每况愈下之状态中，都走遍了当年的重要军事学校。通过对这些年轻人的关切，让新一代日本军事士兵、军官、将领爱天皇、尊天皇、敬天皇。有关天皇行幸的文献中，打球击剑、相扑运动、萨摩琵琶、赏樱赛马有一定比例，但这些内容不占主流。主流内容只有军事，从天皇卒年的一年行幸即可看出天皇一生的行幸内容，意味深远。日本军事扩张主义与此有直接的关系。本尼迪科特认为：由于日本的地理上的孤立性，使得日本对国际事务的对等性完全无知。攘夷论者以基于国内的阶层支配体系的视角来看待国际关系，因此国际问题从一开始就被简单化成一个二择一的问题：征服乃至并吞对方，或者被对方征服和并吞。如此由于没有更高的约束国际关系的规范意识，依照权力政治的准则，在昨天还是消极的防卫意识，到了明天就突然变成了无限制地扩张主义。[②]天皇一生的巡幸为作为军人统帅的角色为日本走向军国主义产生了非常重要且不良的影响。

第三，以精代众，以官统民。天皇出席的各类活动中，枢密院、贵族院、元老院是其参与度最高的地方。从事件上看，在独立事件中，天皇参与最多、最深、最持久的就是宪法制订。本文以为，《大日本帝国宪法》颁布前是为建立皇权的努力，

---

① 因篇幅及体裁原因，天皇视察军事院校如下：海军兵学校 8 次、海军大学校 12 次、海军军医学校 3 次、海军经理学校 2 次、海军主计学校 2 次、海军机关学校 2 次、陆军户山学校 15 次、陆军士官学校 8 次、陆军大学校 16 次、陆军幼年学校 4 次、陆军中央幼年学校 12 次、陆军炮兵学校 1 次、陆军炮工学校 10 次、陆军经理学校 6 次、陆军乘马学校 4 次、陆军骑兵实施学校 7 次，总计 107 次，占按类别统计中的第一。

② 本尼迪克特·安德森：《想象的共同体：民族主义的起源与散布》，吴叡人译，上海人民出版社，2003 年，第 113 页。

宪法颁布后，皇权构建完成，而余年之巡幸都是其权威彰显的具体体现。因此，对于上层、对精英群体的把握关注体现了天皇的重大特点。明治天皇与庶民接触的例子非常罕见，这也是明治政府其为营造皇格皇威所做之努力。对于庶民之威望建立，有相当一部分在于间接方式，普通民众见到天皇"真容"的也较少，更多是队伍、凤辇（专车）及提前接到的告谕及打扫整理街道的命令。更值得注意的是，天皇还用"神过留迹"方式强化皇格。天皇登临处、登顶台、天皇种过的一棵树，某处观摩碑石、临御座椅、这些"行走痕迹"也是其建立权威的方式，因为其具有持久性而显得重要。

　　第四，天皇巡幸的时间节点，尤其是大巡幸节点与当时日本的政治格局有密切的关系，体现了内在的隐秘逻辑。日本当时重大的历史事件、社会事件，天皇都在不同程度的参与。这与江户时代天皇不关心民众，颓废状态相比有着天壤之别。操劳国事是其一生的主线，特别是与军事有关的国事，更是持续的关注内容。如对于新政府刚刚建立的参与，对"版籍奉还""废藩置县"的行幸，对国家功劳者、重要人物的慰问安抚与探望，对朝鲜问题的关注，对西南战争、甲午战争及日俄战争的参与，对外国皇族贵胄使节等人的接见等都体现了当时日本国内重要政治事件的内在逻辑。从江户时代的不掌权，到明治之后的"统掌权"，无一不体现天皇对权力的渴望与努力。这与当前天皇对于国家事务的畏缩，与所谓被内阁架空有很大不同。[①]

　　诚然，巡幸也因为劳民伤财曾受到过批评，"沿途小学生要着正装肃立，包括军队等需要整然敬礼，为迎接天皇反复操练"，[②]或所谓增加民众皇权意识为主观的一厢情愿。但实际上巡幸确实为加强皇权、伸张皇格起了十分巨大的作用，明治天皇的巡幸不论在次数、距离、深度及时长方面都成为日本皇族历史的第一，具有重要的开创性与巨大的影响力，巡幸是塑造天皇形象的重要体现之一，同时也是重塑民族、国家关系的重要体现。天皇与民族记忆、民族纽带与民族认同的关系问题，也是为缔造统一民族国家的理论与现实需要。明治天皇巡幸为昭和天皇持续塑造"神格"，成为军事皇国奠定了重要而坚实的基础。

（作者：李征，辽宁大学日本研究所助理研究员）

---

　　① 「天皇は内閣の奴隷と化する」退位の道求めた皇族网址：https://www.asahi.com/articles/ASM3Y0F0DM3XUTIL06Y.html?ref=yahoo。
　　② 多木浩二著『天皇の肖像』，岩波書店，1988 年，第 80 頁。

近代日本两党合作与零和博弈：
浅析"宪政常道"的政权更迭惯例*

文春美

内容摘要 1924 年以前，为了推翻长期把持政权的藩阀寡头统治，处于绝对弱势的民党之间提携与合作成为必然的战略选择。而在 1924 年确立了政党内阁的"宪政常道"政权更迭惯例后，近代日本的两党合作与协调机制流于形式，几乎陷入瘫痪。在"宪政常道"的政权更迭惯例下，内阁的辞职直接关系到两党的政权变化，在野党怀有推翻执政党内阁的强烈动机。为了赢得议会多数席位，两党之间展开了激烈竞争，从协调博弈（Coordination Game）转向零和博弈（Zero—sum Game），从内部瓦解了二战前的日本政党内阁制。

关键词 "宪政常道" 元老 政党内阁制 集体行动理论 零和博弈

*本文系国家社科基金后期资助项目"近代日本两党制的构想与挫折研究"（19FSSB019）的阶段性成果。

The Cooperation between the Two Parties and the Zero—sum Game in Japan in Modern Times: An Analysis of the Regime Change Practice of "Kensei—No—Jōdō"

Wen Chunmei

Abstract: Before 1924, in order to overthrow the long—term political control of the Meiji oligarchy, it became an inevitable strategic choice for political parties, which were relatively disadvantaged, to support and collaborate. After the party cabinet's principle of Kensei—no—jōdō（orthodox constitutional way）was founded in 1924, the cooperation and coordination mechanism between the two parties became a mere formality and almost fell into paralysis. Under Kensei—no—jōdō, the resignation of the cabinet would also lead to the changes in the political power of the two parties. Therefore, the opposition party had a strong motive for overtopping the cabinet of the ruling party. In order to win a majority in the National Diet, a fierce competition occurred between the Constitutional Association of Political Friendship and the Constitutional Association （the later Constitutional Democratic Party）. The introduction of Kensei—no—jōdō led the two parties to move from a coordination game to a zero—sum game, i.e. the prisoner's dilemma. Judging from the development of the later political situation, the fierce competition between the Constitutional Association of Political Friendship and the Constitutional Association （the later Constitutional Democratic Party） internally disintegrated the Japanese party cabinet system before World War II.

Keywords: Kensei—no—jōdō, Genrō; party cabinet System; Mancur Olson's theory of collective action; Zero—sum Game

　　自 1924 年 6 月建立"护宪三派"加藤高明内阁至 1932 年犬养毅政友会内阁倒台，称之为"政党内阁时期"。在政党内阁时期，政权更迭遵循的惯例，被称之为"宪政常道"。"宪政常道"包含两方面内容：宏观上，"宪政常道"即指议会政治。微观上，"宪政常道"主要指政权更迭的一种惯例，是实现政党轮流执政的政治运作模式。推行"宪政常道"的前提条件是政党领袖必须获得元老的推荐，才能成为后继首相组建政党内阁。

　　作为政权更迭惯例的"宪政常道"是日本近代宪政史上的一个重要现象，它主

近代日本两党合作与零和博弈：浅析"宪政常道"的政权更迭惯例

要指：当现任内阁因首相病故或被暗杀等"非政治因素"下台时，由元老奏荐该执政党的总裁为后继首相；当现任政党内阁因政策失败而不得不下台时，则由元老奏荐在野党总裁为后继首相。然后利用有利于执政党的大选获得议会多数席位，成为众议院的最大政党。正如升味准之辅所说："获得政权的政党并不是赢得大选的政党，而是获得政权后再通过选举摇身一变成为第一大党。"①

拥有首相奏荐权的元老②是超越明治宪法的一股政治势力。元老拥有首相奏荐权，意味着可以通过推荐首相来控制政局。元老利用首相任命权，在幕后干预和指挥近代日本政治，这种运作模式在明治宪法中没有明文规定，它只是一种惯例，不受法律约束。这与通过选举成为议会多数党组阁执政的西方宪政国家的政党运作模式形成鲜明对比。"宪政常道"体现了近代日本宪政不同于西方宪政的独特性。在藩阀内阁时期由元老直接担任首相，以1913年2月西园寺公望辞去首相为转折点，元老不再直接担任首相，基本上把推荐者和当选者区分开来。而1913年"桂园体制"③结束后元老开始转向幕后，凭借其政治影响力奏荐首相。与此同时，众议院多数党握有预算权和立法权，在政治决策中的影响力与日俱增，并且政权更迭越来越受到社会舆论的制约，转而元老的影响力大不如前。

国内学界对日本的政党研究主要集中在战后，包括"五五年体制"的形成、自民党的发展等，而对二战前的日本政党研究相对较少，只有一些概况性和总结性的研究。武寅的《论二战前日本资产阶级政党及其体制运行中的调节作用》指出二战前日本政党的亲体制和组织的松散特征。④姚玉民的《二战前日本政党政治的特点及历史地位》认为二战前日本政党没有改变明治宪法体制的属性和阶级性质，仍然是近代天皇制国家。但是它改变了威权主义和立宪主义的力量对比，扩大了立宪主义因素。⑤解晓东的《二战前日本政党政治进程探讨》认为原敬遇刺事件是对日

① 升味准之辅著：《日本政治史》，董果良、郭洪茂译，商务印书馆，1997年，第575页。
② 9位元老分别是：伊藤博文、山县有朋、黑田清隆、松方正义、西乡从道、井上馨、大山岩、桂太郎、西园寺公望。除了西园寺公望是公卿出身，其他8人都出身于萨摩和长州两藩。
③ 1905年山县派的桂太郎首相与政友会达成提携共识：政友会无条件支持桂太郎内阁，而桂太郎内阁辞职后则将政权授与政友会。于是从1905年日俄战争结束到1913年第三次桂太郎内阁辞职，称之为"桂园时代"。"桂园时代"以前内阁由藩阀元老控制，鼓吹"超然主义"构筑起元老、贵族院、枢密院、军部等反政党势力的强大堡垒。"桂园时代"以后，元老不再直接组阁，转向幕后操纵政局。
④ 武寅：《论二战前日本资产阶级政党及其体制运行中的调节作用》，《日本学刊》，1996年第6期。
⑤ 姚玉民：《二战前日本政党政治的特点及历史地位》，《世界历史》，1988年第5期。

本政党政治进程的重大损失，它阻碍了一战后的民主政治走上正轨。[①]陈伟的《近代日本的藩阀政党化研究》以伊藤博文派系藩阀官僚的政党化为例，考察了藩阀政党化现象并分析了政友会产生的原因 。[②]陈骁的硕士论文《近代日本"宪政之常道"的兴衰——以立宪政友会为中心》主要从政友会视角，分析"宪政常道"的发展历程及其对近代日本政治秩序的影响。认为政友会在"宪政常道"的形成及确立方面发挥重要作用，同时也是导致"宪政常道"失败的重要因素之一。[③]

政党内阁制为什么会瓦解？这个问题在近代日本史研究中经常被追问，但是至今还未有能解释清楚的研究成果，正如筒井清忠教授所指："到目前为止，还没有一本书可以解释为什么昭和前期政党政治盛极一时，但很快倒台的原因。"[④]本文将考察宪政会提出"宪政常道"旗号的背景以及"宪政常道"与政党内阁制瓦解的内在关联，并将"宪政常道"的政权更迭惯例与近代日本的政党政治以及民主化失败联系起来。从制度层面阐明"宪政常道"不仅是规范政党行为的重要政治原则，而且也是导致近代日本政党内阁制瓦解的直接原因。

本文考察近代日本政党内阁衰落的原因，主要回答两个问题：一是近代日本的民党在 1924 年之前是如何合作的，二是 1924 年之后，政友会和宪政会（后民政党）为何不能继续保持合作关系。本文主要以近代日本的政党政治为中心，重点分析两党从原来的合作关系转向激烈竞争的内在关联，并将近代日本两党的竞争视为一种零和博弈。

一、议会初期的民党合作与联合

1889 年 2 月 11 日，《大日本帝国宪法》正式公布，同时颁布《议院法》《贵族院令》《众议院议员选举法》等，成立了由众议院和贵族院组成的帝国议会。1890 年 7 月，日本近代史上第一次众议院选举举行，在众议院 300 个议席中，自由党和改进党所组成的民党[⑤]人数达到 171 名，占据了众议院的绝对多数。[⑥]在新议会召开

---

① 解晓东：《二战前日本政党政治进程探讨》，《渤海大学学报：哲学社会科学版》，1992 年第 2 期。
② 陈伟：《近代日本的藩阀政党化研究》，中国社会科学院研究生院 2009 年博士论文。
③ 陈骁：《近代日本"宪政之常道"的兴衰—以立宪政友会为中心》，山东大学 2017 年硕士论文。
④ 筒井清忠：『昭和戦前期の政党政治』，筑摩書房，2012 年，第 286 頁。
⑤ 民党是指明治时代推动"自由民权运动"的自由党、立宪改进党等民权派政党。这种称谓主要在 1890 年议会开设到 1894 年日清战争（甲午战争）期间使用。
⑥ 大津淳一郎：『大日本憲政史』第三卷，原書房，1969 年，第 542 頁。

近代日本两党合作与零和博弈：浅析"宪政常道"的政权更迭惯例

之前，首相伊藤博文通过了一项限制政党活动的命令，该命令禁止政党招募成员、散发传单或与其他政党接触。

第一次大选后，改进党表示将携手与自由党共同抵制藩阀政府，共同组成"民党阵线"。然而，两党最初的联合并不牢固。由于藩阀政府在自由民权运动中成功地挑拨离间了民党，因而到了议会召开之际，自由党的板垣退助无法消除对改进党的敌意，反对建立两党联合内阁。第一届议会结束后，各政党对民党间缺乏合作进行了反思。最后中江兆民出面斡旋，推动自由党板垣退助和改进党大隈重信的会谈，以促进其民党合作。1891 年（明治二十四年）11 月 18 日，为了实现推翻藩阀内阁的共同目标，板垣退助拜访早稻田大隈重信的私邸，[①]促成了板垣和大隈的携手合作。

民党宣布摒弃前嫌，加强合作以对抗藩阀政府，这就意味着藩阀政府面临来自议会更加严峻的挑战。前众议院议长元田肇曾回忆道："自由党和改进党相互提携，大大削减了政府预算。尽管政府苦口婆心地进行说服工作，民党仍凭借其占据议会多数席位的压倒性优势，毫不妥协退让。"[②]贵族院议员高田早苗也谈到了第二届议会中民党合作，指出："山县有朋内阁解散后，松方正义受命组阁。此际，自由党的板垣退助伯爵和改进党的大隈重信伯爵达成了民党合作。大隈辞去了枢密院顾问官的职务，成为政党一员，从而增强了民党的实力。在第二回议会上民党必然向松方内阁开战。"[③]总之，早在议会成立之初，在对抗和推翻藩阀内阁的共同目标下，自由党和改进党作为民党势力代表，加强合作形成政党联盟，通过宪法赋予议会的权力来对抗藩阀内阁。

从 1890 年议会成立到 1894 年中日甲午战争为止，藩阀内阁还能通过解散议会等强硬措施来应对民党的弹劾。但是以中日甲午战争为转折点，随着政党势力的不断扩大，藩阀政府已经深刻认识到与政党合作的必要性。[④]1895 年 11 月，伊藤博文与自由党签订协议，宣布伊藤内阁与自由党提携合作。自由党改变了对抗藩阀政府的策略，试图通过"官民合作"参与政治决策，进一步扩大党势。在第九议会中伊藤博文尽管遇到了强大的反对派攻击，但是凭借其跟自由党的提携合作，提出的

---

① 三塚博：『議会政治 100 年』，德間書店，1988 年，第 111 頁。
② 伊藤邦博監修：『伊藤博文秘録』，春秋社，1929 年，第 181 頁。
③ 伊藤邦博監修：『伊藤博文秘録』，春秋社，1929 年，第 231 頁。
④ 三塚博：『議会政治 100 年』，德間書店，1988 年，第 139 頁。

预算等法案顺利通过。

1896 年 3 月，改进党为了扩大势力，与其他几个小政党联合组成进步党，继续由大隈重信担任总理。在伊藤内阁与自由党提携的刺激下，进步党和萨摩派的松方正义签署了提携合作的秘密协议。1896 年 9 月伊藤内阁辞职后，松方正义组阁，进步党成为执政党。然而围绕增加地租法案，萨摩派官僚与进步党的摩擦日益加剧，进步党转而又与自由党联手否决增税法案。后来，进步党更进一步宣布断绝与松方内阁的提携关系，最终迫使松方内阁倒台。

无论是在第九议会上伊藤内阁和自由党的提携合作，还是在第十议会上松方正义内阁和改进党的提携合作，"官民提携"的基本态势都没有改变，但是形式发生了变化。也就是说，从 1890 年第一届议会到 1898 年 5 月的第十二议会，自由党与改进党（进步党）有时进行"民党联合"，有时进行"官民提携"。但是到了 1898 年 5 月第十二特别议会，民党已经深刻认识到必须联合一致才能推翻藩阀政府，最终实现政党内阁。

第十二议会结束之后，平冈浩太郎向民党议员呼吁合作指出："进步党与自由党作为民间两大政党，以树立责任内阁为目的而立于政界……此际不如说服两党领袖摒弃前嫌，图谋大合一，光明正大地与藩阀党决一雌雄。"①民党终于迈出联合的第一步，1898 年 6 月 22 日，决定把自由党和进步党合并成宪政党。6 月 30 日，大隈重信与板垣退助组成了日本第一次政党内阁，史称"隈板内阁"。由大隈任首相兼外相，板垣任内相，除了陆海军大臣外，其余阁臣都是宪政党议员，并且各省次官及府县知事都由宪政党议员担任。隈板内阁成立后，《时事新报》如此评价道："民党取代执政三十年的藩阀内阁，等同于明治政府取代了德川家三百年的天下"②。

在隈板内阁成立后不久举行的大选中，宪政党获得众议院 260 席，取得压倒性胜利。然而，进步党和自由党政见不同，在没有经过充分讨论与交流的情况下仓促联合，导致两大派系的政见不能完全融合。宪政党虽然具备了大政党的形态，但其不具备近代政党的组织体裁③。隈板内阁仅存在三个月就瓦解，宪政党分裂为自由党派系的宪政党与进步党派系的宪政本党。

① 大津淳一郎：『大日本憲政史』（第四卷），原書房，1970 年，第 790 页。
② 林茂、辻清明：『日本内閣史録』）第一卷，第一法規出版社，1981 年，第 294—295 页。
③ 春畝公追頌会：『伊藤博文伝』下卷，原書房，1970 年，第 402—403 页。

近代日本两党合作与零和博弈：浅析"宪政常道"的政权更迭惯例

宪政党内阁虽然存续短暂，但其作为日本第一届政党内阁顺应时势而成立，具有划时代意义。即便是一向否认政党的藩阀元老，面对隈板内阁的成立，不得不承认政党势力的蒸蒸日上。隈板内阁打破了萨、长藩阀一统天下的局面，以此为契机，日本近代立宪政治逐渐向近代政党内阁过渡①。宪政党内阁的成立，标志着藩阀元老对"超然主义"②的进一步修正。宪政党内阁短命的原因，除了军部、官僚等非民主势力的顽强抵抗外，更深层的在于宪政党内部的内讧、缺乏把政治理想转化为政策的执行能力。

二、第二次大隈内阁提出"宪政常道"的背景

1916 年 3 月，第三十七议会结束后不久，大隈首相遭到干涉选举的"大浦事件"③重大打击而想辞去首相一职，于是他向元老山县有朋推荐了同志会④的总裁加藤高明作为他的后继者。曾经在大隈内阁中担任外相的加藤高明，虽然因为"大浦事件"而退出大隈内阁，但他在同志会中仍然保持相当稳固的地位，最重要的是受到大隈首相的器重。

1916 年 4 月，元老山县有朋回信答复首相大隈重信，拒绝推荐加藤高明，举出如下理由："……自从我国实现宪政以来，众议院参与国政，政府对议会和政党予以充分尊重，当然是不言而喻的……然而我国的兴衰与当今世界的瞬息万变的发展息息相关，特别是目前支那的动荡局势发展到何种程度尚不明朗。余以为东亚的安危主要由两大世界的发展趋势所决定。面对形势变化，若是想要守卫东亚的长治

---

① 林茂、辻清明：『日本内閣史録』第一卷，第一法规出版社，1981 年，第 310 頁。

② "超然主义"是指 1889 年《大日本帝国宪法》颁布后，第二年开设议会到大正（1913—1926年）时代初期，由藩阀官僚内阁采取的立场，主张内阁不应该受到议会和政党的制约，持这种主张的内阁称之为"超然内阁"。

③ "大浦事件"：大浦兼武在大隈内阁内相任上，因违反和干涉选举而接受调查，以及在农商务相任内，为使陆军增加两个师团及海军造舰的扩军法案能在议会审议时顺利通过，通过当时众议院秘书处秘书长林田龟太郎收买在野党议员的弊案被发觉，其政治生命终结，史称"大浦事件"，而在其幕后有元老山县有朋和军部的深刻背景。大浦事件对日本产生了深远的影响，在政治上，"大浦事件"成了大隈重信内阁倒台的催化剂。

④ 同志会的全称是"立宪同志会"，通常简称为"同志会"，它是日本大正时代的政党。1913 年 2月 7 日由时任内阁总理大臣桂太郎组建，收纳了中央俱乐部和立宪国民党的部分议员，同志会的主要目的便是对抗在帝国议会中势力强大的立宪政友会。桂太郎 1913 年去世后，同志会由加藤高明接替总理，并在 1915 年第 12 届日本众议院议员总选举中一跃成为第一大党。第二次大隈内阁倒台后，同志会于1916 年 10 月 6 日与中正会和公友俱乐部合并改组成为了宪政会。

久安，善于临机应变开拓我国国运，优先要考虑的是维护国内的安定团结，上下齐心协力一致对外。特别是从近年来推荐一党之领袖担任内阁首相的惯例来看，控制议会多数议席并握有预算大权的政党，只是一味追求自党利益，如此岂能期待共克时艰焉？如果国内纷争不断，缺乏举国一致之实力，面对如此多灾多难之（国内外）形势，岂能开展国运、维护东亚之治安？余以为推荐符合此目的之人，由他担任内阁后继首相成为最紧要任务，故此，余难以同意您（大隈重信）的建议……"①

在这封信中，山县主要指出，尽管宪政已经实施，政党的实力不可低估，但他仍然拒绝大隈推荐的加藤高明担任首相。理由是世界正在发生巨大变化，即经过一战，世界进入一个前所未有的变革时期。为了"拓展国运维护东亚的治安"，国内必须"举国一致"加以应对。然而，只要存在反对党的一党领袖成为首相，就不可能做到"举国一致"。山县仇视政党已是众所周知的事情，因此以他为首的元老和藩阀官僚，把政党的竞争视为洪水猛兽，担心随着政党内阁的建立而政党之间的竞争愈演愈烈②。山县拒绝加藤高明成为后继首相的另一个原因在于，第二次大隈内阁时期担任外相的加藤高明从不征求元老的意见而"独断专行"。由此，山县有朋对加藤产生很深的不信任感。山县寄希望于后继首相促进藩阀内阁与政党的提携关系，最后山县推荐了山县派军人寺内正毅③。山县经常挂在嘴边的"举国一致"，成为拒绝政党内阁的"正当借口"和依据。

1916 年 10 月 4 日，大隈首相接到山县的辞职劝告后，执政党同志会决定不理会元老的劝告而直接向天皇提交辞表，仰赖大正天皇的亲裁。递交的辞表内容如下："……臣老躯羸弱实在不能胜任其职，不应长期占据要职，阻碍贤者之途。臣真诚地相信子爵加藤高明是富有经验和众望所归之人，由衷地希望陛下垂怜，让臣提拔（加藤）高明为后继者……"④1905 年建立的"桂园体制"是由现任首相推荐后继首相，表面上看似元老的权力式微，但事实上只有得到山县为首的元老集团的事先同意（默许）方能实现。然而，大隈重信首相却无视元老的意向，直接向天皇呈递辞表并推荐后继首相，这在日本宪政史上是闻所未闻的。

---

① 伊藤隆编：『大正初期山県有朋談話筆記・政変思出草』，山川出版社，1981 年，第 110 页。
② 山本四郎编：『第二次大隈内閣関係史料』，京都女子大学，1979 年，第 153 页。
③ 伊藤隆编：『大正初期山県有朋談話筆記・政変思出草』，山川出版社，1981 年，第 109 页。
④ 小山俊樹：『憲政常道と政界縦断』，『帝京史学』27，2012 年，第 27 页。

近代日本两党合作与零和博弈：浅析"宪政常道"的政权更迭惯例

第二次大隈内阁的内阁书记官长江木翼①就大隈首相直接向天皇呈递辞表的意义发表评论说："这次大隈首相遵循宪政之大道，向天皇禀告辞意之际，明确表态其去留并呈上辞职理由之文书，推荐加藤子爵为其继任者。如果回顾英国的宪政史，不难找到推荐反对党的领袖为后继首相的例子。但它的前提是现任首相的理念和观点无法得到贯彻完全陷入僵局而被迫辞职，才会推荐反对党领袖。然而大隈首相的辞职不是因为政策失败，而是健康欠佳。因为（大隈）首相推荐加藤子爵实属践行宪政之常道的做法，所以有充分的理由拒绝他。宪法赋予首相辅弼之责，由他推荐后继首相具有合法性，而不承担宪法之责的机构（元老）无视首相的行为，可以说是违背宪政之大道的严重事件……"②

江木翼认为推荐后继首相之际，由宪法中没有明确规定的元老来推荐后继首相是违反"宪政之大道"的违宪行为。既然宪法规定首相辅弼天皇施政，那么首相推荐后继首相具有合法性，即符合"宪政之常道"。江木翼举出英国宪政史的例子，无非是想强调现任首相推荐后继首相的正当性。他在这里特别强调大隈的辞职不是政策失败，而是健康欠佳的原因，因此推荐执政党的同志会领袖加藤高明是遵循"宪政之常道"的做法。从江木翼的上述"宪政常道"的解释来看，首先可以看出，宪政会以"宪政常道"的名义，为现任首相推荐后继首相找到法理依据。其次，在内阁更迭问题上，江木翼认为即将离职的首相推荐后继者应该优先于宪法之外的元老的奏荐。当山县得知大隈首相的辞表内容后，感到非常震惊，山县对大隈的不信任进一步加深，双方的谈判几近破裂。

推荐加藤高明为后继首相被元老山县有朋拒绝后，大隈重信首相还曾提议寺内正毅与加藤高明成立联合内阁，但也被寺内拒绝。遭到山县和寺内拒绝后，大隈另辟蹊径。1916 年 10 月 10 日，为了对抗新成立的寺内正毅内阁，大隈促成立宪同志会（大隈内阁的执政党）与中正会、交友俱乐部合并成宪政会（总裁加藤高明），以增强对元老和藩阀官僚的牵制力。同时，还面向社会大力宣传"宪政常道"的政党政治理念，以换取社会舆论的支持。大隈发动社会舆论的举动引起的更深反感和疑虑，使得山县更加强硬地坚决反对大隈的加藤内阁案。

---

① 江木翼（1873—1932）是明治、大正、昭和时代的官僚、政治家。1912 年就任第三次桂太郎内阁的内阁书记官长。之后在 1914 年的第二次大隈内阁、1924 年的第一次加藤高明内阁中担任内阁书记官长，作为宪政会（后民政党）的官僚政治家而著称。
② 『時事新報』1916 年（大正五年）10 月 5 日付。

大隈首相提出辞呈当天，山县有朋推荐山县派军人寺内正毅为后继首相。立即召开很久未开的元老会议，在会上元老承认寺内正毅为后继首相，寺内建立了由纯官僚组成的"超然内阁"。宪政会总裁加藤高明对新成立的寺内内阁如此批判道："……虽然宪法没有明确规定组阁的人必须是政党领袖，但是从宪政之本义来看，政党领袖组阁成为大势所趋。因此，诸如'在非常时期，政党领袖不能成为内阁组织者'之类的说法，对有识之士来说是不可接受的。政治实则是各自提出主张并相互妥协的过程，而试图通过排除反对者，以'举国一致'方式达到目的的做法，从根本上来说是错误的……美其名曰符合所谓"举国一致"条件的寺内内阁是怎样的内阁呢？……（此内阁）只是官僚和寡头政治的代理人而已……在宪法允许的范围内，我党必须为实现宪政之常道努力奋斗。"[1]

加藤高明尖锐地批判了寺内鼓吹的"举国一致"内阁，认为寺内内阁只是"官僚和寡头政治的代理人"而已。他指出政党内阁虽然没有在明治宪法中明确规定，但政党领袖组阁并实现"宪政之常道"成为大势所趋。1916 年 10 月 10 日成立的宪政会，以"宪政常道"作为反对寺内"举国一致"内阁的战略口号。这样，宪政会公开表达其反对寺内内阁的立场，在全国各地巡回演讲，批评寺内的"超然内阁"，并呼吁社会舆论支持宪政会倡导的"宪政常道"。

然而，事实上宪政会倡导的"宪政常道"并没有得到媒体的普遍支持。社会舆论对大隈和宪政会直接向天皇递交辞表的策略，以及在"宪政常道"的口号下，攻击寺内内阁的做法，既有赞同的，也有反对的声音。1916 年 1 月，《大阪朝日新闻》连载京都大学教授佐佐木惣一题为《立宪与非立宪》的文章，支持宪政会的"宪政常道"。文章指出："从元老会议正在筹划建立一个不以议会多数党为基础的内阁动向来看，真切地反映了一个事实，那就是时至今日，元老仍然对大多数国民的呼声置若罔闻。"[2]佐佐木主张政党作为民选代表，应该得到尊重和参与政治决策，并批评了"非立宪"的寺内内阁。在《大阪朝日新闻》发表的另一篇题为《辞职与后继者》的社论中，佐佐木继续积极支持宪政会倡导的"宪政常道"[3]。

亲寺内正毅的德富苏峰在《国民新闻》上发表文章说："必须由众议院的第一大党党首组阁的依据在哪？提出这种主张的大都是大隈内阁的成员。然而前年大隈

---

① 伊藤正德編：『加藤高明』下巻，大空社，1995 年，第 242 頁。
② 『大阪朝日新聞』1916 年 10 月 6 日付。
③ 『大阪朝日新聞』1916 年 10 月 5 日付。

近代日本两党合作与零和博弈：浅析"宪政常道"的政权更迭惯例

侯被元老推荐为后继首相时，（大隈）侯本人并不隶属于任何政党，更何况在众议院占多数议席的是政友会。"[1]德富苏峰在《国民新闻》上刊登的文章，直接戳到了宪政会倡导的"宪政常道"的自相矛盾的要害，实际上是对第二次大隈内阁的合法性提出质疑。即如果元老会议是"非立宪"的，那么由元老会议推荐的大隈内阁也是"非立宪"的。德富苏峰认为毫无政党关联的寺内内阁或没有任何党籍的大隈担任首相，两者之间没有本质区别。媒体最普遍的观点是，大隈内阁和宪政会倡导的"宪政常道"是基于"党利党略"的考虑提出的口号而已。

三、元老西园寺公望对"宪政常道"的不认同

1922 年 6 月 8 日，宪政会以干事长小泉又次郎等人的名义，提交了一份《建议书》给元老松方正义和宫内大臣牧野伸显，指出："政党在宪政下发展壮大是必然趋势，议会第一大党组织政党内阁，并且要接受在野党的监督与牵制。执政党一旦离开其位，由反对党取而代之，一进一退交互授受政权，以协赞大政，宪政之真髓浓缩于此。今日政友会内阁终于下台，下届内阁应由反对党来组阁。无须赘言，这是走上宪政常道，实现国民期盼的一种体现……无论是按照宪政常道惯例，还是鉴于舆论动向，今日高桥内阁的后继者，除了反对党的领袖之外，没有其他选择余地。"[2]

建议书中提到的"宪政之真髓"，指的是众议院的执政党与反对党轮流执政的原则。在这里小泉又次郎毫不隐晦地指出，政友会内阁之后建立宪政会内阁是"宪政常道"，这是国民期待的政权更替方式。在政友会内阁因政策失败而下台的时，如果要继续政党内阁，除了宪政会之外别无其他选择。宪政会认为因"政治强人"原敬被暗杀的缘故，而政友会内阁下台是上天给他们提供的千载难逢的好机会，所以他们加大对"宪政常道"的宣传，并向民众大声疾呼支持他们建立宪政会内阁。

当时，宪政会倡导的"宪政常道"，在官僚中得到不少支持。据山县派的平田东助称，贵族院的院内会派（如研究会、交友俱乐部）和枢密院中也出现了宪政会的支持者，诸如山县派官僚一木喜德郎、平山成信等，都成为"宪政常道"的倡导

---

① 『国民新聞』1916 年 10 月 11 日付。
② 松方峰雄等编：『松方正義関係文書』第 17 卷，大東文化大学東洋研究所，1995 年，第 340—341 頁。

者。①甚至枢密院议长清浦奎吾还向元老松方正义建议，遵照"宪政之常道"原则，由宪政会总裁加藤高明担任后继首相。②有些非政党势力对政友会的长期执政表示不满，加之受到宪政会和新闻媒体的影响，开始认同宪政会倡导的"宪政常道"。甚至政友会高桥是清首相，在 1922 年 3 月末写给江木千之（江木翼的养父）的信函中透露："如果（我）辞职，将推荐第二党的宪政会领袖加藤子爵"。③总之，建立宪政会内阁确实得到很多官僚派系的支持。

但是幸存的两位元老（西园寺公望、松方正义）和政友会都对"宪政常道"日益增长的影响力感到"忧心忡忡"。西园寺公望既是元老又曾作为政友会总裁，建立政友会内阁，成为原敬"一党独大"构想的继承者。④元老西园寺公望不想仅仅以维持政党内阁为由而认同"宪政常道"这一政权更迭惯例，不同意议会第二党宪政会组阁。他认为"宪政常道"没有理论依据，纯属空谈而已，明确指出不会推荐反对党领袖加藤高明成为后继首相。⑤西园寺公望并没有像山县有朋那样对政党持敌视态度，他不反对政党组阁，还认为建立没有政党根基的内阁是不明智的、反时代潮流的。但是对西园寺而言，有能力组阁的政党只有政友会，政党政治则意味着政友会的"一党独大"体制。⑥西园寺不考虑推荐加藤高明为后继首相的主要原因有：一是加藤高明在大隈内阁时签署的"对华二十一条"臭名远扬引起国内外广泛批评；二是加藤高明的领导力在宪政会党内受到质疑。西园寺公望再次确认了由元老奏荐后继首相的惯例。

首相高桥是清政友会内阁原本打算推荐宪政会领袖加藤高明，但因为受到西园寺为首的元老影响而改变想法。⑦元老松方正义在西园寺病倒的情况下，负责推荐

---

① 岡義武・林茂校訂：『大正デモクラシー期の政治―松本剛吉政治日誌』，岩波書店，1959 年，1922 年 6 月 7 日条。

② 岡義武・林茂校訂：『大正デモクラシー期の政治―松本剛吉政治日誌』，岩波書店，1959 年，1922 年 6 月 12 日条。

③ 岡義武・林茂校訂：『大正デモクラシー期の政治―松本剛吉政治日誌』，岩波書店，1959 年，1922 年 3 月 29 日条。

④ 『原敬日記』1920 年 6 月 30 日条。

⑤ 岡義武・林茂校訂：『大正デモクラシー期の政治―松本剛吉政治日誌』，岩波書店，1959 年，1922 年 4 月 22 日条。

⑥ "一党独大制"（one—party dominant system）是形容由某政党透过选举长期胜出而得以长期垄断政权。此种政党通常在议会中连续数次取得大多数议席，成为议会第一大党。"一党独大"与"一党专政"在形式上有某些类似特征，但绝不应被混淆。

⑦ 岡義武・林茂校訂：『大正デモクラシー期の政治―松本剛吉政治日誌』，岩波書店，1959 年，1922 年 5 月 5 日条。

近代日本两党合作与零和博弈：浅析"宪政常道"的政权更迭惯例

后继首相事宜。1922 年 6 月 5 日，松方推荐海军大将加藤友三郎为第一候补，而第二候补推荐宪政会总裁加藤高明。[①]6 月 9 日，当松方看到加藤友三郎犹豫不决时，他私下与加藤高明讨论组阁问题。[②]

为了阻止宪政会内阁的建立，政友会派遣干部说服加藤友三郎组阁，并承诺无条件支持他。政友会因为害怕政权交到反对党宪政会手里，宁可继续走"官民协调"的老路线，而不愿跟宪政会合作共同反对超然内阁。在政友会的游说获得成功后，终于在 6 月 12 日建立了以贵族院会派[③]为中心的加藤友三郎内阁（研究会 4 名、交友俱乐部 3 名）。从形式上看，政友会与亲政友会的贵族院会派之间的政权授受方式，实际上再现了西园寺和桂太郎的"情意投合"的政权授受方式。[④]加藤友三郎内阁的成立，让自认为稳操胜券的宪政会感到震惊。宪政会的河野广中称政友会发动的此次"政变"是破坏"宪政常道"的，只顾眼前利益的一种损人利己的方式。[⑤]由于政友会的积极干预和从中作梗，宪政会打着"宪政常道"旗号问鼎政权的努力以失败告终。

四、政党内阁时期"宪政常道"的消极影响

1924 年 5 月第二次护宪运动的结果，宪政会赢得大选。6 月成立以宪政会总裁加藤高明为中心的"护宪三派"（宪政会、政友会、革新俱乐部）联合内阁。除了陆海军和外相外，内阁成员均来自政党。这样，政党内阁取代了藩阀内阁。从 1924 年直到 1932 年五一五事件爆发，两党（宪政会和政友会）遵循"宪政常道"政权更迭惯例，也就是说当一个政党内阁倒台时，由反对党取代执政党上台组阁。"宪政常道"作为一种新的制度框架，一方面是明治宪法体制下实现政党政治的一种日本特有的方式；另一方面，"宪政常道"又是议会第二党有机会获得政权的特殊现象，[⑥]宪政会作为议会第二党得以问鼎政权就是受益于它。

---

① 伊藤隆编：『大正初期山県有朋談話筆記・政変思出草』，山川出版社，1981 年，152—153 頁。
② 岡義武・林茂校訂：『大正デモクラシー期の政治—松本剛吉政治日誌』，岩波書店，1959 年，1923 年 6 月 10 日条。
③ 贵族院的院内会派中比较大研究会和交友俱乐部与政友会关系密切。
④ 小山俊樹：『憲政常道と政界縦断』，『帝京史学』27，第 44 頁。
⑤ 『変態内閣ノ出現二付憲政ノ本義ヲ明二ス』，『河野広中関係文書』658，国立議会図書館憲政資料室蔵，第 24 頁。
⑥ 佐々弘雄：『大衆政治読本』，中央公論社，1932 年、第 202 頁。

　　"宪政常道"虽然对政党政治的发展起到一定的推动作用，但到了政党内阁时期，"宪政常道"成为阻碍政党政治深入发展的消极因素。换句话说，"宪政常道"时代的确立，一方面降低了政权的不确定性，另一方面却加剧了两党的竞争，两党间的冲突更加难以解决。"宪政常道"的消极影响主要反映在以下两个方面：一是政友会和宪政会（后民政党）之间越来越难以合作形成零和博弈；二是招致政党政治危机。在实行"宪政常道"之前，弱势民党面对强大的藩阀内阁，他们以合作来保存实力。但在 1924 年政党内阁确立之后，两党（政友会和宪政会）间的协调合作变得日益困难。由于议席数决定了政权的归属，议席数与政权获取的关联性变得更加密切。为了赢得议会的多数席位，政友会和宪政会（后民政党）之间展开了激烈的竞争。内阁的辞职直接关系到两党的政权变化，因此反对党有推翻执政党内阁的强烈动机，只要执政党内阁瓦解，第二党就有机会取代执政党。

　　石桥湛山对二战前的政党政治回顾道："我国议会政治家犯下的最大错误就是内斗不止且过于激烈，使得政党和议会权威丧失殆尽。随着政党势力的不断增强，问鼎政权的可能性也随之增大，这也连带着激化了两党的冲突。为了获得政权，两党没有以公开透明的方式展开政策方面的竞争，相反他们更愿意通过拉拢元老、藩阀等非民主势力，使用揭露反对党的策略，使议会陷入混乱失序状态……众议院的愚蠢争斗手法招致国民藐视议会，并为反民主势力的反攻倒算提供了借口。此外，无休止的不计后果的争斗，导致政治决策的重大失误。"[1]从石桥对"宪政常道"的批评来看，"宪政常道"促进了政党的激烈竞争，客观上严重损害了政党的声誉。

　　政党内阁时期的"宪政常道"，阻碍了政党之间的合作与协调机制的正常运行，造成政友会和宪政会（后民政党）的合作经常陷入僵局。这也意味着政友会与宪政会（后民政党）的激烈竞争，从内部瓦解了政党政治，两党激烈的政治博弈与议会初期的民党合作形成鲜明对比。"宪政常道"规则导入，导致政党间从协调博弈转向零和博弈。

　　现代政治学和政治经济学假设政治主体基于自身利益，追求效用最大化。本文所说的"利益"包括政党获取政权的机会、政治家的连任和晋升的可能性，以及军部的政治主导地位的确立等。笔者认为政治主体都是权力志向型的，并在各种情境下对权力做出最优反应（best responses）。一个政权志向型（office—oriented）的政

---

① 石橋湛山：『湛山回想』，岩波書店，1985 年，第 192—193 頁。

近代日本两党合作与零和博弈：浅析"宪政常道"的政权更迭惯例

党将会最大限度地利用其政治资源来竭力争取单独执政的机会。引用二战前记者马场恒吾的话："尽管老牌政党没有直接使用'夺取政权'这个词，但没有一个行动不是与夺取政权有关系的"①，"对他们来说，政党只是获取政权的一种手段"②。作为效用最大化的政党所属议员，他们为了获得连任，则会想尽一切办法获得一官半职（如首相、大臣、政务官）。对于政党政治家而言，促进民主化也不过是获取或拥有权力的一种手段。

学界一般认为，由具有相同利益的个人所形成的集团，均有进一步追求扩大集团利益的倾向。曼瑟尔·奥尔森在《集体行动的逻辑》这本书中明确指出这种论断根本是错误的。③他提出了著名的"集体行动理论"，指出委身于集体的有理性且寻求自身利益最大化的个体，不会采取增进共同或集体利益的行动。除非集体中人数很少，或者除非存在强制或其他某种特殊手段，使个体能够按照集体的共同利益做事。④成员人数较多的集体，一般效率都要低于成员人数少的集体，而且集体越大，分享收益的人越多，就越没有可能增进共同利益。⑤

奥尔森认为存在两种集体利益，即相容性（inclusive）和排他性（exclusive）集体利益。相容性是指利益主体在追求集体利益时是相互包容的，即所谓的"一损俱损、一荣俱荣"；相容性涉及"做蛋糕"问题，在把蛋糕做大的过程中总是希望做蛋糕的人越多越好，集体规模越大越好，可谓"众人拾柴火焰高"。排他性是指利益主体在追求集体利益时却是相互排斥的，它涉及"分蛋糕"问题，固然希望分利者越少越好，故这类集体总是排斥他人进入。显而易见，相容性集体最有可能实现集体的共同利益。在大多数博弈之中，利益主体各方的集体行动逻辑是不同的，都有多种可供选择的策略。

如果套用奥尔森的集体行动理论，解释二战前日本两党的合作与零和博弈，就不难看出，1924 年以前，政友会和宪政会（后民政党）属于"相容性"利益关系，正处于"做蛋糕"阶段，能够保持相互合作。而 1924 年确立政党政治，实行"宪

① 馬場恒吾：『政界人物風景』，中央公論社，1931 年，第 311 頁。
② 馬場恒吾：『政界人物風景』，中央公論社，1931 年，第 393 頁。
③ 曼瑟尔·奥尔森：《集体行动的逻辑》，陈郁、郭宇峰、李崇新译，格致出版社、上海三联书店、上海人民出版社，2014 年，第 2—3 页。
④ 在一个集体内，集体收益是公共性的，每一成员都无法排除其他成员共享集体利益，而不论其成员是否为之付出了成本"搭便车现象"，由于此种现象的存在，其成员想坐享其成而不愿为集体利益的增进采取行动。
⑤ 左胤武：《奥尔森集体行动理论综述》，《中国商论》，2012 年第 8Z 期，第 234 页。

政常道"规则后，政友会和民政党处于"排他性"利益关系，处于"分蛋糕"阶段，所以两者的竞争多于合作。换句话说，"宪政常道"的政权更迭惯例，改变了政党之间的提携与合作的规则。

五、结　语

"宪政常道"作为二战前日本政党政治理论和表达政党政治合法性的概念，随着政治情势的变化，其内涵和外延也应该有所发展。大正时期的"宪政常道"主要是指两大政党之间的政权授受方式，即当第一大党因政策失败而倒台时，无需大选就可以由第二党组建新内阁。换言之，属于少数派的第二党未经选举就能获得政权，[①]这也成为宪政会夺取政权的政治旗号。[②]到了政党内阁时期（1924—1932），随着政党轮替的实现，"宪政常道"应该是指获得议会多数议席的政党建立多数党政权的议会政治。然而，政党内阁时期反映民意的政权更迭并未通过大选实现，仍然需要由宪法之外的元老来保证，这也说明二战前的政党政治发展的不成熟性，民主化进程有待进一步深入发展。

运用集体行动理论分析二战前日本两党的合作与零和博弈，我们可以对两党（政友会和宪政会）的集体行动归纳出如下特征：一是在没有民主化的 1924 年以前，政友会和宪政会（后民政党）属于"相容性"利益关系，正处于"做蛋糕"阶段，能够保持相互合作。二是 1924 年以后的政党内阁时期，政友会与民政党属于排他性利益关系，处于"分蛋糕"阶段，两党的竞争多于合作。

由于"宪政常道"是未经大选的两党轮替，因而规定了两党之间的激烈竞争模式。在政党内阁时期的"宪政常道"惯例下，只要执政党垮台，在野党无须通过选举就可以取而代之。正因为如此，两党（政友会和宪政会）在议会中的政治斗争异常激烈。正如石桥湛山尖锐指出的一样："日本的政治家，尤其是政党政治家，他们把所有的政治资源都投入到夺取政权上。基于这个原因，他们不择手段地进行了激烈的政治斗争，这是严重阻碍日本民主化的直接原因。"[③]

政治博弈往往由其游戏规则所决定，因此"宪政常道"政权更迭惯例必然会决

[①] 佐々弘雄：『大衆政治読本』，中央公論社，1932 年，第 202 頁。
[②] 稲田正次：『旧憲法元の憲政の常道という概念について』，「法学教室」6，第 93 頁。
[③] 石橋湛山：『湛山回想』，岩波書店，1985 年，第 185 頁。

近代日本两党合作与零和博弈：浅析"宪政常道"的政权更迭惯例

定二战前日本两党（政友会与宪政会）的策略选择。"宪政常道"规则下，两党只有两种选择，不是合作，就是竞争。1924 年"宪政常道"规则的确立，促使理性参与者（两党）选择非合作博弈，即通常所说的"零和博弈"。[①]也就是说，"宪政常道"规则的导入，事与愿违反而助长了两党在议会中的争斗异常激烈。更为致命的是，面对国内外的政治和社会危机，议会争执不休而未能及时应对。在须经元老同意的两党制下，作为政权更迭惯例的"宪政常道"，它破坏了政党间的合作机制，它也是二战前日本政党内阁瓦解的直接原因。

（作者：文春美，中国社会科学院世界历史研究所副研究员、历史学博士）

---

① 零和博弈（zero-sum game），又称零和赛局，是博弈论的一个概念，属非合作博弈。零和博弈表示所有博弈方的利益之和为零，即一方有所得，其他方必有所失。在零和博弈中，博弈各方是不合作的。

从复国到自治：明治时期琉球自立思想的演变[*]

陈　刚

内容摘要　19 世纪 70 年代日本武力吞并琉球并对其施行殖民统治，而琉球亦对日本的殖民侵略行径进行了持久的抵抗。琉球的对日抗争主要以士族阶层为主力，大体可以分为四个阶段。第一阶段为 1875—1876 年围绕"琉清关系断绝"指令的对日交涉期，第二阶段为 1879 年琉球国内展开的抵抗日本县政统治时期，第三阶段为 1879 年以后进入高潮的赴清救国请愿运动时期，第四阶段为 1895 年后士族上层以公同会运动为中心开展的自治运动时期。随着国际形势的变化，琉球士族对日抗争、谋求自立的思想和行动也经历了从反日复国到同化自治的转变，这些思想和行动是近代以后冲绳自立运动的开端，亦可为我们理解当今冲绳境内的自立思想和民众运动提供一种有益的参考。

关键词　琉球　士族　自立　复国

＊本文系天津市研究生科研创新项目"近代以后琉球独立思想的历史脉络及其现实启示"（2019YJSB053）阶段性研究成果。

从复国到自治：明治时期琉球自立思想的演变

From rebuilding the nation to striving for autonomy: The evolution of independentism thoughts in Ryukyu during the Meiji Period

Chen Gang

Abstract: In the 1870s, Japan had implemented the plan of annexing Ryukyu. During this period, Ryukyu had resisted Japan's colonization for a long time, which could be divided into four stages, the first stage was the period of negotiation between Ryukyu and Japan for the directive of breaking off the Qing—Ryukyu diplomatic relationship from 1875 to 1876, the second stage was the resistance of Japanese colonization from Ryukyu intellectual class and the populace in 1879, the third stage was their leaving for Qing for saving their nation after 1879, the fourth stage was the autonomous movement during 1895, which advocated the members of Ryukyu royal family to be the hereditary governor of Okinawa. With the changes in the international situation, the independent thought in Ryukyu had also experienced a transformation from saving the nation to striving for autonomy. The independent thought was the beginning of the independent movement of Okinawa during the modern time, providing a useful reference for us to understand the ideas of self—reliance and the mass movements in Okinawa today.

Keywords: Ryukyu; Independentism; Autonomy; National Rebuilding

19 世纪 70 年代日本明治政府对琉球的武力吞并是东亚历史上的大事件，中国的历史文献中通常将其称之为"球案"，而日本文献则多将其叙述为"琉球处分"。由于"球案"或"琉球处分"所特有的国际史意义，学界在研究这一问题时也往往多从大国视角进行切入，琉球本国的声音和立场往往被有意或无意的忽略。然而，对于琉球而言，惨遭日本武力灭国，"实千古未曾有之一大事变也"①。其给琉球民众带来的，不只有亡国的遗恨，更有对未来的迷茫。近年来，琉球民众尤其是士族阶层在国家灭亡前后谋求复国的行动与思想越来越多地受到学界的关注，琉球的声

---

① 琉球王国时代末期士族喜舍场朝贤（1840—1916）语，参见氏著：『琉球見聞録・序』，三秀舍 1914 年，序文第 1 頁。该书中文译本可参见喜舍场朝贤：《琉球见闻录》，李艳丽译，商务印书馆，2020 年。

音和立场也得以被更加客观的呈现。

然而，当前学界在对琉球救国运动进行研究时，却往往重点关注"脱清人"[①]群体而相对忽视了琉球国内的其他力量。实际上，"脱清人"的救国行动只是琉球救国运动的一部分，脱清救国运动的失败也并不代表着琉球谋求复国自立行动的结束。随着国际形势的变化，琉球对日抵抗的思想和行动也发生了相应的调整，因此，若只关注"脱清人"群体便容易以偏概全，难以全面把握琉球复国自立行动的整体面貌。有鉴于此，本文将试图整体视角出发，考察琉球在日本殖民统治下对日抗争的主要行动和思想，全面客观呈现明治时期琉球谋求复国自立的思想行动及其现实困境。

一、围绕"琉清关系断绝"的对日交涉

1868 年，以萨摩藩、长州藩为主力的倒幕派推翻德川幕府，拥立睦仁亲王为天皇，成立明治政府。此后，明治政府进行了一系列"维新"变革，并走上对外扩张的道路。1871 年，明治政府内部便开始了吞并琉球计划的讨论。[②]1872 年 7 月，鹿儿岛县参事大山纲良致书琉球国王尚泰，要求琉球遣使向明治政府奉贺皇政维新。[③]同月，尚泰遣王叔伊江王子尚健为正使，三司官宜野湾亲方向有恒为副使，领使团三十余名前往东京。[④]9 月 14 日，在琉球使臣朝觐天皇的仪式上，日本向琉球颁发了将尚泰"升为琉球藩王，叙列华族"的敕诏，[⑤]琉球国使尚健和三司官向有恒由于对日本的吞并之意并无足够警惕，便领受了这一诏书。[⑥] 9 月底，琉球国使在

---

① 琉球王国被日本强行吞并后，大批琉球士民逃脱日本的严密监视，秘密渡航清朝，向清政府请愿救国。明治政府多将此类"脱走赴清"的琉球救国人士称为"脱清人"。

② 1871 年 7 月 12 日，鹿儿岛藩向明治政府提交了一份《鹿儿岛藩琉球国调查报告书》，其中炮制了琉球为萨摩藩内领的历史，并提请明治政府在维新之际，将琉球正式纳入版图。1872 年 5 月 30 日，时任大藏大辅的井上馨亦向明治政府提出了将琉球"收入版图"的建议，但这一建议被左院以"会引起同清朝的争端"为由，暂时搁置。参见下村富士男编：『明治文化资料丛书』第 4 卷·外交篇，风间书房，1962 年，第 7—9 页。

③ 喜舍场朝贤：『琉球見聞録』，第 2 页。

④ 喜舍场朝贤：『琉球見聞録』，第 3—4 页。

⑤ 喜舍场朝贤：『琉球見聞録』，第 7 页。

⑥ 1875 年，伊江王子尚健因领受封王诏书，而被琉球国内士族遣责，不得不辞去摄政官之职，退出朝政；向有恒亦因此被众官投票罢免三司官职位，改由富川亲方毛凤来接任。

从复国到自治：明治时期琉球自立思想的演变

会见外务卿副岛种臣时，还就北部五岛问题同明治政府进行商议。琉球使节称"大岛、德之岛、喜界岛、与论岛、永良部岛，本隶属我琉球。昔庆长年间（1596—1616），为萨人所押领，此五岛亦乞返还于我"。福岛种臣回复称："经同僚协议，宜为琉球处置。"对此，琉球国使"喜极不寐"，"此事速传琉球，士民欢抃，翘首以待佳音"。①

　　当然，琉球方面并非对日本的吞并野心毫无警觉。1873 年，副岛种臣致书琉球官员，内含有琉球"国体政体永不相变"之意。琉球方面在收到文书后，因不明白"国体政体永久不相变"之意，故向外务省官员问询，确认其所含之意后才表示接纳。②然而，明治政府对琉球的允诺却具有极强的欺诈性，其在一边答应将北部五岛归还琉球，保持琉球国体政体永不改变的同时，一边积极推进吞并琉球的计划。1874 年，日本借由"琉球漂流民事件"同清朝展开交涉，企图炮制出清朝承认琉球归属日本的谎言。

　　1874 年 10 月，琉球按两年一贡的惯例，派遣进贡耳目官毛精长、正议大夫蔡呈祚、朝京通事蔡德昌等组成 118 人的使团前往清朝朝贡。1875 年 3 月，琉球进贡使团到达北京，这对正在试图编造各种依据，证明琉球归属日本的明治政府而言无疑是一种巨大的讽刺和冲击。③ 3 月 17 日，明治政府法律顾问鲍生纳德（Gustave Émile Boissonade）就琉球问题向明治政府提出三点建言，建议明治政府对琉球在福州设置的公馆以及琉球同清朝的关系应采取必要措施。④3 月 31 日开始，明治政府遣内务大丞松田道之就"与清国断绝交通"等要求，同琉球驻东京的三司官池城亲方毛有斐进行交涉，毛有斐以"琉球数百年来承清国恩义，以无绝进贡之理由"为由，拒不接受明治政府的要求。⑤但明治政府依然于 7 月 14 日，派遣松田道之到琉球，在首里王城宣读了太政大臣三条实美的指令,向琉球提出了禁止向清国派遣进贡使节；禁止接受清国册封；废行清国年号，对内对外皆改行明治年号；废除福州

---

　　① 喜舍場朝賢：『琉球見聞録』，第 11 頁。
　　② 喜舍場朝賢：『琉球見聞録』，第 48—49 頁。但 1875 年明治政府派遣内务省大书记官松田道之前往琉球进行所谓"琉球处分"时，否认了明治政府曾经下达过对琉球"国体政体永不变革"的指示，琉球官员亦同其进行了激烈的辩论。
　　③ 赤嶺誠紀：『大航海時代の琉球』、沖縄タイムス社，1988 年，第 45—46 頁。
　　④ 那覇市総務部市史編集室編：『那覇市史』通史篇第 2 卷，那覇市役所，1974 年，第 92 頁。
　　⑤ 『明治文化資料叢書』第 4 卷·外交卷，第 85—88 頁。

琉球馆等要求。①

琉球王府官员接到指令后，惊骇不已，三司官池城亲方等对松田表示，此事"关系至大至重，非能即答，须深思熟虑，后日当奉返辞"②。此后接连数日，琉球首脑阶层"议论纷纷，意见百出，朝暮喧嚣不绝"。最后众官议定：为调查刑法派担当者上京、为修学业事派少壮者进京，对天朝（清国）并无故障，可唯命是从；国王上京谢恩事，由于尚泰王卧病，由王子代理入觐；但停止向清朝进贡、停止接受清朝册封等事，琉球则"必竭力固辞"。③王府众臣认为："我琉球，孤立于辽远洋中，国土偏小，微弱不可自保。归于清朝版图，以其保护声援，而无内忧外患，自立建国。古来风俗礼乐刑政，有自由不羁之权利。上下雍睦，安生乐业。若一度脱离清国联系，自然将失自由之权，掣肘拘束，国家不可永久保全。"④在琉球君臣看来，维持同清朝的关系不仅关乎同中国之间五百余年的恩义，更直接关乎琉球的生死存亡。

8月5日，琉球国王尚泰及三司官分别致书松田道之，详细陈述琉球自明朝以来受中国优待之历史，表示难以接受"断绝同清朝关系"之指令。⑤琉球将中国和日本视为"父母之国"，将日本要求其断绝同清朝关系的指令，视为"绝父子之道"，"不仅令人心迷乱，且忘却累世之厚恩，失信义，对诸国名分相废，永世耻辱莫过于此"。⑥此后数十日，琉球王府君臣就琉球归属问题又同松田道之进行了多次论辩。9月1日，琉球"藩王"代理伊江王子与三司官等前往那霸会见松田道之，明确表示关于琉球同清朝的关系，需要由日本政府同清朝政府进行谈判，琉球在未收到清朝政府的指令之前，不会遵奉日本政府的命令。同时，琉球希望能够直接派遣官吏到东京，向日本政府直接请愿交涉。⑦9日，松田道之同琉球王府的谈判破裂，不得不同意琉球派遣官吏上东京交涉的要求。11日，尚泰任命三司官池城亲方毛有

---

① 松田道之对三条实美的指令做了说明书，将主要内容概括为9条，分别为：（1）禁止向清国派遣进贡使节；（2）禁止接受清国册封；（3）废行清国年号，对内对外皆改行明治年号；（4）刑法按照日本政府定律施行，派遣担当者两三名上京学习；（5）改革琉球藩政，使与日本体制相合；（6）选择少壮者十余名上京学习；（7）废除福州琉球馆，商业和人民往来居留之事受日本在厦门之领事管辖；（8）琉球王应速来东京谢恩；（9）在琉球设置镇台分营。参见『明治文化资料丛书』第 4 卷・外交篇，第104—107页。

② 喜舎場朝賢：『琉球見聞録』，第25页。

③④ 喜舎場朝賢：『琉球見聞録』，第26页。

⑤ 喜舎場朝賢：『琉球見聞録』，第31—32页。

⑥ 喜舎場朝賢：『琉球見聞録』，第32页。

⑦ 喜舎場朝賢：『琉球見聞録』，第86—87页。

从复国到自治：明治时期琉球自立思想的演变

斐为上京使者，同与那原亲方马兼才、幸地亲方向德宏、喜屋武亲云上向维新、内间亲云上向嘉勋、亲里亲云上翁逢源等五名官员与松田道之一同前往东京。[①]

9 月 25 日，琉球使者一行到达东京，拜见了明治天皇，并向内务卿大久保利通呈上了国王尚泰致天皇的书信。尚泰认为琉球"与支那有五百年之缘由，信义之处难以断绝"，"且职制、年号、礼仪等件，难以施行"，表示难以遵奉明治政府的指令。[②]在此后一年多的时间里，三司官池城亲方毛有斐[③]、富川亲方毛凤来等携同在东京琉球官吏，先后向明治政府太政大臣三条实美、右大臣岩仓具视等人请愿 14 次，[④]力陈不可断绝琉球同清朝之关系，但却都被以"难以听许"为由直接驳回。1876 年 10 月 27 日，在东京琉球官员最后一次向明治政府请愿交涉，未果后于 11 月初遣官回琉球，决定直接派使者前往清朝请求救援。[⑤]

11 月 30 日，琉球王府秘密派遣幸地亲方向德宏、伊计亲云上蔡大鼎、名城里之主亲云上林世功等前往中国，将日本阻止琉球向清朝朝贡的情况告知清朝。[⑥]时任闽浙总督何璟、福建巡抚丁日昌联名将向德宏等人的密咨上呈给光绪皇帝，光绪皇帝将此事交由总理衙门处理，翰林院侍讲何如璋奉上谕以第一任驻日本公使的身份前往日本进行交涉。何如璋到达东京后，就阻贡问题同日本外务省展开交涉，同时安排在东京的琉球三司官富川亲方毛凤来、与那原亲方马兼才[⑦]等，向与琉球签订条约的美国、法国、荷兰等国驻日本公使提出"告禀"，请求诸国"劝谕日本"，"使琉球国一切照旧"。[⑧]然而，对于琉球使者的控诉，"英国、荷兰公使拒之不受"，

---

① 喜舍場朝賢：『琉球見聞録』，第 110—112 頁。

② 喜舍場朝賢：『琉球見聞録』，第 131 頁。

③ 琉球三司官池城亲方毛有斐因多次向明治政府请愿却不被许听，日夜焦思、煎虑不堪，最终悒悒郁郁，一病不起，于 1877 年 3 月 17 日，客死于东京。参见喜舍場朝賢：『琉球見聞録』，第 136 頁。

④ 琉球官吏向明治政府诸要员呈递的请愿书内容可参见『沖縄県史』第 12 卷·資料編 2『沖縄県各省関係文書 1』，琉球政府 1966 年版，第 143—219 頁。西里喜行、后田多敦等学者亦对其中请愿书的具体内容做了梗概梳理，具体可参见西里喜行：「琉球救国請願書集成（一）」，『琉球大学教育学部紀要』第 30 集，1987 年 3 月，第 71—73 頁；後田多敦『琉球救国運動:抗日の思想と行動』，出版舎 Mugen，2010 年，第 54—56 頁。

⑤ 『沖縄県史』第 12 卷·資料編 2『沖縄県各省関係文書 1』，琉球政府，1966 年，第 216—218 頁。

⑥ 西里喜行：『琉球救国請願書集成（一）』，琉球大学教育学部紀要第 30 集，1987 年 3 月，第 77 頁。

⑦ 1877 年旧历五月，原三司官池城亲方毛有斐病逝后，经琉球众官投票荐举，任命与那原亲方马兼才补任三司官，此时马兼才正驻在东京同明治政府进行交涉。

⑧ 『明治文化資料叢書』第 4 卷·外交卷，第 179—180 頁。

"美国公使向本国请示如何处置，其后不见任何动静"。[1]1878 年 10 月 7 日，何如璋向日本外务卿寺岛宗则提出严正照会，谴责日本"欺凌琉球""压制小邦"。[2]然而，何如璋的照会却被寺岛宗则视为"假想之暴言"[3]，谈判亦陷入僵局。

二、县政抵抗运动与"二重权力"格局

1879 年 1 月 25 日，内务省大书记官松田道之再次被派到琉球，次日在首里城向琉球众官宣读了太政大臣三条实美的"督责书"，又递交了松田本人的"意见书"，谴责琉球私自派遣向德宏到清朝求援，同时将琉球官吏在东京向诸外国公使的请愿视为对日本政府的大不敬行为，并借由违反国法对琉球进行恐吓。[4]但是琉球"藩厅众官见此书，毫无恐怖之色"，"坦然自安"，认为"清国乃富强强大之邦国，最重威信。若其藩属被他国所侵犯而置之不问，则有何面目对欧美各国？故就琉球事件，业已通过东京驻扎公使何如璋、张斯桂向日本政府责难。以此情况察之，政府若对我加暴行，清国必赫然兴师。藩众上下坚定心志，以固辞政府命令为上策"。[5]琉球王尚泰亦致书三条实美以日清之间尚未了解为由，表示难以遵奉明治政府的指令。[6]2 月 4 日，松田道之交涉无果后返回东京。

3 月 11 日，松田道之第三次被派往琉球，决定对琉球施行武力"处分"。临行前三条实美向松田道之做了如下指示："若遇藩王或藩吏抗拒此次处分，拒不退出首里居城，拒不交接土地人民官簿等，可交付警察部拘捕，若有谋反凶暴之行为，则与营所谋议，可以武力处分。"[7]25 日，松田道之同随行官五十余名，警部巡查一百六十余名，熊本镇台营陆军步兵四百余名武装进入琉球。[8]27 日，松田道之与随员及警部巡查百余名，在首里城对琉球发出了"让出首里城""藩王上京""交出

① 喜舍場朝賢：『琉球見聞録』，第 142 頁。
② 『那覇市史』通史篇第 2 卷、第 278 頁。
③ 『那覇市史』通史篇第 2 卷、第 279 頁。
④⑤ 喜舍場朝賢：『琉球見聞録』，第 144 頁。
⑥ 喜舍場朝賢：『琉球見聞録』，第 145 頁。
⑦ 『明治文化資料叢書』第 4 卷·外交卷，第 217 頁。
⑧ 『明治文化資料叢書』第 4 卷·外交卷，第 216—219 頁；喜舍場朝賢：『琉球見聞録』，第 147 頁。

从复国到自治：明治时期琉球自立思想的演变

土地人民及其他官薄文书"的"告谕"。[①]同日，冲绳县令代理内务少书记官木梨精一郎向琉球发布了"琉球废藩，更置冲绳县，县厅设置于首里"的公告。[②]3 月 29 日，琉球国王尚泰被胁迫退出首里城，移行至世子尚典的居所中城御殿，而首里城则被日本政府接管并作为熊本镇台冲绳分遣队的驻扎地。[③]

同日，县令代理木梨精一郎向首里、泊、久米、那霸、诸间切官吏发布如下告谕，"今者，就琉球废藩，更置冲绳县一事，即命令旧藩中官吏一律废止。首里、泊、久米、那霸及其他诸间切之役人，与诸町村之役人，如从前一般勤务"，[④]要求琉球王国原有役人继续为新政府服务。但各级役人皆退出新政府，"一切均不出席，各公所皆悉闭户"，对新政府发布的政令，"无一人回应"。[⑤]

4 月 2 日，松田道之要求尚泰王对士民发布命令，传达"废藩置县"之事，令士民"遵从新县之命令"。[⑥]但三司官与众官吏商议后，认为"士民当固心志，拒绝日本之命令，以待清国之援兵"，若尚泰王发布这样的命令，"将有大害"，故而严词拒绝了松田道之的要求。[⑦]此后，琉球众官吏在三司官的领导下每日参集于中城御殿，将官吏分为四部，凡是处分官松田道之及代理县令木梨精一郎有命令到来，便一同协议商讨拒绝之方法。[⑧]而各村士族亦集合于各学校，同时每村再选拔骨干四名，集于国学。"凡与松田之应答及实施事件，逐一报知"。[⑨]由此，琉球士族上下，在三司官的领导下形成了以中城御殿为中心，覆盖各地方士族群体的权力体系，各地方士族按照中城御殿众官之决议行事，继续像往常一样对地方征收贡赋钱谷，维持原有统治秩序，形成"双重权力"的政治形态。

为了统一行动，巩固志气，王府官员纷纷通过"血印誓约书"的形式，与县厅对峙，表达对县政的抗拒与不服从。誓约书中规定："若奉日本之命令，受官禄者，则刎首不赦，若遇其害而义死者，则以共有金抚恤救助其妻子。"[⑩]"血印誓约书"运动逐渐从王府阶层向各地方士族阶层及农民阶层逐渐扩大，并在宫古岛引发了岛

---

① 喜舍場朝賢：『琉球見聞録』，第 148 頁。
② 喜舍場朝賢：『琉球見聞録』，第 148—152 頁。
③ 喜舍場朝賢：『琉球見聞録』，第 153—154 頁。
④⑤⑥ 喜舍場朝賢：『琉球見聞録』，第 154 頁。
⑦ 喜舍場朝賢：『琉球見聞録』，第 155 頁。
⑧ 喜舍場朝賢：『琉球見聞録』，第 158 頁。
⑨ 喜舍場朝賢：『琉球見聞録』，第 170—171 頁。
⑩ 喜舍場朝賢：『琉球見聞録』，第 171 頁。

民围攻警察所，要求交出背叛者的暴动事件。[①]6 月 21 日，曾随同向德宏一起前往清朝情愿的旧评定所笔者主取龟山里之子亲云上[②]驾船回国。向琉球国内官员传达了"清国政府命浙江总督操练海军之事日盛"，应是为"援助琉球之准备"的情报。琉球众官听后，"大为欢悦"，"或感激涕零"，[③]更加坚定了抗拒日本命令，等待清朝救援的决心和意志。此后，冲绳县令再三命令琉球原三司官及十五人众、定役及其他各个公所之吏员、首里各村及各间切的地方吏员，接受新冲绳县厅所受官职，但是众官皆"固辞不受"。[④]

　　面对琉球士民上下的一致抵抗，日本当局决定进行武力镇压。5 月，锅岛直彬就任初代冲绳县令，[⑤]同月，熊本镇台冲绳分遣队大尉益满邦介的负责强行收缴了琉球王国的所有武器，集中于首里城内。7 月，除了冲绳县警员总署以外，县厅又在首里、那霸、久米岛、宫古、八重山、羽地、东风平、美里等地设立了警员分署，[⑥]逐渐完备在冲绳的统治机构。8 月以后，冲绳县厅开始对参与抵抗运动的琉球士民进行武力镇压。冲绳县警部开始每日轮次拘捕原琉球王府定役人、诸所诸座诸藏官吏、各间切下知役、检者、捌理役以及宫古、八重山各离岛在任头目等，共

---

　　① 1879 年 7 月，宫古岛下地村下层士族下地仁屋利社曾签署血誓书，但迫于生计，便到宫古岛警察所担任翻译员和杂役人。宫古岛士族和岛民深以为耻，认为下地仁屋利社违反了血誓书，必须严惩背叛者，于是便将其双亲和弟弟逐出村落，流放到伊良部岛。岛民想惩处下地本人，但因其警察身份，担心遭日本军警报复，故而只能隐忍不发，私下对其冷嘲热讽，表示鄙视。驻宫古岛的日本警察也注意到了下地的家人被流放，于是便要求交出"凶手"，七名"凶手"自首后，日本警察也只是对其进行了口头训诫，避免事态扩大。不料，下地在一次取水时，无意间听到岛民金城松之妻的嘲讽，于是勃然大怒，将其扭送派出所，要求惩戒她，但经人劝说后将其释放。金城松之妻受辱的消息很快在岛上传开，金城松知道妻子被叛逆者侮辱后更是恼羞成怒，决定进行报复。于是，金城松便煽动各村士族与村民履行血誓书，下里村士族奥平昌纲便率领岛民一千两百余人，包围了警察所，向警察所投掷石块，要求交出下地仁屋利社。日本警察见其人数过多，众怒难犯，不敢强行驱逐，只好将下地藏匿。但岛民怒不可遏，冲进警察所，在杂役房抓到下地。后岛民将下地游街示众，并将其绑在巨木之下，由岛民审判其罪行。最后，岛民激愤难控，将下地乱拳殴死。事后，那霸警署派警视前往宫古岛调查，士族真荣平亲云上主动承担了所有罪行，并以自杀谢罪。其后，那霸警视在宫古岛共发现三十余道血誓约书，书上有宫古岛役人和全岛各村村民的署名。明治政府担心严加追查可能会激起更大的反抗，于是便草草了解了此案。以上参见渡久山寛三：『琉球处分：探訪人大湾朝功』新人物往来社，1990 年，第 306—308 页。
　　② 1879 年 6 月 26 日，龟山里之子亲云上被冲绳警部巡查拘留，未经多久便病死。
　　③ 喜舍場朝賢：『琉球見聞録』，第 179 页。
　　④ 喜舍場朝賢：『琉球見聞録』，第 180 页。
　　⑤ 『沖縄県史』第 12 卷・資料編 2『沖縄県各省関係文書 1』，第 339 页。
　　⑥ 赤嶺守：「王国の消滅と沖縄の近代」，豊見山和行編『日本の時代史 18 琉球・沖縄史の世界』，吉川弘文館，2003 年，第 246 页。

从复国到自治：明治时期琉球自立思想的演变

计一百余人。①遭逮捕的琉球官员被扣留在那霸和首里的临时警察所，"交互带出，严刑拷问"。拷问时，"用绳捆双手，悬于屋梁，杖打痛殴，苦楚残酷至极"，"累绳长棍之痕，皮肉绽裂腐烂"。此后，"首里、那霸上下，骚扰不堪，人人无不怀自危不安之心"。②9月14日，三司官浦添亲方向居谦亦被逮捕。

同日，三司官富川亲方毛凤来紧急召聚众官商讨对策，最终只能无奈地决定，"当不受日本人之强暴，暂时假装应其命令，以待清军"，并以释放遭逮捕的王府和地方官员为交换条件，向冲绳县厅提交了服从县政的愿书。③9月24日，向居谦、毛凤来被任命为冲绳县厅顾问官，部分琉球王府旧官吏也开始被迫为新县厅服务。④在日本政府的武力镇压下，琉球国内的县政抵抗运动，逐渐从表面退却，等待清国的援救成为琉球"救国复君"的唯一希望。

三、赴清请愿运动与"征日救球"主张

1879 年后，琉球赴清救国请愿运动开始高涨。大批琉球人尤其是琉球士族开始秘密从琉球渡航清朝，向清朝请求援助。在清朝的琉球士族同国内士族以及驻东京士族保持着密切联系，相互沟通琉球国内情况以及中日交涉动向，共同商议应对之策。

1879 年 6 月 6 日，已经被胁迫至东京的琉球国世子尚典委托福建商人送来一封密函到福州琉球馆，告知滞留馆内的向德宏等人琉球已被强行"废藩为县"等情况。在密函中尚典指示向德宏一行不要停留在福州，应立刻北上，向清政府请愿。7 月 3 日，向德宏一行剃发结辫，扮作中国商人北上天津，向直隶总督兼北洋大臣李鸿章提出了救国请愿书。向德宏在请愿书中痛陈了日本在琉球的侵略行径，表达了自己"生不愿为日国属人，死不愿为日国属鬼，虽糜身碎首，亦所不辞"的救国决心，呼吁李鸿章能够"体天子抚绥之德，救敝国倾覆之危"，"速赐拯援之策，立兴问罪之师"。⑤

7 月 23 日，向德宏通过美国领事馆的报纸得知，国王尚泰已经被胁迫到了东

---

① ② 喜舍場朝賢：『琉球見聞録』，第 186 頁。
③ 喜舍場朝賢：『琉球見聞録』，第 188 頁。
④ 喜舍場朝賢：『琉球見聞録』，第 189 頁。
⑤ 西里喜行编：『琉球救国請願書集成（一）』，第 84 頁。

京。于是再次禀书李鸿章，明确表达了希望大清能派兵征伐日本，挽救琉球的主张。在请愿书中，向德宏给清朝拟定了两套征伐日本的方案：一是直接出兵日本，兴师问罪，向德宏表示自己熟悉日本的地图、语言、文字，愿意充当征日先锋，使日本不敢再次"逞其凶顽"；二是希望清朝能够仿效明朝洪武年间吴祯率兵驻防琉球的旧事，出兵琉球堵御日本，琉球官民必将仰仗"天朝兵威"，协力齐心，将日本兵逐出琉球境内。①同年，在送呈总理衙门、礼部以及恭亲王奕䜣的请愿书中，向德宏等人都表达了希望清朝能够派兵救援琉球的请求。②

清朝方面力图通过协商解决琉球问题。1879年5月美国前总统格兰特（U.S.Grant）访问中国，恭亲王和李鸿章在会晤格兰特时，表示希望格兰特能够从中协调处理琉球问题。③7月4日，格兰特到达日本，8月10日格兰特在滨离宫同明治天皇的会晤时提出了"在岛屿间划分疆界，将太平洋通道让给中国"的方案。④12月，恭亲王奕䜣照会日本外务卿井上馨提议琉球一案"既经美前统领劝解，从前辩论暂置弗提，愿照美国前统领信内所称次第办理"⑤。井上馨收到照会后表示认同，于1880年6月29日任命宍户玑为全权办理公使同清朝总署大臣沈桂芬等进行正式谈判，提出了"照各国'一体均沾'之例酌加条约，而割琉球南部宫古、八重山岛二岛以属于中国"的方案。⑥南洋大臣刘坤一、北洋大臣李鸿章等均以"存琉祀为重""并以防俄"为由主张同日本和解，双方于10月21日议定了《琉球条约拟稿》等约稿，达成了"除冲绳岛以北属大日本国管理外，其宫古、八重山二岛属大清国管辖，以清两国疆界，各听自治，彼此永远不相干预"的初步协定。⑦

在清朝同日本就"琉球一案"进行交涉时，琉球士族也密切关注着谈判动向。9月28日，在得知琉球分岛方案后，琉球国陈情都通事蔡大鼎、毛精长、林世功

① 西里喜行编：『琉球救国請願書集成（一）』，第88页。
② 西里喜行编：『琉球救国請願書集成（一）』，第91、95、100页。
③ 《李鸿章全集》译署函稿卷八 "与美国格前总统晤谈节略"，海南出版社，1997年，第3116—3117页。
④ 多田好问编：『岩倉公実記』下卷2「米国前大統領及ヒ夫人内謁見ノ事」，皇后宫職，1906年，第1668页。
⑤ 《总理各国事务衙门奏请派员商办琉球案折》（光绪六年六月二十四日），孔昭明编：《台湾文献史料丛刊》第4辑第73册《清光绪朝中日交涉史料选辑》，台湾大通书局，1984年，第24页。
⑥ 《总理各国衙门事务衙门奏与日本使臣议结琉球案折》（光绪六年九月二十五日），《清光绪朝中日交涉史料选辑》，第27页。
⑦ 《总理各国衙门事务衙门奏与日本使臣议结琉球案折·附录球案条约拟底》（光绪六年九月二十五日），《清光绪朝中日交涉史料选辑》，第29页。

从复国到自治：明治时期琉球自立思想的演变

等联名呈送请愿书给恭亲王奕䜣，坚决反对分岛方案。其认为琉球国"内有三府，东西宽处不过数十里，南北长不足四百里。外有三十六岛，其中八岛业已于前明万历年间被倭占去，现有二十八岛，皆海中拳石，穷荒特甚，土复硗瘠，物产绝少，人户稀疏，其一切衣食器物，莫不仰给于三府焉。夫以三府二十八岛而立国尚难，况割土分岛，将又何以立国，既不足以立国，则虽名曰存，何异于亡。"①

在清政府内部，对于分岛方案，也有很大的反对声音。翰林院侍讲右春坊右庶子陈宝琛认为："案一结，则琉球宗社斩矣，约一改，则中国之堤防溃矣。"②左春坊左庶子张之洞也认为"若球案率结，寥寥荒岛，即复封尚氏，终难自存。我不能庇类朝臣仆之琉球，复不敢抗蕞尔暴兴之日本。从此环海万国，接踵效尤，法据越南，英袭缅廓，俄吞朝鲜，数年之后，藩屏尽失"，因而主张"姑悬球案，以观事变"，"严修海防，静以待之"。③11月11日，李鸿章亦上奏光绪皇帝请求暂缓议结球案。④11月20日，琉球国陈情都通事林世功再次向恭亲王奕䜣呈上请愿书，力请清朝"召驻京倭使，谕之以大义，威之以声灵，妥为筹办，还我君王，复我国都"，之后自刎于总理衙门前，"以一死泣请天恩"。⑤最终，清政府并未在日方提出的"分岛改约"方案上签字，1881年2月宍内矶离京回国，⑥中日之间关于"球案"的谈判也被暂时搁置。

3月5日，光绪帝发上谕称"中国以存球为重，若如所议划分两岛，于存球祀一层未臻妥善"，故而令总理衙门"再与日本使臣悉心妥商，俟球案妥善结，商务自可议行"。⑦此后，中日之间关于"球案"的交涉时断时续。而滞留清朝的毛精长、蔡大鼎、向德宏等人则继续向清朝总理衙门、礼部、李鸿章、左宗棠等处请愿16次以上。三司官毛凤来、琉球王室成员向有德、向龙光等琉球高官亦纷纷渡航

---

① 西里喜行编：『琉球救国请愿书集成（一）』，第106页。

② 《右庶子陈宝琛奏倭案不宜遽结折》（光绪六年九月二十六日），《清光绪朝中日交涉史料选辑》，第34—35页。

③ 《左春坊左庶子张之洞奏琉球案宜审缓急折附上谕》（光绪六年十月初一），王彦威辑：《清季外交史料》第12册卷24，第1—2页。亦收录于蒋廷黻编著：《近代中国外交史资料辑要》，湖南教育出版社2008年版，第621页。

④ 《直隶总督李鸿章覆奏球案宜缓允折》（光绪六年十月初九），《清光绪朝中日交涉史料选辑》，第37—42页。

⑤ 西里喜行编：『琉球救国请愿书集成（一）』，第110页。

⑥ 《总理各国事务衙门奏日本使臣宍内矶回国折》（光绪六年十二月二十七日），《清光绪朝中日交涉史料选辑》，第69—70页。

⑦ 《上谕》（光绪七年二月初六），《清光绪朝中日交涉史料选辑》，第72—73页。

清朝，请求清朝效仿救援朝鲜、越南的之举，派兵远征日本，救援琉球。①

在 1881 年以后琉球呈递给清朝各处的请愿书中，琉球主要向清朝哀诉了以下内容：（1）反对琉球分岛方案；（2）请求清朝派出军舰征讨日本，救援琉球；（3）力陈琉球列岛战略位置的重要性；（4）揭示日本在入侵琉球后会进一步入侵朝台湾、朝鲜、越南的野心；（5）痛陈日本统治下琉球的惨状；（6）希望清朝能够将效仿援助朝鲜、越南之例援助琉球；（7）为清朝征讨日本、收复琉球的具体方案提供建言；（8）陈述琉球北部岛屿的重要位置，请求清朝在征讨日本过程中一并收复，返还给琉球。②但此后清政府并未再有实际行动，随着在清请愿的主要成员毛凤来、向德宏、毛精长等人先后客死清朝，琉球在清朝的救国请愿运动也逐渐走向衰退。

四、公同会运动与"同化自治"思想

然而琉球在清救国请愿运动的衰退并不意味着其完全放弃了谋求自立的行动。随着日本政府对琉球统治政策的展开，其殖民扩张和资源掠夺的帝国主义本质也逐渐暴露。在日本的殖民统治下，琉球农民的负担日益加重，琉球士族的生存空间也被不断挤压。同时，由于清朝在甲午战争中战败，琉球依靠清朝复国救君的希望彻底破灭。因此，如何在现有的体制下团结琉球境内各阶层以对抗日本帝国主义殖民掠夺的冲击，成为"新时代"冲绳知识阶层亟须思考和解决的问题。

1893 年，尚泰王四子尚顺同护得久朝惟、高岭朝教、太田朝敷等首里青年士族联合创办《琉球新报》，③他们在创刊宗旨中指出，《琉球新报》创立的目的主要有二，其一是着眼世界大势，促进冲绳进步发展；其二是打破偏狭陋习，发挥国民特质，去除地方岛根性，谋求国民的同化。④1895 年 6 月，《琉球新报》创办者们又发起组织了名为"公同会"的政治团体，公同会的主要成员包括尚泰王的次子尚寅、四子尚顺以及伊江朝真、高岭朝教、护得久朝惟、丰见城盛和、太田朝敷、知花朝章、伊是名朝睦等上层士族。公同会由会长、副会长、评议员 50 人组成，另

---

① 西里喜行编：『琉球救国請願書集成（一）』，第 76 页。
② 西里喜行编：『琉球救国請願書集成（一）』，第 76 页；『琉球救国請願書集成（二）』，第 276 页。
③ 『那覇市史』通史篇第 2 卷，第 186 页。
④ 大田昌秀：『沖縄の民衆意識』，弘文堂新社，1967 年，第 101 页。

从复国到自治：明治时期琉球自立思想的演变

有调查委员 10 人，干事 3 人。[①] 在公同会的成员中，不仅包括从东京留学归来、主张与日本同化的首里青年士族，也包括曾经被其嘲讽为"顽固党"的亲清派士族，他们在由尚泰王担任冲绳县知事的主张上达成一致，共同参与到向日本政府的请愿运动中。[②]

公同会成立后，便开始组织首里、那霸士族以及地方旧藩吏奉公人前往冲绳各地进行游说，号召冲绳士民赞同由尚家世袭冲绳县知事的"特别县制"。到 1897 年，公同会成员从冲绳县二区五郡共征集到 73322 余人的赞成署名。[③] 根据《冲绳县统计书》统计，1896 年，冲绳全域人口约有 447586 人，1897 年冲绳县人口为 453638 人。[④] 因此，请愿书署名人数占到当时冲绳总人口的 16%，同时已经超过了当时冲绳全域成年人口的一半。[⑤]1897 年，公同会从首里、那霸两区各选出 2 人，从国头、中头、岛尻、宫古、八重山五郡各选出 1 人，组成共计 9 人为代表的请愿团前往东京，携带联合署名的请愿书向日本政府当局陈情。[⑥]

公同会主要成员在其请愿"趣意书"中指出，请愿的目的是为了让冲绳县民"尽快具备日本国民的性格"，尽快使四十余万冲绳人民与日本内地同化。而实现这一目的，则首先需要使冲绳人民"民心统一"。"废藩置县"以来，冲绳人心分离，这妨碍了冲绳人民修养国民精神以及进行社交改造。因为，为了不伤及日本帝国的体面，尽快洗涤冲绳今日之时弊，矫正人民数百年来之习惯，使其拥有日本国民之自觉，需要酌情考虑冲绳的人情风俗，在冲绳设置一种特别制度。具体而言，便是让尚家成为冲绳人民的精神统帅者和社交的中心点，任命尚家为长司，使人心先统一于尚家，再由尚家率领"共沐皇化"。[⑦] 为此，公同会提出了以尚家世袭冲绳县知事为中心的"特别县制"。

公同会运动通常被视为琉球旧统治阶层为了维持自身特权而发动的"复藩"运动，运动从一开始便被打上了逆时代潮流的标签而被给予负面的评价和批评。明治三十年（1897）7 月 18 日的《鹿儿岛新闻》便以"复藩党的再燃"为题对公同会运动进行了疯狂的污名化抨击："他们自称为开化党而吹嘘，实际上是隐瞒的手段。

---

①③ 大田昌秀：『沖縄の民衆意識』，第 121 頁。

② 太田朝敷：『沖縄県政五十年』，国民教育社，1932，第 250 頁。

④ 沖縄県警察部編：『沖縄県統計書』（明治三十至三十二年），沖縄県発行，1901 年，第 45 頁。

⑤ 西里喜行：「琉球沖縄史における「自治問題」」『環』30 巻，藤原書店，2007 年，第 203 頁。

⑥ 大田昌秀：『沖縄の民衆意識』，第 121—122 頁。

⑦ 『那霸市史』資料編第 2 巻中の 4，第 652 頁。

他们剪断结发叫嚣成了文明人，实际上是一种蛊惑的手段。他们改变了服装、更换了木屐、撑起了洋伞、口口声声说日本化，实际上是误魔化的手段。"[1]除了《鹿儿岛新闻》外，《大阪每日新闻》、《读卖新闻》等媒体也都对公同会运动进行了报道。其关注的焦点大都集中在由尚家世袭冲绳长司等请求上，嘲笑琉球士族阶层无视时代潮流。[2]而后世的研究者也大多将公同会运动视为"时代错误"的复藩运动。[3]

　　然而，如果回归当时的时代背景，这些看似复古的主张背后，却是冲绳知识阶层对冲绳现状的不满以及未来的忧虑。公同会运动主要领导者、《琉球新报》主笔太田朝敷在《冲绳县政五十年》中指出，"置县后琉球的政治权力和社会中心逐渐转移，其中受影响最大的莫过于首里、那霸的一万余户士族，这些士族中有三百八十户在王国时期担任琉球王府机构的常职，依靠王府发给的家禄生活，置县后大多数士族只能够另外寻找活路。士族中只有极少数能够在县厅任职，本县人基本被排除在新的政治权力之外，在如今官权压力无所不及的时代，本县人虽然生活在属于自己的故乡土地之上，但却沦落到宛如食客的地步"。[4]

　　除了在政治上全面失权外，冲绳主要的经济利益也被外来商人霸占。明治 30 年（1897）长期生活在冲绳的《大阪每日新闻》那霸通讯员佐佐木笑受郎在《琉球士族的企谋与冲绳》中，对冲绳的商业情况做了如下描述："在冲绳县的商业首府——那霸聚集的大商人，基本上都是其他府县特别是鹿儿岛县人。县民所需内地物产的时候，则必须要经过他们的手不可。本县产出物的重要物品，也一定会落入他们的手中。本县人每每遗憾之处便在于此，想要获得营业上的自由是不可能的。"

---

　　① 「復藩党の再燃」『鹿児島新聞』明治三十年 7 月 18 日，转引自松永步：「沖縄公同会運動と早熟な「自立」構想—「特別制度」の「自治」を手がかりに—」『政策科学』16(2)、2009 年 2 月、第 116—117 頁。
　　② 主要报道有：「琉球の復藩請願に就いて」『読売新聞』明治 30 年 7 月 24 日；「沖縄県の自治問題」『読売新聞』明治三十年 7 月 26—29 日；佐々木兑笑郎「琉球士族の企謀と沖縄」『大阪毎日新聞』明治三十年 9 月 14 日—10 月 7 日。参见『那覇市史』資料編第 2 巻中の 4，第 657—669 頁。
　　③ 如比嘉春潮认为，公同会运动是旧惯温存县制方针下，旧统治者阶层为了维持以前的特权，不理解明治革新和废藩置县的意义，是一种得陇望蜀的时代错误的复藩运动。新里金福认为琉球士族以尚家世袭冲绳长司的"特别制度"，只是借"同化"之名来确保自己的地位，是借殖民地主义的手来确保自己的地位，这是是典型的"买办阶级"（壳弁阶级）思想。冲绳人民的解放需要的不是"同化"，而是"制度的改革"，但公同会运动的"趣意书"却认为"为今日冲绳人民考虑，相较于知识的启发，更重要的是修养国民的精神，相较于制度的改良，更重要的是与内地社交的建设"，将"同化"置于"制度改良"的优先地位，是一种倒错的思想。参见比嘉春潮：『新稿沖縄の歴史』，三一書房，1970 年，第 438 頁；新里金福：「公同会運動」『那覇市史』通史編第 2 巻，第 282—283 頁。
　　④ 太田朝敷：『沖縄県政五十年』，第 64 頁。

从复国到自治：明治时期琉球自立思想的演变

①根据太田朝敷的统计，明治二十八、二十九年前后，冲绳有商户数 2400 户，其中批发贩运商 260 户、经纪商 62 户，小零售商 1960 户，而批发贩运商人基本上被寄留商人所独占，县内人只能经营一部分小零售商业。②

诸如此类，随着冲绳县政的逐渐展开，日本帝国主义殖民掠夺的本质逐渐暴露，来自日本本土的"外县人"，不仅控制了冲绳的政治权力，同时也疯狂掠夺冲绳的土地和资源，霸占冲绳的经济利益。世代居住在这片土地上的琉球士族和农民，却逐渐沦落为"食客"，在外来人的剥削压迫下艰难求生。从这个角度看，琉球士族阶层发动的公同会运动，并不能简单地被视为"时代错误"复藩运动，其所体现的是琉球知识阶层在被迫加入日本体制后，对冲绳所面临的现实困境以及未来命运的忧虑和思考。而融合了王国时代体制惯性的"特别县制"主张，则是其在特定时代背景下，为维持琉球独立性和固有利益而进行的最后挣扎。

1897 年，明治政府内务大臣野村靖在听了上京请愿者的陈情后，奉劝请愿者"放弃迷心，回归乡里"，并对其警告"如若迷心固持,将以触犯国是为由对其进行处分"。③同时，日本国内从中央新闻到地方报纸，都对其时代错误的"复藩"主张进行冷嘲热讽，④公同会运动也在从政府到民间的全面阻击下迅速走向失败。

五、结 语

综上所述，明治时期琉球抵抗日本殖民侵略的思想和行动大体可以分为四个阶段：

第一阶段为 1875—1878 年围绕"琉清关系断绝"指令同明治政府交涉时期。这一时期，琉球统治阶层据理以争，力陈同中国数百年之藩属关系，拒不遵奉明治政府的断绝指令。遭到日本的无理拒绝后，琉球开始向清朝求援，并在清朝的安排下，向西方列强提请交涉，抗议日本的野蛮行径。

第二阶段为 1879 年琉球国内的县政抵抗运动期。明治政府强行"废藩置县"后，琉球众官在三司官带领下继续维持原有统治，与冲绳县厅对抗，形成"二重权

---

① 佐々木兑笑郎：「琉球士族の企謀と沖縄（四）」,『大阪毎日新聞』，明治三十年 9 月 17 日，参见『那霸市史』資料編第 2 卷中の 4、第 664 頁。
② 太田朝敷：『沖縄県政五十年』，第 206 頁。
③ 比嘉春潮：『新稿沖縄の歴史』，第 438 頁
④ 大田昌秀：『沖縄の民衆意識』，第 123 頁。

力"格局。同时还通过"血印誓约书",广泛发动各地下级士族和平民,共同抵制冲绳县厅的施政。但是由于琉球"弱小之邦,素无武备"[1],清朝的救援又迟迟不到,在日本政府的暴力镇压下,琉球士民的县政抵抗运动也逐渐从表面退却。

第三阶段为 1879 以后进入高潮的赴清救国请愿运动时期。日本政府暴力镇压了琉球国内的抵抗运动后,等待清朝的救援成为琉球士族救国复君的唯一希望。从 1879 年到 1895 年,琉球士族不断逃脱日本的监视,秘密渡航清朝。他们在清朝密切关注着琉球国内的情况以及中日交涉的动向,通过请愿表达了反对分岛、征日救球的复国主张,呼唤清朝的救援。

第四阶段为 1895 年后的谋求自治运动时期。由于甲午战争中清朝的战败,琉球企图依靠清朝复国救君的希望彻底破碎。面对日本帝国主义疯狂的殖民掠夺,琉球士族阶层企图重新将琉球士民重新统合在尚王家之下,通过尚家世袭长司的"特别制度"来谋求冲绳的自治。但是由于缺乏有力的支持,琉球的自治运动很快走向失败。士族上层提出的"自立"构想也因为过于"早熟",而被时代暂时封存。

近代以后,冲绳民众谋求自立的思想和行动便从未断绝,有关独立、自治、复国等思想主张或民众运动一直或潜藏或爆发于冲绳近代历史的各个阶段。明治时期琉球士民抵抗日本殖民统治的思想和行动是近代以后冲绳民众自立运动的起点。对这一时期琉球抗日思想与行动的探讨,可为我们理解近代以后冲绳自立运动的发展、思考冲绳未来命运的走向提供一个重要的参考视角。

（作者：陈刚,南开大学日本研究院博士研究生）

---

[1] 向德宏语,参见西里喜行编:『琉球救国請願書集成（一）』,第 84 页。

"总体战"构想下日本的兵役制度改革[*]

——以 1927 年《兵役法》的成立为中心

韩 亮

内容摘要 一战中"总体战"的出现颠覆了日本军部对战争的传统认知，深刻改变了日本的安全保障观念。"总体战"构想下国民动员概念的出现、国家工业化的需求，以及战后和平主义思潮等多重因素，共同对日本的兵役制度提出新的挑战。迫激于构筑"总体战"体制，军方通过加紧对在乡军人会和大日本青年团等民间团体的管控，进一步促进了社会的军事化和法西斯化。日本社会的军事化和法西斯化，也为《兵役法》的成立创造了必要的社会条件。在"总体战"构想的影响下，日本政府于 1927 年颁布《兵役法》，完成了对兵役制度的重大改革。

关键词 总体战 国民动员 征兵制 兵役法

*本文系 2019 年度国家社会科学重大项目："日本全面侵华战争的决策问题研究"（课题编号：19ZDA220）阶段性成果。

Japan's Military Service System Reform under the Concept of "Total War"—Centered on the Establishment of the Military Service Act in 1927

Han Liang

Abstract: The emergence of "Total War" in World War I overturned the traditional understanding of the war in Japan and profoundly changed Japan's concept of security. Under the idea of "Total War", the concept of national mobilization, the needs of the national industrialization, and the postwar pacifist trend had presented new challenges to the Japanese military service system jointly. Motivated by the construction of a "Total War" system, the military further promoted the militarization and fascistization of society by tightening control over civil organizations such as the Association of Reservists and the Youth League of Empire of Japan. The militarization and fascism of Japanese society also created the necessary social conditions for the establishment of the Military Service Law. Under the influence of the "Total War" concept, the Japanese government promulgated the "Military Service Law" in 1927 and completed a major reform of the military service system.

Keywords: Total War; National Mobilization; Conscription; Military Service Law

1914 年到 1918 年间的第一次世界大战对日本的影响有诸多方面，但对之后以军部为核心的军事政策产生最直接、最深刻的影响的，恐怕莫过于大战中形成的"总体战"这一新的军事思想。总体战的出现，不仅颠覆了日本军人对战争模式的传统认知，也彻底改变了日本的安全保障观念，甚至和随后出现的政军关系的对立、军内势力的分化，乃至社会体制的法西斯化，都有着千丝万缕的联系。[①]

征兵制是日本近代以来建立军队的制度基础，也是连接军队与社会的窗口和军

---

① 日文作"総力戦"，国内相关文章大多将其翻译成"总体战"，也有的直接用"总力战"。国内学界对总体战的研究状况，可参见高士华：「中国大陸の総力戦研究と日中比較」，『歴史評論』No.807，2017 年 7 月。关于日军对总体战的研究和认识，可参见纐纈厚：『総力戦体制研究——日本陸軍の国家総動員構想』，社会評論社，2010 年；山之内靖（編）：『総力戦と現代化』，柏書房，1995 年；小林英夫：『日本帝国と総力戦体制——戦前・戦後とアジア』，有志社，2004 年；小林啓治：『総力戦体制の正体』，柏書房，2016 年。

"总体战"构想下日本的兵役制度改革——以 1927 年《兵役法》的成立为中心

队政治力量的重要来源。[①]一战后，日本紧随西方列强，迫切在总体战的理念下大刀阔斧革新军制，征兵制改革则成为日本构筑总体战体制的重要一环。在改革过程中，日本军方通过强化对在乡军人会、大日本青年团等民间团体的管控，促进了社会的军事化和法西斯化，为征兵制的改革创造了必要的社会条件。最终，日本于 1927 年颁布《兵役法》，取代了 1873 年以来的《征兵令》，完成了近代日本兵制史上的又一次划时代的大改革。[②]

本文拟按上述思路，围绕《兵役法》成立的历史背景、社会条件以及内容和特征等问题展开论述，希望能够对认识和理解战间期日本兵役制度改革的历史过程有所助益。

一、《兵役法》的背景："总体战"的登场

"总体战"（Total War）的概念源起于法国人莱昂·都德的《总体战》（*La guerre total*, 1918），后经鲁登道夫的《国家总体战》（*Der Totale Krieg*, 1932）而广为人知。概括而言，总体战包含如下特征：由于坦克、机关枪等近代兵器的使用，战争趋于长期化；军事战争被分化为以歼灭、征服敌人为目标的"歼灭战略"和以消耗敌军战争能力为目的的"消耗战略"；为了维持战场上消耗的数字庞大的人力和兵器、弹药，国家不得不将包含所有要素在内的全部国力投入到战争中去，由此导致纯粹的军事力在战争中的比重减小，而经济和工业动员的比重增大；包括陆海空在内的战争空间得到极大扩展，战场与后方的界限变得模糊，不单是军队，国民全体也将成为战争的主体。

尽管日本在一战中大多时间采取隔岸观火的姿态，对总体战缺乏实际体验，但颇具"国际视野"的军方对战场信息的捕捉、对战争形态的认识却并不滞后。陆军省在 1915 年 12 月设置临时军事调查委员会，下设八个班对交战各国的编制、制度、

---

① 加藤陽子：『戦争の論理』，勁草書房，2005 年，第 4 頁。

②大江志乃夫按照法令的变迁对征兵制的历史分为三个时期，分别为：征兵令时代（1873—1889）、新征兵令时代（1889—1927）、兵役法时代（1927—1945）。参见大江志乃夫：『徴兵制』，岩波書店，1981 年。

动员、补给、军需生产等战争要素展开调查研究。[①]其中，对于战争动员和兵员补充的分析研究集中见于第二班编写的《关于欧洲交战诸国之陆军》《关于交战诸国之陆军》，以及部分军人在《偕行社记事》刊登的相关文章。

这些研究中最受关注的数据，是主要参战国平时和战时的兵员数量。例如"交战各国兵力一览表"显示的平时兵员数与战时动员兵员数的对比中，德国是 14.5 倍，法国是 9 倍，俄国是 11 倍，英国由于是志愿兵制竟达到了 21 倍。[②]此外，陆军省兵器局枪炮课长吉田丰彦对各国战争初期和后期的兵员进行比较后发现，参战各国在战争后期呈现出"兵员渐次减少之趋势"，并进一步解释说，这并非因为不需要更多的兵力参加战斗，而是可动员的人力实在已经消耗殆尽。[③]

另一方面，通过一战"富国"与"强兵"的关系得到重新认识，"军备乃维持、扩张、发展产业力不可或缺之物"，"产业力亦为军备，特别是战争得以维持、培养、增大之直接要具"，故此"产业力是军备极为有力的一大要素"。[④]于是"国民动员"的概念顺势而出，首次进入了军方的视野。调查委员会给出的定义是："为让战争最有效地进行，能够统一使用一国之全体人员的状态"。[⑤]刚刚结束欧美考察的田中义一更一针见血地指出："与此前之战争相比，今后之战争将不单是军队与军舰之战争，而将是国民全体之战争。"[⑥]这种动员一切的战略思想，主宰了日本之后的改革发展路径。1927 年 5 月，内阁之下专门设立资源局，并且打出"人力资源之动员"的政策口号，毫不避讳地将人视作国家的一项战略资源，成为国家总动员体制的重要组成部分。

总之，这些研究结果一方面提示了在战争中大规模动员能力的必要性；另一方

---

① 调查委员会根据《临时军事调查委员会处务规定》分为八个班对不同项目进行调查。第一班为建军及编制、制度；第二班为动员及补充、教育；第三班为资金、被服、粮秣、建筑；第四班为卫生、军马卫生；第五班为外交、战略战术、步兵、骑兵、炮兵、工兵、辎重兵；第六班为兵站、筑城、运输及交通；第七班为兵器；第八班为器材。

② 参见陆军临时军事调查委员编：『欧州交戦諸国ノ陸軍ニ就テ』，"交战各国兵力一览表"，陆军临时军事调查委员，1917 年。

③ 吉田豊彦：『軍需工業動員ニ関スル常識の説明』，水交社，1927 年，第 4 頁。

④ 『参戦諸国の陸軍ニ就テ』，『偕行社記事』，1917 年，第 33—34 頁。转引自横山久幸：「日本陸軍の軍事技術戦略と軍備思想について—第一次大戦後を中心として」，『防衛研究所紀要』3.2,2000 年，第 94 頁。

⑤ 陆军临時軍事調査委員編：『欧州交戦諸国ノ陸軍ニ就テ』，陆军临時軍事調査委員，1917 年，第 13 頁。

⑥ 田中義一：『欧州大戦の教訓と青年指導』，新月社，1918 年，第 70 頁。

"总体战"构想下日本的兵役制度改革——以 1927 年《兵役法》的成立为中心

面，也对军方在改革征兵制和构建与总体战相适应的动员体制等方面提出了新的课题。

然而事与愿违的是，与军方积极构筑总体战体制的热情形成鲜明对比，日本国民和政府的态度却意外冷淡。在世界性和平主义浪潮的席卷下，民众的普遍心态是，近期战事再起的可能性微乎其微，与其为总体战空耗国力，裁军才是政治家更应该关心和实现的政治目标。政治家则认为，利用战胜国身份将利益最大化，提高日本的国际地位和国民福祉才是其本职，构筑总体战体制只是众多重要工作中的一项。以田中义一和宇垣一成为代表的军方首脑，也不得不在与政治家合作的基础上来推进总体战体制的构筑工作。

战后环境对军队的最直接影响，是使日本发生了近代后的首次大规模裁军，即"山梨军缩"（1922—1923 年，裁军 6 万人，马 12000 匹）和随后而至的"宇垣军缩"（1925 年，减少 4 个师团编制）。不过裁军只是多方博弈的结果，绝不意味着日本要放弃强兵之路或是走和平主义路线。事实上，政军两方在裁军的背后都有着从总体战角度的考量。比如，以犬养毅为代表的政界人士打出了"产业立国主义"的口号，认为日本现有产业状况无法应对总体战，因此平时全力投入到产业发展中，积蓄在战时以全国之力对抗的实力乃是国防之急务。[1]宇垣一成等军方的改革派则希望利用裁军节省下的军费大力发展军工，谋求日本军事的现代化发展。

另一个显著影响表现在兵役制度上。征兵制的存废问题在战后成为国际性热门议题，日本的征兵制亦受到前所未有的挑战。最早的关于废除征兵制的主张出现在 1919 年的凡尔赛会议上，后来在法国和意大利的坚决反对下，废除征兵制最终未能写入国际公约。不过日本的媒体对该议题进行了跟进报道，《东京日日新闻》刊载的"征兵制废止论"相关文章引起了很大反响。军部也认识到，由于在一战期间重化学工业的发展，对青壮劳动力的数量需求相应增加，现役兵员和工业生产者的人数需要重新配给。与其让少数士兵长期在营，通过短期教育来培养多数兵员显然更符合时代潮流。[2]

从 1918 年开始，陆军内部围绕征兵制出现了减轻兵役的改良思潮，过去一些被否定的改革主张再次回归人们的视野。1902 年 7 月的《东洋经济新报》曾发文

---

① 木堂先生伝記刊行会：『犬養木堂伝』中卷，東洋経済新報社，1939 年，第 454—458 頁。转引自黑野耐：『帝国国防方針の研究—陸海軍国防思想の展開と特徴』，総和社，2000 年，第 233 頁。
② 加藤陽子：『徴兵制と近代日本 1868—1945』，吉川弘文館，1996 年，第 188—189 頁。

提出了"二年兵役制"的主张，其出发点是减少现役兵员增加劳动力，减轻服役人员的负担和国家军费开支。但在当时日俄矛盾激化的国际背景下，这种意见显然缺乏现实基础。而到了一战之后，国际局势的稳定和人们对长久和平的心理预期则为大幅度的改革提供了可能。

例如，为减轻兵役间接造成的家庭经济损失，军队从1919年起许可士兵在"农业及其他产业繁忙期"归省休假。[①]不过这一措施实施不久就以败坏军纪、影响教育等理由被中止。再如，陆军中将桥本胜太郎和众议院议员武藤山治等，以社会公平和改善现役兵待遇等为由提出"兵役税"的主张。但陆军省议会一方面承认对现役军人家庭和残兵家属进行救助的必要性，一方面又表示"不能全然同意"，并以"兵役之义务绝不能以金钱代之"为由予以否定。[②]尽管这些建议或半途而废或直接流产，但很明显，以减轻兵役、废除特权、均质化为方向的兵役制度改革趋势已然出现。

关于兵役制度改革，有两点需要补充说明。首先，作为默认的共识，这种改革必须发生在征兵制一贯宣扬的"国民皆兵"主义的框架之下。因此，为保障战时能够迅速扩充兵力，在改革中需要建立与总体战相匹配的预备役制度。其次，如果裁军减员和缩短兵役的情况同时发生，为获得即战力，需要国民在入营前就具有一定的军事基础，同时也需要士兵结束现役成为"在乡军人"后能够保持一定的军事素养。[③]因此，改革需要以加强青年的军事化教育、强化在乡军人团体作为前提。

二、《兵役法》的条件：民间军事化团体的强化

吉田裕曾指出："社会秩序的状况往往决定军队的状况"。[④]对于这一点，战前

---

① 大正八年军令陆第一号『法令全書』，转引自及川琢英：「徴兵忌避対策と徴兵制の定着」，『ヒストリア』第195号，大阪歴史学会，2005年，第66頁。

② 1916年2月7日第37议会众议院兵役税法案外一件法案委员会上隈德三陆军主计总监的发言，转引自一ノ瀬俊也：『日本の徴兵制と社会』，吉川弘文館，第138頁。

③ "在乡"是与"在营"相对的概念，指退出现役回到地方。"军人"则不限于通过军校培养或走志愿兵路线的职业军官，也包括往年通过征兵的普通士兵。因此"在乡军人"，指的是那些完成现役服役的军人，在平时从事自身的职业，在战时或发生事变之际则响应国家的临时召集并从事军务的军人。按1936年制定的《帝国在乡军人会规程》（第八条），"在乡军人"的范围包括：预备役和退役的将校、相当于将校的官员、特务士官、准士官、归休中或预备役的下士官士兵、归休兵、预备兵、补充兵、海军预备员。参见帝国在乡军人会：『帝国在郷軍人会則』，帝国在郷軍人会，1937年，第2頁。

④ 吉田裕：『日本の軍隊——兵士たちの近代史』，岩波書店，2002年，第10頁。

"总体战"构想下日本的兵役制度改革——以 1927 年《兵役法》的成立为中心

日本军方想必有着更深切的体会。1873 年实施征兵制以来，随着入营人数的增多，军队与民间社会的互动日益密切。但在同时，由于日本征兵制有着"民众基础狭隘"的先天缺陷，[1]国民对军队的态度始终是个变量，忽明忽暗，即有过间歇性（甲午、日俄两战争背景下）的拥军狂热，也有着持续性的"征兵忌避"问题。[2]这让政府和军方不得不同时考虑两方面的问题，即如何确保征兵工作的顺利执行，源源不断地为军队输送血液，同时又如何克服国民对军队和兵役的排斥，构建良性的军队与地方关系。[3]

日本在战前规模最大并且与军队关系最密切的社会团体，是在乡军人会和青年团。分别成立于 1910 年的"帝国在乡军人会"和 1914 年的"大日本联合青年团"，是上述两组织在被国家统合后的终极形态。从时间上看，二者成立于一战以前，确切地说是日俄战争后日本加强国家军事化的产物。继续前溯，二者早期成长的关键节点则是在甲午战争时期，可以说与日本近代国民的诞生和民粹主义的兴起相同步。尽管在战后的历史叙事中，日本国民往往被认为是受到军国主义者欺骗或胁迫从而被迫成为侵略者的帮凶，但这两个组织所展现出的国民在积极参与国家军事和政治活动中的自发性和自主性是不容忽略的。[4]事实上，也正是因为这种自发性和自主性的存在，军部才能不失时机地介入其中，并最终将二者纳入自己的统一"指导"之下。

"帝国在乡军人会"（以下简称"在乡军人会"）在早期是一个督促在乡军人保

---

① 吉田裕指出：欧洲从封建骑士军队过渡到近代征兵制军队，先后经过了封建诸侯的"雇佣军队"、市民革命时期的"国民军"两种组织形态。在"国民军"组建过程中，那种国民广泛进入军营的实际体验，对于后来征兵制军队的成立有着重要意义。近代日本的征兵制则是在广大国民缺乏参军体验的前提下，通过政府的法令强行推进的，以致征兵制实施之初民众基础脆弱。这一缺陷尽管在维持小规模军队时并不明显，但随着日后不断发动对外战争，特别是在日俄战争以后，这一矛盾便暴露无遗。参见吉田裕：「日本の軍隊」，『日本通史』（第 17 卷近代 2），岩波書店，1994 年，第 151—152 頁。

② "征兵忌避"意即因忌讳而逃避征兵的行为，在国内的译著中有时翻译为"征兵忌讳"，从 1873 年征兵令发布到 1945 年日本战败废除征兵制，"征兵忌避"一直是日本的一个独特的社会现象。

③ "地方"一词在战前日本与"军队"并用时，一般指民间社会。

④ 日本最早的在乡军人团体诞生于 1889 年《征兵令》改正前后，基本都是自主集结，或在地方行政机关指导下成立的。由在乡军人自主结成的团体包括：岛根县的讲武协会（1886 年）、武勇会（1886 年）、乡兵会（1887 年）、研武会（1887 年）、私立兵事会（1888 年）、共武会（1888 年）等。由军人自主建立的团体包括：福岛县的军友会（1896 年）、茨城县的普通军人义勇会（1901 年）、新沪县的在乡军人团（1889 年）等。1894 年甲午战争爆发后，在汹涌的民族主义中涌现了一大批如尚武会、振武会、军人后援会等规模壮大的在乡军人团体。正是在此时，日本陆军内部开始出现建立统一的在乡军人团体的意见。

持军事素质，同时在普及军事教育方面发挥作用的退役军人组织。至少从相关规定和实际职能上看是这样。在乡军人会成立当日发布的《帝国在乡军人会发会宣言书》提出的寄望是："善尽军人应有之本分，奉体明治十五年下赐军人之敕谕之精神，增进军事能力，教之相互亲睦，提高其品位，励精各自之义务，以为国民之最良模范"。①同日公布的《帝国在乡军人会规约》则规定"本会奉体下赐军人敕谕之精神，以提升在乡军人之品行，敦厚亲睦，相互扶助，振作军人精神，锻炼体躯，增进军事知识为目的"。②组织成立初期的主要工作是协助军队进行预备兵、后备兵的召集，后来又加入了"征兵援护"、在乡军人的监督、监视和教育等内容。③其中最被军方所期待的，是通过在乡军人会向社会普及军事思想，从而提高军队教育的效率以及提高志愿率。④

时至一战爆发，有感于大战对兵员数量的需求，在乡军人作为后备兵力的重要性再次得到确认。1916 年 9 月的《关于在乡军人的大臣训示》中称："近时欧洲之战乱证实了国民皆兵之事实，证明军人精神益加与民心融洽，军事思想愈加于乡间弥漫之必要"，并要求在乡军人"身为举国皆兵之桢干，国家富强之中坚，奉勤俭之旨，不流于文弱，重士道，尚圣旨武事，治产兴业，贯彻军队教育之本义，坚实富国强兵之基础"。⑤

一战对在乡军人会的影响，最突出地表现为规模的迅速壮大。1910 年在乡军人会创立之初，便拥有了超过 100 万名的会员，而到一战结束的 1918 年，已经发展成拥有 1.2 万多个分会，250 万名会员的全国性组织团体。⑥1921 年，在乡军人会在各连队区司令部内设置支部，支部下的以市、町、村为单位再设立分会，由此形成本部—支部—分会的网状结构。这一年在乡军人会的分会总数增长到 13616 个，会员总数共计 286。9142 万人。⑦进入昭和时期，会员人数则超过了 300 万人。

另一个明显变化是，在军部的授意下，在乡军人更加积极地参与到社会生产活

---

① 渡辺幾治郎：『皇軍建設史：基礎史料』，共立出版，1944 年，第 425 頁。
② 田家秀樹：『帝国在郷軍人会便覧』，帝国在郷軍人会本部，1911 年，第 5 頁。
③ 遠藤芳信：『近代日本軍隊教育史研究』，青木書店，1994 年，第 520—525 頁。
④ 日本在征兵制以外，保留了有条件的志愿兵制度，包括一年志愿兵、海军志愿兵、陆军志愿兵、下士官志愿等。
⑤ 大日本法令普及会：『国民法規第 9 輯：兵事関係法』（上編），大日本法令普及会，1931 年，第 7 頁。
⑥ 菊池邦作：『徴兵忌避の研究』，立風書房，1977 年，第 401 頁。
⑦ 吉田裕：『徴兵制』，学習の友社，1981 年，第 114 頁。

"总体战"构想下日本的兵役制度改革——以 1927 年《兵役法》的成立为中心

动之中。长期以来，不少在乡军人经过三年的兵营生活回归社会后，对生产性活动表现出抗拒与不屑，因而在地方上口碑不佳，被揶揄为"兵隊上がり"（意为"军队来的"）。为扭转这一风气，田中义一提出了"良兵良民"的主张："一旦有事，良民即可成为良兵，挺身而出为君国牺牲。于平时，则可在农工商及学问等领域付出十分之努力，使国家繁荣富强"。[1]军方尝试的一个方法，是通过修改《军队内务书》来提高军队的凝聚力与士兵的素质，以期归乡后成为"良民"的典范，进而改善军人形象，强化军队与社会的联系。1919 年的《军队内务书》对在乡军人的日常言行做出规范，要求在乡军人"以温和谦让为旨，绝无粗暴野蛮之言行。诸事亲切为旨，对老幼妇女让路让席。要常有为大众之模范，指导后进者之觉悟"[2]。

由此，在乡军人会的社会职能也得到极大扩展。1925 年 1 月 29 日，在乡军人会第一次评议会在位于东京九段的偕行社召开，总裁闲院宫载仁亲王强调，在乡军人会应当承担"致力于显扬国粹，国运兴隆之中坚、国民思想之枢纽"的职责。[3]同年 3 月，在乡军人会对规约进行修改，将"青年之指导诱掖""社会之融合协调""公安维持""非常时期救护事业之援助"等事项纳入工作内容。

其中"救护事业之援助"是在乡军人会的一项重点工作。征兵制本是国家以强制方式从国民中征集兵员为国家服务的制度，按说国家理应承担兵员的受伤、生病与死亡等身体的牺牲以及对家庭造成的损失，并建立相应的社会保障制度。但日本军人在相当长的时期内可以说完全没有这方面的保障。从日本政府在 1906 年才开始设立伤兵医院这一件事，就足以见证其对社会保障制度的消极。在这一点上，在乡军人会确实在很大程度上弥补了政府工作的缺失。

而"国民思想之枢纽"和"青年之指导诱掖"则是在军队与政府意图打压彼时兴起的各类社会运动的背景下提出的。根据这一要求，在乡军人会通过参与所谓的"公安维持"，在传播军国主义意识形态和思想监督管控方面发挥作用。比如之后发生的九一八事变前后的排外主义宣传运动，以及 1935 年的"国体明征运动"等，在乡军人会都在其中扮演了重要角色。

另一个组织"大日本联合青年团"（以下简称"青年团"）有着更加悠久的历

---

① 田中義一：『欧州大戦の教訓と青年指導』，新月社，1918 年，第 89 页。
② 関宗二郎編：『改正簡閲点呼予習参考書』，関宗二郎，1919 年，第 97—98 页。
③ 在郷軍人会本部：『帝国在郷軍人会業務指針』，帝国在郷軍人会本部，1929 年，第 153 页。

史。①近代以后，随着对外战争的不断展开（尤其日俄战争期间），日本的青年团体越来越多地参与后方的援军活动，与军队关系日益紧密。②一战期间，青年层更成为军方重点关注对象，军部开始插手教育改革，军国主义教育逐步实现了体制化。③举个例子，田中义一作为参谋次长，竟在著书中从军国主义的视角重新定义了"教育"和"青年"。他说："所谓教育之意味，不在于学校教育，而主要在于社会教育"，"所谓青年之意味……概括而言，即指从高等小学时代至征兵适龄者"。④这里所强调的"社会教育"，显然在指涉完成义务教育后还要继续接受的军国主义教育。而将"青年"置于小学与征兵之间，则有着将义务教育和征兵制相连结，进而突显青年层重要性的用意。

在内务大臣和文部大臣的共同倡导下，各地的青年团体在 1914 年实现统合，成立了"大日本联合青年团"。次年 9 月 15 日，内务文部两省发布训令（《关于青年团体之指导发达之件》）称："青年团体之设置今于全国展开，其振兴与否关乎国运之伸畅、地方之开发……团体员当体忠孝之本意，图品性之提升，增进体力，研习适合实际生活之知能，刚健勤勉，养成扶持国家进运之精神与素质，此为当下最紧切之事"。⑤此后，军队上下对青年团的成立与活动表现出极大热忱，每年进行征兵检查和"简阅点呼"时，⑥征兵官和点呼官必须复述这一训令，以敦促本地青年团改进发展。同时发布的《关于青年团体之设置标准》规定，青年团成员为市町村完成义务教育者，或与之同年龄以上者，最高年龄为二十岁。青年团一般以市町村为设置区域，以小学校长或市町村长及有名望者作为指导者，由市町村官员、学校职员、警察官、在乡军人等协助指导，运营经费来自其团员的劳动收入。⑦

---

① "青年团"的原型可以追溯到江户时代以村为单位自由集结的青年组织"若众连"或"若连中"。明治维新后，"若众"由于保留着封建时期放纵不羁的性格，而一度被政府视作封建陋习。后来在地方行政机关的指导下，以"青年夜学会""青年会"等形式一直得以延续。

② 包括出征军队的慰问、激励、战胜祈愿、出征军人家属的保护、帮助耕作、慰问伤病、战死者的慰灵祭、遗族的救助、军资金的献纳、国债购买、军需品的调制、庆贺凯旋等。参见大日本青年团（编）:『大日本青年团史』,大日本青年团，1942 年，第 86—87 页。

③ 关于军国主义教育体制化问题，可参见臧佩红:《试论第一次世界大战后日本教育体制的转向》,《外国问题研究》,2019 年第 3 期，第 13—19 页。

④ 田中义一:『社会的国民教育:一名・青年义勇团』,博文馆，1915 年，第 13—14 页。

⑤ 文部省社会教育局:『男女青少年团体二関スル训令・通牒』,文部省社会教育局，1935 年，第 3—4 页。

⑥ 简阅点呼:在乡的下士官及兵员每年一次召集至指定场所，对作为军人的心得与动作进行查阅。

⑦ 文部省社会教育局:『男女青少年团体二関スル训令・通牒』,文部省社会教育局，1935 年，第 5 页。

"总体战"构想下日本的兵役制度改革——以 1927 年《兵役法》的成立为中心

上文中提到的"山梨军缩"共裁掉了 6 万名将兵，造成大批将校的失业，军内不满情绪滋生。为强化对青年的军事训练，同时解决将校就业问题，陆军省与文部省于 1925 年共同发布了"陆军现役将校学校配属令"。根据这一法令，官立公立的师范学校、中学、实业学校、高等学校等，需配属现役将校一名，私立中等学校则根据学校的申请进行将校配属。这些回到地方的军官立刻变身为学校军事教员，将"各个教练、部队教练、射击、指挥法、阵中勤务、旗信号、距离测量、测图、军事讲话、战史"等军事训练带入到学校日常教学中，谓之"学校教练"。[①]

"学校教练"制度成立的同时，也建立了与之配套的"查阅"制度。根据 1926 年 9 月的《陆军现役将校配属学校教练查阅规定》，各学校需要接受所属师管区军官两年一次的"查阅"，专门学校以上的学校和中学的"查阅官"，分别由隶属师团司令部的少将和所在连队区的步兵连队长担任。"查阅"的内容包括军事训练的熟练程度、指导精神、学生的思想状态等。[②]查阅官将成绩合格者分为甲、乙、丙三等，并会特别标注该学生将来入营时"士官适合""下士官适合"或"不适合"。评定基准除了学生的训练成绩，还包括学生的思想状况以及家庭等因素。这种检阅制度让军方对学生的身体和思想状况在入营前就有了全盘掌握，为进行征兵提供了可靠的参考。

1926 年，军部又以"锻炼青年之身心，提高作为国民的资质"为由，在各地的市町村或学校设立"青年训练所"，专门接收 16 岁至 20 岁的男子，进行为期 4 年的训练。训练时长总共 400 小时，内容以军事训练为主，指导员主要由学校教员和在乡军人构成。青年训练所的建立使在乡军人会和青年团开始相互结合。青年训练所的职员多由在乡军人担任，许多青年团的干部也同时兼任军事训练所的主事或指导员。到 1928 年（《兵役法》发布次年），根据文部省普通学务局的调查，日本全国的公立青年训练所数达到了 15606 所（彼时日本的市町村数为 11948 个），职员中有主事 1.4503 万名，指导员 8.7770 万名（学校教员 4.9949 万名、在乡军人 3.5691 万名、其他 2130 名），学生人数达到 92 万 3413 名。[③]

---

① 大藏省印刷局：『官報』第三七八九号，「文部省訓令第六号」，1925 年。
② 1931 年九一八事变爆发后，出于侵略战争的需要，兵员的动员数量逐渐增加，而学校的配属将校数量呈现减少趋势。1937 年全面侵华战争开始后，则开始出现了将校不足的情况，之前的现役将校配属制度出现困难。为此，1937 年 8 月根据敕令第 411 号对《陆军现役将校学校配属令》进行修改，对于将校不足的情况，"可将陆军之预备役及后备役之各兵科佐、尉官代之"。
③ 纐纈厚：『総力戦体制研究』，社会評論社，2010 年，第 148 頁。

青年团的建立以及"学校教练"、青年训练制度的建立，是日本社会军国化和法西斯化的重要一环。在这套制度下，日本男性从 6 岁至 12 岁在小学接受"忠君爱国"教育，毕业后在 12 岁至 20 岁之间加入青年团，进入中学的学生接受"学校教练"，其他的则加入青年训练所接受青年训练，在年满 20 岁时接受征兵检查。如此，日本的义务教育与征兵制之间实现了无缝对接，形成了"义务教育—青年训练、学校教练—军队教育—在乡军人会"这样一个生产军人的"流水线"，将从学龄至 40 岁的男子全部纳入国家的军事体制之中。可以说，1927 年的《兵役法》正是在这样的前提下成立。

三、《兵役法》的内容与特点

兵役改革的前期工作，由成立于 1921 年 11 月的兵役法调查委员会主导，军务局长畑英太郎任委员长，中井良太郎任主任干事。后来由于受到 1923 年关东大地震以及编制改革的影响，这项调查工作被迫中止。直到 1924 年，兵役法的审议工作再度开启，陆军次官任委员长，军事课长、步兵课长、参谋本部第一课长、教育总监部第一课长等高层干部都参加了审议工作。在次年完成的审查报告书中，列出了包括"贯彻国民皆兵和尊重兵役的精神""在不削弱国防实力的前提下，尽量使兵役义务均等、减轻""适当考虑兵役与国家重要政策的关系"等对征兵制度的改正原则。[1]在上述的原则导向下，陆军省于 1926 年 9 月递交了《兵役法》成案，后由第 52 次帝国议会审议并予以通过。

1927 年 4 月，日本政府正式颁布《兵役法》（法律第 47 号），取代了 1873 年以来的《征兵令》，号称"兵役法规之划时代的大改正"。[2]《兵役法》总共分为 6 章 78 条，从结构上看与之前的《征兵令》无分轩轾，[3]但内容上却有诸多改进。以下主要从兵役种类、选兵的方法及标准、召集方式以及学生兵的特例等四个主要方面，透过具体而微的法令条文对《兵役法》的内容和特点进行整体把握。

---

① 加藤陽子：『徴兵制と近代日本 1868—1945』，吉川弘文館，1996 年，第 193—194 頁。
② 中井良太郎：『兵役法綱要』，松華堂，1928 年，第 12 頁。
③ 《兵役法》包括 6 个章节，分别为第一章"总则"、第二章"服役"、第三章"征集"、第四章"召集"、第五章"杂则"、第六章"罚则"，结构与 1889 年改正后的《征兵令》大体一致。

"总体战"构想下日本的兵役制度改革——以 1927 年《兵役法》的成立为中心

（一）兵役种类与服役时间

根据《兵役法》第二章"服役"规定，兵役种类被分为"常备兵役""后备兵役""补充兵役"和"国民兵役"4 种。其中"常备兵役"又分为"现役"和"预备役"。现役是军队的"基干要员"，服役时间为陆军 2 年，海军 3 年，入营时间为征兵检查次年的 1 月 10 日。现役结束后编入预备役，服役时间为陆军 5 年，海军 4 年（第五条）。预备役结束后编入后备兵役，以充当后方警备部队要员，服役时间陆军 10 年，海军 5 年（第六条）。当军队由平时编制转为战时编制并出现欠员的情况时，由预备役进行补充。（第八条）"补充兵役"分为"第一补充兵役"和"第二补充兵役"。第一补充兵役由征兵检查合格且适合现役，但未被抽中且未能被征集入营者承担，服役时间为陆军 12 年 4 个月，海军 1 年。第一补充兵役者负有在 120 天内进行教育召集并接受短期训练的义务。当现役定员不足时，或战时出现死伤者导致兵员不足时，由第一补充兵役进行补充。第二补充兵役由征兵检查合格且适合现役，但未被列入现役和第一补充兵役者承担。第二补充兵役需要在战时接受召集，服役时间为陆军 12 年 4 个月，海军 11 年 4 个月。（第九条）国民兵役分为"第一国民兵役"和"第二国民兵役"。第一国民兵役由后备兵役服役结束并服完补充兵役者承担；第二国民兵役由拥有日本国籍，且不在常备兵役、后备兵役、补充兵役和第一国民兵役的 17—40 岁男子承担。

表 1　1927 年《兵役法》规定兵役种类与年限[①]

兵役种类	常备兵役	后备兵役	补充兵役	国民兵役
陆军	现役 2 年 预备役 5 年 4 个月	10 年	第一补充兵役 12 年 4 个月 第二补充兵役 12 年 4 个月	17—40 岁
海军	现役 3 年 预备役 4 年	5 年	第一补充兵役 1 年 第二补充兵役 11 年 4 个月	

（二）选兵的方法与标准

选兵方法基本由征兵检查和抽签两部分组成，没有笔试环节，身体条件成为兵员区分的主要标准。据《兵役法》第二十三条规定"自前年十二月一日至该年十一

---

① 本表根据 1927 年《兵役法》制成。参见大日本法令普及会：『国民法规第 9 辑：兵事関係法』（上编），大日本法令普及会，1931 年，第 10—12 頁。

月三十日间,年龄达二十岁者,除本法中特殊规定之外,需进行征兵检查"。[1]因此,每个有即将达到适龄男子家庭的户主需要在该年 1 月向户籍所在的市町村长呈报。征兵检查原则上需要在户籍所在的征募区内进行,根据身体检查的结果,被分为"适合现役者""适合国民兵役但不适合现役者""不适合兵役者""难以判定是否适合兵役者"4 个类别。

1928 年 3 月发布的《陆军身体检查规则》(陆军省令第 9 号)对陆军的征兵检查做出明确规定。[2]检查项中的"身高、体重、胸围"等基础项,由卫生部或兵科的下士官负责;"视力、听力、鼻腔、口腔、关节运动检查"由征兵副医官负责;"语言及精神检查、[3]一般构造检查、[4]各部位检查"由征兵医官负责。根据检查结果,将受检者分为甲种、第一乙种、第二乙种、丙种、丁种、戊种 6 个类别。其中甲种和第一乙种、第二乙种作为"适合现役者",其基本标准是身高达到 1.55 米以上且身体强壮。丙种为"适合国民兵役但不适合现役者",要求身高达到 1.55 米以上身体次于乙种,或者身高在 1.50 米至 1.55 米之间体格健壮;丁种为"不适合兵役者",条件是身高不足 1.50 米或有废疾者;戊种为"难以判定是否适合兵役者",包括征兵检查年内患有疾病或病后以其他事由未参加的,以及难以判断属于甲种还是乙种的兵员。此外,《兵役法》第三十七条另规定,"有不适合兵役之疾病或其他身体或精神异常,[5]且拥有相关证明者无需参加征兵检查和服兵役"。[6]

身体检查后进入抽签环节。首先甲种的中签者直接进入现役,未中签的甲种和乙种中体格良好者则进入第一补充兵役,余下的乙种则进入第二补充兵役。

---

① 本表根据 1927 年《兵役法》制成。参见大日本法令普及会:『国民法规第 9 辑:兵事関係法』(上编),大日本法令普及会,1931 年,第 13 页。

② 「陸軍身体検査規則」见于大蔵省印刷局:『官報』第三百七十号,1928 年 3 月 26 日。海军的征兵检查按1929 年《海军身体检查手续》实施,本文主要介绍陆军的实施情况。

③ 据《陆军身体检查规定》第 20 条规定,语言精神检查依据受检者的态度、反应进行判断。

④ 据《陆军身体检查规定》第 21 条规定,一般构造检查指受检者距离 2 米站立面对检查者,检查者通视其头部、面部、脸颊、颈部、胸、腹、四肢正面、侧面及后面,对其筋骨发育良否、皮肤的状况和身体各个部位进行检查。

⑤ 据《兵役法施行令》第六十九条,免除兵役的疾病包括:一、全身畸形,二、不治之精神病需要监视或保护,三、癫痫,四、双眼盲,五、两耳全聋,六、哑,七、腕关节或足关节以上少一肢。参见大日本法令普及会:『国民法规第 9 辑:兵事関係法』(上编),大日本法令普及会,1931 年,第 43—44 页。

⑥ 大日本法令普及会:『国民法规第 9 辑:兵事関係法』(上编),大日本法令普及会,1931 年,第 15—16 页。

"总体战"构想下日本的兵役制度改革——以 1927 年《兵役法》的成立为中心

表 2 兵员种类与服役状况表[①]

兵员种类	原则服役规定	平时服役规定	战时服役规定
甲种	现役（征集）	现役（征集） 第一补充（不征集）	现役（征集）
第一乙种	第一补充（召集）	第一补充（不征集）	现役（征集）
第二乙种	第二补充（召集）	第二补充兵役	第一补充（征集）
丙种	第二国民（不征集）	第二国民（不征集）	第二国民（征集）

（三）召集方式

《征兵令》时期，日本陆海军的召集分别按《陆军召集令》和《海军召集令》施行。随着《兵役法》的发布，上述两项法令即宣告废除。《兵役法》第 54 条规定，"归休兵、预备兵、后备兵、补充兵及国民兵于战时或事变之际，有必要响应召集"。[②]陆军的召集大体可分为平时召集和战时召集，根据召集的具体目的又细分为"充员召集""临时召集""国民兵召集""演习召集""教育召集""补欠召集"以及"简阅点呼"等。

其中，"演习召集""教育召集""补欠召集""简阅点呼"都属于平时召集。"演习召集"是针对在乡军人勤务演习进行的召集。"教育召集"是针对第一补充兵的军事教育而进行的召集。"补欠召集"则是当在营兵员欠员时，从归休兵中进行召集来填补缺口。"简阅点呼"是指对预备役和后备役以及第一补充兵役每年 5 次左右的点检、查阅和教导。

剩下三种"充员召集""临时召集""国民兵召集"属于战时召集。"充员召集"指为保障战时兵员充足根据动员令，通过发出"充员召集令状"来对在乡军人进行的召集。"国民召集"指的是在战时或发生事变时对国民兵进行的召集。"临时召集"是指发生特殊情况时，通过官方发出"临时召集令状"对在乡军人进行召集，以及在平时对归休兵和服役满一年的预备兵临时进行的召集。"充员召集令状"和"临

---

① 大日本法令普及会：『国民法规第 9 辑：兵事関係法』（上编），大日本法令普及会，1931 年，第 14 頁。

② 大日本法令普及会：『国民法规第 9 辑：兵事関係法』（上编），大日本法令普及会，1931 年，第 21 頁。

时召集令状"是由官方发出，印有召集时间、地点和所属部队等信息的粉色（城市部）或红色（农村部）的纸张，故被称作"赤纸"。

（四）学生兵的特例

《兵役法》中的诸多特例主要针对的是学生群体，上文中的第二十三条里所提到的"特殊规定"主要也是与在校学生有关。所谓的"特例规定"主要有两种：（1）对青年训练所的毕业生可缩短在营时间；（2）对中学以上的毕业生及师范学校毕业生施行延期征集。

根据《兵役法》第十一条，"现役兵中于青年训练所接受过训练或被认定接受同等水平以上的军事训练者，其在营时间可缩短 6 个月以内"[①]。缩短在营时间即意味着提前离开军队成为归休兵，基本上等于缩短了现役。这一规定是为了鼓励国民在完成义务教育后进入青年训练所继续接受军事训练和思想教育，为其满 20 岁参加征兵时能够成为优质兵员。另一方面，缩短部分兵员的在营时间也可以为政府节省军费。1927 年时，全国各地基本每个市町村都有青年训练所，每年的在籍学生达到 25 万人左右，也就是说进行征兵检查并入营的普通士兵大部分都是青年训练所的毕业生。[②]这一制度一直持续到侵华战争之前，在 1938 年日本恢复"两年现役制度"后，为了防止青年训练所生源不足，便将加入青年训练所作为一项强制的"义务"。

关于延期征集，《兵役法》第四十一条规定："对于中学或被认定与中学同等程度学校之在学者，依据本人意愿，应学校之修业年限，年龄至二十七岁延期征集。关于前项规定的认定及年龄之区分，依敕令规定。依第一项之规定延期征集者，其在学之事由截止之年或翌年进行征兵检查，但是，学校毕业之日起 6 个月以内入学其他学校者，看作征集延期之事由依旧有效。基于第二项之年龄之区分，已达最高年龄而在学之事由尚未终止者，在达到最高年龄之年或翌年需接受征兵检查"。"满25 岁师范学校毕业者现役结束后 6 个月以内于小学获得教职，且28 岁时仍在职者，

---

① 大日本法令普及会：『国民法规第 9 辑：兵事関係法』（上编），大日本法令普及会，1931 年，第 11 页。

② 据统计，1927 年 3 月时，日本全国市町村有 11948 个，青年训练所有 15930 个。

"总体战"构想下日本的兵役制度改革——以 1927 年《兵役法》的成立为中心

可服短期现役兵役"。[1]对于各类学校学生对延期征集年龄，在《兵役法施行令》中另有规定，详见下表。

表 3　1927 年 11 月 30 日《兵役法施行令》第一百零一条规定的在学者延期征集最高年龄[2]

学校类型	最高在学年龄
中学	22 岁
高等学校寻常科	
第 100 条第 1 号规定的"实业学校"	
师范学校	25 岁
高等学校高等科及专攻科	
"大学令"规定的大学预科	
修业年限 3 年或 4 年的专门学校	
高等师范学校（除专攻科）	
第 100 条第 1 号规定的教员养成所	
修业年限 5 年以上的专门学校	27 岁
高等师范学校专攻科	
"大学令"规定的大学学部	

此外，随着《兵役法》的颁布，之前的"一年志愿兵制度"被改为"干部候补生制度"。"干部候补生"是指中学及以上学校毕业的高学历者在进入现役之后通过考试，在接受为期 1 年的教育训练后可晋升为曹长，其后除队，在必要时对其进行召集，而在战争动员时则直接作为军官召集。按相关规定，中学学生毕业后可选择缴纳一定金额成为干部候补生，缴纳 200 日元可入营 10 个月，缴纳 240 日元则入营 1 年，其后可归休。1933 年，政府对干部候补生制度进行了两项较大的改正。其一，是将干部候补生分为将成为将校的"甲干"（甲类干部候补生）和成为下士官的"乙干"（乙类干部候补生）；其二，是废除了缴纳制度，取消了对于高学历学生的特权。

如果说之前的《征兵令》（指 1889 年后的《征兵令》）是通过延长服役年限、大幅削减免役条例，从而建立理想中的"国民皆兵"体制作为出发点，那么《兵役

---

① 大日本法令普及会：『国民法规第 9 辑：兵事関係法』（上编），大日本法令普及会，1931 年，第 17 页。

② 大日本法令普及会：『国民法规第 9 辑：兵事関係法』（上编），大日本法令普及会，1931 年，第 50 页。

法》则是通过缩短现役、增加补充兵役，从而适应总体战的需要，配合国民总动员体制作为最终目标。首先，《兵役法》最明显的变化是对兵役种类和服役时间进行了较大调整。陆海军的现役时间各缩短了 1 年，但预备役却分别延长了 1 年 4 个月和 1 年，陆军的后备兵役则延长了 5 年。现役时间的减少不仅能够缩短"造兵"周期，而且可以让士兵结束现役后迅速投入生产。通过延长预备役的时间，则可以保证国家在战争或临时动员时，立即集结与改革之前规模相当的兵力。其次，由于《兵役法》增加了"补充兵役"，使得军队的"梯队化"更加完善。同时又将各类兵役的服役状况细分成"原则服役""平时服役"和"战时服役"，再通过制定针对不同兵役的召集方式，使各个年龄段的士兵都能获得相应的军事训练，保障了整体的军事水平。再次，对学生群体的特殊规定逐渐体现出"去特权化"的趋势，以往可以通过升学逃避兵役的道路越发窄仄，而学生群体的大量入营也将在一定程度上起到拉高军队整体素质的效果。进而言之，对学生群体的"去特权化"，也为此后对外战争中大量征集在读学生的"学徒出阵"埋下了伏笔。

四、结　语

近代日本的征兵制成立于 1873 年，以《征兵令》的颁布为标志，经过数次规模大小不等的"改正"后于 1889 年定型，日本由此完成了兵役制度的近代化转型。1927 年日本政府发布《兵役法》取代《征兵令》，成为 1945 年战败以前日本施行征兵制的基本法理依据，标志着日本兵役制度进入总体战时代。

由于《兵役法》成立于一战后和二战前的"战间期"，因此即是日本对一战的因应，同时也可以看作是对二战的准备。在这个过程中，总体战的构想是推动军方改革的动因，也是改革的方向，兵役制度的改革则是日本构筑总体战体制的重要一环。为构筑总体战体制，日本政府利用征兵制的"窗口"属性，通过强化帝国在乡军人会和大日本青年团等民间军事化团体，将军国主义意识形态渗透到整个社会，导致了日本的全盘军国化和法西斯化。从这个角度来看，征兵制已经不单是军事层面上的政策问题，更是基于实现自上而下的国民统合的，在政治层面上的一种"国民精神总动员"的政策问题。

以 1931 年的九一八事变为开端，日本对中国开始了长达 15 年的侵略战争。在此期间，征兵制作为日本发动总体战的重要基盘，在兵员供给和国民动员方面发挥

"总体战"构想下日本的兵役制度改革——以 1927 年《兵役法》的成立为中心

了关键的作用。侵华战争爆发后，出于战场形势的变化和对前线兵员源源不断的需求，日本当局几乎每年都对《兵役法》进行改正，并逐渐呈现出极端化、全民化特征。战争后期，无论是"忠君爱国"名义下的"学徒出阵"，还是号召"忠良臣民奋勇挺身"的《义勇兵役法》，都是在《兵役法》的延长线上将国民动员发挥到极致的极端化结果。然而这些不仅未能改变日本战败的命运，而且在给被侵略国家带来深重灾难的同时，也让日本国民付出了惨痛的代价。

（作者：韩亮，中国人民抗日战争纪念馆馆员）

东京教育大学文学部教授会设置运动与家永三郎
——家永的民主主义精神与"学问自由"认知的确立过程

小田直寿

内容摘要 本文是笔者关于家永三郎研究系列的一部分，主要探讨20世纪50年代早期家永确立强烈的民主主义精神和"学问自由"认知的过程。一般认为，50年代家永三郎采取诸多行动，成为一名和平主义者和民主主义者。然而就此时的具体过程而言，尽管该认知能够从家永自身所留下的大量文献之事实中得到证实，但这些手稿尚未被重新研究。因此，本文拟利用家永之外的其他人所散见的史料，审读家永的文献，并重构其50年代建立东京教育大学教授会的行动过程。本文认为，家永的证词以及其认知是准确的，从其试图彻底解决所面对的问题以克服战前社会矛盾这一意义来看，家永确是战后和平主义者与民主主义者的典型代表。

关键词 家永三郎 日本国宪法 和平主义 民主主义 学问自由

东京教育大学文学部教授会设置运动与家永三郎

The Development of Saburo Ienaga's Belief of Academic Freedom and Democracy—Faculty Association Establishment Campaign in Tokyo University of Education, Department of Literature

Naohisa Oda

Abstract：This paper is a part of the author's series of studies on Saburo Ienaga and deals with the process by which Ienaga gains a stronger democratic spirit and the perception of academic freedom in the early 1950s. In common, it was in the 1950s that Saburo Ienaga took actions as a pacifist and democratist. However, concerning the specific process at this time, the common theory was understood with the fact that Ienaga himself left a large number of descriptions, but these manuscripts have not been re—examined yet. Therefore, in this paper, We will try to check his texts using several fragmentary historical materials left by people other than Ienaga, and try to reconstruct his movement to establish the Faculty Meeting within Tokyo University of Education in the 1950s. As a result, it became clear that Ienaga's testimony and perceptions were almost accurate. We also raised that question that Ienaga was a typical example of the postwar pacifist and democratist in the sense that he tried to overcome the contradictions of the prewar society by thoroughly addressing the issues being faced.

Keywords: Saburo Ienaga, The Constitution of Japan, Pacifism, democracy, academic freedom

战后，家永三郎基于和平主义、民主主义的立场，投身《日本国宪法》的保护运动，并以此推进学术研究，对同时代人来说，这是人尽皆知的事实。其延长线上的教科书裁判也无需一一赘述。然而，当考虑家永为何成为一名实践家时，才意识到竟然很难得出令人信服的答案。

诚然，在家永自传《一位历史学家的足迹》中可知，家永开始着手拥护宪法的契机，一个是 1944 年末结婚后开始处理家庭生活上的问题（家庭的民主化），另一个则是 1950 年左右处理文学部改革事宜（职场的民主化）。正因为有这些经验，才产生了 "宪法问题很重要" 的问题意识，于是踏上了实践之路。①

---

① 家永三郎：『一歴史学者の歩み』第Ⅷ章。

　　诸多研究者在论及家永时，对于这一点，或没有留意，或没能解答，亦或认为无需赘言。一方面也是因为家永的叙述在逻辑上站得住脚，也因家庭的问题与个人隐私挂钩，在许多事项上难明具体。[①]另外，关于职场民主化，家永的相关人士多为大学人员，无疑能探听到更多消息。

　　然而，仔细想来，在家永去世后的现在，事实究竟如何，反倒就这样不得而知的持续至今，这便是实情。笔者在大量通读家永自传类著作后认为，对家永而言，大致存在"家庭民主化→职场民主化→社会民主化"三段过程，但这却不能成为事实即是如此的客观证明。

　　无论是家庭还是职场，都是一个由复数的人根据各自的想法而运转的世界。无关家永自身对家庭和职场如何考虑、如何理解，家庭和职场何以运转的问题始终存在。就最坏的推断而言，也可能出现家永自我认知与事实截然相反的情况。

　　家庭和职场的民主化对于家永，确实是支撑其投身保护宪法实践的事实。在此意义上，无论家永在家庭和职场中的行动实态究竟如何，并无损家永围绕宪法特别是教科书的社会实践的价值。然而，民主主义是对基本人权的尊重、辐射至生活全体。那么根据在家庭和职场中的实际行动，对于家永作为实践家的评价可能会大有不同。

　　从这一视角重新审视既往研究时发现，实际上对于家永成为实践家的过程，毫无任何确凿的证明。这也在情理之中。所涉家庭部分止于家永自己的证言，而有关职场往往参照家永执笔的《东京教育大学文学部》，事实上也都是家永自己的证言，皆无法客观地体现家永自身的行动。

　　对于家庭问题，由于现存史料只有家永的自述，在现在的时点上几乎不可能重新检证。但是对于职场问题，已经发现了一些相关人士的证言和关联的文献。[②]因

---

　　① 江村栄一：「家永史学を支えるもの」，大田堯、尾山宏、永原慶二編：『家永三郎の残したもの引き継ぐもの』，日本評論社，2003 年，第 5 頁。

　　② 主要的史料文献如下：

　　大江志乃夫「家永さんとの 17 年」、櫻井徳太郎「東京教育大学時代の家永先生」、西山松之助「高等師範学校から教育大終焉まで」，家永三郎を偲ぶ会編：『家永三郎・人と学問』，私家版，2003 年10 月。

　　大江涉及教科书裁判和筑波转移问题，櫻井主要论及身为教育者的家永，西山则是以身为研究者的家永为中心。

　　稲田正次：「教育大学在職当時の思い出」，東教大文学部編：『東京教育大学文学部記念誌』，私家版，1977 年，第 401 頁以下。

　　東京教育大学縮刷版刊行会編：『文理科大学新聞教育大学新聞』，出版社記載なし，1978 年。

　　家永三郎：『東京教育大学文学部』，『家永三郎集・第 10 巻』所收。

东京教育大学文学部教授会设置运动与家永三郎

此，本文希望重新确定基础事实，在篇幅允许的前提下尽可能地以原文的形式提示今后应当关注的要点，与此同时，就职场民主化进程如何推进、家永又在其中有何收获这一问题展开论述。

一、文学部改革的前提

文学部改革大致可分为教授会的设立和作为其展开的运营改革。详情可见于家永所著《东京教育大学文学部》，另外，家永的自传《一位历史学家的足迹》也有简要叙述。在此，首先确认家永证言的梗概，然后再看能否从得到其他证言的支持。

东教大是由东京高等师范学校（以下称"高师"）、东京文理科大学（以下称"文理大"）、东京农业教育专门学校和东京体育专门学校四所学校合并后形成的新制大学。这是一所综合性大学，由六个部局和附属学校组成，包括文、理、教育（大塚校区）、农（驹场）和体育（幡之谷）五个学部和光学研究所一个研究所。

根据《学校教育法》，"在大学，为审议重大事项，必须设置教授会"（第五十九条）。因此，必须将教授会同旧制大学一起解散，设立新教授会。1944 年任教于高师的家永须同其他职员一起立刻归新制大学所属，但实际情况并非如此。

相反，文学部并未设置教授会，代之以没有实权的预定教授会。而且，全校的评议会以及文、教、理三学部长均由文理大控制，文理大的教授会通过评议会随意进行人事调动。学部运营所面临的课题就是要克服这种状况所带来的矛盾。

以上是家永的主张。不过这是事实呢？当时文理大所属的稻田正次有如下叙述。

1948 年 12 月左右发生了新制大学的校名问题，文理大与高师的意见针锋相对。文理大主张称东京文教大学，而高师主张称东京教育大学。12 月 28 日文理大教授会决议，如果学校名称定为东京教育大学，就不参加该学校。对此有 42 票赞成，3 票弃权。文理大之所以反对以东京教育大学命名，是因为担心在这个名称之下，学校可能会留下过去师范教育的陋习，不过我认为以校名问题作为不参加的理由有些欠妥，才投了弃权票。但是因为这件事，我之后在文理大学的处境相当不利。

然而，文部省采用了东京教育大学的名称，并以此在国会上提出了国立学校设置法案。在 1949 年四五月左右，文理大、高师为了向国会请愿开展了激烈的运动。但是，5 月在国会通过了《国立学校设置法》，并确定以东京教育大学命名。于是，文理大的人们声明不参加新制大学。虽然我完全不清楚其中的情况，但据说文理大的人和农教、体专的人之间达成了和解，通过芝沼新校长批准对他们有利的解决方案，成功让文理大的人于 9 月返回学校。从文理大选任文、教、理三学部长，并由校长和三学部长组成评议会决定新制大学相关的重要事项，这一体制的形成反而压制了高师一方。另外，像我这样本想超然于无益抗争的少数者也遭受了不利的待遇。①

由此可以确认与家永的证言基本一致。也就是说，文理大方面以"可能会留下过去师范教育的陋习"为由，反对新制大学冠以"教育"之名，通过新校长的斡旋做出妥协，掌握了人事权。

即便如此，仅从稻田的发言还是很难理解文理大一方的理由。进一步追溯历史就会发现一个事实，即文理大是从高师升格而成的大学，二者目的是不同的。原本，文理大是通过 1929 年高师的大学升格运动而升格的大学，不是"为教育教育者的教育"，而带有"大学必须是探索真理的场所的自觉与责任感"，②在此意义上与高师相异。

文理大一方基于这样的观念认为，文理大应该吸收、合并高师等校。根据铃木博雄《东京教育大学百年史》，"正因为如此，在学术研究领域保持高水准的文理大才应该拥有新制大学的主导权"。③

归根结底，文理大一方认为，与探究真理相比，教育本质上是低维度的事情，不应该为此设置和运营大学，因而彻底反对"教育大学"这个名称，而且在妥善解决名称问题后，通过实质掌握人事权，长期放逐教育界之人，可以看作是以期形成一个探索真理的场所吧。

但是不管怎么说，当时文理大一方的主张对外界并没有说服力。参与设立教育大学的政府委员日高第四郎站在文部省的角度提出，"学术研究是培养好教师的必要前提"，与此同时又认为"只重视所谓的纯理论研究，轻视或者不在意应用、与生产适应性的一面，一直以来都是日本大学的缺点之一，这是绝对不能允许的"。④

① 稲田正次：「教育大学在職当時の思い出」，東教大文学部編：『東京教育大学文学部記念誌』，私家版，1977 年，第 404—405 頁。
② 福原麟太郎監修：『ある英文教室の 100 年　東京高等師範学校・東教文理科大学・東京教育大学』，大修館書店，1978 年，第 89—90 頁。
③ 鈴木博雄：『東京教育大学百年史』，日本図書文化協会，1978 年，第 335 頁。
④ 1949 年 5 月 12 日衆議院文部委員会 16 号。

东京教育大学文学部教授会设置运动与家永三郎

从这个讨论可以看出，政府期待新制大学能够实现探究真理和追求教育技术两方面的统一，成为培养研究者和教育者的大学。当时，作为学校教育局长的日高表示会尽力协调，①如果贯彻日高这样的观点，应该能开拓出学问的新方式。

继续阅读文献后发现，最终文理大一方也意识到"为了真理的真理"是否真要押注上研究者的生命颇为不妥。"校长说那就请提交辞职书吧，由我保管。虽然这么说，但谁也没有提交辞职书"。②

师范一方似乎也有想法。铃木虽然没有提供具体的史料，但表示"设立委员会要是由文理大方面运营的话，在审查教师资格时，会出现教员因学术业绩的缘故蒙受降级等损失，师范一方对此抱有强烈的警戒心"。③结果，虽然可以说名称问题是自战前以来教育观和学问观在某种意义上的冲突问题，但逐渐转变以确保各自地位为主要问题的低维度的问题了。

另外还有一点就是人事问题中的学阀问题，虽然很简单，但在这里必须有所提及。

西田〔几多郎〕的《全集》出版之前，我一直毫无根据地漠然认为，这种仙人般的哲学家，应该也是河上〔肇〕、美浓部〔达吉〕之类的态度吧。读了《书简集》后发现，西田对门徒、近亲就职一事倾注了异常的热情，甚至关注到其他大学的人事变动，制定了如象棋棋子的移动方式一样的计划，这一事实的发现不禁想起西田不为人所知的一面（中略）。特别是在 1937 年 6 月 29 日西田写给高坂正显信中有这样的表述，"昨天读了务台君的论文，今天读完了你的论文。两篇都很有趣。应该说东京文理万岁"，让我印象深刻。让有能力的门生在合适的研究机构就职，期待此人及其所在机构在学术上有所发展，并为学会做贡献，这反而是身为大学教授的一种责任和义务，考虑到门生得到适合其能力的职位，确实是美好师生情谊的表露吧。长期饱受因选科出身而被置于与能力不相称的不公正地位，（中略）对于有着痛苦回忆的西田而言，如果将其保障学生拥有安定的研究生活作为一种使命感，便能够很好地理解其心情的由来。（中略）在晚年被矮小化的师生情谊中高呼"东京文理万岁"，是个值

---

① 鈴木博雄：『東京教育大学百年史』，日本図書文化協会，1978 年，第 338 頁。
② 西山松之助：「高等師範学校から教育大終焉まで」，家永三郎を偲ぶ会編：『家永三郎・人と学問』，私家版，2003 年，第 113 頁。
③ 鈴木博雄：『東京教育大学百年史』，日本図書文化協会，1978 年，第 336 頁。

得注意的问题。跟其他大学进行人事斡旋，即使个别地公正处理，但是从宏观或者社会的观点来看，这种斡旋扮演着制造特权强大大学的弱小大学系列化的功能。（中略）以新制大学评议会为中间机构，新制大学方面不得已接受文理大的人事，在接连发生的这类事件中淋漓尽致地展露出京都帝国大学，尤其是哲学出身的教授的学阀意识，屡屡引发纠纷。事后回想起来，不禁令人产生这样的印象：那不就是西田这种过度推销门生的热情被其门生继承下来了吗？从"东京文理万岁"这句话中，我读懂并深刻地体会到西田对东京文理大学系列化而感到喜悦的意思，或许就不是没有理由的了。（着重号及〔括号〕内由作者小田直寿标注。文中家永在（括号）的补记省略）①

为了探究真理而探究真理和学阀意识的形成乍看之下似乎完全不同，但实际情况正如上所述所记那样，二者相辅相成，制造出系列化。这不过是家永的证言，虽然目前还得不到证实，但这是考虑大学运营的重要问题之一，暂附于此。

不管怎么说，家永和稻田一样冷眼旁观着这些问题的接连发生。然而，在这个低维度问题的延长线上，还存在着教授会的设立以及之后的改革、学术探究方式的问题。这是因为，文理大一方出于教育是低维度问题的想法掌握了新制东教大的实权，而家永所面临的也是这种情况。

二、教授会的设置

文学部设立之初时是由哲学科、史学科、文学科和社会科学科组成。②家永被要求担任史学科主任，而稻田受到了冷遇。

到目前为止，家永的论述和稻田正次的回忆录是研究东教大文学部改革状况的基本史料。尽管家永的叙述无论是质量还是数量都更胜一筹，但正如开头所言，因为这不是对家永自身客观位置的说明，所以先从稻田的回忆录入手，判断文学部当时的大致情况以及家永在其中所处的客观位置。

东京教育大学是 1949 年 9 月开始正式授课的新制大学。（中略）虽然我被预定为教授，但是实际上却做了三年的讲师。1952 年 7 月才正式成为教授。

---

① 家永三郎：『田辺元の思想史的研究』，『家永三郎集・第 7 巻』，第 139—141 页。
② 『教育大学新聞』182 号 1 面「教育大学人事一覧」，1949 年 9 月 5・15 日合併号。東京教育大学縮刷版刊行会編：『文理科大学新聞教育大学新聞』，出版社記載なし，1978 年，第 91 页。

东京教育大学文学部教授会设置运动与家永三郎

1949 年的预定教授随着年度的推进逐渐转任正式教授，像我这样一直推迟到1952 年大学完成年度才转任的属于少数。尽管自 1949 年以来召开预定教授会，也只不过是听取报告，至于大学的重要事项则是由前述的评议会决定。在预定教授会上出现了应该尽快召开正式教授会的议论，家永（三郎）最为热心，我也持相同的意见。我认为应该依照《学校教育法》和《教育公务员特例法》的规定尽快召开正式的教授会。有一次我在会见东大我妻〔荣〕教授时，询问了他的意见，他也表示赞同。我们曾向文学部长福原〔麟太郎〕请愿，但也听说校长以法律理论为由表示坚决反对。对这个问题文理大的人显然持消极态度。1951 年 1 月 6 日的教授会上，决定挑选委员，撰写要求召开教授会的请愿书，家永、枝〔法〕、绵贯〔芳源〕、芳贺〔幸四郎〕四人和我当选委员。不久，由委员们完成了请愿书并提交给预定教授会，并在 4 月 25 日会议上获得通过。但是因为学部长明确表态，要努力实现预定教授会的实质性扩充，于是出于信任决定延期采纳。

在 1952 年 3 月 20 日预定教授会议上，由我来提案，从下一学年开始召开正式的教授会，最终以 33 票同意、3 票反对、1 票弃权的压倒性票数获得了通过。我当时是这样写的：从现在开始将一扫数年之积弊。①

在判断家永的位置时，稻田"家永最为热心"的表述是决定性的。也就是说，家永正是设置教授会运动的中心人物。如后文所述，他也是在此后学部运营上发挥重大作用之人。

家永留下了两本以东教大为主题的著作，《东京教育大学文学部》和《大学自由的历史》。《东京教育大学文学部》是由学部运营的中心人物讲述的东教大文学部的概括性通史，《大学自由的历史》则是由其亲手所写的大学自治的理论著作。从这里可以确定家永关于东教大相关论述的史料价值。本文将以这些史料群为中心，探讨家永经历过东教大之后的成长，在此事先明确这一点。

稻田因在文理大校名问题上投了弃权票而遭受冷落，这时在高师冷眼旁观这一问题的家永却卷进了不合理的人事变动。在"新设置的文学部长、教育学部长、理学部长由文理大的教授占据，而人事权全部掌握在评议会手中"的情况下，家永被任命"尽管是最年轻的，（中略）史学科主任一职"。然而，文理大教授会的人事决

---

① 稻田正次：「教育大学在職当時の思い出」，東教大文学部编：『東京教育大学文学部記念誌』，私家版，1977 年，第 406 頁。〔括号〕里的内容由作者小田直寿标注。

定，却是在无视主任家永的情况下进行的。家永提出了抗议，但是文学部长福原麟太郎不仅感到意外，还放言说"文理大的棋子"，这让家永十分惊愕。①

家永自就任之初就秉持身为新制大学教员的意识，虽说是强制任命，仍按主任的责任意识行事。从前段屡屡所见因各种缘由受文理大方面束缚，特别是福原学部长所忽视的恰恰是这一点。福原坚持"文理大的棋子"的想法，对家永的抗议"感到十分意外"，根据上一节可以理解，正如家用所言，这是"旧制大学的特权被原原本本地带入另一组织即新制大学中去了"②吧。

对家永产生决定性影响的正是方才引用的稻田正次。

在1950年10月左右的文学部预定教授会上，宪法学者稻田正次预定教授提出，根据法律规定应当在新制大学设置教授会，这一发言有如惊雷一击之感。重读《学校教育法》，第五十九条明确规定"大学为审议重要事项，必须设置教授会"。根据《教育公务员特例法》第四条和第二十五条，教员的聘用、升迁以及学部长的选拔必须"基于教授会的讨论"实施。为何法律上明明有这样的明文规定，直到现在新制大学完成年度却还未设置教授会，这大概是因为没有怀疑就接受了当局的解释吧。这个时候我深刻地意识到，要是不学法律，权利就得不到保障。③

家永与稻田等人为设置教授会四处奔走。

但是，欲彻底坚持旧制大学特权的学部长等人，不仅听不进去这一要求，像芝沼校长甚至不负责任地说，新制大学处于大学设置审议会的管理下，哪所大学都没有设置教授会，如果觉得我在说谎，可以去问《大学管理法》的起草委员长我妻先生，或者其他任何人都行。④

于是，家永同《大学管理法》起草委员长我妻荣见面会谈、咨询的同时，还听取了东京大学教养学部矢内原忠雄学部长等人以及同志社大学教育学部、御茶水大学、东京商科大学的实际情况，从我妻先生那里得到"理论上当然该设置教授会"的答复，另外"可以确认至少上述四所新制大学乃至新制学部全都已行使了设置教授会的人事权。"⑤稻田与我妻面谈大概也在这个时期。

---

① 家永三郎：『一歴史学者の歩み』，岩波现代文库版，第172—173页。
② 家永三郎：『一歴史学者の歩み』，岩波现代文库版，第173页。
③ 家永三郎：『東京教育大学文学部』，『家永三郎集・第10卷』，第35页。
④ 家永三郎：『一歴史学者の歩み』，岩波现代文库版，第174页。
⑤ 家永三郎：『東京教育大学文学部』，『家永三郎集・第10卷』，第36—37页。

　　家永没有提及锁定上述四所大学的理由。东大教养学部成立于战后，囊括了旧制第一高等学校和旧制东京高等学校；同志社大学教育学部是战后新设立的学部；御茶水大学是依据《国立学校设置法》的公布与实行，在包含了东京女子高等师范学校的基础上新设立的大学；而东京商科大学是直接转为新制的大学。因此，不能断言家永一定是把目标对准了与东教大有着相同境遇的大学，但是从多个角度不断积累确凿的证据，这一点没有错。

　　如上所记倒是简单，但是作为一个组织者，与素不相识的五人会面，咨询的又是有关大学运营的大问题，不论是咨询方还是被咨询方，都十分辛苦。而且家永自身又承担着多种工作，安排时间也绝非是一件易事。希望能想到这一点。

　　福原丧失了立论依据，但权力斗争不会轻易地结束。福原大概是要肩负文理大的历史，不会容易让步，在之后也反复上演有形无形的激烈攻防战。不过在预定教授会的问题上，设置派占压倒多数，福原的延长工作也终于走到了尽头。1952年4月，福原方面先发制人，教授会得以设置。

三、教授会的民主主义

　　此后文学部为了彻底废除残存的特权，进行了多次制度改革。这一过程，在《东京教育大学文学部》中有详细的描述。为确保客观性，以稻田的证言为依据，简略涉及这些问题，希望借此尽可能地考察由家永等人打造的文学部教授会的运营等情况。

　　稻田自1953年1月担任学部长，任期四年。对于制度改革的过程和意义，他做了如下的阐释：

　　　　研究生院设置审议会向学校发来通知，希望管理者由研究生院的任课教师负责组织。1953年6月的评议会上对这一问题进行了讨论，理学部主张应该对研究生院的规章进行修订，文学部认为没有必要，最终采纳了文学部的意见。

　　　　我个人在当时认为确实应该遵从文学部的多数意见，强化教授会的权限。就文学部本身的情况而言，一旦接到教授会的特别委任，紧急情况另当别论，原则上须遵照教授会的意见，学部长是无权独断专行的。并且在此之前，人事是由只有正教授组成的教授会来决定，东教大校规规定，人事相关的事项要在只有教授组成的成员会议上审议。

1953 年 6 月的文学部教授会上，作为东教大校规修订的临时措施，允许助教授、专职讲师作为评审委员出席人事相关审议会并发言。6 月的评议会上，作为校规修订的一条，文学部提议关于人事的审议应当由各学部按各自制定的方式来进行。对此理学部的藤冈等人表示强烈反对。7 月召开的评议会上再次审议，但还是未达成一致意见。1954 年 4 月，文学部就校规修订再度提案，最终获得通过。为此，在文学部教授会中，当人事审议时，助教授、专职讲师被赋予了与教授同等的权限。

强化学部教授会权限，以教授会为大学自治的中心，我认为这一想法在现如今也是正确的。大学的管理组织有各种各样的方式方法，各有短长，也不能将以学部教授会为中心的组织唯一化。不过，学部教授会是大学自治体的全体成员不是通过代表，而是直接参与大学运营的体制，即直接民主主义体制，对于防止独裁专制，保障包括学术自由在内的个人自由来说，是最为适用的组织形式。当然，学部教授会如果运用不当，毫无疑问也会产生相应的弊端。①（着重号由作者小田直寿标注）

这是文学部改革的梗概，也是文学部教授会共享的“民主主义”定义。此外，对文学部改革，家永还谈到学生自治的确立、助手权力的确保以及同行政人员的合作等问题。具体阐述可见《东京教育大学文学部》第Ⅱ部分 5 至 7 的内容。

关于“民主主义”，家永根据教授会设立的经验，做了如下概述：

由于旧制大学的特权意识屡见不鲜，东京教育大学文学部以此为反面教材，有意识地向新制大学转变，无论是在管理运营方面，还是在重视大学自治及学部自治方面，都有着高度的自觉，成功挑战了传统旧制大学特权模式。

这一挑战的主体是可以称之为改革派群体的教授会成员的集团，他们为了实现以尊重学部自治和教授会意向为基础的学部运营而集结在一起。当然，在教授会中还有执着于文理大的特权意识的保守派集团，不可避免地产生了与改革派的对立。另外，还存在游离于两派之间的中间力量。即便是改革派，其成员也不尽是纯粹为了实现上述理想之人。虽然不乏有人受到文理大和高师围绕设立产生的低维度纷争的影响，但是学部自治的确立运动，至少对于推动者而言，不是为了旧制学校的利益，而是站在新制大学的立场来开展的。

---

① 稲田正次：「教育大学在職当時の思い出」，東教大文学部編：『東京教育大学文学部記念誌』，私家版，1977 年，第 407—408 頁。

东京教育大学文学部教授会设置运动与家永三郎

在此意义上，难以否认这是与围绕创设之争完全异质的、以更高层次运动展开的事实。东教大文学部之后的历程所展现出的独有特质是有其历史渊源的，即学部的成立及自治的获得都是源自其他大学、其他大学所欠缺的自觉的努力，这一点必须予以强调。

如前所示，新制东教大完全无法摆脱旧制大学时代的利害关系。在外人眼中也许很滑稽，但对于这个群体来说却是生死攸关的问题，强有力地打破这一局面、创造出对所有成员都有价值的组织，这是以家永为首的文学部教授会"民主主义"的出发点。

实际上，稻田在战后不久便与有志之士一起创办宪法恳谈会，起草的《日本国宪法》草案发表于麦克阿瑟草案公布的前一天，稻田由此留名青史。这个草案中和平主义、尊重人权等方面的内容很接近《日本国宪法》。[1]家永也通过其他路径践行了《日本国宪法》的价值。[2]意味着前文所提到的"民主主义"是对《日本国宪法》典型地体现出的民主主义理念的具体实践。

在这一过程中，家永获取了学部内的强大信赖。虽为后话，在筑波迁移风波的漩涡中，1970年9月家永接到评议会发出的"辞职劝告"。对此，1950年作为助手留校任教、担任最后一任学部长的森冈清美这样描述，"大家都非常信赖家永，对辞职劝告莫不感到无比愤慨"。[3]由此可见文学部的同事们对家永的信赖。

家永获得大家信赖的过程，依据目前的史料还无法求证。不管怎样，像家永拥有发言权，这样的组织大概是道理通达的。讲道理的人并不是为了自己的利益或者无法实现的理想而发声，真正讲道理，周围的人总会理解的。换言之，没有必要暗中试探。道理越是通达，越会听到更多值得倾听之人的意见。家永为人稳健，[4]在此意义上也就获得了大家的信赖。

就当时的情形，家永如下所述：

---

① 稻田正次：「教育大学在職当時の思い出」，東教大文学部編：『東京教育大学文学部記念誌』，私家版，1977年，第402—403頁。

② 家永三郎：『一歴史学者の歩み』，岩波現代文庫版，第164—170頁。

③ 盛岡清美：『ある社会学者の自己形成 幾たびか嵐を越えて』，ミネルヴァ書房，2012年，第236頁。括弧内同第207頁。

④ 例如小林直树指出"家永先生为人光明磊落，虽然外表有些柔弱，但刚直不阿，心胸豁达，大家对此都是有目共睹的"（《家永三郎集·第12卷》所收录《月报7》）。另外同事樱井德太郎指出"各具特色的先生们聚集在一起，因而会有激烈争论的情况发生，但在教室运行方面还是十分顺利，这大概是因为环绕着和睦的气氛吧"（参见《家永三郎·人与学问》，第101页）。

　　文学部教授会，并不像很多大学的教授会那样是汇报、周知的形式场所，大家经常激烈地讨论，也会有针锋相对地评判。发生尖锐的对立也是没办法的事情。新加入教授会的成员，有的也会惊愕于激烈的争论从而产生不快之感。但是为了改革，摩擦是无法避免的。激烈争论、多数派工作都是在合议体下实施改革的必要之恶。反过来讲，这个平台上可以不屈服于任何权威、压力，畅所欲言，文学部教授会开始展现合议体应有的面貌。

　　据闻，当时在很多的大学中，教授会、评议会几乎都成了摆设，只是机械地按校长、学部长的要求来表决，或者受理委员会的报告，通常如形式会议很短时间便结束了。某位东大教授听闻东教大文学部教授会下午一点多召开、有时会讨论到晚上八点左右后，惊讶地直言"喜欢啊"。但是东教大文学部教授会坚信有义务对任何哪怕是只有些许异议的议题给出最终解决方案，也正是因为如此，大家顾不上吃晚饭，连续讨论七八个小时也毫不厌烦。他们之所以没有抑制尽早结束讨论、赶快回到研究室或者书斋做研究的学术热情，不遗余力地完成审议，是因为意识到大学的运营管理不是不如研究和教学，而是为了给研究和教学创造条件，这是教官的重要职责所在。

　　议事运营的低效率，偶尔也会有一些无用的争论，但是为了大学和学部的发展，教授会上忘我地持续热烈讨论的氛围，至今仍是感怀颇深。①

　　为了确定方针，听取所有人的意见，这便是民主主义的原像吧。从历史性格角度而言，这是在不断克服战前大学制度矛盾的过程中产生的，与"虚妄"这样的词汇毫无关系，可以说是战后民主主义的典型案例之一。

　　此外，助手会的权利确保运动受挫，对此家永有如下阐述：

　　　　在不民主化的教室中，在教授的强大压力下助手萎缩不振，助手会也软弱无力。助手一方也就彻底对争取教授会参加权缺乏热情。权利是自我奋斗争取来的，而不是靠恩惠被给予的。

　　助手会对权利确保运动受挫，往往容易从"教授的强大压力"上寻找构造性原因。但是从事情的发展脉络来看，这只是单纯的借口，归根结底，不得不说其根本问题在于，助手会缺乏家永这样勇于打破传统结构的人物。另外，事务人员不仅充满热情地讨论，而且转身就要切换到服从教授会方针的实际业务中，他们如何看待

---

　　① 家永三郎：『東京教育大学文学部』，『家永三郎集・第10卷』，第43—44頁。

这一动向，这一点让人十分在意。①

此后，在文学部中也发生了原高师系的反扑运动，但整体而言民主讨论的态势已经基本定型。②此外，为了彻底实现大学自治，文学部自身也进行了各种各样的社会性发言。③由此可就东教大历史位置的探讨展开讨论，这也是需要研究清楚的课题，但是出于急欲了解家永的民主主义精神，接下来将具体探讨身为学者的家永在改革过程是如何发生变化的。

四、民主主义者家永三郎的诞生

众所周知，家永的思想在 20 世纪 50 年代初期发生了巨大转变。根据其自传《一位历史学家的足迹》，这种转变包括对战后逆流的危机感，对战争下自我行为的悔悟，对《日本国宪法》价值的强调。但是如果要尝试考虑这种转变发生的缘由的话，也许可以认为是民主运营这一新体验带来了个人的成长，其成长反过来又孕育出上述的观点。

那么通过这种体验，家永作为学者具体找到了什么样的课题呢？纵观家永的论述，可以发现他在 1953 年发表的随笔《学术人的苦与乐》中，对战争进行了反省，并指出，"学术并非实现其他目的的手段。庞加莱的那句'为了科学而科学'实在是不朽的名言。然而，既要致力于'为了科学而科学'，又要履行作为社会一员的公共义务，这样的要求对于能力有限的我而言无疑增添了一份新的'苦'"。④

如何在学问与社会之间求得两全其美，正是家永面临的重大课题。正如一开始所见的那样，拒绝这一点，只专注于为了探究真理而探究真理，是旧文理大学乃至旧制大学本身的存在意义。新制教授会就要力图打破这一局面。这次作为课题的是家永本人身为研究者的态度，以此提出了问题。

根据此后发生的变化，家永从历史学方法的视角对自己的观点进行了如下阐述。

---

① 虽不清楚来龙去脉，但 1978 年终于"文学部与长年疏远的大学事务局密切往来"（参见前揭盛冈清美《某社会学者的自我形成 几经风雨后》，第 240 页）。没有事务局，组织运营则无法实现，20 世纪五六十年代，二者是一种什么样的关系，这成为关于家永大学民主化论本质的问题之一。

② 家永三郎：『東京教育大学文学部』，『家永三郎集・第 10 巻』，第 91—92 頁。

③ 家永三郎：『東京教育大学文学部Ⅲ 大学の社会的使命にめざめて』，『家永三郎集・第 10 巻』，第 63 頁以下。

④ 家永三郎：「学問をする者のよろこびと苦しみ」，1953 年 7 月；『歴史の危機に面して』，第 227—228 頁，1954 年 10 月。

如前所述，当我摆脱从幼年时代开始灌输的正统道德，用自己的大脑自主地思考问题时，最大的课题就是应该遵循怎样的实践规范生活下去。从那时起，我的一生中对价值、本分、规范的关注通常占据首位。这一点在我以历史学作为专业之后也丝毫没有改变，而所谓历史学是研究事实的学问（Tatsachenwissenschaft[①]），我绝不会忽视严谨的史实认定这一基础工作，但我会在问题设定、史实选择、宏观把握、认知结果叙述等方面，毫不顾忌且强烈地表现出自己的主体价值意识。人们常误以为，有了大量史料和其所显示的事实，历史事实就会自然而然地浮现出来，从而觉得有思想立场的研究就是邪道，然而真正的历史学并非如此。如果不基于某种问题意识去梳理近乎无限的过去，就无法构筑历史像，所以没有主体性立场的历史学是不可能存在的。（中略）即使强调实践中的主体性，只要不以价值意识歪曲或隐瞒史实的认定，就不会脱离历史学的科学方法，只不过在表达上会有直接间接或者浓淡的区别而已。

而且，对实践性关注的扩大也会带来积极的结果，会让我们重新发现历史世界中迄今为止未曾注意到的诸多领域。进入 20 世纪 50 年代，开始在社会上发声之后，随着对社会实践的关注愈来愈多，我在学术研究方面也就一直以来为学界所忽视的领域发表了专门性的研究成果。虽然也会伴随一些负面的影响，为了实践不得不割爱自己在书斋内进行纯学术研究的时间与精力，但从大局而言我认为这并不意味着对学术研究只有负面作用。战后，正是基于这样的理由，我在宪法学与历史学的交叉领域倾注了大量精力，出版了数量可观的著作，在此就不一一赘述了。[②]

家永的这种研究态度之所以成为可能，是因为他自 1938 年《日本思想史上否定逻辑的发达》以来，采取了实证且问题设定锐利化的方法。运用此法，在新的问题意识框架中开展研究。其理论背景的背后，存在对东京帝国大学国史学科实证主义史学的批判及对具有经世性格的民间史学方法的再评价问题，[③]探讨史学方法论相关的理论问题超出了本文的范围，在此不做论述。

关键点在于，家永将在实践行动中出现的问题意识和事实认识灵活运用到了学术研究中。我们通常被教导所谓学问就是为了探究真理而探究真理，研究与实践是

---

① 德语，"事实科学"之意。——译者注
② 家永三郎：『激動七十年の歴史を生きて』序，新地書房，1987 年，第 23—25 頁。
③ 家永三郎：『現代史学批判』，和光社，1953 年，とくに「序に代へて」。

东京教育大学文学部教授会设置运动与家永三郎

分开进行的。因而两立似乎成了一个问题，但家永选择的道路却不是这样的。他积累了一种新型的历史研究，将实践本身转换成实质性的研究领域，[①]以从中获得的认识为依据设定研究课题，然后在来自学院派史学细致地史料批判的基础上展开论述。

由于现实课题一般很难在单一学科领域内得到解决，这项工作必然将开拓出应对当前课题的新领域。这种动向不久后便促生了法史学这一独特研究领域。

家永在论述历史学与法学关系时提出了两种类型，其一是为了理解历史事实而援引法律知识的情况，其二是引入法律上的概念作为历史的分析视角。[②]家永尤其重视后者，他将法学的观点及以基于此的当为的视角引入历史学，通过关联两者进行历史评价，从而实现了自身的民主主义实践与历史研究的结合。

其背景是为了打破现状而尝试理解历史的努力，以及为理解历史而甘于跨越既定学问框架的姿态。当然，这样的研究兼具实践家现实认识的特性，又因以历史学方法为基准，事实认识的可信度极高，对于意欲投身类似实践的人而言，起到了案头必备书的作用。正如日高第四郎所言，这正是期盼民主主义实现时代的政府所期待的做学问的方法，并且在不少有过历战争体验的学者之间不断蔓延。[③]

这种研究态度，家永虽自谦是"跨学科领域"的"彷徨""权宜之道"，[④]但是对于从事科学至少是人文学科研究的学者而言，这才是正道。即使只从专门研究的角度来看，确定某种范畴和方法的专门研究之所以有意义，是因为更高层次的观点

---

① 家永自己谈到，"首先由于我自己身心条件的局限，我最不适合的学问是实地考察为生命的民俗学，自己没想过要去做"（前揭家永等《一位历史学家的足迹：访家永教授》，第 323 页上段），但客观来看，家永的研究姿态正是实地考察。

② 家永三郎：「歴史学と法律学の接点」，『家永三郎集・第 9 巻』，第 253—254 页。

③ 为证明与家永相同的学问类型在战后广泛成立的事实，在此例举留存在西淀川公害诉讼第一次诉讼（地方裁判）的证人笔录速记的发言，这位证人是关西历史学者小山仁示（1931—2012）。

小山：（前文略）我是现代史学者，在参与现代的过程中，觉得这也是一个绝好机会。确实不能剥离我身上参与居民运动的人格。有时是历史学者，有时是居民运动家，虽然才疏量浅，但至少于此作证时我坚持身为一名历史学者的立场，将在居民运动中的体验按自己理解归纳整理，虽谈不上学问这样高大上的层次，也难称之为论文，但是应当如此书写。（355 号）

律师：所写内容，有非常大的篇幅是基于您自身作为居民运动家的活动经历，可以这样理解吗？

小山：我认为所谓研究不过是发自于古老学问方法的探讨，即脱离事物本身的阶段，锁在象牙塔中的活计。（361 号）。

（独立行政法人 环境再生保全机构网页）http://nihon—taikiosen.erca.go.jp/taiki/nishiyodogawa/saiban/pdf/202syonin142.pdf

④ 家永三郎：「私の研究遍歴　苦悩と彷徨を重ねて」4、5，『家永三郎集・第 16 巻』，第 229—231 頁。

既已认可其研究的意义。最高层次无疑要落实在，自己所提问题的论点究竟为何具有根本性价值，而家永的实践研究正是牢牢把握住了这一点。

家永教科书亦是如此，在叙述通史的同时，更是通过学校教育，使日本有志于建设民主主义的人们，即《日本国宪法》之下的全体国民，具备起把握现状、展望未来所必要的知识。而当其遭遇妨碍阻挠时，家永便再度开始力攻诛讨了。

对家永而言，无论做学问、至诚正直做人、从讨论中终得共识，还是保卫学术自由，都是相通的。这是东教大文学部跨专业领域培养出的学风，[①]经过教科书裁判事件，这种学风在以与裁判关系最为密切的历史学、法学、教育学为中心的日本学者之间产生了影响

如此一来，便更是忙上加忙了。当然，家永也有日常生活。他从学术研究和生活琐事中挤出时间，致力于大学民主化运动，因为又与教科书裁判事务重叠，辛苦可想而知。据说家永经常小跑赶路，[②]回家后就把黄金时间全部用于研究工作。[③]而支撑着他的，正是对于实现民主主义的一腔热忱。[④]

五、结　语

家永三郎民主主义精神的本质在于，从正面突破、转变矛盾的行动力。这一行动力是通过 1950 年教授会设置运动获得的。这是面对将自身和周遭卷入的矛盾，把握并突破困苦所基于的结构从而创造新的结构、达成更好状况的努力。这一姿态通过教科书裁判为世人所知，与战争的记忆相结合，感动并吸引了大量的追随者。

我认为，家永三郎通过彻底解决直面的课题、尝试克服战前社会的矛盾，这正是战后民主主义者的一大典范。这一特质也反映在战后家永的学问之中，由此可以追踪民主主义者的学问样貌。它不适用于既有的学术框架，而是作为一种创作新学问的能量而出现。

---

① 家永三郎·小牧治编：『哲学と日本社会』，弘文堂，1978 年，「まえがき」第 4—5 頁（小牧治执笔）。

② 横山笃夫：「家永三郎先生を追悼する」，『大阪民众史研究』，2002 年 12 月。および鹿野政直：「家永先生と求道の精神」，『家永三郎·人と学問』，第 63 頁。

③ 家永三郎：『一歴史学者の歩み—家永教授に聞く—』，岩波現代文庫版，第 338 頁上段—下段。

④ 尽管如此，家人有些没办法。"真理的追寻者　'教科书裁判之人'其真实面貌是……"（《东京新闻》2003 年 7 月 1 日第 32 面）。此处涉及到家永家庭民主化的实质，故附记。

东京教育大学文学部教授会设置运动与家永三郎

此后，家永在 1965 年提起教科书裁判，以反击教科书审定，1967 年取得了承认国民教育权的杉本判决的胜利。对家永来说，这是基于东教大经验展开的，更是通过超过家永预想的支援裁判的扩大，使更多的人获得了民主主义的最初体验。对具体情况的阐明不属于本文的论述课题，今后定当予以推进。

另一方面，东教大在此之后，以 1962 年朝永原则的制定，即大学自治原则的成文化为顶点，演变成一场严峻的风波，此即筑波转移问题的展开。这是以东教大文学部的自治运动、达到大学自主管理最高水平的东教大的解体事件。与此同时，与高速成长下的日本社会的矛盾糅杂在一起，不仅是现代的大学管理，也是广义上社会管理的出发点之一。

描绘从眼前的问题出发、按顺序依次解决结构性矛盾的姿态，是叙述现代民主主义发展史的重要一环。文学部教授会彻底抵制这一事态的形成，即便出现掉队者，家永等主流派依然坚持到底。

（作者：小田直寿，日本大阪电气通信大学非常勤讲师；译者：周志国等；校对：吴呈苓，南开大学日本研究院博士研究生）

研究综述

关于日本现代经济史的思考：
一些基于英文文献的个人观点

Janet Hunter

内容摘要　本文旨在就日本前现代以及现代经济史文献发表一些个人观点，并且致力于将文献限定在经济史的学科范畴内。本文考虑以下几个方面的问题：定量与定性研究方法的使用，日本与全球史的整合，关于前现代与现代历史时期的争论，意识形态与理论框架的作用，以及制度与文化的相关问题。我们认为经济史应该继续保持其跨学科以及多学科的性质。

关键词　日本　经济史　研究方法　制度　全球史

Thinking about the modern economic history of Japan – some personal observations on the English language scholarship

Janet Hunter

Abstract: This paper offers some personal comments on the English—language scholarship on the economic history of early modern and modern Japan, and seeks to locate that scholarship within debates in the broader economic history scholarship. A number of issues are considered: the use of quantitative and qualitative methodologies; integrating Japan into global history; debates over the relationship between the early modern and modern periods; the role of ideological and theoretical frameworks; and issues relating to institutions and culture. I argue that economic history needs to remain both interdisciplinary and multidisciplinary.

Keywords: Japan; economic history; methodology; institutions; global history.

这篇论文旨在就日本近现代经济史文献（特别是英文文献）中涉及的主要问题发表一些个人观点。由于英文文献的研究范围广、研究程度深，难以在短篇幅内面面俱到，因此，我的侧重点是在经济史的大范畴下，总结日本经济史取得了哪些研究成果，思考这些成果如何帮助我们从比较的视角去看日本。比如，如何利用不同的理论与概念去研究日本？如何把日本的经历与其他国家联系，更深入地理解全球和跨国的经济史？当然，非日本学者的日本史研究多是建立在日本学者的研究成果之上，许多西方经济史学家也广泛地把日本经济相关的日文文献作为他们研究的开端。但是非日本学者所写的英文著作多局限于英语学术界所理解的经济史。在欧美学术界，学者们的研究角度大致分为以下几种：（1）区域研究从制度差异的角度出发；（2）经济学从其学科的理论出发；（3）20 世纪 60 年代至 80 年代发表的日文和英文著作将日本的民族"独特性"做为重点讨论对象；（4）经济史则从跨学科研究的角度出发。近几十年来，西方学者对"经济史"的理解，多是由大学经济系主导，利用经济学的方法进行研究的一种学术形式。然而，大部分优秀的日本经济史研究成果却是由非经济系的群体完成的，比如非经济史专业的日本历史学者。因此，我在此文中所引用的历史学方法与学术作品，不仅建立在日本学者对近现代经济发

关于日本现代经济史的思考：一些基于英文文献的个人观点

展的研究成果之上，还建立在塑造了这些研究成果的学术环境之上。

所以我们应该如何界定经济史的学科边界呢？在我看来，经济史研究的是过去的经济变迁，即个人与群体为了保证自己的生存，建立了怎样的经济体、经济结构与制度，这些经济体、结构、制度又创造了怎样的规则，反过来又对个人与群体产生了怎样的影响。可以说，经济史与历史学密不可分。包括经济决策与交易在内的一切经济行为，是在政治、社会、文化、知识等大环境下发生的，想要理解和分析经济史，绝不能脱离这些大环境。同时，我们却又必须利用经济学和其他社会科学的理论来研究史料，这样才能找出我们需要提出的研究问题。没有理论支撑，经济史只能是空洞的事实陈述，缺乏历史学应有的研究精神，即探索过去发生了什么，为什么发生。以此为始，我认为经济史必须与其他学科交叉研究。即使我们认为经济史是独立的学科，也不能忽视它作为交叉学科存在的事实。

一、定量研究与定性研究

让我先从近年来研究国家经济发展史的一个核心问题说起，即定量研究与定性研究的并存与交叉运用。用经济理论研究历史是经济史学科的长久惯例，但是直到最近几十年，这种惯例才变得尤为突出。计量经济学的兴起和信息技术的发展，令越来越多的历史数据被统计出来，越来越多的技术和方法被计量经济学者运用于解析历史数据，因此，更多的学者开始发现，利用定量的方法研究历史，是最重要、也是最可靠的。对小部分人来说，经济史是经济学下的一个分支，利用一些经济学方法，提出一些经济学问题。然而，20 世纪末之前的经济史学者几乎从未接触过如此庞大的历史数据，也从未用过他们现在正在使用的研究方法。即使很大程度上依靠统计数据进行研究，大多数著作还是在做定性分析，数据只是所有史料中的一小部分，而建立在史料上做出的成果，更多被定义为定性的研究。即便如今计量历史学已经小有成就，但这种定性的研究方法至今也没有被完全淘汰。

日本经济史同样脱离不了这种定性研究与定量研究并存的方法。这种并存拥有互补的潜在优势，令两种研究可以相互借鉴。但在现实中，这种优势并没有被完全发掘。在日本经济研究和其他国家的经济研究中，维护这种优势的意向被一种所谓

"学科分离"的概念阻碍。在过去的很长一段时间里,从事日本研究的西方学者(特别是欧洲学者)多是来自亚洲和日本区域研究部门,而不是某个专业的学科部门。美国学者多来自历史和其他学科,同时隶属或兼职于区域研究的部门。像是"日本研究"这种部门,多是集结了区域研究的专家,这些专家拥有日语优势和关于日本的专业知识,是跨学科研究的人才。区域研究的专家也会隶属于专业的学科部门,使像日本史学者这样的群体也能与区域研究专家相互学习、借鉴。显然,这种借鉴并不适用于经济系。对日本经济史来说,这是一个很严重的问题。在欧美的经济系,很少有专门研究日本经济的学者,而专注日本的区域研究学者在研究日本经济时,又缺乏对理论的运用,定量的分析,以及主动与经济系合作的意向。这就造成了定性研究和定量研究之间缺乏共鸣。许多区域研究学者和历史学者都承认,他们在研究经济问题时,不具备使用定量研究的技能,而经济学者又不能将收集的数据放在历史的大背景下分析,更不能理解历史学者使用特定史料的意图。极少有研究日本和亚洲经济史的学者像我一样,可以在独立的经济史学部,与经济学者和历史学者一起,利用定量和定性两种方法交叉研究的机会。这种"学科分离"深刻影响了日本经济史的研究,同时也反映了双方相互借鉴、加深理解的可能性。

至于以上困境如何影响日本现代经济史的研究,我在这里列出了一些具体事例。在日本,一些关于战前、战后初期的经济史研究已有不少成果,但很少有英文著作出现,具体原因我将在下文详细陈述。直到 20 世纪 60 年代日本高速发展的时期,有关日本经济定量研究的英文著作才陆续出现,大多数致力于从宏观的角度讨论日本高速发展背后的原因。许多被广泛引用的英文著作都翻译自日本学者的成果,像中村隆英(Nakamura Takafusa)、南亮进(Minami Ryōshin)这些核心学者已无需介绍,他们的影响至今依然重要。[①] 更近一些的英文成果开始从微观的角度入手,多是由日本学者撰写的英文论文,比如冈崎哲二(Okazaki Tetsuji)、今泉飞鸟(Imaizumi Asuka)、中林真幸(Nakabayashi Masaki)等人,利用回归分析和其他定量研究方法

---

① Eg. R.Minami, *Economic Development of Japan: a Quantitative Study* (Palgrave, 1986) and *Power Revolution in the Industrialization of Japan, 1885–1940* (Kinokuniya, 1987); T.Nakamura, *The Postwar Japanese Economy: its Development and Structure* (University of Tokyo Press, 1981) and *Economic Growth in Prewar Japan* (Yale University Press, 1983).

关于日本现代经济史的思考：一些基于英文文献的个人观点

阐明了日本现代经济史中一些重要的启示。[①]其他一些前沿的经济史学者，像是尾高幸之助（Odaka Kōnosuke）、斋藤修（Saitō Osamu）、谷本雅之（Tanimoto Masayuki），都结合了定量和定性的研究方法，在他们的领域有所建树。[②]

因为研究方法运用合理，并建立在翔实的史料之上，上述成果得到了广泛的认可。然而，一些非日本出身的经济史学者却从他们的研究中，得出了与我们所知的定性研究不一致的结论，并因操控数据、不尊重史实的嫌疑广受质疑。凯莱与威廉姆森（Kelley and Williamson）1974 年发表的著作《日本发展的经验》（*Lessons from Japanese Development*）[③] 就是把"新经济史"的概念和技巧应用于日本的一次尝试。可是由于基本史实的错误，即明治维新从未发生过，这部著作对日本史学者没有什么说服力，也没产生什么影响。经济学评论家赞美了这部作品的野心，比如美国著名日本经济史学者山村耕造（Kozo Yamamura）提及了这部作品希望"挑战传统，提出新问题"的意向，却也指出了它"不切实际地创造不可信的数据，过激的假设

---

① For example, T.Okazaki, "The Supplier Network and Aircraft Production in Wartime Japan", *Economic History Review* 64, 3, 2011; M.Nakabayashi, "Imposed Efficiency of Treaty Ports: Japanese Industrialization and Western Imperialist Institutions", *Review of Development Economics* 18, 2, 2014; Y Arimoto, K Nakajima & T Okazaki, "Sources of Productivity Improvement in Industrial Clusters: The Case of the Prewar Japanese Silk Reeling Industry" *Regional Science and Urban Economics* 46, 2014; S.Braguinsky, A.Ohyama & T.Okazaki, "Acquisitions, Productivity, and Profitability: Evidence from the Japanese Cotton Spinning Industry", *American Economic Review* 105, 7, 2015; A. Imaizumi, K.Ito & T,Okazaki, "Impact of Natural Disasters on Industrial Agglomeration: The Case of the Great Kantō Earthquake in 1923", *Explorations in Economic History* 60, 2016; Y.Mandai & M.Nakabayashi, "Stabilize the Peasant Economy: Governance of Foreclosure by the Shogunate", *Journal of Policy Modeling* 40, 2, 2018; T.Okazaki, T.Okubo & E.Strobl, "Creative Destruction of Industries: Yokohama City in the Great Kantō Earthquake", *Journal of Economic History* 79, 1, 2019; M.Nakabayashi, "Ownership Structure and Market Efficiency: Stockholder/manager Conflicts at the Dawn of Japanese Capitalism", *Journal of International Financial Markets, Institutions and Money* 61, 2019.

② These scholars' works include K.Odaka, "Redundancy Utilized: the Economics of Female Domestic Servants in Prewar Japan", in J.Hunter (ed.), *Japanese Women Working* (Routledge, 1993); M.Tanimoto, *The Role of Tradition in Japan's Industrialization: Another Path to Industrialization* (Oxford University Press, 2006); O.Saito, "Land, Labour and Market Forces in Tokugawa Japan", *Continuity and Change*, 24, 1, 2009; O.Saito, "Forest History and the Great Divergence: China, Japan and the West Compared", *Journal of Global History* 4, 3, 2009; O.Saito & M.Takashima, "Estimating the shares of secondary-and tertiary-sector outputs in the age of early modern growth: the case of Japan, 1600‐1874", *European Review of Economic History* 20, 3, 2016; O.Saito, "Japan", in J.Baten (ed.), *A History of the Global Economy 1500 to the Present* (Cambridge University Press, 2016); M.Tanimoto, "Peasant Society in Japan's Economic Development: with Special Focus on Rural Labour and Finance Markets", *International Journal of Asian Studies* 15, 2, 2018.

③ A.C.Kelley & J.G.Williamson, *Lessons from Japanese Development: an Analytical Economic History* (Chicago: University of Chicago Press, 1974).

（比如假设国际贸易不存在）和明显夸张的论述"等缺陷。日本经济学者大川一司（Ōkawa Kazushi）则认为这本书的论述"没有从举证出发进行深入分析"。[1] 苏斯曼（Sussman）和亚法（Yafeh）2000 年有关明治政府外贷的研究[2] 没能提及使用金本位之前，明治政府对增加外贷的抗拒。更近一些的唐·约翰（John Tang）的研究[3] 拓展了我们的理解，却因为缺乏史料和日文文献的支撑受到不少质疑。我们必须欢迎传统的经济学者介入日本经济史的研究，即便他们曾经研究的是其他区域，也要承认他们的学术贡献，但是不得不承认，由于经济史通常被看作经济学的分支，使用定量研究不可或缺，历史学又有自己的研究传统，因而导致日本经济史中定量和定性研究之间的鸿沟越来越大，越来越难以逾越。这种鸿沟或许在日本学界没有像在英美学界那么明显，但一些日本学者也表示，他们那里的情况也不乐观。

二、将日本融入全球史

在日本经济史学的发展上，特别是在把日本史融入全球史和跨国史的过程中，定性与定量研究的分歧显得尤为明显。直到 20 世纪 80 年代左右，日本作为亚洲首位实现工业化的经济体，其成功的经历令学术界将关注点聚焦在日本的内部因素上。虽然海外市场和技术转移等外部因素也没有被完全忽略，但是学术界还是把大部分精力放在研究发展的内因之上。大量（已被证实不够准确）的假设将延续至 19 世纪 50 年代的"闭关锁国"的结束作为日本最初与中国之外的外部世界交往的起点。因此，许多历史学的研究成果（甚至包括一些核心著作）都过分强调日本的"独特性"，这种分析方法很大程度上阻碍了日本与其他经济体的比较研究。即便从 20 世

---

① Yamamura's review is in the *Journal of Economic History* 37, 3, 1977, and Ohkawa's in *Economic Development and Cultural Change* 25, 2, 1977.

② N.Sussman & Y.Yafeh, "Institutions, Reforms, and Country Risk: Lessons from Japanese Government Debt in the Meiji Era", *Journal of Economic History* 60, 2, 2000.

③ J.P.Tang, "Technological Leadership and Late Development: Evidence from Meiji Japan, 1868—1912", *Economic History Review* 64, s1, 2011; "Financial Intermediation and Late Development: Evidence from Meiji Japan, 1868—1914", *Financial History Review* 20, 2, 2013; "Railroad Expansion and Industrialization: Evidence from Meiji Japan", *Journal of Economic History* 74, 3, 2014; (with Kazuki Onji), "Taxes and the Choice of Organizational Form in Late Nineteenth Century Japan", *Journal of Economic History* 77, 2, 2017; (with Chris Meissner), "Upstart Industrialization and Exports: Evidence from Japan, 1880–1910", *Journal of Economic History* 78, 4, 2018; (with Sergi Basco), "The Samurai Bond: Credit Supply, Structural Change, and Economic Growth in Pre—war Japan", *Journal of Economic History*, 80, 2, 2020.

关于日本现代经济史的思考：一些基于英文文献的个人观点

纪 50 年代开始，发展经济学者已将日本看作一种典型的发展模式，与亚洲其他的经济体一起，对比西方的发展模式（下文将会详细说明），但几乎没有什么经济史学者真正参与日本工业化与西方工业化的比较研究。作为一个比较经济史的教授（在伦敦政经，我们有许多成功的比较研究课程，专门教授日本、印度、俄罗斯的现代经济史），我对此感到奇怪，因为研究其他地区的经济发展有助于提出全新的、不同的研究问题，这些问题是只专注于研究日本的学者不常提出的。所以，将日本与其他经济体比较研究，并密切关注与日本紧密联系的全球经济史，必将成为学术界一个极受欢迎的趋势。

在研究前现代时期的日本时，利用定性和定量研究所得的成果，通常差异巨大。这些差异可能来自数据本身的不同（或是不足），比如对 17—18 世纪日本家庭收入数据的理解，很大程度上取决于收入数据与全球生活水平的比较，只有这样，才能明晰日本的差距是大是小。[①] 举例来说，斋藤修（Saitō Osamu）就对尝试估算日本 GDP 的行为持谨慎态度，认为"麦迪逊（Maddison）使用的非大宗商品数据是从一项非定量研究中获取的，而巴西诺等人（Bassino et. al.）仅仅考察了城市化的变化量而忽略其他。这两种方法都是不全面的"[②]。在斋藤修与高岛（Saitō and Takashima）的新研究中，他们纳入了对人口密度的考察，得到了巴西诺与其同僚的认可，并得出了与江户时代的定性研究更加一致的结论。其他学术著作则探索了日本与其他亚洲经济体的比较轨迹。[③] 这一领域值得我们深入探讨与拓展的潜力还十分巨大。

然而，这个领域的观点与学说依然存在着许多不易调和的差异。最初的比较研究暗示了日本经济在现代化的早期经历了一段时间的不景气，导致日本人的生活水平甚至远远低于欧洲最贫困的国家群体。这一发现与我们一直认为的：18 世纪的

---

① The idea of the "Great Divergence" between the economic trajectories of early modern China and Western Europe was, of course, initiated by Kenneth Pomeranz", in his *The Great Divergence: China, Europe, and the Making of the Modern World Economy* (Princeton NJ: Princeton University Press, 2000). The little divergence refers to further divergences in the trajectories of economies within Asia and within Europe.

② O.Saito, "Japan", in J.Baten (ed.), *A History of the Global Economy 1500 to the Present* (Cambridge University Press, 2016); O.Saito & M.Takashima, "Estimating the Shares of Secondary and Tertiary Sector Output in the Age of Early Modern Growth, 1600–1874", *Discussion Paper* 15–4, Research Center for Economic and Social Risks, Institute of Economic Research, Hitotsubashi University, May 2015. Professor Saitō has, of course, many publications in Japanese. For Bassino *et.al.* see J–P.Bassino, S.Broadberry, K.Fukao & B.Gupta, "Japan and the Great Divergence, 730–1874", *Explorations in Economic History* 72, Dec.2018.

③ E.g. J.P.Bassino & P.van der Eng, 'Asia's Little Divergence in the Twentieth–Century: Evidence from PPP–based Direct Estimates of GDP per capita, 1913–69", *Economic History Review* 73, 1, 2020.

大阪和江户享有高度繁荣的文化和经济，因此在一些地区产生了富裕的农民与地主阶级的观点相悖。考究之后的观点花了很长时间才发现，德川时代后半期取得了原始的工业发展，自 1700 年起，人口增长也开始逐渐放缓。人口增长放缓的原因虽然不完全如马尔萨斯人口论所述，但是这种定量与定性研究结论的差异依旧是学术界的一大挑战。举另一个例子来说，大部分史料证实了日本前现代城市的居民曾大量消费非大宗商品，但由于政府没能适当调整税收政策，农村人口不仅能够将大量农产品掌握在手里，还利用它们交换商品，导致了生产市场与消费市场的恶性循环。①当然，这并不是说对比这些发现毫无价值，也不是说日本前现代的家庭已经拥有了能与欧洲最富裕的地区相媲美的生活水平，只是如何调和这些研究成果的差异，依然极具挑战性。

三、前现代史的再评价：连续说与断绝说

许多希望将日本融入全球史的学术著作，大都专注于现代化早期的日本，而非 20 世纪的日本。这些著作有助于我们理解 19 世纪中期之后的日本。近几十年来，有关日本现代化早期的经济史研究再度重申了江户时代在日本工业化过程中奠定的作用，其中一些关注德川末期的早期英文文献可以追溯到 20 世纪 60—70 年代。举例来说，史密斯（T. C. Smith）和克劳科尔（E. S. Crawcour）的成果不仅影响了欧美学术界，还影响了日本学术界。② 经过日本学者与非日本学者的共同努力，该领域的学术成果在几十年间迅速发展，我们对于 18—19 世纪日本的理解，不论是作为课题本身来研究，还是将其视作日本之后经济发展的一个奠基因素来研究，都因此得到了极大的深化。此类研究不仅对上文提到的全球史有重要意义，还有以下几点启示。

首先，通过鼓励原始工业积累、工业革命理论之间的比较，可以拓展学术讨论

---

① See the work of Penelope Francks, in "Rural Industry, Growth Linkages, and Economic Development in Nineteenth Century Japan", *Journal of Asian Studies* 61, 1, February 2002; "Simple Pleasures: Food Consumption in Japan and the Global Comparison of Living Standards", *Journal of Global History* 8, 1, March 2013; and *Japan and the Great Divergence* (Palgrave, 2016).

② See eg. E.S.Crawcour, "The Tokugawa Heritage", in W.W.Lockwood, *The State and Economic Enterprise* (Princeton University Press, 1965). Some of T.C.Smith's most important essays have been collected in *Native Sources of Japanese Industrialization* (University of California Press, 1988).

关于日本现代经济史的思考：一些基于英文文献的个人观点

的维度。工业革命理论由日本学者速水融（Hayami Akira）提出，并被常驻美国的经济史学者弗雷斯（Jan de Vries）用于分析荷兰早期的现代化，这一理论发现日本与亚洲其他国家的工业化不仅与劳动力密集有关，还与不同的家庭体系、经济环境有关。①

其次，该领域的先行研究反映了经济史学者对经济史连续说与断绝说的探索。在日本现代化的经济发展过程中，有许多不连贯、中断的例子，比如 1868 年的明治维新，1937—1945 年的中日战争和太平洋战争。西方学者多关注明治维新期间的间断性，他们认为 19 世纪后半叶的日本倒退回了封建时代，并对日本之后的经济转型感到震惊，尽管这种经济转型在现在看来并非革命性的一蹴而就，而是渐进性的日积月累，至少在第一次世界大战之前是如此。贯穿 20 世纪 60 年代、围绕明治维新是否属于资产阶级革命的史学争论，进一步强调了日本经济史的间断性。同样，日本 1945 年的战败与毁灭成为 20 世纪 50 年代高速发展与经济"奇迹"的陪衬，这种从废墟中重生的经历被视为一种悖于理性的事实。最新的学术研究对这两种观点进行驳斥。修正后的观点并不认为德川末期政治与军事的脱序对经济史影响巨大，同样，所谓"1940 年体制"也并不是日本在 1945 年走向毁灭的唯一原因，战后发展实则很大程度上依赖于战前和战时的技术、制度、人才资源。② 这些连续说与断绝说的争论虽然只发生在日本研究之中，但是对研究其他区域中经济对政治、军事的影响也有不小的启示意义。剧烈的政治变动确实会影响经济活动的变量参数，但经济变化通常更缓慢、更具渐进性。理解这一点，有助于我们更谨慎地看待经济史与政治史、社会史、文化史、思想史的关系。

---

① A.Hayami, *Japan's Industrious Revolution: Economic and Social Transformations in the Early Modern Period* (Tokyo: Springer, 2015); M. Tanimoto, *The Role of Tradition in Japan's Industrialization: Another Path to Industrialization* (Oxford University Press, 2006); O.Saito, "An Industrious Revolution in an East Asian Market Economy? Tokugawa Japan and Implications for the Great Divergence", *Australian Economic History Review* 50, 3, 2010; J.de Vries, *The Industrious Revolution: Consumer Behaviour and the Household Economy 1650 to the Present* (Cambridge University Press, 2012); K. Sugihara & G. Austin (eds.), *Labour—intensive Industrialization in Global History* (Routledge, 2013).

② See eg. T.Nakamura, *The Postwar Japanese Economy, its Development and Structure* (University of Tokyo Press, 1981); *Economic Growth in Prewar Japan* (Yale University Press, 1983); Y.Noguchi, "The 1940 System: Japan under the Wartime Economy", *American Economic Review* 88,2, 1998; T.Okazaki, "The Supplier Network and Aircraft Production in Wartime Japan", *Economic History Review* 64, 3, Aug.2011.

四、意识形态，理论与史学学说

如何定义经济发展在历史中的位置，将影响我们提出问题的角度。日本经济史为学术界提供了一个独特的研究案例，让我们得以在广泛的历史轨迹中，定义经济发展的位置。这篇论文的读者应该十分清楚，直到大约 20 世纪 70 年代，许多日本经济史学者在分析日本经济发展轨迹时，会用到马克思—列宁主义的理论框架。这些将历史唯物主义纳入日本研究的尝试极具创新力，造就了大批围绕"日本资本主义论争"的学术著作。① 这些作品的质量虽然受到后世学者的诸多质疑，但不可否认的是，它们对日本国内经济史的研究产生了持久的影响。然而，西方研究日本经济发展的学者对利用日文文献的态度时而大幅波动，时而完全不信。在冷战的大环境下，西方的日本学者只从日文文献中提取有用的数据，而不使用日文文献的理论框架。西方学者多受古典与新古典经济学、不同于历史唯物主义的资本主义"现代化理论"以及诸如罗斯托（W. W. Rostow）"经济成长阶段论"的影响。② 近几十年来，有关日本经济的英文文献在许多方面与日文文献并驾齐驱，却很少交流。直到 20 世纪 70 年代末期，这种情况才有了改变。政治上，美国历史学者更能接受多元化的理论学说，开启了与日本学术界的交流，历史唯物主义开始对英文学术界产生影响。传统"现代化理论"与罗斯托"经济成长阶段论"的影响逐渐变弱，古典与新古典经济学理论受芝加哥学派及其理论的影响，确立了经济学领域的主导地位。与此同时，20 世纪最后 20 年欧洲的政治动荡，令日本和西方学界开始质疑马克思理论的可靠性与合理性，并出现了某种程度上被误读为"历史末日"的学说。③ 众所周知，那个时期日本大学的马克思主义经济学教授已不似从前那样引人注目了。

我对这种意识形态转变的担忧倒不是来自意识形态本身的不同，而是不同意识形态对日本经济史研究的影响。对研究经济发展的学者来说，利用历史唯物主义学

---

① For US scholarly analysis of the Japanese capitalism debate, see G.A.Hoston, *Marxism and the Crisis of Development in Prewar Japan* (Princeton University Press, 1986); A.E.Barshay, *The Social Sciences in Modern Japan: the Marxist and Modernist Traditions* (University of California Press, 2004).

② W.W.Rostow, *The Stages of Economic Growth: a Non—Communist Manifesto* (Cambridge University Press, 1960).

③ The phrase was coined initially by Francis Fukuyama in his article "The End of History?", *The National Interest* 16, 1989.

关于日本现代经济史的思考：一些基于英文文献的个人观点

说还是新古典经济学说不仅是意识形态的差别，更是基于史料之上提问角度的差别。全面否定任何一种学说，都会阻碍经济史学者的发问，并会埋没许多尚未被研究的领域。古典与新古典经济学自二战以来在西方经济学中占主导地位，导致研究的重点集中于经济发展（或缺乏经济发展）上。西方经济史排斥探讨"分配"问题，即生产工具的本质、阶级斗争、经济权力与利益的分配。不得不承认，经济权力与利益的分配才是经济发展的原点。相比之下，历史唯物主义在这些问题上提供了颇具参考性的观点，却不太关注经济发展本身的研究。可以说，只有对这两种学说（以及其他学说）都保持开放的态度，我们对日本经济发展的理解才会更加深刻。

当然，经济发展是战后早期日本研究的主题。两位数增长的经历，给日本国内外造成一种经济发展不存在输家的印象。日本民众飞速提升的生活水平，相对来说较为均衡的增长所得分配，令战后增长成为一种有益无害的商品。20世纪60年代可怕的污染事件，20世纪80年代"泡沫"经济的破碎，告诉人们输家与赢家一样存在，重新唤醒历史学家对阶级与分配问题的意识。这时，在经济史学者之间出现一种趋势，将这些问题归结于文化史学、社会史学、劳动力史学的研究范畴。由于方法和系统的原因，这些研究与新兴的定性经济史逐渐分离。历史学科的分散化是一个很大的问题，但这也是日本学术界本身的特质。经济史与商业史在日本的分离现状并不像在英国和美国那样明显。在日本，最大的问题是性别史与经济史的分离。由于性别问题在日本社会一直不受重视，在日本经济史的研究中，阶级、性别（也包括种族）研究课题化的时间也比较晚。另一部分原因，还由于涉及性别问题的讨论，常被融入阶级理论论述。许多有关女性史的研究直到近几十年才在日本兴起，但其作为经济史成果一部分产生的影响，除去一些顶尖著作，依然比较有限。我做纺织工人的自传被翻译成日文发表后，[①]一位日本评论家说，日本学者绝写不出这种类型的作品，原因是日本不存在交叉经济、商业、性别、社会和其他元素的研究，令我倍感冲击。当然，包括鹤见（Tsurumi）、波顿（Burton）、费森（Faison）在内的西方学者对日本性别、劳动力和经济的交叉研究贡献卓越。[②]由此我想到了一个

---

① 日本の工業化と女性労働：戦前期の繊維産業（有斐閣 2008）. The English original is *Women and the Labour Market in Japan's Industrialising Economy: the Textile Industry before the Pacific War (RoutledgeCurzon, 2003)*.

② See for example E.P.Tsurumi, *Factory Girls: Women in the Thread Mills of Meiji Japan* (Princeton University Press, 1990); W.D.Burton, *Coal—Mining Women in Japan: Heavy Burdens* (Routledge, 2014); E. Faison, *Managing Women: Disciplining Labor in Modern Japan* (University of California Press, 2007).

更为普遍的观点，即：虽然非日本出身的日本经济史学者不得不与日本学者一样，利用更广泛的经济史成果进行研究，但是我们也要意识到，我们虽然从日本学者处学到了许多，我们的学术著作也为日本学术界开启了全新的研究方法和视角，并在那里影响卓越。因此，作为亚洲经济史学者的我们，需要在研究方法的选择上更加包容，在国际学术交流中扮演更加积极的角色，尽管想要扮演这样的角色，目前还面临着许多制度与意识形态的壁垒。

当然，不同意识形态和理论框架也会有相同的史学缺点，比如都会忽略经济活动的重要性。这里举一个例子：日本战前与战后经济发展的联系、制造业与出口的成功，不可避免地吸引了大批学者探讨生产力与生产力的增长。简单来说，大部分日本和国际学者认为日本现代经济史是生产层面的故事，而非消费层面的故事。之前提到的诸如南亮进之类的学者，从宏观层面认可了国内市场对日本增长的重要性，商业史学则描述了国内市场如何成为大型企业出口战略的一部分，[1] 但是关于消费的研究多集中于文化史学、艺术史学的领域，直到最近，经济史学者才尝试把消费因素代入整体经济运作之中。[2] 这种对日本消费的再探索在某种程度上与亚洲其他地区及非西方世界的学术著作平行，并且有两点重要的启示。其一，这种对消费的再探索，是一种源于西方比较工业化理论对消费、消费主义学说的延伸。其二，生产优先消费的视角已经对我们分析日本经济发展产生了极大的影响，比如高存款率、投资模式，并建构了日本和亚洲经济增长模式的学术形态。由于目前国民收入的统计数据驳斥了以往认为日本经济发展是"出口导向型"的观点，这种不平衡已然成为一个我们长期拖延、尚未解决的问题。我认为这意味着消费领域虽然是一个潜在的、有很高学术价值的研究对象，但是它也常被视为一个超出"经济史"范畴的领域。

---

[1] Minami's quantitative work, for example, suggested that exports accounted for a much smaller share of the country's growth than did the domestic market. Business history perspectives can be found in H.Morikawa, *Zaibatsu: the Rise and Fall of Family Enterprise Groups in Japan* (University of Tokyo Press, 1995).

[2] More recent publications on the importance of consumption for Japan's economic development include P.Francks, "Inconspicuous Consumption: *Sake*, Beer and the Birth of the Consumer in Japan", *Journal of Asian Studies* 68, 1, 2009; P.Francks, *The Japanese Consumer: an Alternative Economic History of Modern Japan* (Cambridge University Press, 2009); P. Francks & J. Hunter (eds.), *The Historical Consumer: Consumption and Daily Life in Japan, 1850–2000* (Palgrave, 2012).

关于日本现代经济史的思考：一些基于英文文献的个人观点

五、制度，文化与亚洲背景下的日本

值得注意的是，新古典主义理论、发展理论这些强调增长的理论一直在不断变化，新制度经济学（NIE）的出现便是一个典型的例子。在北美和欧洲，强调法律、规则、风俗、标准的新制度经济学的理论框架，已被用于研究日本的经济发展，特别是现代的经济发展。在许多研究中，新制度经济学的影响仍限于理论层面，比如像诺贝尔得主道格拉斯·诺斯（Douglass C. North）那样，从正式和非正式两个层面讨论制度。[1] 但是已经有大批学者试图将其引入正式层面，通过定性研究的方法，探索制度变迁对发展路径的影响，比如非洲研究专家戴伦·阿西莫格鲁（Daron Acemoglu）、詹姆斯·罗宾逊（James Robinson）、内森·努恩（Nathan Nunn）。也有一些学者利用正式制度理论分析历史学案例，比如雇佣者与被雇佣者的行为模式。[2] 在驻美经济学者青木昌彦（Masahiko Aoki）的启发下，冈崎哲二（Tetsuji Okazaki）和中林正树（Masaki Nakabayashi）这些日本学者率先使用这种方法，发表了大量英文著作，对英文学界产生了巨大的影响。[3] 他们与经济系中定量经济史学者的"亲密度"极高，但是目前为止，像他们这样的学者在日本还是少数。

在过去的 20 年里，日本经济史著作中对"制度"的关注是一种常见现象，为我们研究经济史中的"文化"问题提供了重要的启示。对研究日本的学者来说，研究文化并不陌生。在日本的案例中，文化的重要性非比寻常。"文化"一词，不好

---

[1] For a classic work see North's *Institutions, Institutional Change and Economic Performance* (Cambridge University Press, 1990).

[2] E.g. D.Acemoglu, S.Johnson & J.Robinson, "The Colonial Origins of Comparative Development: an Empirical Investigation", *American Economic Review* 91, 5, 2001; N.Nunn, "Historical Legacies: A Model Linking Africa's Past to its Current Underdevelopment," *Journal of Development Economics* 83, 1, 2007; D.Acemoglu & J.Robinson, *Why Nations Fail: The Origins of Power, Prosperity, and Poverty* (Crown Publishers, NY, 2012).

[3] For example T.Okazaki & M.Okuno-Fujiwara (eds.), *Japan's Present-Day Economic System and its Historical Origins* (Oxford University Press, 1999); Y.Arimoto, T.Okazaki & M.Nakabayashi, "Agrarian Land Tenancy in Prewar Japan: Contract Choice and Implications on Productivity", *Developing Economies* 48, 3, 2010; M.Nakabayashi, "Role of the Merchant Coalition in Pre-Modern Japanese Economic Development: an Historical Institutional Analysis", *Explorations in Economic History* 42, 2005; M.Nakabayashi, "From the Substance to the Shadow: the Role of the Court in Japanese Labour Markets", *Economic History Review* 71, 1, 2018; Y.Mandai & M.Nakabayashi, "Stabilize the Peasant Economy: Governance of Foreclosure by the Shogunate", *Journal of Policy Modeling* 40, 2, 2018.

简单地说，更难具体定义。经济史学者总不愿过多讨论它，常把它视为被道格拉斯·诺斯（Douglass North）称为"精神模式"的公式或是黑箱中的一个遗留部分。[①] 把"文化"与社会结构、制度，以及它们与经济活动的关系混为一谈，会被看作是对传统社会科学的蔑视，因此愿意讨论文化的学者，不是偏记述风格的历史学者，就是后现代主义的支持者。不论如何定义文化，没有人会否认文化的重要性。在日本的案例中，文化独特性一直被用于解释从 19 世纪晚期开始的经济发展，直到 20 世纪 80 年代，日本人自己依然反复重申，日本 50—70 年代的经济发展，与日本文化的独特性息息相关。在新制度经济主义、以及其他为历史学家所看重的正式层面因素的研究兴起之前，"文化"确实是日本经济腾飞的唯一答案。

但是"文化"只能作为一种补充因素，而非决定性因素。在对文化、制度、机构的分析上，我们依然在实证主义与社会科学之间摸索挣扎，难以把它们完全区分开来。人类学者罗伯特·史密斯（Robert J. Smith）对文化与经济活动之间关系的定义，包含了道格拉斯·诺斯（Douglass North）提到的"正式与非正式规则"，经济史学者埃里克·琼斯（Eric Jones）则将文化定义为"以地理位置划分的行为与群体"。[②] 抛开这些定义不谈，我们也会合理探问：文化与制度之间有什么联系，有什么重合，我们又该怎样在对经济与社会、政治、文化、知识因素的互动分析上，取得更多的进展。

将日本"民族"文化和传统视为经济增长的重要诱因，部分源于日本 19 世纪晚期的精英阶层的刻意"创造"。[③] 质疑这种"创造"的声音，来自致力于驳斥民族中心论的地域研究领域。在日本，有关地域史的研究一直很多，但是，只有一小部分极其看重细节的事实陈述，这些成果被许多经济史学者作为实证资料加以利用。近年来的英文和日文文献多出自阿部武司（Abe Takeshi）、中村尚文（Nakamura Naofumi）、谷本正幸（Tanimoto Masayuki）、戴维豪·威尔（David Howell）、卢克·罗伯茨（Luke Roberts）、马丁·狄森伯莉（Martin Dusinberre）这些学者之手，他们创

---

① D.C.North & A.T.Denzau, 'Shared Mental Models: Ideologies and Institutions', *Kyklos* 47, 1, 1994.

② Smith's full definition is 'formal and informal rules, a learned and shared information pool, thus impacting on both the production function and the utility function, and establishing the range of choices for action' (R.J.Smith, 'The Cultural Context of the Japanese Political Economy', in S.Kumon & H.Rosovsky (eds.), *The Political Economy of Japan* vol.3 (Stanford University Press, 1992); E.Jones, 'Culture and its Relationship to Economic Change', *Journal of Institutional and Theoretical Economics* 151, 2, 1995.

③ This 'invention of tradition' was articulated in the classic C.Gluck, *Japan's Modern Myths: Ideology in the Late Meiji Period* (Princeton University Press, 1985).

关于日本现代经济史的思考：一些基于英文文献的个人观点

造性地利用这些成果，将地域分析与国家分析、甚至是跨国分析联系在一起。① 这种类型的著作有一个很重要的贡献，那就是它们呈现了日本江户时代和 19 世纪中期开始的经济发展历程的多样性，与传统视角将日本视为一个民族体、共享同一种文化完全不同。地域多样性在中国和印度一直被广泛强调，但是在日本，地区和地域身份虽然已经有了重要发展，但在经济史的领域，还是一种比较新兴的现象。

如此一来，我们不必拘泥于用独特性、文化同质性这些民族特征去解释日本前现代和现代经济史的发展，而是用不同理论框架和方法论比较性地看待日本，提出经济增长动因与结构的新问题，探索经济对社会、意识形态、和其他领域的影响，在现代民族国家的概念下，纳入地域因素的考量。但是不论从理解日本史本身出发，还是从用对比的眼光审视日本经济增长的角度出发，只有在亚洲的大背景下，新问题和那些未被研究的领域才显得更有价值。正如上文所述，在过去几十年里，日本被视为一个独特的民族，然而亚洲其他经济体的快速增长却质疑了日本的独特，引发了有关亚洲工业化与发展模式的讨论。简单来说，日本的经济发展经历被纳进了整个非西方发展模式的讨论之中。新的理论模式更注重人才资源或劳动密集型工业化的影响，极其合理又具有说服性地帮助我们从单一工业化模式、单纯强调技术与制度转移、单纯强调模仿"现代化"、工业化、西方化的传统假设里跳脱出来。② 与此同时，我还想对这个话题上已经出版的著作做一些补充说明。在过去几十年里，日本已在近一个世纪妄图脱离亚洲、凌驾别国之上之后，更习惯于称自己为"亚洲"

---

① This literature cannot be listed in detail here, but examples published in English would include D.Howell, *Capitalism from Within: Economy, Society and the State in a Japanese Fishery* (University of California Press, 1995); K.Wigen, *The Making of a Japanese Periphery, 1750–1920* (University of California Press, 1995); L.Roberts, *Mercantilism in a Japanese Domain: the Merchant Origins of Economic Nationalism in 18th Century Tosa* (Cambridge University Press, 1998); D.A.Farnie, T.Nakaoka, D,J,Jeremy, J.F.Wilson & T.Abe, *Region and Strategy in Britain and Japan: Business in Lancashire and Kansai 1890–1990* (Routledge, 2000); M.Tanimoto, "Capital Accumulation and the Local Economy: Brewers and Local Notables", in Tanimoto (ed.), *The Role of Tradition in Japan's Industrialization* (Oxford University Press, 2006); P.C.Brown, *Cultivating Commons: Joint Ownership of Arable Land in Early Modern Japan* (University of Hawai'i Press, 2011); M.Dusinberre, *Hard Times in the Hometown: a History of Community Survival in Modern Japan* (University of Hawai'i Press, 2012); N.Nakamura, "Reconsidering the Japanese Industrial Revolution: Local Entrepreneurs in the Cotton Textile Industry during the Meiji Era", *Social Science Japan Journal* 18, 1, 2015.

② K.Sugihara, "Labour Intensive Industrialisation in Global History", *Australian Economic History Review* 47, 2, 2007; K.Sugihara & G. Austin (eds.), *Labour–intensive Industrialization in Global History* (Routledge, 2013). One of the earliest analyses of the idea of an Asian model can be found in P.L.Berger & H–H.M.Hsiao, *In Search of an East Asian Development Model* (Transaction Books, 1988).

的一员，不再自称"东方的大不列颠"，或是自诩天生高人一等。因此，我们需要意识到，如果再将亚洲（或者亚洲的某个区域）作为整体来研究，可能会存在过分夸大一些相似性与共同性、而忽视多样性的风险。比如，从一名日本经济史学者的角度来看，把"儒家资本主义"的概念应用于拥有相似文化背景的个人或群体，或许意义重大，[①] 但是把这个概念应用于整个东亚和东南亚地区，可能存在忽略"儒家"在不同民族和地域中不同表达的风险。我们必须清楚地认识到，日本中心论和亚洲中心论的学说为早期的理论框架提供了什么启示，又为强调生产要素、亚历山大·格申克龙（Alexander Gerschenkron）20 世纪 60 年代的相对落后性假说、[②] 历史唯物主义这些新古典主义的模式提供了什么新的解析思路。

亚洲中心论的学说激发了关于日本经济发展的新讨论，同时令非日本学者意识到，解决日本经济发展中一些具有争议性的问题时，可以使用不同的研究方法，用不同理论和框架拓展比较研究的范围。英文文献虽然在日本研究上成就颇丰，我还是想就日本经济史文献中的两个领域进行一些陈述，提供一些思路。这两个领域的学者数量虽不算多，但他们的学术贡献既独特又宝贵，甚至影响了日本的本土研究。首先是前现代和现代时期的金融史与货币史，研究学者包括理查德·思麦图斯特（Richard Smethurst）、马克·梅兹勒（Mark Metzler）、史蒂芬·埃里克森（Steven Ericson）、西蒙·贝瑟卫（Simon Bytheway），研究课题主要集中于 20 世纪中期开始的早期工业化时代与太平洋战争之间的时段。[③] 这些学者把专业性极强的金融学话

---

① For example, the term has been used to analyse the business ideas of the great nineteenth century entrepreneur, Shibusawa Eiichi. See P.Fridenson & T.Kikkawa (eds.), *Ethical Capitalism: Shibusawa Eiichi and Business Leadership in Global Perspective* (University of Toronto Press, 2017); J.H.Sagers, *Confucian Capitalism: Shibusawa Eiichi, Business Ethics and Economic Development in Meiji Japan* (Palgrave, 2018). The importance of Confucian ethics in Japan's modern economic history at the national level is considered in G.K.Ornatowski, 'Confucian Ethics and Economic Development: a Study of the Adaptation of Confucian Values to Modern Japanese Economic Ideology and Institutions', *Journal of Socio-Economics* 25, 5, 1996.

② A.Gerschenkron, *Economic Backwardness in Historical Perspective* (Harvard University Press, 1962).

③ M.Metzler, *Lever of Empire: the International Gold Standards and the Crisis of Liberalism in Prewar Japan* (University of California Press, 2006); R.J.Smethurst, *From Foot Soldier to Finance Minister: Takahashi Korekiyo, Japan's Keynes* (Harvard University Press, 2009); S.Bryan, *The Gold Standard at the Turn of the Twentieth Century: Rising Powers, Global Money, and the Age of Empire* (Columbia University Press, 2010); M.Metzler, *Capital as Will and Imagination: Schumpeter's Guide to the Postwar Japanese Miracle* (Cornell, 2013); S.Bytheway, *Investing Japan: Foreign Capital, Monetary Standards, and Economic Development, 1859-2011* (Harvard University Press, 2014); S.Bytheway & M.Metzler, *Central Banks and Gold: How Tokyo, London, and New York Shaped the Modern World* (Cornell University Press, 2016); S.Ericson, *Financial Stabilization in Meiji Japan: the Impact of the Matsukata Reform* (Cornell University Press, 2020).

题融入日本经济史的大背景中，让非金融史专业的学者也能轻易读懂。其次是环境史。在日本，有关自然灾害的研究并不少见，[①] 但是近来，日本环境史的学者为那些仅关注日本经济史的学者提供了全新的方法和视角。比如，康拉德·托特曼（Conrad Totman）、布雷特·沃克（Brett Walker）为经济史学者如何在其他史学领域中拓宽视野树立了十分典型的榜样。[②]

六、结　语

作为结语，我想重申日本经济史与任何国家的经济史一样，是一个"包罗万象的教堂"，需要对历史学与社会科学的学说、方法论时刻保持开放的态度。只有通过交叉的研究方法，才能真正理解经济发展的全过程。近来，对于欧美学界有意缩小这个"教堂"容量的趋势，我们深表担忧。"经济史学者"定义自己的方式发生了变化，自称"经济史学者"的人数正在急剧减少。发生这种情况的一个重要原因，是欧美经济系倾向于用定量研究解析经济史的执念。这并不是说定量研究毫无意义，相反定量研究极大地丰富了我们的理解。但是这种趋势制约了经济史学科和经济史文献的定义范围。欧美研究日本经济史的学者更多隶属于历史学部或亚洲研究部，而非经济系。亚洲研究和历史学部拥有明确接受交叉学科研究方法的优势，但在史学问题的提出、史学数据的利用上，研究日本经济史、日本经济学的区域研究与历史研究专家之间，仍然存在巨大的分歧。为了进一步拓展学界对日本经济史的理解与分析，我们既要保持交叉学科的研究态度，又要意识到不同学科存在的差异性。

（作者：Janet Hunter，英国伦敦政治经济学院 经济史学院教授；译者：张诚，南开大学日本研究院博士研究生）

---

① For example F.G.Notehelfer, "Japan's First Pollution Incident", *Journal of Japanese Studies* 1, 2, 1975; K.Strong, *Ox Against the Storm: a Biography of Tanaka Shōzō, Japan's Conservationist Pioneer* (University of British Columbia Press, 1977); C.Totman, *The Green Archipelago: Forestry in Pre-Industrial Japan* (University of California Press, 1989).

② B.L.Walker, *The Lost Wolves of Japan* (Washington University Press, 2005); B.L.Walker, *Toxic Archipelago: a History of Industrial Disease in Japan* (University of Washington Press, 2010); I.J.Miller, J.A.Thomas & B.L.Walker (eds.), *Japan at Nature's Edge: the Environmental Context of a Global Power* (University of Hawai'i Press, 2013); C.Totman, *Japan, an Environmental History* (I.B.Taurus, 2014); R.Stolz, *Bad Water: Nature, Pollution, and Politics in Japan, 1870–1950* (Duke University Press, 2014); B.L.Batten & P.C.Brown (eds.), *Environment and Society in the Japanese Islands: from Prehistory to the Present* (Oregon State University Press, 2015).

我国学界关于江户日本身份建构问题的研究综述[*]

向　卿

内容摘要　近年来随着日本国内民族主义情绪的抬头，我国学术界开始将研究的目光投向日本的江户时代，并重新审视江户日本和近代日本之间的关联，围绕日本人的身份建构而对江户时代的武士道、神道、日本式情绪及自他认识等重要问题展开了研究。这些研究表明，江户时代是日本知识界开始有意识地与中国相区分的时代，他们通过发现日本和发现中国的方式重构了日本的历史和文化。相关研究虽然取得了较为丰硕的成果，却缺少系统而整体的研究，同时也存在缺乏他者意识、历史意识和研究主体性等问题，而这些问题的克服对于我国的江户日本身份建构研究乃至日本研究都具有重要意义。

关键词　江户日本　身份建构　自他认识　武士道　日本式情绪　神道

---

* 本文是国家社科基金项目"江户时代日本人的身份建构研究"（编号:13BSS016）阶段性成果。

我国学界关于江户日本身份建构问题的研究综述

A Review of China's Academia Researches on Identity Construction in the Edo Period

Xiang Qing

Abstract: In recent years, with the development of nationalism in Japan, the Chinese researchers start to re—examine the connection between the Edo Period and the Modern time in Japan, focusing on the Japanese identity construction in Bushido, Shinto, Japanese emotions and the recognition of self and others of the Edo period. These researches show that the Edo period is the era when the Japanese intellectuals began to consciously distinguish themselves from China. The Japanese intellectuals from the Edo Period reconstructed Japanese history and culture by discovering Japan and China. As a result, it not only greatly changed the structure on Japanese recognition of self and others in the Edo period, but also laid the foundation of the Japanese self—cognition as well as their understanding of China after the modern time.

Keywords: the Edo Period; Identity Construction; Recognition of Self and Others; Bushido; Japanese Emotions; Shinto

江户时代尤其是江户中期以后是日本知识界开始与中国刻意区分的时代。从此，日本开始产生对中国的疏离感，以致两国"渐行渐远"。对江户日本知识界来说，这种疏离感首先表现为对原本构成日本文化基础和标准的中国文化的相对化乃至否定，并以此为前提而进行"日本的"文化或传统的重新发现，即日本人的身份认同（identity）的构建。这种作业实际上包含了两个方面的内容，一是主体性的建立即构建"自足的"价值，再就是同质性的建立即构建可以使日本人彼此互相认同的"同质化"的价值。对于这种身份建构来说，中国则是一个"不能忘记的他者"。从这种意义上说，江户日本的身份建构实际上又包括了发现日本和发现中国的两个侧面，也几乎囊括了江户日本历史和文化的全部内容。因此，基于身份建构的江户日本研究不仅可以对江户历史和文化做出一个统一的解释，也可以对明治维新乃至日本的近代化做出符合历史和逻辑的解释和评价。

目前我国学术界对江户日本的身份建构这一根本性问题几乎没有全面而系统的论述，现有的成果也大多是偏向于对其中某个侧面的研究。因此，本文拟从身份建构的视角对我国学术界关于江户时期的武士道、神道、日本式情绪及自他认识等问题的先行研究进行介绍和评论，以期对我国的江户日本乃至近代日本研究提供参考。

一

我国学术界对与江户日本身份建构相关的问题的研究虽然起步较早，却在很长一段时间内没有多大进展。到了 20 世纪 90 年代以后，相关研究才真正迎来了百花齐放、推陈出新的新格局。概括起来，这类研究可分为三个阶段。

第一阶段是民国时期。此时期，虽然黄遵宪、王朝佑（《我之日本观》，1927）、陈德征（《日本民族性》，1928）、戴季陶（《日本论》，1928）、谢六逸（《日本文学史》，1929）、潘光旦（《日本德意志民族性之比较研究》，1930）、缪凤林（《中日民族论》，1933）、姚宝猷（《日本神国思想的形成及其影响》，1935）、周作人（《日本管窥》，1936—1937）、蒋百里（《日本人：一个外国人的研究》，1938）、李毓田（《日本主义批判》，1938）、欧阳祖经（《日本武士考》，1941）、赵如珩（《吉田松阳略传》，1942）、谢光南（《日本主义的没落》，1944）等展开了关于日本和日本人的研究，却基本止步于所谓日本特性的介绍和发现，也因缺乏历史的思维甚至当它们是固定不变的"传统"。

第二阶段是新中国成立后至 20 世纪 80 年代末期。1949 年以后，朱谦之相继出版《日本哲学史》《日本的古学及阳明学》《日本的朱子学》等著作，又组织编辑了《日本哲学史资料选（古代之部和德川时代之部）》，从文献和理论的角度奠定了对与江户日本人身份建构有关的诸多问题的研究基础。

80 年代以后，相关研究得到了进一步的发展。张鹤琴、王守华、卞崇道、王家骅、吕万和、高增杰、李甦平、衷尔钜、严邻、华国学等分别从"哲学史""儒学史""江户思想家""近代化""中日儒学比较"等角度，展开了对江户历史和文化的研究。其中，王家骅出版了《日中儒学比较》《儒家思想与日本文化》《儒家思想与日本的现代化》（1995）等儒学三部曲，始终贯彻"日本受容中国儒学之际，既有选择，又有变容"①的立场，系统比较了中日两国儒学的异同，并指出，儒学

---

① 王家骅：『日中儒学の比較』，六興出版，1988 年，第 340 頁。

我国学界关于江户日本身份建构问题的研究综述

虽然对日本文化及现代化进程产生过深刻而积极的影响，然而"日本儒学并非中国儒学的照相式翻版，而是既影响于日本文化，又经日本文化改造的中国儒学的变形物"，因而要求学术界应"结合日本的独特历史、文化环境去评价日本儒学，而不是生搬硬套有关中国儒学的现成结论"。[①]王守华和卞崇道[②]则以马克思唯物主义为指导，从神儒佛之三者关系的角度对日本古代哲学进行了系统探讨，尤其对作为历史范畴的神道概念、神道思想的形成、各流派的演变及神道思想的特点进行了开创性的论述。不过，这一时期相关研究虽然有所深入，对江户日本身份建构来说仍属间接论述，也基本止步于话语分析的层次。

虽然这一时期直接针对江户日本身份建构的研究极为缺乏，却也出现了针对其某个侧面如神道、武士道的研究。石晓军[③]认为，朱舜水对德川光国尊王思想的形成产生了直接而深刻的影响；魏常海[④]分析了吉田松阴王学思想的内容及特点，认为其对明治维新产生了深远影响；王守华论述了神道思想的形成、发展、内容和特点，指出"神道思想的发生、发展及其哲理，反映了日本民族意识发展的一个重要侧面"[⑤]。《武士道与中国文化》（林景渊，1989）追溯了作为"日本国民性"的武士道的渊源，并论述了武士道的特性；《论日本武士道》（李泉岳，1987）则探讨了武士道的起源，并重点论述了江户武士道的内容和特点，认为"以儒学思想为理论骨架并以山鹿素行为代表的士道与以大久保忠教和山本常朝为代表所总结的旧武士道论既相联系又相区别"。

相比而言，这一时期与江户日本的中国认识有密切联系的研究有米庆余的《近代日本"大陆政策"的起源及其形成期的特征》（《日本史论文集》，1985）、石晓军的《中日两国相互认识变迁史的比较文化学考察》等。前者对江户后期林子平、本多利明、佐藤信渊、会泽正志斋、吉田松阴、岛津齐彬等有关大陆扩张和中国认识的言论进行了系统考察，指出近代日本的"大陆政策"与江户日本的扩张思想有着深刻的关联。后者则基于比较文化的视度对中日两国相互认识的变迁史进行了梳理和考察，认为历史上日本人对中国的认识水平呈现不断上升的曲线，并指出了日本认识中国的目的是"在古代是为了摄取先进的中国文化，近代以后则主要是为对华

---

① 王家骅：《儒家思想与日本文化》，浙江人民出版社，1990年，第3页。
② 王守华、卞崇道：《日本哲学史教程》，山东大学出版社，1989年。
③ 石晓军：《朱舜水与德川光国的尊王思想》，《浙江学刊》，1984年第5期。
④ 魏常海：《吉田松阳的王学思想》，《延边大学学报》，1987年第Z1期。
⑤ 王守华：《神道哲学刍议》，《日本学刊》，1988年第6期。

渗透扩张侵略服务"。其研究提出了自己的见解,然其关于日本对中国认识水平和认识目的的评价仍有一定的片面性和局限性。

第三阶段是 20 世纪 90 年代初至今。随着 20 世纪 90 年代以来中国社会经济的变化和欧美学术思潮的影响,我国学术界基于历史连续性的思维认为作为"前近代的"江户日本既是日本近代化的准备阶段,也是奠定近代日本自我认识和中国认识的基础阶段,因而对江户日本的政治、外交、思想文化、教育等表现出高度的关注和研究热情,亦由此对与江户日本身份建构相关的自我认识(发现日本)和中国认识(发现中国)作了不懈的研究和探索。从另一个角度说,这种研究又可归为"关于江户日本自他认识的研究"和"关于江户时期大和魂及其创建的研究"。

二

20 世纪 90 年代以后,我国学术界兴起了对日研究的热潮,而对江户日本的自我认识和他者认识(主要是"中国认识")的研究又是其中的一个热点。这些研究大致又可分为两个阶段。第一阶段是 20 世纪 90 年代,第二阶段是 21 世纪初至今。

在第一阶段,学术界主要基于"近代化""军国主义或大陆政策的渊源"及"差异化"等视角展开了对包括自他认识在内的江户日本历史和文化的研究。这种研究视角在第二阶段也得到了继承和发展,故在此一并论述。

因为日本近代化在经济上获得了成功,[①]所以为了对其精神原动力做出学术性的解释,王家骅(《儒家思想与日本的现代化》,1995)、宋德宣(《日本文化结构演变论》,1993;《中日思维方式演变比较研究》,1993)、吴廷璆(《日本近代化研究》,1997)、李卓(《家族制度与日本的近代化》,1997)、汤重南(《日本文化与现代化》,1999)、刘金才(《町人伦理思想研究:日本近代化动因新论》,2001)、李文(《武士阶级与日本的近代化》,2003)、郑彭年(《日本崛起的历史考察》,2008)等国内学者对儒学思想、家族制度、町人伦理、武士伦理等江户日本思想与近代化的关系等作了系统性考察。这些主要从文化角度审视日本近代化的研究,主要着眼于考察儒学思想、町人伦理等对日本近代化的积极作用,即主要是考察有利于形成"资本主义的"近代日本的内容,对形成"封建的""帝国的(扩张性的)"近代日本的因素

---

① 在我们看来,现代化归根结底是人的现代化,而近代日本却没有使人成为其自身的目的,因而其近代化不能算是真正的成功。

我国学界关于江户日本身份建构问题的研究综述

则不太关心。从这种意义上说，它们归根结底是一种东亚视域下的"与他者的差异化"研究，其逻辑基础乃是西方中心论的二元对立思维，因而不免具有使"江户日本思想"近代化和合法化的倾向和嫌疑。

与此相对，这一时期我国学术界为了批判日本军国主义，故基于历史连续性的思维而十分重视从军国主义（或"法西斯"）、大陆政策（或"侵华思想"）或日本近代民族主义的渊源的角度看待江户日本，由此做了大量卓有成效的研究。此类研究着眼于分析导致近代日本的扩张性的源泉，因而一直是我国学术界的研究重点。

蒋立峰、汤重南主编的《日本军国主义论（上）》从"阶级关系与天皇制""武士道的形成与作用""侵略扩张思想的源流"等几个方面"历时地"考察了日本军国主义的"源流要素"，指出"日本军国主义不是属于特定的历史范畴的事物"[1]。该书不仅是"具有中国研究特色的学术成果"，也是我国目前关于军国主义最系统和最全面的论述。另外，武寅、孙丽华、樊磊、崔新京（《日本法西斯思想探源》，2006）、涂荣娟也对日本军国主义的社会基础和历史根源等进行了考察。

严绍璗、薛子奇、廖建林、冯玮、蔡尔健（《佐藤信渊政治思想之研究：以其〈混同秘策〉为中心》，2005）、姜长斌、渠长根（《日本侵华思想理论探源》，2009）、苑基荣等则以佐藤信渊、吉田松阴等江户思想家的扩张论为中心考察了日本大陆政策或侵华思想的渊源，认为其体现了江户日本和近代日本之间的连续性。与此同时，罗养毅、张宪生等基于民族主义的视角对江户日本的国体论、国学、扩张论等做了统一的考察，认为"日本近代民族主义思想一出现就表现出三个显著的特征，即：浓厚的封建色彩、东西方文明的调和及强烈的对外扩张欲望"[2]，而《新论》则为"日本近代民族主义的形成提供了核心内容"[3]。

综合来看，我国学界虽然在军国主义史或侵华史研究上取得了不俗成绩，却偏重于思想或话语层面的研究，对这种思想如何实现民众化等问题则关注不够。与此相对，王向远[4]、李群[5]等则重点考察了江户时代的文学文本，对理解日本军国主义的形成史提供了另一种思路。

---

[1] 蒋立峰、汤重南主编：《日本军国主义论》上册，河北人民出版社，2005年，第2页。
[2] 罗养毅：《日本近代民族主义思想源流初探》，《山西师大学报》，1990年第4期。
[3] 张宪生：《论日本近代民族主义的思想起源：读会泽安〈新论〉》，《东南亚研究》2007年第4期。
[4] 《日本侵华史研究》，宁夏人民出版社，2007年；《江户时代日本民间文人学者的侵华迷梦：以近松门左卫门、佐藤信渊、吉田松阴为例》，《重庆大学学报》，2008年第4期。
[5] 李群：《近松门文学中的武士道和侵华意识》，《日本学刊》，2006年第1期。

　　与前述两种研究江户日本的视角相比，我国学术界还有另一种十分重要的视角即"差异化的视角"。这种视角以探讨江户时期中日两国政治及思想的差异为目标，实际上既有与前述"近代化的视角"同调的可能性甚至为其做背书的可能，也有从"外部角度"发现或建构江户日本的"主体性价值"的倾向。

　　高增杰、李甦平（《石田梅岩》，1998）、杨永良（《日本文化史：日本文化的光与影》，1999）、韩立红（《石田梅岩与陆象山思想比较研究》，1999）、赵刚（《林罗山与日本的儒学》，2006）、龚颖（《"似而非"的日本朱子学：林罗山思想研究》，2008）、陈景彦等基于比较的思维分析了林罗山、海保青陵、石田梅岩、伊藤仁斋、中江藤树等江户学者的儒学思想及其对日本的意义。

　　郝秉键和严民从宏观和微观的层面比较了 18 世纪中日政治思想或儒学政治思想的差异，前者指出"18 世纪的日本向'人的自觉'迈出了可贵的一步"[①]，后者则认为"到了德川时代的中后期，重视现实性和社会性的自由主义思想盛行，重视町人阶层和重视经济发展的自由主义主张泛滥"，因而"近代日本和日本社会比中国更早和更容易走出中世纪"。[②]在我们看来，前述两文一方面有"结果决定论"之嫌，另一方面可能过高评价了江户日本的"近代性思维"[③]。与此相对，赵德宇（《西学东渐与中日两国的对应》，2001）、李存朴等通过考察西学东渐时中日两国对西方文化的不同反应，从而说明西学对中日两国近代史所产生的不同影响，则更具有方法论的合理性。

　　在第二阶段，我国学术界越发重视在东亚或亚洲的视域下看待江户日本，因而与前一阶段的"近代化""差异化"等视角并行，亦形成了几种相互关联的"华夷秩序""本体的自立""身份认同"等审视江户日本的新视角。有些研究甚至同时兼有几种不同的视角。

　　实际上，我国学术界很早就重视在"东亚的视域"内开展对江户日本历史和文化的研究，代表性的论述如盛邦和的《东亚：走向近代的精神历程》（1995）、黄俊杰等主编的《东亚文化的探索：传统文化的发展》（1996）等。而 21 世纪以后，"华夷秩序"等研究视角越发受到学术界的重视，而且它们不仅立足于统一的思维——

――――――――――

① 郝秉键：《18 世纪中日政治思想的反差》，《清史研究》，1995 年第 1 期。
② 严民：《17—18 世纪中日儒学政治思想比较研究》，《上海交通大学学报》2002 年第 2 期。
③ 又如，被日本学术界几乎公认为"近代性思维"的"物哀论"实际上是与儒佛劝惩文艺观相对、又受神道规范主义约束的充斥着暴力性和道德性的思维。

我国学界关于江户日本身份建构问题的研究综述

他者理论，还试图消除对江户日本的"情绪化思考"。这对于客观认识和研究江户日本具有重要的意义，其恰如卞崇道先生所言"客观地认识他者，首先要客观地认识自己；自己中包含他者，他者中也包含自己。树立他者意识，站在他者立场，客观地认识、研究日本思想文化，是笔者在本书中试图提示的一种方法论视角。超越中日两国的域界，从东亚视域乃至全球视域来认识日本或中国的思想文化，则是建构21世纪东亚哲学的前提"①。

"华夷秩序"及与此密切相关的"朝贡体系"是近代以前以中国为中心的一种东亚国际秩序，是分析东亚国家内部自他关系的观念基础。事实上，自20世纪90年代以来它也成为我国学术界考察德川日本的重要视角。90年代初，作为"天朝礼治体系研究"系列书籍的上卷，中国香港浸会大学黄枝连教授出版了《亚洲的华夏秩序：中国与亚洲国家关系形态论》（1992）的著作，首次提出了"天朝礼治体系"这一关系学概念。作者认为，近代以前东亚的国际体系是以中国为核心的"华夏秩序"，或可称为"大中华圈"。因为东亚国家在历史上一直是中国文明的接受者，因而"朝贡体系"是联系中国和其周边国家的纽带，构成了东亚国际体系的基础。"华夷秩序"的思维为我国学术界研究江户日本的自他认识提供了一个很好的视角，而此后大量关于江户日本的研究也基于或围绕此问题展开。

郝秉键②、盛邦和③等重点考察了江户时代日本华夷观的变迁，认为"日本型华夷思想"与日后日本海外扩张思想的形成有密切关系，而幕末明治期日本对它的主动扬弃又造就了有利于日本近代化的因素。与此相对，陈秀武则认为，日本型华夷秩序在江户日本从来就不意味着一种现实的、体系的国际秩序，而只是一种"虚像的存在"④。与"华夷秩序"紧密相关，武心波、郝祥满（《朝贡体系的建构与解构：另眼相看中日关系史》，2007）、付百臣等学者则在东亚朝贡体系下考察了江户日本的自我国际定位及其作用。

葛兆光教授⑤基于"华夷秩序"的视角考察了中日两国的相互认识，认为，江

---

① 卞崇道：《融合与共生：东亚视域中的日本哲学》，人民出版社，2008年，第3—4页。
② 郝秉键：《江户时代日本人"华夷观"的变迁》，《世界历史》，1994年第2期。
③ 盛邦和：《中日华夷史观及其演化》，《华东师范大学学报》，1996年第2期。
④ 陈秀武：《论日本型华夷秩序的"虚像"》，《东北师大学报》，2008年第1期。
⑤ 其论著主要有《想象的和实际的：谁认同"亚洲"》《渐行渐远：清代中叶朝鲜、日本与中国的陌生感》《从"朝天"到"燕行"：17世纪中叶后东亚文化共同体的解体》《明朝后无中国：再谈十七世纪以来中国、朝鲜与日本的相互认识》《19世纪初叶面对西洋宗教的朝鲜、日本与中国》等。

户时代是两国开始疏远的起点，而导致这种情况的直接原因就是明清交替所象征的"华夷变态"。它使江户日本知识界乃至日本社会关于中日两国"华夷地位"的认识发生逆转，从而不仅促使 17 世纪中叶东亚文化共同体的解体并使"东亚"或"亚洲"这一概念失去意义，还使中日逐渐产生陌生感和疏离感，以致"渐行渐远"。葛兆光关于相关问题的理论思考为我们讨论"亚洲"或"亚洲叙述"的可能性提供了新视角，因而受到了我国学术界的重视。

围绕幕末中日两国华夷观的变化，田毅鹏、李存朴、邢永凤（《前近代日本人的对外认识》，2007）、吴占军、郭丽（《近代日本的对外认识：以幕末遣欧美使节为中心》，2011）等考察了德川日本的对外认识或世界秩序体认。其中，郭著以日本幕末遣欧美使节留下的大量日记为依据，剖析了对幕末维新期的日本发挥了重要作用的遣欧美使节的精神世界和价值观取向，指出，传统华夷思想与近代西方丛林法则的双重性格及其作用构成了近代日本亚洲政策的思想基础，而大国情结则是小国日本对外认知和行动的内在动因。

围绕着华夷秩序，郝秉键、王明星、王青、王屏（《近代日本的亚细亚主义》，2004）、翟意安、孟晓旭、杨栋梁、赵德宇、刘岳兵、蓝弘岳等对江户日本的中国观或亚洲观的变迁及其机制、内容和特点进行了不懈的研究，成果极为显著。近几年取得的重要成果是杨栋梁教授主编的《近代以来日本的中国观》丛书（共六卷），对我国的相关研究颇有指导意义。第一卷是杨栋梁教授所著的"总论"，依据后五卷展开的基本实证资料，从共时性和历时性的角度系统考察了近代以来日本中国观的演变轨迹及其本质、不同阶段对华观的特征及其变化的深层动因。指出，自古以来日本对华观的基调是仰慕和学习，然而从第一次鸦片战争到甲午战争结束日本的对华观经历了从仰慕到平视、再由平视到蔑视的转变过程。第二卷则是赵德宇教授等所著的"近世卷"，系统考察了江户儒学、国学和兰学的中国认识话语及其与日本人自我构建之间的关联，指出，三大学问体系所构建的中国认识构成了近代日本人中国观的根脉，也在很大程度上反映了江户日本构建自我身份的实况。第三卷为刘岳兵教授所著，主要考察了 1840 年至 1895 年间日本人的中国观。该书概述了此时期殷鉴论、唇齿论、敌对论、亲善论等日本中国观的几种基本类型，认为其经历了从臆测到实证、从同病相怜到蔑视轻侮以至于兵刃相向的发展过程，并从总体上阐明了近代日本中国认识的原型及其变化机制。与这种"历时性"的研究相对，冯天瑜（《"千岁丸"上海行：日本人一八六二年的中国观察》，2001）、刘建辉（《魔

我国学界关于江户日本身份建构问题的研究综述

都上海： 日本知识人的"近代"体验》，2003）等学者则聚焦幕末日本知识分子对上海的近距离观察与记录，作为研究个案而对了解近代日本中国认识的转变具有重要参考价值。

这一时期，我国学术界亦基于"差异化"的视角对德川日本的历史和文化展开了不懈的研究。其中，王青①关于获生徂徕、郭连友②关于吉田松阴、刘晓峰从民俗学角度出发的关于"东亚时间"的研究③都代表了国内的最高水平，而陈景彦、王玉强的专著则显示了与王家骅关于日本儒学研究的继承性。该书依据扎实的文献分析，系统考察了江户时代日本六大学派对中国儒学的不同态度及各学派所取得的学术成就，指出，正是由于江户日本对儒学的吸收和改造才导致了"明治维新前推动社会变革的思想理论的产生"④。

关于德川日本的研究，在此必须提到韩东育教授和我国台湾学者黄俊杰教授等所展开的卓越研究。韩东育教授最早是从"近代化"兼"差异化"的视角展开了其对江户日本的研究。早期的重要成果是他 2001 年至 2007 年间刊行的系列著作及论文⑤。其研究认为，日本的现代化是前近代的"新法家"的产物。即是说，以获生徂徕、太宰春台和海保青陵为系谱的"徂徕派经世学"体现了江户日本"脱儒入法"的思想转型，其标志则是基于彻底的"合理主义"的人情论和历史观的形成和确立，而这恰恰是"明治维新以后日本能够迅速完成社会转型的思想史上的原因之一"⑥。实际上，这一研究所体现的"本体的自立"问题的讨论明显可以见到"丸山江户思想研究范式（丸山范式）"⑦的影响，因而不免具有使"江户日本思想"近代化和合法化的嫌疑。当然，韩东育教授始终对"丸山范式"保持着冷静的态度和

---

① 王青：《日本近世儒学家获生徂徕研究》，上海古籍出版社，2005 年。

② 郭连友：《吉田松阴与近代中国》，中国社会科学出版社，2007 年。

③ 刘晓峰：《东亚的时间：岁时文化的比较研究》，中华书局，2007 年。

④ 陈景彦、王玉强：《江户时代日本对中国儒学的吸收与改造》，社会科学文献出版社，2014 年，第 4 页。

⑤ 《日本近世新法家研究》（2003）、《本体的解构与重建：对日本思想史的新诠释》（2005）、《道学的病理》（2007）、《从"脱儒入法"到"脱亚入欧"》《本体的解构与重建：日本徂徕学的一个解析》《徂徕学派与法家的"人情论"》《江户日本与真正的"儒法之争"》《"仁"在日本近代史观中的非主流地位》《日本"古学"与"国学"的各自分工及学理关联》《"道统"的自立愿望与朱子学在日本的际遇》等。

⑥ 韩东育：《日本近世新法家研究》，中华书局，2003 年，第 288 页。

⑦ 依笔者看来，"丸山范式"至少包括了两方面内容：一是基于"（儒）道的分解"的江户日本文化"近代性"的主张，主要讨论"本体自立"的问题，二是以"原型论"为标志的日本文化"连续性"的主张，主要讨论"本体自立"的合法性问题。"丸山范式"对我国学术界的江户日本研究产生了深远的影响，例如陆德阳、孙丽等相关研究即是基于此而展开。

相当的距离，因而也对其"原型论"或"古层论"展开了批判。他指出，丸山的"原型论"使"丸山的理论开始染上了民族主义色彩，而丸山本人亦露出了国粹主义者的端倪"，"其最直观的后果是，浸润了日本近两千年之久、而且是事实证明在这漫长的历史时期里早已积淀成日本文化真正之基盘的中国学术，开始被流放，被驱逐"①；丸山真男的"原型论"试图从"道"的高度为日本思想和文化提取出"可以解答一切问题的方程"，"恰好为日本文化的'独自性'赋予了不可研究的'自明性'"②。

　　显然，韩东育教授很早就意识到，从"近代化"或"原型论"的角度讨论"本体的自立"问题具有极大的方法论缺陷，因而自 2007 年左右起则开始基于"华夷秩序"或"民族主义"的视角来审视江户日本的思想和文化。相继刊行或发表了《山鹿素行著作中的实用主义与民族主义关联》《关于东亚近世"华夷观"的非对称畸变》《"华夷秩序"的东亚构架与自解体内情》《两种"实学"的相遇与江户日本的"去中华"由绪》《东亚的礼争》《从"脱儒"到"脱亚"：日本近世以来"去中心化"之思想过程研究》《东亚世界的"落差"与"权力"：从"华夷秩序"到"条约体系"》《日本对"他者"的处理模式与"第一哲学"缺失》等对我国学术界影响深刻的专著、论文。这些研究以"道统的自立愿望（自中心化）""脱儒（去中国化）"等概念为关键词，对江户日本的自他认识进行了类型化和理论化的处理，奠定了国内相关研究的基础。尤其是近年来，作者又基于长期对丸山"原型论"的思考和批判，提出了"夏商古道"的假说，认为"夏商古道"作为日本文化的"原型"背后之"原型"，或许曾为日本国家的性格塑造赋予过不容忽视的文化规定，或也昭示了中国的商周合璧和其所必需的"中道"原则对矫正日本"固有"价值体系的重大意义。③在我们看来，"夏商古道说"虽然可能具有承认"日本文化原型论"的合法性的嫌疑，同时也具有不堪民族主义力量一击的内部脆弱性，却也显示或提示了对日本历史和文化进行哲学思考的可能性。综合而言，韩东育教授的研究不仅引领了我国关于江户日本自他认识的研究，也开创并影响了新世纪我国日本学研究的"东

① 韩东育：《丸山真男的"原型论"与"日本主义"》，《读书》，2002 年第 10 期。
② 韩东育：《丸山真男"原型论"考辨》，《历史研究》，2015 年第 1 期。
③ 韩东育：《从"请封"到"自封"：对日本"自中心化"过程的立体观察》，《北京师范大学学报》，2017 年第 4 期。

我国学界关于江户日本身份建构问题的研究综述

北学派"①。

与大陆学术界的研究相呼应，21世纪初以来，黄俊杰、陈玮芬、张宝三、高明士、张崑将等我国台湾地区的学者亦在"东亚的视域"下围绕儒学及其相关的重要概念，主要基于"本体的自立"和"华夷秩序"的视角，而对江户日本儒学经典诠释的脉络、特质及其价值理念作了理论化和类型化的研究，形成了我国江户日本思想研究的另一个重要流派。其代表性论著有黄俊杰教授的《德川日本《论语》诠释史论》（2008）及系列论文②、中国台湾大学出版中心2006至2008年间出版的东亚儒学系列丛书③及华东师范大学2008年出版的"儒学与东亚文明研究丛书"④。其中，黄俊杰教授提出的儒学经典诠释"脉络行转换"的主张不仅与国内学界倡导的"道统的自立"的看法形成了呼应，也奠定了台湾地区相关研究的基础。黄俊杰教授认为，儒家经典诠释正是东亚近世儒学发展的内在动力，而使其成为可能的则是德川时代日本儒者对儒家经典所作的"脉络性的转换"。所谓"脉络性的转换"是指将原生于中国文化脉络的诸多儒学经典的概念或价值观置于日本文化或思想家之思想体系的脉络而进行新的解释。作为对儒教经典重新解释的结果，德川时代的日本儒者得以构建了适应日本思想风土的"自己的思想体系"。⑤为了对此做出进一步的理论解释，作者又依据"自我"与"他者"、"文化"与"政治"等"四个象限交叉互动"的概念，分析了"自我"与"他者"互动过程所体现的四种类型的紧张关系及其含义，指出，对于"自我"的形塑过程来说，文化是最重要、影响最深刻的因素，远超短期的政治之力量。他进而强调说，中日两国之间特殊的"自他关系"由此"强化了双方人士对'自我'的身份认同感，也更鲜明地辨识'他者'与

---

① 如宋洪兵的《日本徂徕学派对儒法"人情论"的继承与超越》、王明兵的《林罗山对"朱子学"理论的批判性发挥》和《日本江户初期的"异端"论说与"道统"诉求》等有关江户日本的研究明显受到了韩东育学术思想的深刻影响。

② 《从东亚儒家思想史脉络论"经典性"的含义》《东亚儒家思想传统中的四种"身体"：类型与议题》《中日文化交流史中自我与他者的互动：类型及其含义》《论中国经典中"中国"概念的含义及其在近世日本与现代台湾的转化》等。

③ 《东亚朱子学的同调与异趣》《东亚儒学：经典与诠释的辩证》《东亚近世世界观的形成》《德川日本儒学思想的特质：神道、徂徕学与阳明学》等。

④ 《近代日本汉学的〈关键词〉研究：儒学及相关概念的嬗变》《东亚儒者的〈四书〉诠释》《德川日本"忠""孝"概念的形成与发展：以兵学与阳明学为中心》《日本德川时代古学派之王道政治论：以伊藤仁斋、荻生徂徕为中心》《东亚文化圈的形成与发展：儒家思想篇》等。

⑤ 黄俊杰：《从中日比较思想史的视野论经典诠释的"脉络性转换"问题》，《台大历史学报》，第34号。

'自我'的同调与异趣"①。作为前述主张的展开，黄俊杰、张崑将等中国台湾学者还论述了"中国""忠""孝""王道政治"等儒学核心概念在德川日本的发展演变及其与日本主体性之发展的桴鼓相应的密切关系。

可以说，黄俊杰教授等关注的儒家经典诠释是贯穿东亚国家古代史的一个极其重要的问题，由此亦可对各国儒学进行类型化和特征化的操作，从而辨明自他之间的"同调与异趣"，进而使"东亚儒学"成为可能。但这种作业忽视了一个足以影响其存立的根本因素——民族主义的情绪及力量。因为"儒学"不仅早已被江户乃至近代日本的学者解构得支离破碎，亦不拥有足以抵抗民族主义的力量，因而事实上常常被基于民族主义的日本精神所漠视或吞噬。

前述几种分析德川日本的视角对于理解中日政治和文化差异、江户日本的自他认识等虽具有不可替代的便利性，却对事关江户日本身份建构之根本的自我和他者构建的内容和机制及两者之间的关系等问题缺乏统一而有效的观察视角。因此，20世纪初以来，我国学术界开始重视从"身份认同（identity）"的角度考察德川日本的历史和文化。与前述基于"华夷秩序"的自他认识的研究不同，这类研究实际上是立足于一种（文化）民族主义的视角。因为它真正触及了江户日本身份建构的核心问题，因而不仅奠定了国内相关研究的方法论基础，也越来越受到学术界的关注②。严绍璗（《中日文化的相互认知》）、金香海（《东亚和谐社会的构建与日本的历史认同》）等论著在东亚的视域下分别考察了中日文化的相互认知和东亚国际关系体系，一致认为，构建东亚和谐社会需要发现或认同共同的东亚历史和文化；魏育邻、向卿、牛建科、张小玲等则从"语言民族主义""文化认同""中国观"等角度考察了江户国学者的文化民族主义思想。其中，最重要的成果当是李卓教授主编的《近代化过程中东亚三国的相互认识》和吴光辉教授的《日本的中国形象》（2010）。前者是2007年9月南开大学和大东文化大学共同主办的同名国际学术研讨会的专题论集，涉及民族主义、亚洲主义、自他认识等诸多重要问题，是我国该领域的扛鼎之作。该书不仅对近代以来东亚三国相互认识的内容及演变过程作了总体把握，还通过对思想、文化、政治、外交等各个领域的具体问题及历史上有代表

① 黄俊杰：《中日文化交流史中自我与他者的互动：类型及其含义》，《台湾东亚文明研究学刊》，第4卷第2期，2007年。

② 2004—2009年间，学术界出版了《中国与日本的他者认识》（2004）、《东亚共同体与共同文化认知》（2007）、《近代化过程中东亚三国的相互认识》（2009）等相关问题的研究专集，显示出对此问题的极大关注。

我国学界关于江户日本身份建构问题的研究综述

性人物的实证考察，阐述了近代以来东亚三国的相互认识。后者则指出，对于近代以前的日本而言，中国曾经是一个向自己输出了文章典籍的"文明母国"，因而当时日本的中国形象或中国认识是依照中华与夷狄或中央与周边，并谋求自身的独立之地位的逻辑而得以树立起来的。

总的来说，我国学术界已从多个角度对江户日本的身份建构及其相关问题进行了不懈的研究，也取得了一批很有分量的成果。然而，国内学界仍缺乏对江户日本身份建构问题的系统而全面的研究，也很少涉及江户日本自他认识的建构原理和路径、"发现日本"与"发现中国"之间的内在关联等有关江户日本身份建构的核心问题的研究。

三

现今，"大和魂（yamatodamashi）""大和心"或是"日本魂"已被绝大多数日本人甚至不少外国人当成是日本人自古以来就有的固有精神，是不失特色而体现了日本人民族特性乃至优越性的"大和民族之魂"。实际上，在江户时代以前，"大和魂（心）"并不是一个具有明确而固定内容的概念，不仅没有被充分的概念化，亦没有被有效的民族化。"大和魂"一词的首次使用是在紫式部所著的《源氏物语》。当时，该词是指汉才（中国学问）以外的"能用于交游的"[①]符合日本实情的才能、知识或情绪，而且它也必须以中国学问为基础方能发挥效用。其时的"大和魂（心）"虽然是一个与"汉才"相对的概念，却并不具有明确的内容，因而尚不足以支持其成为一个表征自我的概念。随后的《大镜》《今昔物语集》（本朝世俗部）、《中外抄》《愚管抄》等作品虽然也可见到"大和魂（心）"的用例，同样也只是一个相对于"汉才"的模糊的概念。而这种情况一直持续到了江户时代。

进入江户时代，通过少数神道学者和国学者的重新发现，"大和魂"的意义发生了完全的转变，即它被赋予了"日本固有精神"的意义，从而逐渐演变成一个表征自我的民族主义概念。所以，江户日本身份建构的主要作业就是"发现日本"，实际上就是发现"大和魂"。神道、武士道、以"物哀"为基轴的日本式情绪等三大思维则构成了江户时代被发现的"日本精神"的根本。因此，对国内学界关于江

---

① 尾上八郎等：『校注日本文学大系』第六卷（源氏物語上卷），国民図書株式会社，1926 年，第 536 頁。

户时代神道、武士道、日本式情绪的先行研究进行介绍、评论，对研究江户日本人的身份建构具有重要的意义。

（一）关于"日本式情绪"的研究

若要讨论学界关于"日本式情绪"的先行研究，首先必须对"日本式情绪""日本精神"等概念做一个明确的界定。关于"日本精神"的范围和定义，国内学界的认识很不一致，甚至有些混乱。例如，卞崇道认为日本精神的核心是"和魂"（或称"大和魂"）和武士道。[①]依我们看，"日本精神"或"日本民族精神"是一个总体的集合概念，亦可以用"大和魂""大和心"等概念表示，主要包括神道（含天皇制）、武士道和日本式情绪等三个方面的内容。"大和魂"一词最早出自日本平安朝文献，然作为构建日本人身份的概念而开始使用，则始自少数江户神道学者和国学者。他们使用"大和魂"（或"大和心""和魂"）与"汉意"（"汉心"）相对立。明治维新以后，"大和魂"才作为日本精神的代名词而被提倡、弘扬，成为一个极具负面形象的概念。战后，日本学术界为了避免因使用"大和魂"而可能导致的负面效应，转而使用"日本精神"来表征日本独特的精神和文化。因此，"日本精神""日本民族精神""日本国民精神""大和魂""日本魂""大和心""和魂"等都是内涵和外延基本一致的同等概念。鉴于此，我们采用"日本式情绪"作为与神道和武士道相区分的概念，并认为它是以"物哀"为基轴的日本民族的独特精神。当然，学术界有时并不完全遵照这样的区分，经常也以"日本精神"来表达"日本式情绪"的意思。

自罗伯特·克里斯托弗（Robert　C. Christopher，1924—1992）的 The Japanese mind: the goliath explained [②]被译成中文后，我国社会及学术界都对"日本精神"极为关注，并展开了持续的研究。应注意的是，就相关论著而言，其层次和水准都有极大的差异。有些是学术价值不高的通俗读物，或为感性之作，或为无节制的溢美之品。如王永娟的《樱花的国度：日本文化的面貌与精神》（2006）、李冬君的《落花一瞬：日本人的精神底色》（2007）、李涛的《大和魂：日本的根性窥探》（2007）、李建权的《日本精神》（2007）、胡金良的《日本之道：日本对文明的嫁接》（2008）、

---

① 卞崇道：《融合与共生：东亚视域中的日本哲学》，人民出版社，2008 年，第 16—30 页。
② 该书先后被译成三个中文版本出版。《日本精神与风习》，吉林人民出版社，1986 年；《大和魂》，新华出版社，1987 年；《日本精神》，光明日报出版社，1988 年。

我国学界关于江户日本身份建构问题的研究综述

赖东明的《我看日本文化精神》（2010）等。其中，李冬君对日本精神不乏溢美之词，认为日本人凡事都讲究"道"，即以"具体入微"之细小而见人生之真谛，如花道、茶道、俳道、武士道等；又强调说，日本人崇尚"落花一瞬"的美，此即为"日本人的精神底色"。该书之说不少是主观臆测或继承了此前学界同人之说法，而"日本人崇尚落花一瞬的美"之主张则完全是对日本人樱花观的误解。日本人认为凋落的樱花比开放的樱花更美，是因为他们认为"凋落"既体现了人生和世事之无常，又体现了与神道相通的"清净、正直而又干脆"的死亡，而死亡又象征了新生的缘故，而全然不是什么"崇尚落花一瞬"的结果。

有些是介于通俗读物和学术研究之间的论著，其代表有覃启勋的《日本精神》（2000）、李兆忠的《暧昧的日本人》（2005）、周兴旺的《日本人凭什么》（2006）、程麻的《解读"大和魂"："缺德"的日本人》（2012）等。覃著宣称以往学界在谈及日本精神时"往往只强调其派生精神，而忽略其原创精神，故有失其本重其末的缺憾"，因而他是"从正本清源的角度重点探讨日本民族最本质的精神——原创开拓精神"。这种区分原创精神和派生精神的做法虽然值得肯定，然其立论思维实际上却与丸山真男等提倡的"日本文化古层论"并无太大的区别，而且如何区分原创精神和派生精神也是一个高难度的作业。这些都影响了该书的信服力和学术价值。程著则从日本人的风土人情和民众生活出发，揭示了学术界所公认的日本人重实物而轻伦理、任性纵欲和就事论事等文化心理特征，强调日本文化推崇实力而忽略道义的本质可以归纳为"缺德"二字，而与学术界开始主张并日渐得到认可的"日本文化缺'仁'说"形成了呼应。

有些则是基于学术视角的论著。主要论述有盛邦和的《东亚：走向近代的精神历程》（1995）和《内核与外缘：中日文化论》（2010）、徐远和、卜崇道主编的《风流与和魂》（1997）、尚会鹏的《中国人和日本人》（1998）、姜文清的《东方古典美：中日传统审美意识比较》（2002）、尚会鹏、徐晨阳合著的《中日文化冲突与理解的事例研究》（2004）、赵子祥、王铁军编的《文化差异与冲突:中日文化精神与国民性的社会学比较》（2009）、王小林的《从汉才到和魂：日本国学思想的形成与发展》（2013）等。这些论述都尝试通过比较的方法而在东亚的视域内界定和认识日本精神，其研究视角和结论对我国的相关研究都有重要参考价值。《内核与外缘：中日文化论》还试图以"内核"和"外缘"的两个关键概念确立起对中日文化及其差异的统一解释，由此提出了"东亚儒家文化区"的概念。该书认为"东亚儒家文化区"

是一个同心圆，而中国是这个同心圆的"内核"，日本则为"外缘"，韩国、朝鲜、越南等则介于中日之间，属"半外缘"文化。王小林则以汉字、名实观、朱子学、疑古思潮作为"汉才"与"和魂"相比较的对象，多角度、多时空地检视了日本国学思想的形成要素和发展流变，为我们全面理解其内在精神结构提供了可能。

与前述相对整体性的论述相比，我国学术界自20世纪90年代左右起也从不同角度和侧面展开了对"日本精神"（"民族性"或"国民性"）的研究。尚杰、王梦立、武安隆、鲍刚、席佳蓓、李卓、何星亮、舒方鸿、谢建明、李文等概略性地探讨了"日本精神"的基本特征。其中，李卓教授指出，日本的历史发展过程及文化风土造就了日本人实用主义、集团主义及注重等级秩序的国民性特征，从而构成日本人和日本社会的复杂而矛盾的性格。^①不过，这些研究大多为静态的描写性研究，虽然对整体把握"日本精神"有所帮助，却有可能忽视了"日本精神在不同历史阶段具有不同的内容"这一根本问题。相比而言，胡稹^②、舒方鸿^③等展开的对日本精神的历时性考察则可能对认识"大和魂"的真实面貌更有帮助，尤其是前者通过对"大和魂"的文献学和历时性考察，得到了若干值得思考和重视的结论：（1）"大和魂"的起源和发展都融合了部分的中国思想，并非纯粹的日本思想；（2）"大和魂"混沌庞杂，概念变动不居，然前、中、后期可用"本土的智慧与能力""民族主义精神"和"超国家主义膨胀意识"来概括，显示出对比、对峙和暴力的一面。

郭秦生、王家骅、陈维新、隽雪艳等考察了儒教、佛教等外来文化对日本精神形成的影响。这类研究对分析日本精神的结构和渊源是必不可少的作业，也由此受到了学界的一贯重视，然而关于此问题的宏观理论研究和微观细致分析仍属国内学界的薄弱环节。与此相对，梁晓君^④、龚道贵^⑤等考察了自然地理环境对日本民族精神形成的作用。这种视角的研究对于阐释日本的国民性有一定的意义，也由此一直受到我国学术界的重视，然而有些研究却有"过于看重地理环境因素之嫌"^⑥。应该指出的是，"风土"即地理环境原本就是平安时代尤其是近世以后多数日本学者建构自我同一性的重要理据，如果忽略这点，则有可能对我国的相关研究带来本体

---

① 李卓：《日本国民性的几点特征》，《日语学习与研究》，2007年第5期。
② 胡稹：《日本精神的实象和虚象："大和魂"的建构》，《外国文学评论》，2012年第2期。
③ 舒方鸿：《日本樱花象征意义的考察》，《日本学刊》，2009年第2期。
④ 梁晓君：《日本国民性之政治地理学解读》，《国际论坛》，2005年第6期。
⑤ 龚道贵：《地理环境与日本民族精神》，《黑河学刊》，2008年第5期。
⑥ 张建立：《日本国民性研究的现状与课题》，《日本学刊》，2006年第6期。

我国学界关于江户日本身份建构问题的研究综述

论和方法论的障碍。

　　崔世广、李卓、李泽厚等基于比较的视角论述了中日两国的文化心理或特征。其中，崔世广[①]提出并论证了"中国文化是意的文化，日本文化是情的文化"的观点，虽然受到一些质疑，然其对中日文化所作的类型化和理论化处理却是抵近问题真相的大道，值得肯定和提倡。著名哲学家李泽厚的《中日文化心理比较试说略稿（1997）》[②]从儒学在中日两国的境遇和实际地位出发，论证了中日文化在对待"忠""孝""生死观"等问题上的不同，指出"自日本儒学古学派山鹿素行，特别是国学派本居宣长等人贬斥儒、佛，大倡神道以来，无思想可言、无道理可讲的独断的神道——天皇信仰，在近代一脉相承，愈演愈盛"，从而使近代日本走上了一条"神秘主义和经验论（非理性与重实用）"携手同行的道路，以致中日两国"渐行渐远"。此文关于中日两国文化心理和情理结构的理论化和类型化分析对于认识日本精神的真实面貌具有重要意义，也对我国学界产生了较大影响。

　　近几年，我国关于江户日本"大和魂"的研究也取得了重要的突破。其中，胡稹的《大和魂史的初步研究（上下）》（中国社会科学出版社，2017）和蒋春红的《和魂·汉意——江户时代国儒论争》（北京出版社，2013）代表了从历时和共时角度展开的大和魂研究的最高水平。前者着眼于"大和魂"建构的历史过程，从概念史的角度对"大和魂"的起源、形成、发展、高潮、一度隐匿、再次泛起等作了历时性考察，并阐明了它在不同历史阶段的不同内涵、内容及其联系，为我国的相关研究奠定了坚实的文献基础和理论基础。后者以江户时代国儒论争的论点为中心，系统考察了江户国学者所构建的"大和魂"的内容和实质，不仅构成了大和魂研究史的一环，亦作为个案研究而为国内的大和魂研究提供了借鉴。

　　综上可见，我国学界在日本精神或国民性的研究方面已取得不少成果，而张建立研究员的相关研究更是发挥了引领和"拨乱反正"的重要作用。他自2006年后先后发表《日本国民性研究的现状与课题》等论著，指出"先行研究忽略了与在文化渊源上关联很深的亚洲国家的比较""不少研究乃是缺乏主体性的对日本文化的礼赞性描述""关注的问题过于狭窄，导致对社会方面的交换维度、心理方面的情感和自我认知维度的研究成果非常欠缺""不少研究是对美日学者关于日本国民性

[①]　崔世广：《意的文化与情的文化：中日文化的一个比较》，《日本研究》，1996年第3期。
[②]　该文作于1997年1999年初次收录于《原道五》（贵州人民出版社，1999年），2000年又刊于《华文文学》2010年第5期。

研究成果的复述，缺乏理论性的独创成果"①等研究视角、方法和目的方面的问题，同时也给国民性做了一个明确的界定："（国民性）主要由心理方面的情感和自我认知以及社会方面的交换和集团这样四个维度构成的统合体。它是一个人的系统，类似于一种文化基因，不会轻易改变。心理文化学称之为'基本人际状态'。"②他由此提倡"一种文化的交换模式、情感模式、思维方式、自我认知特点等皆为国民性研究领域的重点关注问题"。

与前述关于日本精神的概略性研究相比，我国学术界也对作为其核心理念和基轴的"物哀观念"进行了多维度的研究。姜文清、周建萍等比较了中日两种审美范畴"物哀"与"物感"的异同；佟君、叶渭渠（《物哀与幽玄：日本人的美意识》，2002）、尤忠民、方爱萍等论述了作为文学理念的"物哀"的特征及其文学表现；蒋春红（《日本近世国学思想：以本居宣长研究为中心》，2008）、胡稹、雷晓敏、史少博等重点对本居宣长的物哀思想做了系统考察。其中，王向远、蒋春红、雷晓敏等学者的相关研究代表了目前学界的最高水平。王向远教授不仅编译出版了《日本物哀》③（2010）、《日本幽玄》（2011）、《日本风雅》（2012）、《日本古典文论选译（古代卷和近代卷）》（2012）和《日本古代诗学汇译（上下卷）》（2014）等有关"物哀""幽玄"和"寂"的历史文献和近代日本学者（能势朝次、大西克礼）的相关论述，为我国的相关研究提供了重要的文献资料，还以相关论述汇成了《日本之文与日本之美》④的恢宏之作，全面系统地考察了作为日本精神重要概念的"物哀""幽玄"和"寂"的生成、含义和本质及其对日本文学主体性和独特性确立的意义。蒋春红则从概念史的角度对"物哀"的萌芽、确立、扩张和来源及与其相关的重要问题进行了系统而深入的考察，强调说，我们在研究尤其是汉译"物哀"时应该区分作为文学文本的"物哀"和作为文艺理论的"物哀"。雷晓敏⑤则指出，本居宣长拼凑而成的"物哀论"至少存在"忽物偏心的日本主体意识""蔑视文学伦理的滥情思想""皇国神道至上原教旨主义邪念"等三个误区，因而是一株有毒的"罂粟花"，即播下了"二百多年来日本的大和独优论和军国主义侵略说辞"的邪

---

① 张建立：《中国的日本国民性研究现状与课题》，《日本学刊》，2011年第1期。
② 张建立：《日本国民性研究》，《日本学刊》2015年第S1期，第84页。
③ 该书主要收录了体现本居宣长"物哀论"的《紫文要领》《石上私淑言》《初山踏》和《玉胜间》等四部著作及作者的"代译序"和"译后记"。
④ 王向远：《日本之文与日本之美》，新星出版社，2013年。
⑤ 雷晓敏：《本居宣长"物哀"论的三个误区》，《外国文学研究》2014年第6期。

我国学界关于江户日本身份建构问题的研究综述

恶种子。可以说，雷文在某种程度上纠正了我国学界关于"物哀论"的某些错误认识。

总的来说，我国学术界关于日本精神的研究近几年已取得不俗的成绩，而且随着《日本古典文论选译》等原典的翻译出版也必将极大促进相关研究的进一步深化。但与此同时，加强此类研究的本土意识和理论创新并引入新的视角如身份建构的视角，则越发显得重要。

（二） 关于江户武士道的研究

我国学术界基于批判日本军国主义和客观认识日本的需要，20 世纪 90 年代以后就一直对武士道保持着很高的研究热情，也取得了极为丰硕的成果。[1]1990 年，我国台湾学者林景渊继《武士道与中国文化》后出版了《武士道和日本传统精神：日本武士道之研究》，对武士道的定义、渊源、德目等进行了系统的梳理和考察，堪称此领域的奠基、开拓之作。对这部作品，我国著名学者万峰刊文[2]予以高度评价，并提示武士道研究的"关键"在于把握好三点：武士道有其辩证的历史演变过程；要用"两点论"和"一分为二"的方法看待武士道；要科学地、辩证地对待日本的民族精神传统和文化遗产问题。该文还指出，日本的武士道经历了四个发展阶段，即作为其正宗和本源的"中世纪的武士道"、逐渐成为全民道德的"近代武士道"、本质是军国主义法西斯武士道的"现代武士道"和作为日本民族精神、文化传统要素的诸德目的"战后武士道"；武士道具有双刃剑的作用，连"单纯的武士道各德目亦无不具有正反两面的东西"；武士道至今对日本民族精神、民族文化有不可忽视的影响和作用；等等。这些论述奠定了我国武士道研究的基础，亦规定了此后相关研究的方向。

以林景渊和万峰的相关论述为基础，宋成有[3]、娄贵书、杨绍先、王志、唐利

---

① 有关武士道的硕士论文亦呈爆发式的增长态势。这说明了我国知识界对武士道问题的关注，也显示了对武士道进行多维度研究的可能性。然而，学术经验的不足、研究立场的局限性等因素也导致此类研究具有不少问题：相关论述不仅缺乏武士道研究应有的"主体性"，亦大体局限于"描写"的研究方法。

② 万峰：《台湾学者的日本武士道观：评介林景渊著〈武士道与日本传统精神〉》，《世界历史》，1994年第 3 期。

③ 宋成有：《江户明治时代武士道异同刍议》，载《周一良先生八十生日纪念论文集》，中国社会科学出版社，1993 年。

国、周颂伦、韩东育等我国学者对江户时代武士道的起源和渊源、精神实质、德目、历史演变、主要倡导者的相关思想、武士道的全民化、武士道的评价等问题进行了全方位的考察。其中，施超伦、李文等概述了江户日本武士阶级价值观念的基本内容，其中李文认为，应该从"协调阶级内部关系的价值伦理"和"为统治阶级协调与其他阶级相互关系的价值伦理"①等两个方面认识江户日本武士阶级的价值观；陈景彦、王志等从中日知识分子关于"文"和"武"看法的差异论证了日本武士阶级的"尚武"等思想；郝祥满、王炜、闫志章等重点考察了江户武士道的生死观，而韩东育②则从文化角度检视了武士道的死亡价值观，指出，武士的"奉公"理念及其同心圆式的扩张作为"死的觉悟"的核心支持理念，为武士"死的觉悟"的价值观及行为提供了所谓的"正义性"和"正当性"。可以说，韩文构建了关于江户武士道研究的一种新范式，对我国的武士道研究具有重要的指导意义；张玲玲、王志等考察了江户武士的忠诚观念，其中王志指出，"江户时代以后随着儒家大义名分论的宣传和民族危机的加深，武士的忠诚观念由多元化转变为一元化，对此吉田松阴的尊皇武士道思想发挥了重要作用"③；赵宝煦、高长峰、王志、史少博、张俊波、李海春等考察了儒教对武士道的影响或神道与武士道的关系；洪伟民、许介鳞、周颂伦、朱坤容、韦立新、姜明、张晓明、唐利国、王志等对山鹿素行、吉田松阴及《叶隐》的"武士道"思想进行了考察，或比较了其思想的异同；高小岩、王志、李海涛、邹萍、王强等探讨了武士道的演变轨迹或其阶段特征。其中，王志指出，"经过山鹿素行等儒学家的理论改造，最初只是以武士生活习惯为基础的行为准则在江户时代发展成为理论化、系统化的士道，并成为武士阶级的主要生活指导原理。"④李海涛则依据文化形成与发展的一般规则，认为日本武士道大体经历了行动的武士道、观念的武士道、精神的武士道的形成和发展过程。⑤李文的主张虽然可能存在对武士道史简单化和线条化处理的问题，却为武士道的研究提供了一个新的视角；向卿⑥讨论了国内学界所忽视的江户时代武士道的平民化问题，认为民众的主体性活动、通俗文艺形式的发达和教育的普及等导致了江户时代各阶层之间

---

① 李文：《日本武士阶级价值观念的基本层面》，《日本学刊》，2000 年第 5 期。
② 韩东育：《关于"武士道"死亡价值观的文化检视》，《历史研究》，2009 年第 4 期。
③ 王志、王晓峰：《日本近世武士的忠诚观念及其演变》，《史学集刊》，2015 年第 1 期。
④ 王志：《日本武士道的演变及其理论化》，《东北师大学报》2007 年第 4 期。
⑤ 李海涛：《对日本武士道的文化诠释》，《东疆学刊》，2008 年第 1 期。
⑥ 向卿：《试论江户时代武士道的平民化》，《日本学刊》，2004 年第 5 期。

我国学界关于江户日本身份建构问题的研究综述

一定的程度的"文化的共享",而使武士道逐渐为平民所想象、消费,从而奠定了它成为全民的道德和日本民族精神核心的基础;李群[①]则聚焦近松门文学所体现的侵华意识,指出,近松门左卫门借助文学反映武士道精神既是对日本文学传统的承接与延续,也反映了当时日本民众的侵华迷梦和幻想,从而演示了武士道外化为侵略形态时的一种更为隐蔽的侵略形式——文化侵略。

前述基于各种视角的武士道研究不仅对于认识江户武士道具有重要意义,也体现了我国学术界开始关注武士道的合法性或正义性、武士道的泛化等问题的新动向。

以 2000 年左右为界,学术界开始从关于武士道的零碎的、断片的思考或宏观把握逐渐过渡到关于武士道的全面性和体系性省察,形成了一批以专著或博士论文为主的重要学术成果。在 21 世纪的前十年,娄贵书的《"日本"刀刃上的文化: 武士与武士道》(2002)、李文的《武士阶级与日本的近代化》(2003)、蒋立峰、汤重南合编的《日本军国主义史论》(2005)、王志的《武士道及其全民化的历史过程》(南开大学博士论文,2006)、王炜的《日本武士名誉观》(2008)等都属当时的突出成果。

娄贵书以系列论文为基础,2002 年出版《"日本"刀刃上的文化: 武士与武士道》,阐述了武士及武士道的起源、德目及渊源、武士道与军国主义及现代化的关系,剖析了作为日本独有的"双刃剑文化"的武士道的双重标准和两面性:既是日本侵略战争的灵魂和军国主义的温床,也是日本现代化发展的精神推动力。稍后,他又参加了蒋立峰、汤重南主持的日本军国主义史研究课题组,撰写了《日本军国主义论》的第二章"武士道的形成与作用",再次从"物质载体""历史轨迹""思想渊源""精神德目""军国遗产"等方面对武士道做了系统总结,推动了我国相关领域的研究。稍后,汤重南研究员发表了题为《日本军国主义思想是庞杂的精神糟粕》的论文,明确指出武士道是日本军国主义的思想渊源和精神支柱,亦针对以前国内对武士道认识的模糊情况,对它重新做了一个明确而完整的定义:"武士道,即武士精神,它既是日本武士的人生观和世界观,又是武士应尽的义务和职责,包括效忠君主、崇尚武艺、忠勇义烈和绝对服从等讲究'信义''廉耻'等封建道德规范及行为准则。导源于神道、佛教、儒学及皇国迷信的日本武士道,经历了三大发展阶段,即江户时代前的旧型武士道,江户时代的新型武士道和明治维新后转化

---

① 李群:《武士道与文化侵略》,《东疆学刊》,2005 年第 4 期。

为近代军人精神及国民精神的武士道。"①此定义明确了武士道的本质、渊源、内容及不同历史发展阶段的不同特征，是对万峰先生关于日本武士道定义的进一步完善，亦对我国此后的武士道研究发挥了引领作用。

2010 年前后，我国学术界更加重视并深化了关于武士道的理论研究和实证研究，亦加强了对武士道的客观认识和科学批判，取得了不少厚重的成果。韩东育和唐利国的研究代表了迄今我国武士道研究的最高水平。韩东育从宏大的文化视域检讨了日本学界对武士道死亡价值观的各种看法，指出了"死的觉悟"的武士道向"奉公"武士道的扩张轨迹，由此解释了二战后日本学界的史学研究对近现代武士道与传统武士道所进行的有意切断和不自觉链接行为的原因，探讨了近现代东亚兵燹之所以发生的思想逻辑根据。②可以说，该文奠定了我国学术界对武士道开展理论研究的基础，拓展了武士道研究的方向和可能性。唐利国的《武士道与日本的近代化转型》(2010)由其 2004 年的博士论文《江户时代山鹿素行和吉田松阴武士道论研究》修改而成。正如作者所声称的那样，他力图摆脱"为了解释近代而去研究近世"③的思考路径，并超越新渡户稻造、井上哲次郎等日本学者所建立的关于武士道认识的研究范式，显示了关于武士道研究的极强的主体性和客观性。该书基于文献考据和历史分析的方法，深入而系统地考察了与"死的觉悟"的武士道相对的山鹿素行和吉田松阴武士道论的思想特质及其关联，由此论证了其在近代如何被系谱化及如何被纳入近代日本国家主义意识形态体系的大致过程，讨论了素行和松阴的武士道论对日本近代体制的形成以及促使江户武士道成为一种国民道德所发挥的作用。从这点上说，该书为我国的江户武士道研究提供了一个典型的样本，也为话语如何被政治化和意识形态化的研究提供了一个参考范例。近年来，唐利国又从武士道论的角度对中国儒学进行了审视。④他以"近世—转型期—近代"三个历史时期的代表性武士道论者（山鹿素行、吉田松阴和井上哲次郎）为例，考察了它们在展开旨在构建本民族自我认同的武士道的历史叙事时如何处理儒学这一来自中国的"他者"的重大理论问题。他指出，日本武士道论者为了建构武士道的普遍性，对儒学采取了先利用、后抛弃的态度，这不仅使武士道丧失了普遍主义精神而成为

---

① 汤重南：《日本军国主义思想是庞杂的思想糟粕》，《日本学刊》，2005 年第 4 期。
② 韩东育：《关于"武士道"死亡价值观的文化检视》，《历史研究》，2009 年第 4 期。
③ 唐利国：《武士道与日本的近代化转型》，北京师范大学出版社，2010 年，第 14 页。
④ 唐利国：《日本武士道论视野中的中国儒学》，《世界历史》，2014 年第 1 期。

我国学界关于江户日本身份建构问题的研究综述

特殊的价值，也使儒学被解构得面目全非，即他们对"自我"和"他者"的建构最终都演变为"虚构"。

对于新渡户稻造在近代重现发现并塑造为战前国家意识形态和日本精神、又在战后尤其是 19 世纪 80 年代以后作为"日本精神"而被继承的"武士道"，我国武士道研究专家娄贵书给予了强烈的批判。他自 2010 年到 2013 年间相继发表《日本武士道和军国主义的辩护词》《日本武士道的伦理道德、战争精神和统治思想》《日本武士道世俗化的历史考析》等系列文章，不仅对这种"虚构的武士道"作了学术批判，还对自己长期的武士道研究进行了理论审视。作为其结果，他先后推出两部"有很多闪光的亮点"的著作——《日本武士兴亡史》（2013）和《武士道与日本现代社会的价值理想》（2014）。前者继承了他关于武士道的一贯思考，又进一步对武士道的起源、历史发展和影响及其名称、类别、德目及理想价值等做了全面而系统的考察，既有宏观把握，也有具体分析。该书尤其强调并进一步论证了作为日本"双刃剑文化"和作为"战后日本传统民族文化"的武士道的两重性，认为其对日本现代社会仍保持着巨大而深刻的影响。对这部"在我国武士、武士道学术研究方面具有奠基、开拓作用"的著作，汤重南先生作序予以很高评价，并对与武士道研究相关的若干重大问题进行了思考，尤其指出了武士道与传统文化的关联，"武士虽在明治维新后作为一个阶级已不复存在，但武士道文化和武士精神却有了更大的扩散、普及和提升。随着日本近代军国主义的形成、发展和对外扩张的升级，武士道转化为传统文化的重要组成部分"，因而对我国的武士道研究具有很强的指导意义。后者是娄贵书对武士道进一步理论化思考的产物。该书将武士道及其研究纳入日本社会道德体系、价值理想和民族精神确立的宏大叙事之内，由此考察了武士道作为"日本传统民族文化"的确立过程及其内外有别的双重标准等特性，为我国认识和研究日本社会的道德体系及日本国民性格提供了有益的参考。

与此前描写性倾向的武士道研究不同，邸小松的论述[1]则显示了对武士道的历史和本质等进行理论研究的另一种可能性。该文既是对 2012 年 7 月中国社科院日本研究所主办的"武士道与日本文化"学术研讨会的回应，又明显受到韩东育有关江户日本的思考尤其是《"仁"在日本近代史观中的非主流地位》（2005）一文的影响。作者指出，日本武士道虽然受到儒教伦理的影响，其伦理、道德体系却显现出

---

① 邸小松：《"仁"的失落："武士道"精神的伦理、道德批判》，《东北师大学报》，2015 年第 4 期。

"仁"的失落，即形成了对"仁"的异化和反动，具体表现为："仁"之内涵与对人的道德要求发生变异；"仁"在整个"武士道"精神体系的地位下降；武士嗜杀的行为显现出对"仁"的反动。换言之，"所谓'仁'，连同武士道精神的其他要素，不过都是维护现实天皇和父权政治的意识形态工具"。这种武士道精神体现在武士的日常行为上，则是崇尚暴力、好勇斗狠的嗜杀性。邸文对于武士道"崇武尚勇"的特性及近代日本军人的"兽性"具有很强的解释力，是对现有武士道研究的学术范式的一个突破，并提示了武士道研究的一种新路径。

总的来说，在包括概念建构和方法创新在内的武士道研究上，我国学术界的研究主体性和理论性总体上仍略显不足，亦对同样作为日本文化符号的天皇制、神道及其具体象征的樱花等缺乏统一的有机审视。同时，学术界对于江户时代的武士道亦缺少从身份建构角度出发的研究。这些因素都制约了我国对武士道开展创新性的科学研究的可能。

（三） 关于江户神道的研究

与对武士道的研究相似，我国学术界基于批判近代天皇制和客观认识日本的需要，20 世纪 90 年代以后尤其是村上重良的《国家神道》（1990）被翻译出版后就一直对日本神道保持着高度的研究热情，而对神道的渊源、历史发展、内容、流派、作用及其与天皇制的关系等问题展开了持续的研究。只是相比于武士道，不少关于神道的论述不仅缺乏研究应有的主体性，也基本局限于描写的研究方法，更为严重的是还预设了"神道始终被奉为日本民族精神之主体与灵魂"[①]或"神道自古就是日本精神的根本和象征"的前提，即视其为"日本固有的民族宗教信仰"或"一成不变的概念"而认识和研究神道。有些甚至错误地认为"神道教是日本的传统民族宗教，是日本的'本土文化'。在古代的几乎全封闭的日本，神道教的产生和自我发展几乎没有受到外界的影响，因此完全能够反映当时的日本人的世界观、价值观和社会思想"[②]。显然，有关神道研究的认识论和方法论的局限性极大妨碍了学术界对神道的科学研究。因此，对既有神道研究有必要区分"好的研究"和"恶劣的研究"。

---

① 盛晓明：《神道与日本政治》，《浙江大学学报》（人文社会科学版），1997 年第 1 期。
② 傅紫琼：《神道教与日本民族性》，《河北理工大学学报》，2009 年第 1 期。

我国学界关于江户日本身份建构问题的研究综述

牛建科、范景武、唐永亮等分别围绕正义观、生死观、时空观念论述了神道的本质；葛兆光、牛建科、张谷、孙亦平、史少博等分析了儒学、道教等中国思想对日本神道的意义和影响，而李甦平、任婷婷则对中国道教和日本神道教的核心范畴做了对比分析。其中，葛兆光教授[①]分析了日本学术界关于道教与神道教、天皇制之关系的争论：神道教和天皇制是否受到了道教的影响；如果是，它们受到了多大程度的影响。依笔者看，关于日本神道本质及其渊源的"历时性"研究还值得做进一步的探讨，因为我们很难想象脱离了道教又剥离了"天皇神话"和"神国神话"后的"神道教"究竟是什么样子。

廖枫模、刘金才、苑爽、牟成文、牛建科、王青、周永生等分析了神道教的功能、历史作用或神道教对日本民族性格形成的影响。其中，刘金才[②]教授指出，日本神道信仰具有"多神信仰""氏神信仰""活神信仰"、重祭祀行为和重现世主义等五大性质，而它们对日本人民族心理（多元的思维和价值观模式、集团性、现世主义和不分是非的相对性义理原则等）的形成产生了深刻影响。刘文的结论振聋发聩，对于帮助我们理解神道的本质及其民族性格颇有指导意义。

王晓峰、王金林、王维先、牛建科、范景武、吴春燕、周颂伦、赵德宇等重点考察了山崎暗斋、林罗山、二宫尊德的神道观及复古神道、儒学神道等神道学说的思想特点和意义。其中，周颂伦和赵德宇所开展的基于民族主义的神道研究显示了对江户及其前后的各种神道论进行"串合并连"[③]的统一研究的可能性，对目前的相关研究很有指导和引领作用。前者指出，中世日本的伊势神道和江户国学在"对外来文化的无情排斥和对自我文化的放纵自赞"的国粹主义立场上体现了高度的一致性；后者则对复古神道的他者认识作了重点考察，认为，江户中后期日本国学者所创立的复古神道是意图剥离并贬斥既有神道的所有外来文化要素，由此严重扭曲了传统融合神道精神的"扭曲神道"。作为浓烈文化民族主义色彩的产物，它设计了主张对外侵略扩张的暴力民族主义的历史文本，亦成为明治维新后煽惑暴力民族主义的精神发动机，并被运用于发动对外侵略战争的行动。[④]

---

① 葛兆光：《国家与历史之间：日本关于道教、神道教与天皇制度关系的争论》，《中国社会科学》，2009 年第 5 期。

② 刘金才：《论日本神道信仰的性质和特征》，《日语学习与研究》，2004 年第 4 期。

③ 周颂伦、李小白：《伊势神道与江户国学：国粹主义的放纵自赞》，《深圳大学学报》，2013 年第 2 期。

④ 赵德宇：《日本"扭曲神道"与极端民族主义》，《日本学刊》，2014 年第 4 期。

武寅、施超伦、牛建科、于海君、罗时光、武心波、王琪、管一颖等考察了神道与天皇制（尊皇、皇道等）的关系。其中，武心波指出，祭祀性、象征性与身份认同性是古代天皇制诸多社会功能中的几大基本功能，发挥了维系日本社会的作用。与此同时，天皇不变的"氏神"地位经历史积淀已演变成一大传统的政治资源，而常被后来的统治者所利用。①

综上可见，我国学界关于江户神道的研究也已取得丰硕成果。山东大学牛建科教授可谓我国关于日本神道研究的重要代表，研究涉及了神道的本质、渊源、功能及复古神道等诸多重要问题，而且不少论述皆是该领域和方向的奠基之作；周颂伦、李小白及赵德宇的神道研究则引领相关研究的新方向；青年学者任婷婷②、唐永亮③等有关神道的论述则是继李甦平之后直追神道本源的研究，或可为我国的日本神道研究提供新的视角。

不过，前述从不同角度展开的日本神道研究虽然可以描绘神道的大致面貌，却有着"一叶障目，不见森林"的方法论弊端，或可导致"神道"的历史性被忽视等问题，而最终妨碍对"神道"的界定和客观认识。因此，90年代中期以后，学术界开始重视对日本神道的系统性和整体研究。刘立善、刘毅和色音先后出版《没有经卷的宗教:日本神道》(1996)、《高天原浮世绘：日本神话》(1996)、《日本神道教与文化》(1999)等著作，开创了相关研究的先河。刘立善对神道的缘起、流派与变迁、特性、祭祀等有关神道的基本问题作了概括、总结，有开创之功。然而，该书不仅视神道为一个不言自明的"固定"概念，还因缺乏研究的主体性和对神道本质和内容的历时性把握，因而常常不加批判地直引日本学者如村冈典嗣、真弓常忠的论述，以为自己论述的标准，由此产生了一些关于神道的认识偏差："神道作为日本国民独有的宗教信仰，宛如一径源源不竭的文化河流，在时代气候的影响下，时而泛滥成灾，时而温顺，跌跌宕宕贯通在日本民族精神的底层，屡屡左右着人们面对自然、社会乃至人生所秉持的自我意识或自我感觉。"④刘毅则对包含创世神话、天皇神话在内的日本神话进行了考察，指出日本神话具有多神信仰与太阳神崇拜、有性创生、受到中国文化的影响等特点。色音则强调"神道不仅在学术上，就是作

---

① 武心波：《日本古代"天皇制"的象征意义及其批判》，《国际观察》2006年第6期。
② 任婷婷：《中国道教与日本神道教"神人关系"比较》，《日本研究》2010年第4期。
③ 唐永亮：《试析日本神道中的时空观念》，《日本学刊》2011年第3期。
④ 刘立善：《没有经卷的宗教:日本神道》，辽宁大学出版社，1996年，第200页。

我国学界关于江户日本身份建构问题的研究综述

为社会一般概念，也是极其含糊不清的"，指出神道概念包括了神社神道、皇室神道、学派神道、教派神道和民间神道等五个主要构成因素，而神社神道始终是神道的主体和核心。基于这种认识，该书对日本神道与政治文化、神话传说、儒释道三教关系等基本问题也进行了考察。

2000 年以后，我国学术界对于神道的研究不仅朝着更系统化、理论化和专门化的方向前进，也尝试着摆脱日本学者构建的"神道话语"的约束。不仅出现了不少独具一格的概论性著作和论著选集，如范景武的《神道文化与思想研究》（2002）、王宝平主编的《神道与日本文化》（2003）、王金林的《日本人的原始信仰》（2005）、王勇主编的《中国における神道研究》（2009）、王守华、王蓉合著的《神道与中日文化交流》（2010）、崔世广主编的《神道与日本文化》（2012）、刘岳兵主编的《日本的宗教与历史思想：以神道为中心》（2015）等，还涌现了不少厚重的专门性论述，如王金林的《日本天皇制及其精神结构》（2001）和《日本神道研究》（2007）、牛建科的《日本神道哲学研究》（2002）和《复古神道哲学思想研究》（2005）、王维先的《日本垂加神道哲学思想研究》（2004）、张谷的《道家思想对日本近世文化的影响》（武汉大学博士论文，2006）、解晓东的《日本天皇制研究》（吉林大学博士论文，2009）、刘琳琳的《日本江户时代庶民伊势信仰研究》（2009）、戴文捷的《江户时代的日本儒学、神道和兵学思想之关系》[①]（2017）等。

《日本神道研究》重点研究了日本各个历史时期神道思想的内容及其特点，也涉及了中国思想对各个时期神道的影响。该书的主题更准确地说应是"神道思想史的研究"，因此作为对各时期神道话语的系统研究而有开创之功。同属思想史研究的《日本的宗教与历史思想：以神道为中心》则是包括神道与日本的宗教思想与文化、神道的概念与原典、皇权神授思想、神道思想史论等内容的论著选集，亦可谓该领域的翘楚之作。

《日本垂加神道哲学思想研究》和《复古神道哲学思想研究》可以说代表了我国关于神道流派或学说研究的最高水平。前者如作者自己所言，是为了"深入到此民族精神框架的内部，把握其民族文化的底蕴"，进而分析并发现"日本思想文化和民族精神的独特性"的专题性论著。该书运用实证研究和逻辑分析相结合的方法，以垂加神道与朱熹学说的思想关联为切入点，对垂加神道哲学思想的历史渊源、理

---

① 该书以其博士论文《近世日本思想における儒学・神道・兵学の関係》（一桥大学，2008）修改而成。

据、本质及其流变过程作了理性分析，强调垂加神道的本质是一种政治哲学，即"以一种婉转的理论形式来论证天皇统治的合理性"①。后者则运用"纵横交错"及实证研究和理性分析相结合的方法，对复古神道的成立过程及各阶段的思想特征、哲学理据等做了全面、系统而深入的研究，并阐明了复古神道的理论意义与实践意义及其与国家神道、教派神道的渊源关系。该书还区分了国学和复古神道两个相互关联的概念，并给复古神道下了一个明确而完整的定义："复古神道是产生于近世国学内部，以荷田春满、贺茂真渊、本居宣长、平田笃胤为代表的，排斥儒佛等外来思想解释神道，主张通过日本的古典，尤其是《古事记》和《日本书纪》等来阐明和恢复日本的古道、日本精神的学派神道（理论神道）。它由荷田春满、贺茂真渊确立，由本居宣长集大成，由平田笃胤进一步发展。"②毋庸置言，两部著作无论是方法论还是本体论都处于我国神道研究的前沿，也由此引领了我国相关问题的研究。与前述关注神道学说的研究相比，《日本江户时代庶民伊势信仰研究》则从另一个角度对江户神道观念的形成尤其是传播和扩散进行了深入考察，因而对理解作为被不断发现的传统的"神道"的全民化具有重要意义。该书概括了江户时代庶民伊势信仰的组织形式、行为形态和思想内涵等三个特点，强调庶民伊势信仰的思想特点是重视"既是保佑现世功利之神，又是民族神"的天照大神而轻视丰受大神，故其最终归宿是以"天照大神信仰和尊王意识"③为核心的民族自我意识。

总之，"神道"作为一种宗教，从来就是一个历史的范畴。"神道"从日本人最初的原始朴素的信仰演变成当今大多数日本人所理解的"日本固有的民族宗教"，是不断被发现和创造的结果。这点往往被我国学术界所忽视，从而导致不少研究缺少了对"神道"的历时性理论审视或作为中国学者应有的研究主体性。

四

我国关于江户日本身份建构的研究已在其中的某些环节取得了显著成绩，却仍有许多不足和缺憾，而这些问题的克服对于我国的江户日本身份建构研究乃至日本研究都具有重要意义。

---

① 王维先：《日本垂加神道哲学思想研究》，山东人民出版社，2004年，第2页。
② 牛建科：《复古神道哲学思想研究》，齐鲁书社，2005年，第22页。
③ 刘琳琳：《日本江户时代庶民伊势信仰研究》，世界知识出版社，2009年，第208页。

我国学界关于江户日本身份建构问题的研究综述

首先，对江户日本的身份建构问题，我国不仅缺乏系统而整体的研究，而且对其关注也极为不足。学术界虽然从中日文化对比、华夷秩序、近代化等角度展开了对江户历史和文化的研究，而这些研究也确实可能解决江户日本某一领域的问题，却未能形成对江户日本进行一体化考察的研究视角，故也难以对江户日本的历史和文化做出统一的解释。实际上身份建构是事关基于自他关系的自我主体性和同一性的根本问题，因而这类视角的研究不仅可以对日本的历史和文化做出历史的、逻辑的解释，还可以拓宽和深化我们的研究领域并强化它们之间的关联性。

其次，他者意识（Other consciousness）在某种程度上的缺乏也是我国江户日本研究的一个缺陷。这一缺陷可能导致我们无法保持适当的距离而将江户日本作为"他者"来认识，①从而造成我们的研究在立场、方法和目的等方面被"异化"的可能，例如研究主体性的不足或过剩、片面赞美或片面批判、注重描写而缺乏理论建构等。一方面它可能导致我们的研究受到"先入观"的影响，从而产生诸如"以中国文化影响日本文化的绝对观念看待日本文化"之类的倾向；另一方面它也可能导致我们的研究受到学术以外的政治因素或意识形态的影响，而使学者在"道"与"史"之间常常出现很难抉择的困境。②依笔者看，这种情况的形成与中日两国的历史文化和同属东亚的地缘关系密切相关。当然，这种时空关系既可为我们的日本研究提供得天独厚的优势，有时亦可成为学术研究的"约束"。因此，对日本进行"充分而必要的他者化"应当成为研究者的首要作业。换句话说，我们既需要在东亚的视域内又要超越东亚来审视和研究江户日本。

再次，我国学界关于江户日本的某些研究也缺乏足够的历史意识，故可能会导致对相关问题的"失真式"分析和判断。对于历史问题，我们一方面要置于特定的历史语境下进行分析判断，另一方面则需要以"历时的"视角来看待。例如，"大和魂""神道""神国"等象征日本文化的重要概念从来就是一个历史的范畴，它们在近代以前的不同历史时期曾有不同的内涵和外延；当今日本人所共有的樱花和富士山认识主要是江户时代以后被重新建构的产物。可以说，现代日本被认为足以表征日本和日本文化的诸多概念实际上在江户时代及以前并不具有明确而固定的内容。因为相关概念的不确定性和模糊性，丸山真男等日本学者才决意寻找或发现所

---

① 刘岳兵：《"中国式"日本研究的实像与虚像》，中国社会科学出版社，2015年，第201页。
② 葛兆光：《国家与历史之间：日本关于道教、神道教与天皇制度关系的争论》，《中国社会科学》2009年第5期。

谓"亘古未变"的日本文化的"原型"或"执拗低音"。研究者应当清楚，对历史问题的研究，时间作为一种范畴和尺度具有很强的规定性。

最后，与前述两种方法论的局限性相比，研究主体性的不足也是相关研究的一个突出问题。这可能是文献资料匮乏、外语能力不强、研究能力较弱、学术经验不足等研究者自身条件的限制所导致的问题，也可能是研究者"经意"或"不经意"之间犯下的问题。可以说，研究主体性的不足可能会导致十分严重的问题。一方面它可能造成我们的研究沦为对外国学者观点的转述或复制，另一方面也可能导致我们无法对相关问题进行"主体的把握"和客观的科学研究。当然，这种情况在相关研究的早期阶段和初涉研究的青年学者之间较为常见。近年来，随着文献资料等研究条件的改善和文化自信的提升，它已得到了很大的改善。

我们相信，随着经济的发达、独立学术研究的活跃以及国家对人文科学研究的进一步重视，我国对江户日本及其身份建构问题的研究今后定会取得更大的成就。

（作者：向卿，湖南师范大学外国语学院副教授）

中国的日本研究状况

我国日本研究现状的调查与解析

宋志勇　郭循春　丁诺舟

编者按：2017年，南开大学日本研究院暨教育部国别和区域研究基地南开大学日本研究中心与中华日本学会、全国日本经济学会、中国日本史学会、中华日本哲学会、中国日本文学研究会、中国中日关系史学会等全国性日本研究学术团体合作并争取到日本国际交流基金会的支持，联合开展了对我国日本研究状况的调查，以把握我国研究的基本情况，为进一步深化日本研究，提高我国的日本研究水平提供参考。

此次调研大致反映了当下我国日本研究的现状及其特征。南开大学日本研究调查课题组及日本东京大学园田茂人教授对此分别进行了解读和分析，本书设专栏介绍，供学界利用。

　　为把握改革开放 40 年来我国日本研究的现状和最新研究动向，提高我国的日本研究水平，加强和促进日本研究机构之间、学者之间的相互交流与合作，南开大学日本研究院暨教育部国别和区域研究基地南开大学日本研究中心于 2017 年设立了"全国日本研究调查"课题组，与中华日本学会、全国日本经济学会、中国日本史学会、中华日本哲学会、中国日本文学研究会、中国中日关系史学会等全国性学会联合开展了本次调查活动。日本国际交流基金会也对本次活动给予了大力支持。

　　本次调查的对象是中国大陆的日本研究学会、主要日本研究机构和研究学者。由于力量所限，本次调查对象未能包括中国香港、台湾及澳门地区的日本研究学会、机构、学者以及海外的中国籍日本研究学者及机构。本次调查收集到来自 118 家日本研究机构及学术团体、1609 位日本研究学者的有效信息。

　　本文以此次调研数据为基础，结合 2009 年全国日本研究调查的相关数据以及未能被数据反映的一些情况，介绍并分析当下我国日本研究的现状及其特征。

一、基本状况

　　过此次调研表明，2010 年以来，虽然中日政治关系出现了比较大的波动，日语教育、科研和学术交流都受到了一定的影响，但我国的日本研究整体保持了稳定并有所发展的态势，呈现出以下方面的特点：

（一）研究队伍稳步增长

　　此次调查共收到 1609 人的有效反馈信息。由于无法掌握相关研究者全部个人信息，且设定了日本研究者的调查入选门槛（发表专业学术论文 2 篇以上），所以本次调查的对象人数要少于我国实际存在的日本研究者人数。根据中国知网收录的学术成果等数据判断，我国的日本研究学者人数应在 2000 人以上。与 2009 年的调查相比（1040 人），日本研究者的队伍稳定增长。这主要是因为进入 21 世纪以来中国高等教育的扩大促进了大学日语学科的快速增长，带动了日语教师队伍和日本研究队伍的扩大。1999 年教育部颁布了《面向 21 世纪教育振兴行动计划》，全国高校开始了全面扩招，促进了高等教育规模的扩大，其间日语学科发展迅速。据日本国际交流基金会的统计，2003 年，我国日语教育机构已达到 938 家，2015 年更

增加到 2115 家，其中有超过一半的机构设置于高校外语院系；日语教师人数增加
3 倍，由 6031 人增加到 18312 人。同时，大批回国的留日学生加入日语教育行列中，
日语院系和日语专业成为我国日本研究队伍新的增长点。另外，过去 10 年间中日
经济关系的稳步发展，也在一定程度上刺激了日本研究队伍的扩大和研究人才
的增加。

（二）地域差别特征依然存在

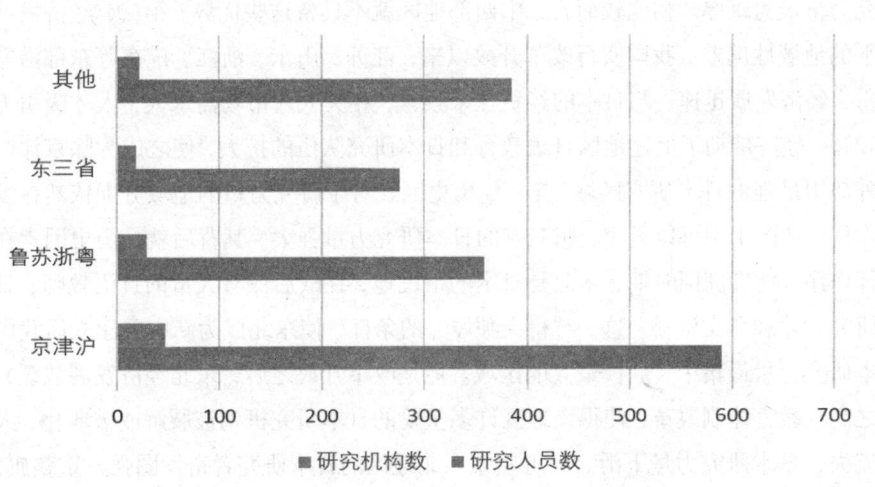

图 1　2018 年我国研究人员、机构的主要地域分布图

从图 1 中可以明显看出，参与调查的研究人员绝大多数分布于东部地区，其中
北京、天津、上海三个直辖市的研究者人数为 590 人，占据调查总人数的 38%，来
自东北三省的研究者人数 276 人，占据总人数的 14%（主要集中于辽宁省和吉林省），
山东、江苏、浙江、广东沿海四省的研究者人数 358 人，占比 24%。上述诸地以外，
如西南、西北的内陆省份研究者数量明显偏少。这一现象在 2009 年调查时就已出
现，如今略有改观，但总体变化不大。由于经济等方面的原因，这种日本研究力量
地域分配不均衡的局面将会继续存在。

相比较于研究人员分布状况，研究机构在地域分布上呈现出与前者完全相同的
特征。被调查的 118 家日本研究机构中，有 74 家位于北京、天津、上海、浙江、

山东、吉林、辽宁等省市区。西北和西南诸省的日本研究机构较少，且多以高校的日语教学单位为主，缺少专业的日本文化、历史或者政治、经济领域的研究机构。这种现象一方面凸显了我国相关教育和研究的地域不均衡性，另一方面也凸显出日本研究与地域文化、经济、政治等多重因素之间的关联性。

出现上述研究现状的原因包括以下几个方面：第一，教育发展水平和政治影响力的地域性偏差。北京、天津、上海自近代以来一直是中国的教育、文化中心，具有区域国别研究的多方面优势。其中北京又有首都的政治优势，高校和研究机构云集，科研力量强大，同时与日本之间往来密切，具有研究日本的先天优势，因而研究力量最为雄厚。相比较而言，中西部地区就不具备这些优势。第二，经济发展水平的地域性偏差。我国实行改革开放以来，江苏、山东、浙江、广东等东部沿海省份，经济发展迅速，与日本的经贸往来频繁，相关人才市场需求大，人才吸引力也较强。经济带动了上述地区日语教育和日本研究队伍的扩大，使之成为除京津沪以外势力最强的日本研究区域。第三，历史因素对于研究力量的地域分配依然在发挥作用。从图 1 中可以看出，东三省的日本研究力量强大。其背后就是历史因素在发挥作用。伪满洲国时期，东北是日本的殖民地，在战后保有大量的日语教师、日本研究人才和日文资料。这一"得天独厚"的条件，使东北成为新中国建立后我国日本研究力量最集中、规模最大的区域。但是改革开放之后，东北经济发展放缓，加之高校教育体制改革，使得该地区许多重要的日本研究机构被肢解或被弱化，人才流失，日本研究力量下滑。但近些年东北地区的日本研究者奋发图强，重整旗鼓，发挥历史和地域优势，使其日本研究的队伍重新扩大、研究水平大幅度回升、研究成果日渐丰硕，并呈现恢复早期地位的趋势。当然，东北经济落后对日本研究队伍的不利影响和制约还会长期存在。

还有一点需要指出的是，此次调查到我国的日本研究机构及学会共 118 家，比 2009 年的调查增加了 18 家。其中，学会数量没有变化，增加的 18 家机构主要是高校内具有硕士学位授予权的日语院系。实际上，除了上述研究机构，国内尚有教育部在全国高校及有关机构批准设立的国别和区域研究（备案）中心中的日本研究中心或东北亚中心。如果将上述未被统计、调研的研究中心其加入进来，我国的日本研究机构数量当在 120 家以上。

（三）研究人员年龄梯次合理、女性居多

从研究人员年龄结构看,我国日本研究者队伍梯次比较完整,基本上消除了"文革"以来的梯次失衡现象。中华人民共和国成立后培养的第一代研究者,年事已高,在完成了新中国日本研究的"拓荒"重任之后,已经退出研究行列。1977 年恢复高考后培养了"老三届"日本研究人员,即第二代日本研究者,他们是"文革"结束后从 10 年积压的"知识青年"中脱颖而出的精英,是当今我国日本研究的核心力量。他们在创造了中国日本研究的辉煌之后,也陆续退出日本研究的第一线,正在把接力棒传给 1960 年以后出生的第三代研究人员。第二代日本研究者的引退,将会对我国的日本研究带来比较大的影响。20 世纪 60 年代和 20 世纪 70 年代出生的第三代日本研究者,承上启下,发挥着研究主力的作用。1980 年以后出生的"新生代",即第四代日本研究者,朝气蓬勃,基础扎实,熟悉先进的研究手段,掌握两门外语,全部都有留学经历和博士学位,正以崭新的面貌登上学界舞台,成为日本研究的新兴力量,令人欣喜和期待。

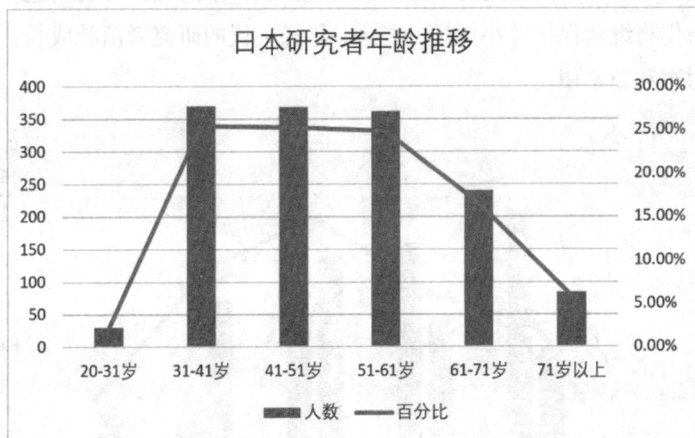

图2 2018 年我国日本研究人员年龄分布图

将本次的调查结果同以往的调查进行对比的话,可以进一步看出研究队伍更新换代的特点。根据 2018 年的调查和图 2 的显示,60 岁以上的研究者虽然多已退休,但仍从事学术活动的人在此次调查对象中占比很高,达到 29%;51—60 岁的研究者人数占比 22%;31—50 岁的研究者占比 47%;30 岁以下的研究者占比 2%。将本次调查和前两次的调查（1999 年、2009 年）结果进行对比,可以发现两个比较明

显的特点。第一是 60 岁以上的研究者比例相比较于 2009 年调查时期有所下降，但是这些研究者的绝对人数并没有减少太多，这说明这个年龄段的研究者依然老骥伏枥，勤奋工作，活跃在科研一线。如已年过七十的宋成有先生（北京大学教授），在退休后的 2014—2019 年间，发表论文 16 篇（中国知网收录）。第二是 30 岁以下的研究者比例相比较于以前有所下降。这一变化与现在的高校用人制度有关。自 2010 年以来，国内高校在招聘时要求应聘者拥有博士学位，重点大学更是如此。绝大多数学生获得博士学位的最低年龄为 28 岁，所以 30 岁以下的研究者多数还是博士研究生在读的状态，无法入职工作，进入本次调查范围的绝对人数自然就比较少，占比相应偏低。和当下的情况不同，2010 年以前我国拥有博士学位的研究者人数较少，一般高校和研究机构在招聘时只要求应聘者拥有硕士学位，而获得硕士学位的年龄在 25 岁前后，2009 年的调查中，被纳入调查范围的 30 岁以下的研究人员自然要多些。所以此次调查小于 30 岁的研究者人数比例低于 2009 年的调查结果。此次调查对象的年龄特征，表明我国日本研究队伍年龄结构日趋合理，也代表了未来我国日本研究发展的趋势：中年研究者扮演日本研究主力的角色，老龄日本研究者队伍仍将继续保持并小规模的扩大，年轻一代的研究者茁壮成长，成为日本研究的生力军和新希望。

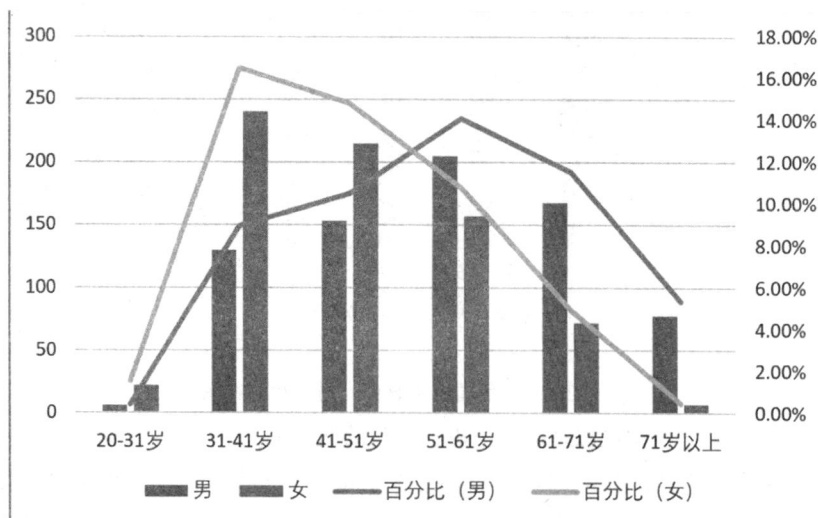

图 3　2018 年我国研究者性别与年龄对比图

另一方面，对比本次调查中研究者的男女比例，也可反映出我国日本研究现状的一些特点。从图 3 中可以看出，从 25 岁到 50 岁的研究者中，女性人数数量明显地超过了男性研究者数量，而在 51 岁之后的研究者群体中，男性研究者数量又明显超过女性研究者数量。这一现象说明，至少在 22 年前，进入日本研究领域的男性研究者数量远超过女性，而从 1998 年前后开始，进入日本研究领域的女性研究者数量就反超男性了。这种现象一方面与中国的人口发展特征、性别结构、男女受教育程度有着密切的联系，另一方面也和研究人员中存在大量日语教师有关。当下，国内高校从事日语教学和研究的教师在日本研究队伍中的占比很高，这些教师当中女性比例大大超过男性，造成了今天的日本研究队伍在性别方面呈现出来的上述特点。从目前接受日本语言、日本文化教育的本科生、研究生的性别分布特点来看，中国未来的研究者群体中，女性研究者还会继续保持较高比例。高比例的女性研究者的存在对我国日本研究的影响值得关注和研究。

（四）博士学位成为专业日本研究的入门门槛

1978 年我国高校恢复研究生教育制度以来，研究生的培养规模逐渐扩大，研究生学历现在已成为研究者进入学术殿堂的入门门槛。1978 年恢复研究生招考，当年的招生规模约为 1 万人，到 2017 年招生已超过 80 万人。现在国内主要研究型大学的研究生占比已经与本科生持平，甚至超过了本科生的规模。高端人才的大量培养，使得研究者队伍入门门槛提高，日本研究领域亦是如此。2010 年以来，拥有研究生学历、专业博士学位已经成为入门于日本学术研究的基本要求。

2018 年的调查显示，1600 多名的调查对象中拥有博士学位的研究者比例为45% 左右，拥有硕士学位的研究者比例为 55%左右。其中 1970 年以后出生的非日语教学类的研究者都拥有博士学位，日语教学类研究者总体上博士比虽然较低，但也已经呈现出逐渐增高的趋势。这是因为各个高校内，进行历史、政治、经济、文化教育的二级单位，从 2005 年开始都要求求职者拥有博士学位，而日语教学类单位，则因岗位需求旺盛、博士研究生培养的规模有限等因素，未做此要求。不过从 2010 年开始，重点高校的日语教学单位也对应聘者提出了拥有博士学位这一基本要求。由于国内博士研究生培养规模的扩大以及从日本回国的博士生人数的增加，国内普通高校的相关二级单位现如今也要求入职者拥有博士学位。这样，从整体上来说，博士学位已经在全国范围内成为进入专业日本研究领域的入门门槛。

表1 国内日本研究机构研究生培养实例

	南开大学日本研究院 （硕/博）	中国社科院日本研究所 （硕/博）
1978—1990 年	19 人/10 人	13 人/
1991—2000 年	24 人/38 人	7 人/6 人
2001—2010 年	115 人/69 人	35 人/24 人
2010—2018 年	70 人/55 人	17 人/15 人

　　根据调查，我国的日本研究者博士生源地主要有两个，一是国内高校，二是日本高校。为了满足中国经济快速发展对人才的需求，从 1999 年开始，我国高校开始进行研究生扩招，招生人数由 1998 年的 7.3 万快速增加到 2012 年的 16.6 万。这其中与日本相关的研究生的培养规模也有明显的扩大，特别是国家重点日本研究人才培养机构为此做出了积极贡献（参照表 1）。与此同时，包括留日学生在内的留学回国人数持续增长。2018 年留学回国人数超过了 50 万人，其中相当一部分获得博士学位的留日学生进入了大学或研究机构，从事与日本相关的专门研究，成为我国日本研究的一支新生力量。就发展趋势来说，我国的研究生培养制度已经趋于完善，日本研究机构每年招收的研究生数量和归国的留日博士的规模趋于稳定，随着早期研究者的逐渐退出，以及高校和研究机构博士入门门槛的提高，我国日本研究队伍的博士比必将达 100%，大大有利于增强我国日本研究的广度、深度和专业度。

（五）专业分布全面，日本文学、语言、文化方面的研究者人数占比较高

　　在本次调查中，按照从业研究作者人数多少来排序研究方向的话，结果依次是日本文学、日本文化与社会、日语教育、日本历史、日本经济、政治外交、法律行政、其他。从中可以看出，从事日本文学研究的人数远超过其他领域。造成这种现象的原因在于，大量在外语院校、外语系任教的日本研究者，除了进行日语教学工作以外，还会从事与其教学课程相关或相近的日本文学、日本文化、日本社会等领域的研究。例如就职于中国海洋大学外国语学院日语系的年轻讲师郭晓丽，曾经在北京大学外国语学院获得日本语言文学专业的博士学位，其在中国海洋大学从事日

语教学工作的同时，还进行日本近代文学的研究，发表过《即物性书写与庶民的生死观——以深泽七郎〈笛吹川〉为中心》等文学类研究成果。由于从事日语教学的高校教师人数众多，他们所在的专业方向的研究人员数量占比自然偏高。由他们作为骨干力量的日语教育和日本文学、日本文化、日本社会研究领域的研究者比例达到60%以上。除此之外，唯有日本历史专业的研究人数在总人数中占据较高的比例，其他如政治、外交、经济、法律、行政等领域的研究者比例相对较低，有待于今后进一步的发展——唯有如此才能使我国的日本研究方向的分布得到更好的优化。

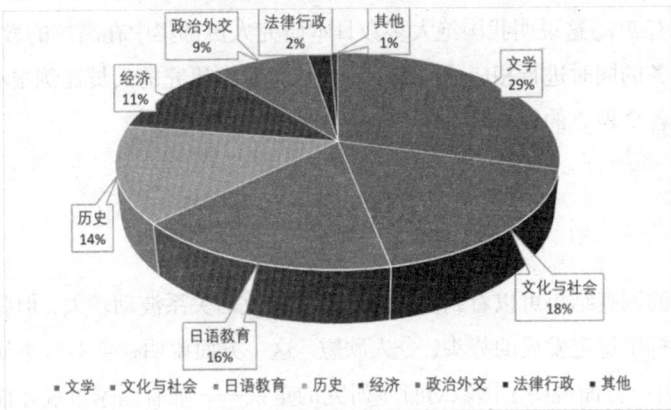

图4　研究领域人员分布

（六）研究者职称的构成

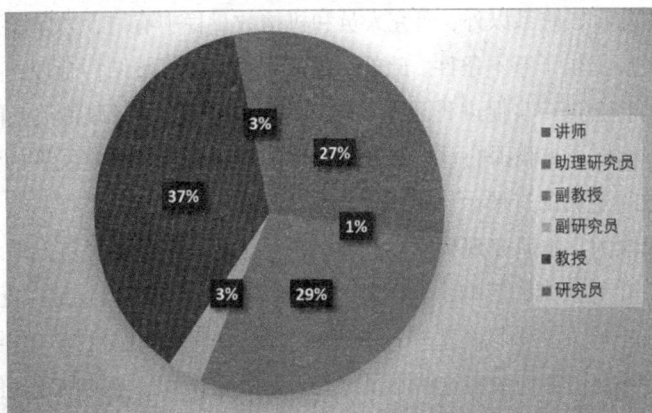

图5　我国研究者的职称分布图

从图 5 可以看出，我国日本研究人员的职称结构比较合理。正高职称（教授、研究员）的占比较高，为 40%。但考虑到上文所述的 50—70 岁的研究者比例高达 50% 这一数据，应该说这个比例还是比较合理的。拥有副高职称（副教授、副研究员）的研究者人数比例为 32%；拥有初级职称（讲师、助理研究员）的人员比例为 28%。根据当下我国的教育情况可以推断，上述结构在未来一段时间内会稳定地保持下去。另一方面，教学岗人员和研究岗人员的数量形成了明显的对比。拥有教授、副教授、讲师职称的人员占比 93%，而拥有研究员、副研究员、助理研究员职称的人员比例只有 7%。这说明我国绝大多数日本研究人员都集中在高校的教学单位中，承担教学任务的同时进行相应的研究。专门从事日本研究的人员比例很小，主要集中在中央和各个地方的社科院系统和部分国家机关。

二、总体评价及展望

从此次的调查结果可以看到，虽然近年中日政治关系波动较大，但我国的日本研究总体保持了稳定发展的势头，令人欣慰。这一方面说明社会对日本研究的需求依然旺盛，另一方面说明了国家对日本研究的重视——唯有国家重视才能保持稳定规模的研究者和研究机构数量，而二者是日本研究发展的基本条件。相比较于国内，近些年西方的日本研究态势呈现出低迷甚至下滑的趋势，其背后除日本因经济低迷而减少了海外支援这一因素外，日本研究学者和研究机构的数量的减少也是其重要原因。而我国除日语院系以外，研究人员和机构数量稳中有增，为保证我国日本研究的可持续发展提供了基本条件。此外，我国研究队伍年龄结构合理、高学历比例渐增等因素都将会进一步促进我国日本研究的发展。只要中日政治关系能够继续保持健康发展，相信未来我国的日本研究事业将能够继续保持稳定发展的势头，并在专业性方面取得更大的进展。

同时，我国的日本研究现状也存在一些不足之处。例如受经济发展水平、日语教育规模扩大化等因素的影响，我国日本研究界出现了研究力量地域配置不均衡、日语和日本文学等人文学科在整个日本研究中占比过高、社会科学学科占比过低、外文成果少等不足。如何改善这些不足之处，是需要认真思考的问题。例如研究地域的不平衡化问题，在过去是，将来也会是一直存在的一个问题。解决该问题不仅需要我国教育界、研究界的努力，也需要日本方面的积极支持。再如，此次调查表

我国日本研究现状的调查与解析

明，国内学者绝大多数的研究成果都发表于中文杂志，只有极少的学者发表过日文成果，用其他外语语种发表的成果更属罕见。这说明我国学者的研究成果主要是面向国内的，国际化水平还很低。为解决这一问题，就需要鼓励青年一代的研究者加强对外交流。相信随着第四代日本研究者外语基础的提高，以及国际交流的深化，这一状况会逐渐有所改变。

最后，从研究成果来说，由于此次调查限定每人研究成果的介绍不超过 200 字，所以调查员无法把握近期全国日本研究成果的全貌。但通过各种信息来看，我国的日本研究在国家社科和教育部频频获得立项，研究成果也相当可观，令人振奋。据《中国知网》等各种数据库的不完全统计，近些年我国每年发表的日本研究论文，都在 2000 篇以上，近几年我国日本研究获得各类奖项也多达 120 余项。这两条数据说明了社会对于日本研究的重视，并展示了我国日本研究团队的努力成果。期待下次调查时对研究成果进行更加详细的统计，以利于更好地把握、分析我国日本研究的实态。

参考资料：

《中国的日本研究（2000—2018）》（参考资料），南开大学日本研究院编印，2019 年。

《中国的日本研究（1997—2009）》（参考资料），中华日本学会、南开大学日本研究院、日本国际交流基金编印，2010 年。

郭循春：《改革开放四十年来我国的日本研究——基于"大数据"统计的分析》，《南开日本研究 2018》，天津人民出版社，2018 年。

伏　泉：《近四十年我国日语教育的发展特征及影响因素 ——基于国际交流基金调查报告等》，《日语学习与研究》2018 年第 2 期。

（执笔人：宋志勇，南开大学日本研究院教授；郭循春，南开大学日本研究院助理研究员；丁诺舟，南开大学日本研究院助理研究员）

现代中国的日本研究：以研究机构与研究人员变迁为基础的发展特征分析

园田茂人

现代中国的日本研究：以研究机构与研究人员变迁为基础的发展特征分析

一、前　言

广义而言，社会科学视角下的地区国别研究起源于冷战期间（Tzeng, 2018；Okano, 2018）。然而日本的亚洲研究，特别是中国研究则早在二战之前就已出现。明治时代之前产生的汉学传统、进入昭和时代后出现的帝国主义扩张野心与殖民地经营的实际需要等历史要素交织在一起，共同推动了日本亚洲研究的不断发展。

综观世界的日本研究界，研究者的生活、研究环境在很大程度上决定了其研究方向与研究风格。美国的日本研究起源于二战中的实际战略需求，成熟于二战结束之后，在日本占领政策和所谓"反共防波堤"的构筑中发挥了重要作用（Oguma, 2018:23）。东南亚的日本研究则主要源于东南亚各国对日本经济发展动力的关注，以及日本国际交流基金做出的不懈努力（Thang, 2018:76—80）。韩国与中国台湾则将日本研究置于"去殖民地化"这一历史语境中进行研究，在 20 世纪 90 年代后，二者的日本研究在质与量上都呈现出长足进步（Lee, 2018:102；李，2016:43）。澳大利亚的日本研究虽标榜"反欧洲中心论"，却依然保有英语圈日本研究的固有特征，也有澳大利亚学者质疑是否真正存在澳大利亚独特的日本研究范式（Stevens, 2018:133）。上述学者在著作中不约而同地指出，世界各国的地区国别研究均在不同程度上受该国的地缘政治局势以及学会、研究机构等制度性因素制约。

然而进行日本研究的毕竟是研究者个人，地缘政治局势与各种制度只不过创造了研究人员的训练与活动环境。无论政府设立何种奖励措施来鼓励对某领域进行研究，如果本国国民对此不感兴趣，研究人员不认为该领域称得上学术研究对象，针对该领域的研究就不可能发展进步。因此，决定各国日本研究兴衰的基础要素是研究人员个体。研究人员具备何种特征，以何种方式结成研究机构，研究人员在该国的知识生产体系中占据何种地位，这些要素在考察该国的日本研究状况时至关重要。

然而，几乎没有学者在分析各国研究人员特性的基础上，探讨该国区域国别研究的特征。仅有 Steinhoff（2013）的论文概述了美国的日本研究人员特征。[①]幸运的是，中国的日本研究界已先后组织过两次大规模调查，主要的日本研究机构以及大

---

① 此类研究需要三项基本条件，即可分析的数据源、一定数量的日本研究人员以及研究人员名单。日本国际交流基金会于 2012 年委托 Steinhoff 对美国的日本研究状况进行调查，获取了 1039 名日本研究者的数据信息，因而 Steinhoff 能够分析美国的日本研究人员的特性。

部分日本研究人员的信息得到数据化与汇总。

本报告以研究机构与研究人员为分析对象，在考察中国的日本研究的成长轨迹的同时，也将探讨其已经面临或即将面临的难题。

二、数据来源

本报告以南开大学日本研究院主持进行的两次调查（2009 年的调查合作者有中华日本学会、日本国际交流基金会。2018 年的调查是南开大学日本研究院与中国多家日本研究学会合作进行的，也得到了日本国际交流基金会的大力支持）所获得数据为基础撰写。两次调查的结果分别以《中国的日本研究（1997—2009）参考资料》（2010 年 5 月）和《中国的日本研究（1997—2018）参考资料》（2019 年 2 月）为题编辑成资料集用于学术交流。两部资料集均以名单的形式收录了中国的主要日本研究学会、研究机构和研究人员信息。为便于分析研究，本报告将上述信息数据化后组建数据库，以数据库信息为主进行论述。

数据库分为研究机构与研究人员两类。研究机构数据库主要收录五项信息，分别为：（1）机构名称，（2）机构所在省，（3）设立年份，（4）主要研究领域（含 2009 年信息与 2018 年信息两项），（5）任职于该机构的教师、研究员人数（含 2009 年信息与 2018 年信息两项）。2009 年调查涵盖 100 所研究机构信息，2018 年则扩展至 118 所。在两次调查中均提供信息的机构有 88 所，其余机构仅出现于某一次调查结果中，因而两次调查实际涉及研究机构 130 所。上述机构中有 8 所为成员超过 300 人的学会组织，不属于本报告的分析范畴。

研究人员数据库包含六项主要信息，分别为（1）出生年月，（2）性别，（3）所属机构与职称（含 2009 年信息与 2018 年信息两项），（4）获取学士/硕士/博士的时间及国别，（5）主要研究领域（存在涉及多领域者，含 2009 年信息与 2018 年信息两项），（6）主要成果（三项以下）的发表时间、语言、国别、是否独立作者（含 2009 年信息与 2018 年信息两项）。信息既包含研究人员的个人信息，也包括研究成果等学术信息。2009 年获取研究人员个人信息 1041 份，2018 年则增至 1609 份，两次调查均提供信息的研究人员为 938 人，至少在一次调查中提供信息的研究人员

现代中国的日本研究：以研究机构与研究人员变迁为基础的发展特征分析

为 1712 人。①为了了解日本研究的实际状况，此次调查将范围限定为以有硕士学位授予资格的研究机构及其工作人员为主，还有 2009 年调查的对象者和大规模的学会会员。②

两次调查均以自由填写的问卷为调查手段，不设必填项，因而一部分信息存在缺失现象。因此，在按信息类别绘制表格进行分析时，可利用样本一般少于总样本数。③添加了相关信息并汇入 Excel 文档。笔者将其转换为 SPSS 格式，对数据进行处理后制成数据库。④本报告以此数据库为基础撰写。后文应分析需要，会同时引用 1984 年与 1995 年进行的同种调查结果。

三、研究机构变化概况

首先考察各研究机构呈现出的变化。

图 1 为研究机构设立年份分布图。从图中可以看出中国的日本研究机构的设立时间集中于两个时期。第一个时期是改革开放后的 1979 年至 1981 年，中国社会科学院日本研究院所、天津社会科学院日本研究所等研究机构均成立于此时。第二个时期是 1999 年至 2004 年，清华大学外语系日语专业、南京大学中日文化研究中心、青岛大学外国语学院日语系等大学的研究部门均在这一时期成立。1999 年，中国国务院批准公布了《面向 21 世纪教育振兴行动计划》，指出 1995 年的大学入学率为 7.2%，1998 年为 9.8%，为了振兴教育，计划在 2010 年前将大学入学率提高至 15%，自此大学进入扩招时期。日本研究机构的第二次成立高峰期与大学扩招期基本吻合。

改革开放以来，中国的日本研究机构持续增加。在高峰期一年最多成立五所机

---

① 后文会对研究人员的升迁状况进行分析，分析时仅将在两次调查中均提供了职位信息的研究人员作为分析对象。
② 本报告分析了研究人员的专攻领域，但由于数据采集的上述特征，日语和日语教育专业的研究人员数量可能低于实际状况。
③ 数据化以保持原有信息为宗旨，仅在必要的情况下进行归纳或添加新内容。最难以数据化的是研究人员信息中的研究领域一项，调查信息过于琐碎，不利于统计分析，因而笔者将其分为八个类别。具体而言，将国际关系、国际政治、亚洲政治、东北亚地区国别研究、日本政治、等领域划归"政治·外交"，将日本经济、经济政策、日本金融、东北亚经济、中日经济比较划归"经济"，以此类推。笔者先制定了上述概念的对应表，数据化工作以此为基础进行。
④ 数据录入工作开始于 2019 年 9 月，结束于同年 11 月，此后经历了数次清查工作，笔者于 2019 年 12 月中旬开始了分析工作。

构，但在高峰期以外，每年也会成立一到两所机构，这一趋势一直持续到 2019 年。日本研究机构的设置需要获得党和政府的批准，因而在一定程度上反映了中国的国家意志。即使在中日两国因历史教科书问题和领土争端而关系恶化之时，日本研究机构依旧保持增长态势，这一特征值得特别关注。①

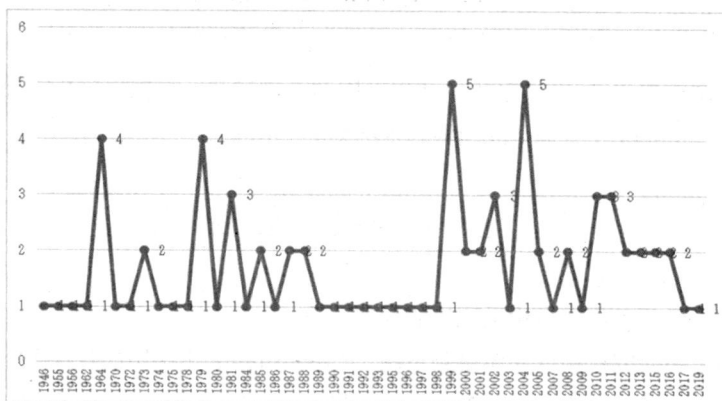

图 1　研究机构设立年份

其次，考察各研究机构的地区分布（参考图 2）

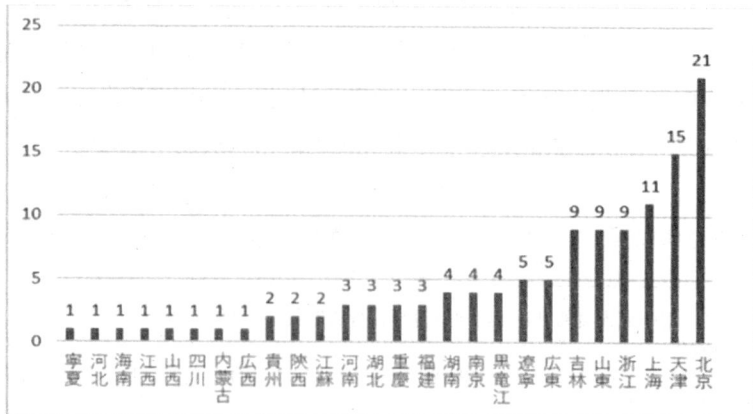

图 2　研究机构的地区分布

① 研究机构的人员数量及覆盖研究领域与设立时间并无明显关系。2000—2010 年成立的研究机构平均人数最少，为 16.1 人，2010—2018 年成立的机构平均人数最多，为 22.9 人，二者差别不大，可以说研究机构的人数基本固定。在八个研究领域，各机构平均能覆盖两个领域，覆盖领域多寡同样与设立时间无关。

现代中国的日本研究：以研究机构与研究人员变迁为基础的发展特征分析

2009 年调查数据显示，研究人员集中于北京、天津、上海三大直辖市，以及东北三省和其他某几个省份与都市①。这一状况在 2018 年调查时并无明显变化。然而，将研究机构创立时间与地区分布两组数据进行对比，则可以发现新的现象。1990 年以前开设的研究机构确实集中于三个直辖市与东北三省，但是 2000 年以后设立的研究机构则多分布于上述地区之外，换言之日本研究机构的分布范围不断扩展。

如图 3 所示，成立时间对研究机构可覆盖的研究领域多寡并无直接影响。②日本研究机构最初集中于几个特定地区，之后逐渐向全国拓展。虽然研究机构的地区分布依然不平衡，但各地区均能覆盖主要研究领域，并未出现某一地区垄断特定研究领域的现象。

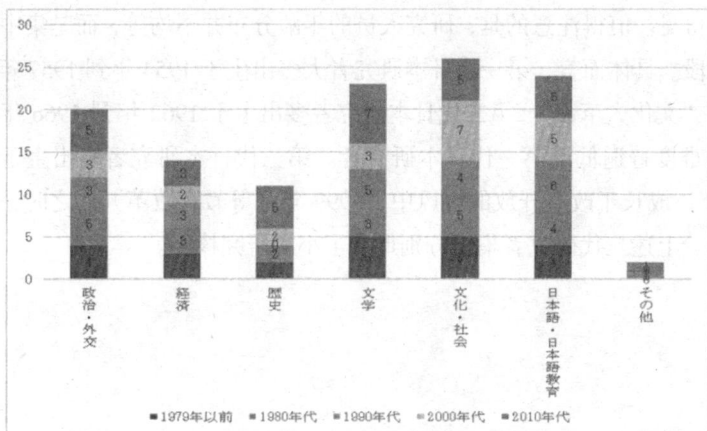

图3　各研究领域相关机构的成立时间

注：由于一个研究机构可能覆盖多个研究领域，因而合计数值超过研究机构总数。

四、研究者群体的变化

本章将从五个角度分析研究者群体呈现出的变化特征与趋势。

---

① 蒋立峰、杨栋梁：《中国的日本研究现状与展望》，载于中华日本学会、南开大学日本研究院、日本国际交流基金会编：《中国的日本研究（1997—2009）》（参考资料），2010 年，第 8 页。

② 37 名受调查者表示自己的研究领域为"法律与行政"，占全体的 2%，但没有研究机构表示可覆盖"法律与行政"领域。

（一）地理分布·年龄结构·研究领域：研究人员结构与代差

图 4 展示了研究人员所在单位的地理分布情况。北京、天津、上海三大直辖市在 2009 年已拥有众多日本研究者。截至 2018 年，上述三直辖市不仅又新增了 60—70 名研究人员，而且分别建起了各市的日本研究学会。其余各地区的日本研究者人数都有稳步增加，云南、安徽、新疆等没有专门的日本研究机构的地区也出现了日本研究人员。研究人员的地区分布与研究机构的地区分布证实了同一现象，即各地区间的日本研究能力依旧不均衡。

图 5 展示了研究人员的年龄分布状况。

2009 年与 2018 年时隔 9 年，这一时间间隔造成的研究人员年龄变动在分布图中清晰可见。值得注意的是，研究人员的年龄分布并不均等，而是集中于某三个特定年龄段。具体而言，第一代日本研究者大多出生于 1954 年到 1957 年，幼年时期经历了"文化大革命"。第二代日本研究者多出生于 1962 年到 1966 年，他们考入大学的难度普遍低于第一代日本研究者。第三代日本研究者多出生于 1978 年至 1982 年，成长于改革开放的春风中，1999 年高等教育改革开始之时，他们恰好升入大学。上述三代研究者集团分别形成了小的研究核心。

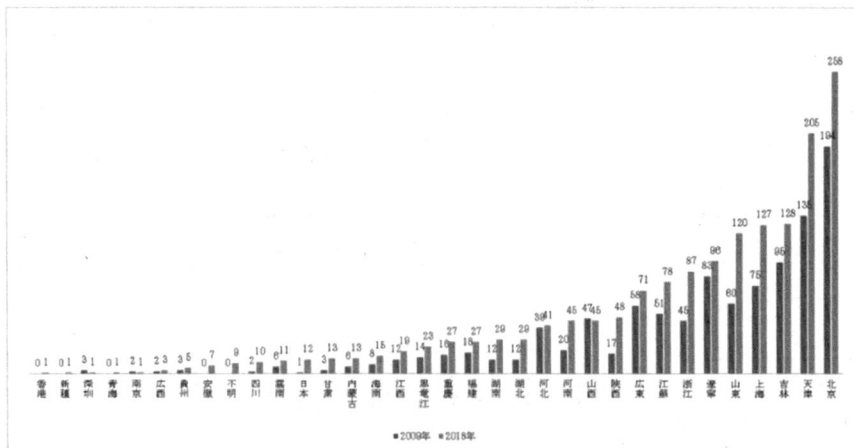

图 4　研究人员所在单位的地理分布①：2009—2018 年（单位：人）

_____

① 图中出现了日本、中国香港，因为本次调查只限于中国大陆，不应出现这两个地域，有的调查票，特别通过大规模学会发的调查票填写时可能把在日本的客员身份或曾在日本和中国香港工作过的情况填写进去了。

现代中国的日本研究：以研究机构与研究人员变迁为基础的发展特征分析

在 2018 年调查之时，第一代研究者大多退居二线，第二代研究者开始成为学会领袖，指引学术研究方向，而第三代研究者多为副教授、副研究员，随时准备接过第二代研究者的接力棒。

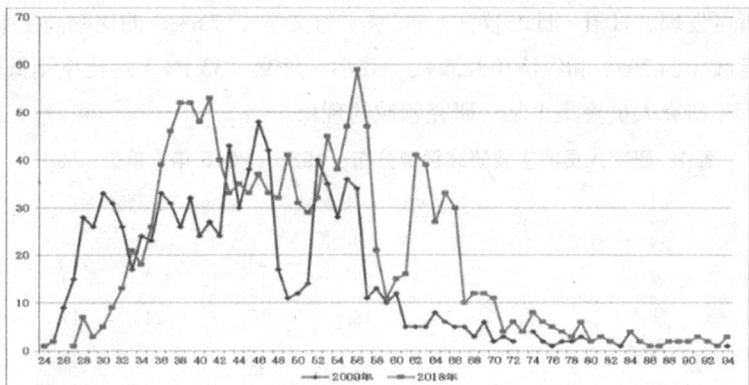

图 5 研究人员的年龄分布图：2009—2018 年（单位：人）

对比 2009 年与 2018 年调查数据的年龄分布状况可以发现，在 2009 年，第三代研究者大多集中在 25—35 岁区间，形成了青年研究集团。然而在 2018 年却不存在这一年龄区间的研究者集团。出现这一现象的原因是在 2018 年前后，只有拥有博士学位者才能进入研究人员队伍，而 25—35 岁的青年们大多还在为获取学位而奋斗，尚未成为公认的研究人员。其结果是青年研究集团不复存在。[①]

日本研究的具体研究方向亦出现变化，变化趋势同样值得关注。

表 1 涵盖了自 1985 年起进行的四次日本研究状况调查的结果。这一期间，中国发生了巨大变化，但日本研究的主要方向在三十余年间却没有明显变化。政治·外交与历史研究占全体的 20%—30%，经济占 15%左右，文学与日语·日语教育占 35%—45%，文化·社会占 15%，其他研究方向占 5%。不同时间点的数据稍有差异，但总体而言没有明显变化。同时研究多个领域的研究人员一直维持在总数的 20%左右。如图 3 所示，研究人员的专攻方向并没有因时代不同而产生明显变化。[②]

---

① 此结论有待商榷。如后文所述，众多中国学生前往日本攻读博士学位，而这些学生不是本次调查的调查对象。因此，收录进名单的青年研究者人数可能低于实际。
② 经济与历史的占比小幅减少，日语·日语教育和文化·社会的占比呈减少趋势，但均在误差范围之内。

然而，将研究方向与年龄分布进行对比可以发现，不同年龄段的研究人员的研究方向存在明显差异。

图 6 显示了 2018 年各研究方向学者的年龄分布，对 50 岁以下研究人员的比率进行分析可发现，日语·日语教育（58.7%）与文学（57.6%）的比率高于平均，而法律·行政（24.2%）和经济（32.6%）、政治·外交（33.1%）的比率则低于平均，存在中青年研究人员聚集于某一研究领域的现象。

表 1　研究人员的主要研究领域分布：1985—2018 年（单位：%）

	1985年	1997年	2008年	2018年
政治·外交	6	20	10.7	8.5
歴史	23		14.3	14.4
経済	18	17	14	11.3
文学	36	46	41.3	29.3
日本語·日本語教育			4.4	16.3
文化·社会	12	16	12.7	17.5
法律·行政			2.5	2
その他	5		0.1	0.6

注：1985 年与 1997 年的数据引自杨（2018：4）

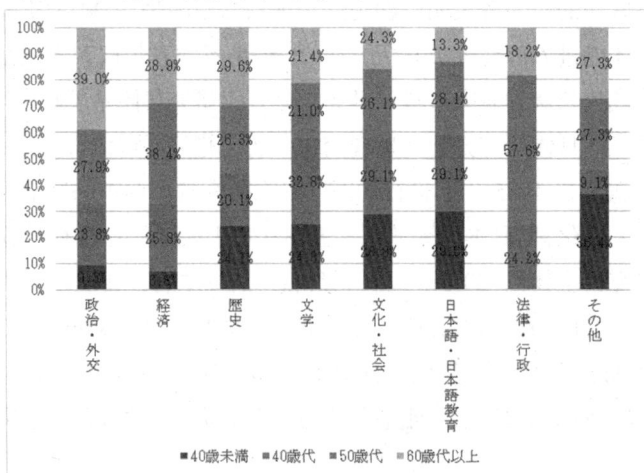

图 6　主要研究领域的年龄分布：2018 年

综上所述，目前中国的日本研究者群体同时存在两个特征。第一个特征是工作地区与研究方向稳定不变，第二个特征是不同年龄段研究者的研究方向差

现代中国的日本研究：以研究机构与研究人员变迁为基础的发展特征分析

异明显。①

（二）获取学位的时间与地点：国内培养博士与海归博士并存

接下来将焦点转向研究人员获取学位的时间与地点。

一般而言，在知识进口阶段，研究人员主要由海外的教育科研机构进行培养，因而在海外获取学位的研究者占比会不断提高。随着本国高等教育机构的发展，国内也逐渐可以自主培养研究人员，在国内获取博士学位后，同样可以进入研究者队伍。但是，本土博士学位的含金量迟迟难以提升，大量的青年研究者依然倾向于在外国获取学位，其结果是学术研究难以实现本土化。进入 21 世纪以来，国家集中投资发展教育，中国的高等教育飞速发展。在这一背景下，通过分析中国的日本研究者于何时何地取得学位，可以深入了解中国的日本研究人员的培养状况。

图 7 显示了截至 2018 年，硕士、博士学位拥有者人数的时间推移。②拥有硕士或博士学位是成为研究人员的基本条件。自 20 世纪 80 年代初期开始，硕士、博士学位拥有者的人数稳步提高，日本研究的基础逐步确立。同时，硕士与博士的增长曲线高度吻合，可以看出越来越多的硕士会选择继续攻读博士学位。③

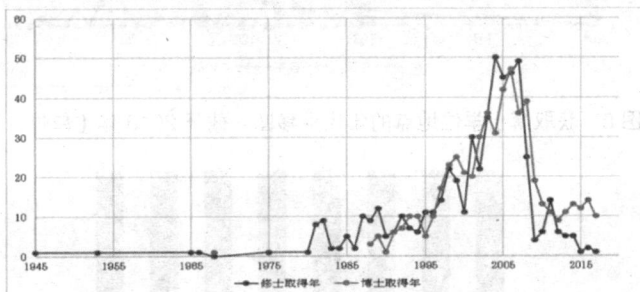

图 7　硕士和博士学位授予年份：截至 2018 年 9 月（单位：人）

① 这一现象的合理化解释是法律·行政与经济、政治·外交等领域的入门门槛较高，必须到达一定年龄才能从事此方向的研究。然而从 2018 年的调查数据可知，获取学位的时间与年龄并无明显相关性。
② 虽然调查数据包含 2018 年获取学位人员的信息，但未填写此项信息的人员过多，因而不属于本报告的研究范围。
③ 以 2009 年为拐点，数值呈下降趋势的原因是 30 岁左右的博士尚未获得固定的研究型工作，因而没能成为此次调查的对象，并不意味着日本研究者数量呈下降趋势。

然而，如果仅考察博士学位的获取地点，则会得出不同结论。1980—2005 年，在日本获取博士学位与在中国获取博士学位的人数基本相同。2005—2010 年，在中国获取博士学位的人数到达顶点，表面上看，学位授予开始呈本土化趋势。然而2010 年以后，形势出现反转，在日本获取学位的人数不断增多，这一趋势一直延续至今（参考图 8）。①中国学生的个人意愿、中国教育机构鼓励留学的政策、日本各大学吸引留学生的优惠政策、中国的日本研究机构选拔研究人员的方针等诸多要素共同造成了这一趋势。其结果是，中国并没有完全实现本土培养研究人员，国内培养博士与海归博士并存的状况长期持续。

图 9 展示了各研究领域的研究者获取博士学位的比率。文学（31.5%）与日语·日语教育（43.4%）的比率较低，法律·行政（76.5%）和历史（65.7%）的比率较高。青年研究人员集中的研究领域，恰是博士学位取得率较低的领域。

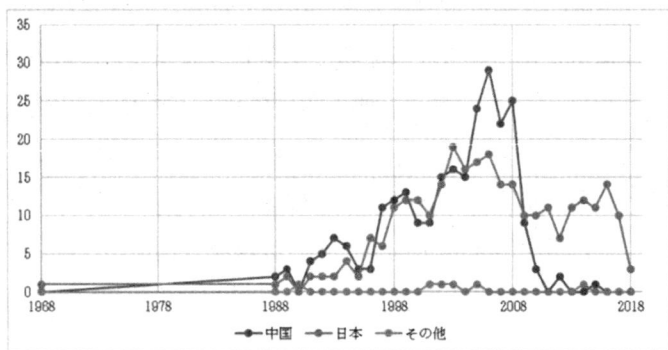

图 8　获取博士学位地点的年代推移图：截至 2018 年（单位：人）

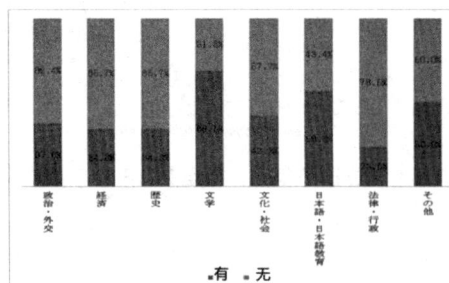

图 9　主要研究领域的研究者获取博士学位比率：截至 2018 年

①　在日本获取博士学位的人数于 2003 年到达顶点。此后，在中国获取博士学位的人数不断减少，造成二者的差距不断增大。

现代中国的日本研究：以研究机构与研究人员变迁为基础的发展特征分析

（三）研究者群体中的性别：女性研究者增加

中国的改革开放进程伴随着计划生育政策的推行与少子化现象的突显，中国的日本研究者的性别比率及其发展趋势是不容忽视的重要因素。

图 10 显示了截至 2018 年，研究人员的年龄分布与性别分布。以 55 岁为分水岭，男女人数比存在明显差异，青年研究者中女性的占比不断增加。60 岁以上的研究者中 3/4 是男性，而不满 50 岁的研究者中女性占 63%。

女性研究者的增长趋势在某几个研究领域显得尤为明显。图 11 展示了截至 2018 年，各研究领域的男女比率。日语·日语教育与文学领域的女性占比较高，这两个领域同时也是无博士学位者和青年研究者集中的领域。中国的日本研究过去主要由男性研究者承担，这一状况不断发生变化，女性开始成为日本研究的重要力量。

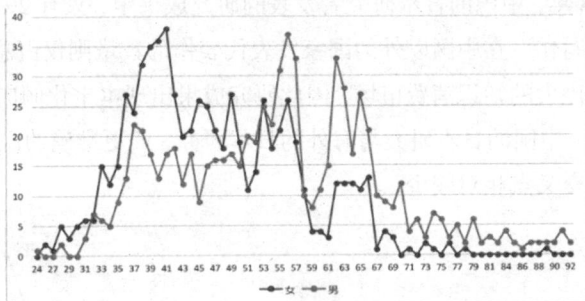

图 10　男女年龄构成比：截至 2018 年（单位：人）

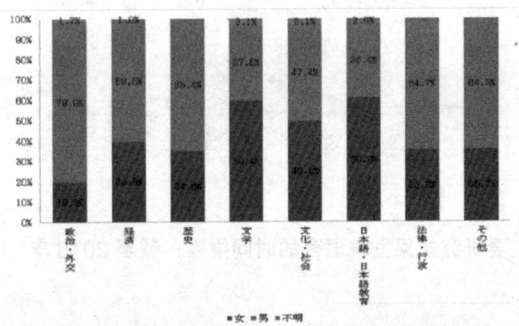

图 11　不同研究领域男女比：截至 2018 年

（四）　研究成果发表语言与发表国别：明显的本土化倾向

前文探讨了中国的日本研究人员在何处获取博士学位，那么发表研究成果时使用的语言以及发表地是否存在同样状况呢。本节将以论文发表语言与发表国别为中心进行分析。

改革开放后，随着中国的迅速发展，在中国用汉语发表研究成果的学者不断增多，在外国使用外语（以日语为主）发表论文的数量则长期保持稳定（参考图 12 和图 13）。无论在中国还是外国获得硕士、博士学位，无论研究哪一领域，所有学者均明显呈现出上述本土化倾向，这构成了现代中国日本研究的重要特征之一。换言之，研究人员通常将中国人预设为研究成果的目标读者，因此较少使用日语和其他语言，向外界发声。

截至 2018 年，中国的日本研究者发表的研究成果中，只有 2% 的作品使用外语（包括日语）写作，在中国以外的国家发表代表作的数量则仅占总数的 8%。由于中国本身拥有庞大的知识消费市场，因此研究成果出现本土化倾向不足为奇。但是不容忽视的是，中国的日本研究与海外的日本研究，或更准确的说是华人以外的海外日本研究的交叉点相对较少。[1]

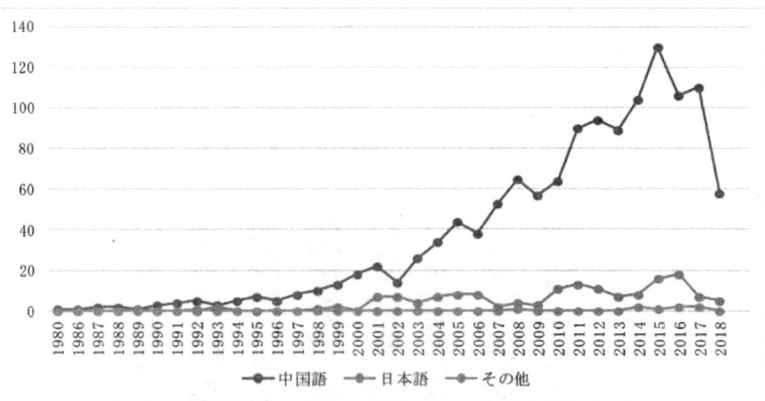

图 12　主要研究成果发表语言的时间推移：截至 2018 年[2]（单位：篇）

---

[1] 这一趋势不仅存在于中国大陆，中国台湾的日本研究界也存在着同样现象。已有众多研究人员指出，中国台湾缺乏与海外，特别是日本的研究合作。参见（冈崎，2014；李，2016）。

[2] 2018 年调查收录了各研究人员三项主要研究成果，本图仅以每位研究人员的第一项研究成果为数据进行分析。第二、第三项研究成果的分布图与本图呈相同趋势，如果将全部研究成果进行统计分析，则本图的纵轴会过长，因此仅收录主要研究成果进行分析。

现代中国的日本研究：以研究机构与研究人员变迁为基础的发展特征分析

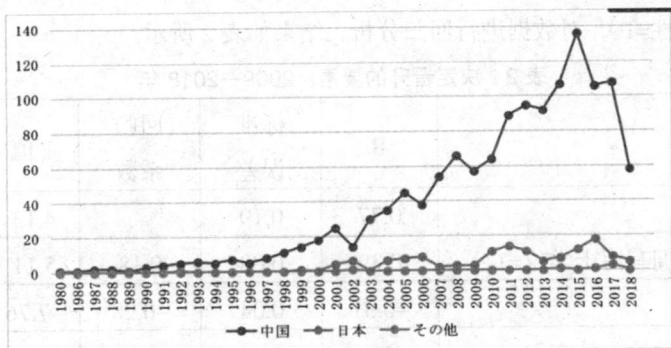

图13　主要研究成果发表国别的时间推移：截至 2018 年（单位：篇）

（五）　影响晋升的要因：成果至上主义的扩大

在 2009 年与 2018 年两次调查结果中，研究者个人可能发生的最大变化莫过于职称。研究九年间日本研究人员的晋升状况，可以推知中国如何评估与考核本国的日本研究者。

图 14 显示了两次调查中都填写了职称信息的 880 名日本研究人员的晋升状况。9 年间实现晋升的有 234 人，占全体的 24.4%。换言之，参与调查的研究者中，有 3/4 的人没有晋升。

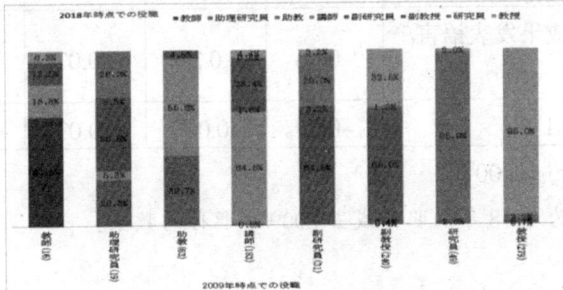

图 14　职称变化：2009—2018 年

通过对现有数据进行回归分析，可以判断获得晋升的研究者所具备的共同特征。因变量为 2018 年的职称减去 2009 年职称的数值，共设六个解释变量，分别为（1）是否拥有博士学位（虚拟变量），（2）年龄层（不满 40 岁=1，60 岁以上=4，共设四级数值），（3）研究领域（各研究领域设为虚拟变量），（4）研究成果发表国（虚拟变量，中国=1），（5）研究成果发表语言（虚拟变量，汉语=1），（6）性别（虚拟变量，男性=1），对数据进行回归分析，结果如表2所示。

表2　决定晋升的要素：2009—2018年

	B	标准误差	回归系数	T值	假设几率
定量	0.77	0.19		4.13	0
虚拟变量：拥有博士学位=1	0.39	0.08	0.18	5.11	0
年龄层	−0.31	0.04	−0.28	−7.76	0
虚拟变量：政治·外交=1	0.1	0.12	0.03	0.81	0.42
虚拟变量：经营·经济=1	0.16	0.12	0.06	1.37	0.17
虚拟变量：历史=1	0.14	0.11	0.05	1.27	0.2
虚拟变量：文学=1	0.02	0.11	0.01	0.16	0.88
虚拟变量：文化·社会=1	0.16	0.1	0.06	1.61	0.11
虚拟变量：日语·日语教育=1	−0.17	0.13	−0.04	−1.28	0.2
虚拟变量：法律·行政=1	−0.13	0.22	−0.02	−0.57	0.57
虚拟变量：其他=1	0.37	0.59	0.02	0.62	0.53
虚拟变量：研究成果发表国/中国=1	0.44	0.2	0.12	2.18	0.03
虚拟变量：研究成果发表语言/汉语=1	−0.06	0.2	−0.02	−0.3	0.76
虚拟变量：男性=1	−0.06	0.08	−0.03	−0.76	0.45

R^2=0.133，　Sig=.000

注：因变量为2018年的职称减去2009年职称的数值。

决定系数为.13，数值偏小，因此无论下何结论均难免有以偏概全之嫌，但依然可以看出中国的晋升体系存在着明显的"成果至上主义"色彩。研究领域、性别、研究成果发表语言对晋升几乎没有影响，而拥有博士学位并在中国国内发表研究成果的青年研究者则有更多升职机会。[1]

---

[1]对于使用日语或英语在海外发表研究成果对晋升影响较小的问题，中国国内似乎存在质疑的声音。然而，正如前文所分析的，中国的日本研究的主要任务在于满足国内的知识需求，而非向海外发生，因而出现这一问题不足为奇。

现代中国的日本研究：以研究机构与研究人员变迁为基础的发展特征分析

五、结 语

中国的日本研究机构逐年递增，虽然地区分布不均的现象依旧存在，但各地研究机构能够覆盖的研究领域稳步扩大。同时，并没有出现某一地区专门研究某一领域的过度集中现象，各研究领域均保持着相对平衡的发展态势。

日本研究者群体同时存在两个特征。第一个特征是工作地区与研究方向稳定不变，第二个特征是不同年龄段研究者的研究方向差异明显。众多女性研究者加入研究队伍，在文学和日语·日语教育领域，女性研究者的比例相对较高。可以预见，女性研究者在全体研究者中的占比将继续上升。

拥有博士学位的研究人员持续增加，而 2010 年后，在日本获取博士学位的人数开始超过中国本土，中国并没有实现只在国内培养研究人员。与此形成鲜明对比的是，中国拥有庞大的知识消费市场，中国的日本研究者倾向于在中国的杂志上用汉语发表研究成果，可以说"日本研究的中国化"在稳步发展。拥有博士学位，且在中国国内发表研究成果的年轻研究者容易升职，性别与研究领域并不构成晋升的障碍，因此中国的研究人员晋升标准体现了明显的成果至上主义。

中国的日本研究在成长过程中呈现出如上特征，这些特征本身值得肯定。然而当今的社会科学研究领域出现了诸多新趋势，例如研究发展的地区专门化（刘，2015:35）、研究活动国际化、以及世界规模协同研究（刘，2015:35）。要妥善应对上述新趋势，中国的日本研究依旧面临诸多亟待解决的课题。同时，2010 年以后，在中国国内获得博士学位的研究人员呈下降趋势，这也是不容忽视的问题之一。中国的日本研究界面临的问题主要有：（1）如何避免中国国内的博士生导师出现青黄不接现象。（2）如何鼓励、支持青年研究人员开拓的新研究领域。（3）如何构建适合女性研究者的工作体制。（4）如何在成果至上主义评价体制下，真正实现研究质量的提高。上述问题均有待中国的日本研究界慎重思考与解决。

从研究者的规模而言，中国已经成为与美国不相上下的日本研究大国。笔者作为国际日本研究的摇旗手，今后也会继续关注中国的日本研究的发展状况。

主要参考资料：

中文文献

1. 蒋立峰、杨栋梁：《中国的日本研究现状与展望》，载于中华日本学会、南开大学日本研究院、日本国际交流基金会编:《中国的日本研究（1997—2009）》（参考资料），2010 年。

2. 刘岳兵：《中国式日本研究的实像与虚像：重建中国日本研究相关学术传统的初步考察》，中国社会科学出版社，2015 年。

3. 林昶:《"中国的日本研究—历史与未来"学术研讨会在天津举行》2014, http://ijs.cssn.cn/xsdt/xshy/201611/t20161122_3284740.shtml 。

日文文献

1.岡崎幸司:「台湾における日本研究：国際学術ネットワークと台湾の日本研究者」『立命館文學』立命館大学人文学会，第 640 号，2014 年,第 15—25 頁。

2.楊棟梁:「中国の日本研究の現状と展望」国立研究開発法人科学技術振興機構中国総合研究交流センター編『中国の日本研究』報告書，2016 年,第 1—16 頁。https://spc.jst.go.jp/investigation/downloads/r_2016_07.pdf 。

3.李世暉:「台湾における日本研究の現状と挑戦：社会科学領域に関する一考察」『問題と研究』第 45 巻第 1 号，2016 年,第 39—66 頁。

英文文献

1. Lee, Duck—Young, 2018, "Japanese Studies in South Korea," in Okano, Kaori and Yoshio Sugimoto eds., *Rethinking Japanese Studies: Eurocentrism and the Asia—pacific Region,* Routledge.

2. Oguma, Eiji, 2018, "Studying Japan as 'the other': A Short history of Japanese Studies and its future," in Okano, Kaori and Yoshio Sugimoto eds., op.cit.

3. Steinhoff, Patricia G., 2013, "A Demographic Profile of Japan Specialists," Japanese Studies in the United States: The View from 2012 （Japanese Studies Series XXXX）, The Japan Foundation, pp. 20—39. http://japandirectory.socialsciences.hawaii.edu/Assets/Volumes/2013%20monograph%20final.pdf

4. Stevens, Carolyn S., 2018, "Australia's view of Japan, as seen from Japanese Studies," in Okano, Kaori and Yoshio Sugimoto eds., op.cit.

5. Thang, Leng Leng, 2018, "Developing Japanese Studies with a Southeast Asian

现代中国的日本研究：以研究机构与研究人员变迁为基础的发展特征分析

perspective," in Okano, Kaori and Yoshio Sugimoto eds., op.cit.

6. Tzeng, Albert, William L. Richter and Ekaterina Koldunova, 2018, *Framing Asian Studies: Geopolitics and Institutions*, ISEAS.

（作者：园田茂人，东京大学教授；译者：丁诺舟，南开大学日本研究院助理研究员）

书评与访谈

Reform & Repositioning Writing Layout of "Subnational Cultural History"
Review of On the History of Japan's Early Modern and Modern Culture

Qu Liang

Abstract ……………………………………………………………………

超越"一国文化史"书写模式的他者殷鉴*

——评《日本近世与近代文化史论》

瞿　亮

内容摘要　作为"百年南开日本研究文库"的文化史专著，赵德宇教授所著《日本近世与近代文化史论》继承了南开日本研究立足扎实史料，注重观点创新和理论突破，强调日本经验为中国所借鉴。作者还从大航海时代以来西方对世界带来冲击及东方回应的角度，把握住日本文化从近世走向近代过程中的明暗得失。该著没有将重点仅停留在对近世与近代日本精英思想和学术流派梳理，也并不满足于白描形形色色的文化情趣，而是以维新与复古、进步和倒退为线索，通过文明与文化的两个维度，站在全球文化传播与交流的角度总结和分析"近世—近代"文化链条连续与断裂背后的深层次原因。这种超越"一国民族文化史"的尝试，也打破了以往日本文化研究的常规和局限，其以他者为镜，而做出文化须走向多元并存、海纳百川的梳理与总结，也可作为我国文化发展的殷鉴。

关键词　日本史　江户兰学　明治维新　全球视野　多元文化交流

---

*本文系 2017 年国家社科基金青年项目"日本江户时代的史学变革研究"（17css002）的阶段性研究成果。

References Beyond the Writing Pattern of "Nationalist Cultural History"——
Review of "On the History of Japanese Early Modern and Modern Culture"

Qu Liang

Abstract：As a monograph on the cultural history of the "Hundred Years Anniversary of Nankai Japanese Research Library", Professor Zhao Deyu's "On Modern and Contemporary Cultural History of Japan" inherits solid historical materials from Nankai's Japanese studies, focuses on viewpoint innovation and theoretical breakthroughs, and emphasizes that the Japanese experience can be used for reference by China. The author is also concerned about the impact of the West on the world and the response of the East since the Great Geographical Discovery and grasped the gains and losses of Japanese culture from early modern to modern times. The focus of this work is not just to sort out the thoughts and academic genres of early modern and modern Japanese elites, nor to be content with the various cultural tastes of description, but to take the clues of restoration and retro, progress and retrogress as the clues between civilization and culture. This book summarizes and analyzes the deep—seated reasons behind the continuity and break of the "early modern—modern" cultural chain from the perspective of global cultural communication and exchange. This attempt to transcend the "history of a nation's national culture" has also broken the conventions and limitations of previous Japanese cultural studies. It uses the other as a mirror and makes summaries that cope with diversity and coexistence. This book could provide a reference for the development of Chinese culture.

Keywords：Japanese history；Rangaku in the Edo period；Meiji Restoration；Global Vision；Multicultural Communication

文化史研究往往分文化学视角和历史学视角两大类型，前者注重文化理论和文化模式构建，后者强调事实发展脉络的规律与周期。[①]前者的典型当数本尼迪克特的文化人类学著述《菊与刀》，目前已成为人们谈论日本文化必读的经典，但仔细研读发现，"耻感文化""集团精神"和国民性并非日本文化独有，许多结论亦无法

---

① 参见赵德宇：《日本近世与近代文化史论》，江苏人民出版社，2019年，第5页。

超越"一国文化史"书写模式的他者殷鉴——评《日本近世与近代文化史论》

对应各时代日本文化发展的事实。① 而中国的日本文化研究多倾向于后者，注重对大量历史经验和事实梳理基础上总结得出历时性或共时性的结论。与欧美学者注重范式、强调理论框架不同，这一特性也可谓中国日本文化研究的优良传统。

自《魏志·倭人传》始，历代正史的外国列传中均有关日本的记载，而通好和交恶的极端时期就涌现出更为详尽和透彻的著述。李言恭《日本考》、黄遵宪《日本国志》、康有为《日本变政考》、戴季陶《日本论》、蒋百里《日本人》和周树人、郁达夫的著述，不仅论考翔实而且策略性强，对用日本这一他者来激励中国自身的社会文化发展起到了积极作用，已成为中国视角下颇具经世致用特征的"日本文化论"。新中国成立后吴廷璆、周一良、王家骅、吕万和、武安隆、叶渭渠、沈仁安、汤重南等学者在充分利用了日方史料的同时，又从马克思主义唯物史观的角度深化了中国的日本文化研究。进入 20 世纪八九十年代，随着改革开放进程的加速，中国需要借鉴吸收外来文化来推动各项事业的建设与发展，总结西学东渐以来东亚各国成败经验教训并站在全球化角度书写日本摄取、吸收和消化近代文化的文化史著述，就显得十分必要。武安隆教授在《文化的抉择与发展——日本吸收外来文化史说》将日本吸收外来文化归纳为"持续不断的，但又是曲折式行进，表现出一定的周期性"②，认为"热情吸收期"和"冷漠抵触期"交替出现，并对日本文化提出"传统文化与外来文化实现对接与融合，寻找一条两全性的进路"③。沿着这一思路，赵德宇先生从西学在中日两国发展不同历程及影响入手，④ 专门致力于近世与近代日本如何处理西方、东方及自身文化，从历史发展历程的角度展开文化研究，注重日本近世与近代文化之间的连续性与断裂性，《日本近世与近代文化史论》选取其学术生涯最具有学术代表性及体现其学术路径和学理思考的部分，分十章对近世以来文化史上的重要问题进行了论述，也是其具有总结性质的一份答卷。

作为"百年南开日本研究文库"的文化史专著，《日本近世与近代文化史论》继承了南开日本研究立足扎实史料，注重观点创新和理论突破，强调日本经验为中国所用的优良传统，作者还关注到以往中国学者突出中日文化交流而忽视的西洋文

---

① 以耻感文化为例，本尼迪克特用基督教强调内在自觉的"罪感文化"同武士道重视来自外在名节的"耻感文化"进行比较，总结出日本文化的特征，但在东亚受到儒家思想影响的国家和地区，知耻、重名并非日本专利。类似的论述还有集团主义等。

② 武安隆：《文化的抉择与发展——日本吸收外来文化史说》，天津人民出版社，1993 年，第 425 页。

③ 同上，第 68 页。

④ 赵德宇：《西学东渐与中日两国的对应——中日西学比较》，世界知识出版社，2001 年，序言第 11 页。

化在日本的发展流变，从大航海时代以来西方对世界带来冲击及东方回应的角度，把握住日本文化从近世走向近代过程中的明与暗、得与失，"以是为是，以非为非，对诸多文化现象进行分析和定位"①。全篇涉及近世至近代的思想史、学术史、宗教史、社会生活史及文化理论，不仅着重阐述了林罗山的纲常秩序观、山鹿素行的本朝中国说、渡边华山的文明变革论、佐藤信渊的皇国征华文本、福泽谕吉从启蒙到帝政的转向、穗积八束的家族国家有机体法理学等精英在实现外来文化本土融合中做出的各种取舍；而且关注到战国末期天主教信仰的群众基础、江户中后期町人的市井气质、浮世绘的西洋趣味、文明开化在坊间闹出的笑话、废佛毁释造成的困惑、国家神道带来举国失去理性的恶劣影响、大正时代服饰及女性地位的改进等大众的文化倾向，既注重意识形态和思想导向又看到了大众需求。而它又并不是一部罗列、整理微观史实的漫谈，在坚持"过去不确定又不连续的事实只有交织成为故事时才能被理解"②的基调下，兼顾了文化叙事和文化主题，在叙述史实和梳理脉络的同时，得出规律性或者借鉴性的结论与评述，可以说是对日本近世和近现代文化史清晰与透彻梳理的一部研究著作。

一、阐明近代日本文明与文化的二元悖逆

相对于经济史领域明确的数据，政治外交史上系统保存的文书和法令集，思想史、文学史上那些整理出的个人文集、书信而言，文化史领域的史料往往散见于人类精神活动各领域，而且往往与文明史混杂在一起。③由此对文明与文化的界定便成为任何一部文化史著作的重点和难点，否则就会或停留于对表面衣食住行现象的简单介绍，或拘泥在挖掘那深邃难懂的思想命题，可能会成为思想史、教育史、文学史、宗教史和社会生活史的搅拌综合物。全书借鉴了康德、钱穆和汤因比的先行

---

① 赵德宇：《日本近世与近代文化史论》，江苏人民出版社，2019 年，第 8 页.
② 克伦·哈图恩：《文化史与叙事性的挑战》，吴子苾译，载陈恒、耿相新主编：《新史学第四辑·新文化史》，大象出版社，2005 年，第 29 页。
③ 文明源于拉丁文 "civils"，是公民的、国家的意思。18 世纪欧洲的启蒙学者，开始把它当作一个同未开化的野蛮状态相对立的参照概念。文明史作为一种历史书写形式已有 200 年的历史,其间的文明史著作可谓汗牛充栋,有国别文明史、某一文明的历史、区域文明史,也有世界文明史或全球文明史等。文明史的书写经历了一个嬗变过程，19 世纪的文明史以单一文明史和国别文明史为主,代表作有基佐的《欧洲文明史》和《法国文明史》、巴克尔的《英国文明史》。到 20 世纪上半叶,尽管西方文明史著作仍占主流,但多元文明史开始占有重要的一席之地,代表作有斯宾格勒《西方的没落》和汤因比《历史研究》。日本方面，文明史的书写自福泽谕吉、田口卯吉就已经开始，而近年来为了突出国别、区域和全球创造的优秀物资和精神财富，文明史和文化史的书写往往会混淆起来。

超越"一国文化史"书写模式的他者殷鉴——评《日本近世与近代文化史论》

研究，首先明确了文化与文明的概念，"其一，文化是精神的，文明是物质的。其二，文化在先，文明在后……是相互不能替换的概念"①，将文化史研究的范围确定在人类的精神领域活动上，并指出中日近代化历程中的重要思想命题"中体西用""和魂洋才"中"体和魂""用和才"就是文化与文明的关系，②明确了范围和对象，既承接黑格尔以"时代精神"为核心的精英文化史书写，又将伏尔泰、彼得·伯克的生活文化史纳入视野。进入 21 世纪，以葛兆光为代表的中国新思想文化史书写更多关注到"最普遍的、也能被有一定知识的人所接受、掌握和使用的对宇宙间现象与事物的解释"③，认为这种一般知识思想和信仰正符合布罗代尔所强调的"长时段"对人类所起到的深远作用，"真正地构成思想史的基盘和底线"④。《近世与近代文化史论》亦是基于对一般知识、思想和信仰的考察，力图阐明作为古层和原型的传统文化如何在汲取西方近代文明过程中演变与异化的。全书致力于说明日本近世—近代这条看似连续的发展脉络中，文明与文化的走向非但没有步调一致，反而逐渐走进了文明进步而文化倒退的二元悖逆困境。

明治维新使日本逐渐走向全面学习西洋近代文明的高峰，明治以来的近代化也被看作是日本崛起为世界强国的根基。大隈重信盛赞开国到维新的这段历史，认为"开国以来凡百制度取法西洋，废置变革细大并举，武威文物驭乎日进，国运之昌所未曾有也"⑤。甚至到了战后，吉田茂声称维新者是"富有想象力和领导能力的人，这是日本的幸运"⑥，他盛赞文明开化在日本的成功，认为"在领导者决定开放门户，汲取西方文明之后，一般国民不仅没有抵抗，反而采取了欣然引进西方文明的态度"⑦，甚至认为近代天皇制也对激发国民向上起到积极作用，"以天皇为中心的明治领导者们，虽然从其巨大的责任感出发保持了决定权，但对如何吸取国民的活力加以运用这一点却是极其关心的"⑧。

诺曼在《日本维新史》中也认为明治以来的近代化取得高速发展造成了以下结果："一个国家在仅不过半个世纪之前还苦于对封建嫉视的派系斗阵，物质财富甚

---

① 赵德宇:《日本近世与近代文化史论》，江苏人民出版社，2019 年，第 3 页.

② 同上，第 4 页.

③ 葛兆光:《中国思想史导论——思想史的写法》，复旦大学出版社，2004 年，第 12 页。

④ 同上，第 14 页。

⑤ 大隈重信:《日本开国五十年史》，上海社会科学院出版社，2007 年，序言第 1 页。

⑥ 吉田茂:《激荡的百年史》，世界知识出版社，1980 年，第 8 页。

⑦ 同上，第 12 页。

⑧ 同上，第 24 页。

为缺乏，并且受着西方列强炮舰的威胁甚至于攻打。这种急速的变化为日本赢得了世界各国尤其是亚洲各国的由衷的赞叹。"[①]传统的研究大多看到的是明治维新给日本文明带来的进步与辉煌，而该著则阐述了明治以来的国家意识形态吞没其他进步及多元思想，日渐走向保守专制的历程，认为"御制的皇国文化造成了明治时代的文化跛行，而文化的跛行势必造成日本现代化道路整体的跛行"[②]。

著者能够得出如此具有创新性的结论并非违背客观立场的空穴来风。继承了幕末洋学和开国遗产的文明开化及启蒙运动在政府统制下并没有与民众自下而上的民权运动相融合，全力学习西洋也仅局限在摄取技术层面，"鹿鸣馆"时代所带来的表面西化也没有惠及乡舍农村，福泽谕吉、加藤弘之森有礼等启蒙思想者最终蜕变为鼓吹脱亚和侵亚的旗手。作者认为其根本原因在于"明治政府是在封建大义名分论为支撑的王政复古之后诞生的，因而并不是基于近代市民国家意识成熟的结果"[③]。而明治新闻媒体、宗教信仰、历史意识、哲学思想及国民教育往往在欧化与国粹之间摇摆，最终无论是新闻报道的多元性、宗教的超脱与救济情怀、实证与启蒙主义并行的史学潮流，还是意图融合东西的京都哲学和独立出世的国民教育，在对内强化国体意识对外突出跟随列强侵略扩张的氛围之下，都不能幸免地遭到压制，进步多元的文化淹没在举国一致"忠君爱国""富国强兵"的动员之下。该著举出久米邦武因坚持历史实证主义而招致笔祸、内村鉴三由于倡导基督教宽容平和精神被冠以大不敬罪，原本超越世俗的神道和佛教与国家主义绑定起来蜕化为国家神道和"大日本宗教大会"这类反近代理念的怪胎等鲜明实例，认为明治以来日本"形成了一个典型的文明进步与文化倒退，或者物质进步与精神倒退的怪圈"[④]，而且指出这直接葬送了明治以来令世界倾慕的现代化成果。作者从明治文化跛行的角度，考察到日本近代化除了其迅速殖产兴业和富国强兵所带来的辉煌成绩之外，更多造成了自由与理性的缺失和盲目扩张对外侵略。

实际上，学界对明治近代化也提出了存在二元背反的观点，安丸良夫指出幕末催生出天皇崇拜和国体论，并认为这使得"近代转换期的日本社会采取了以天皇制

---

① 诺曼：《日本维新史》，姚曾廙译，商务印书馆，1992 年，第 207 页。
② 赵德宇：《日本近世与近代文化史论》，江苏人民出版社，2019 年，第 308 页。
③ 同上，第 235 页。
④ 同上，2019 年，第 309 页。

超越"一国文化史"书写模式的他者殷鉴——评《日本近世与近代文化史论》

为轴心的国民国家这一统合形式"①，他还引用弗洛伊德的分析，认为近代天皇制渗透民间之后致使大众"会有向鬼神论倒退心理，亦即向与理性相反的万能的空想倒退"②，肯尼斯·B.派尔指出"明治时期遗留给现代日本一种强有力的保守主义传统，这种传统支配了20世纪的日本政府及社会"③。他认为明治的保守派们与民族主义者一样强调集体意识并盛赞日本特有的传统和制度，压制了启蒙运动并促成封建道德伦理回归，最终使"风靡一时的文明开化思潮开始消退，自由主义者和改良主义者也处境狼狈"④，这助长了排外主义、官僚主义和国家主义，也令之后的近代化驶向极端危险的军国主义之路。中国学界近年来亦从新的角度来重新认识明治维新的双重震撼⑤，韩东育指出无论是维新之初的奠基者木户孝允、西乡隆盛、伊藤博文，学术思想界的福泽谕吉、那珂通世、桑原骘藏，还是对昭和侵华战争起到重要影响的头山满、内田良平和田中义一，他们都贯彻了丰臣秀吉以来欲建立日本为中心封贡体系的扩张野心，"一系列看似近代的表述中其实充满了前近代非主流文明的粗野情结"⑥；李永晶近期出版的《日本的分身》考察到近代日本国家存在近代与前近代两个分身，后者的扩大化最终致使日本发动甲午战争、日俄战争而第二次世界大战并招致失败，⑦这也是《日本近世与近代史论》思路的一种延续。

二、重新审视与解读近世文化的进步与倒退

15世纪比昂多为表达恢复蛮族入侵之前辉煌的古典文化而提出了"中世纪"概念，自此以后，启蒙和进步主义史学在书写历史时，总习惯将事物置于"文艺复兴—理性主义—近代"链条中，因此形成了"黑暗的中世纪"的思维定式。⑧而维柯以历史主义的立场提出要正视时代语境下的闪光点，奥尔巴赫进一步发扬，"谁也不会因为哥特式大教堂或中国式庙宇不符合古典美的模式说他们丑…我们须从

① 安丸良夫：《近代天皇观的形成》，刘金才、徐滔译，北京大学出版社，1971年，第180页。
② 同上，第219页。
③ 肯尼斯·B.派尔：《明治时期的保守主义》，载詹森主编：《剑桥日本史》卷五，王翔译，浙江大学出版社，2014年，第674页。
④ 同上，第659页。
⑤ 参见武寅：《明治维新给世界双重震撼》，南开日本研究2018年刊，第3—6页。
⑥ 韩东育：《日本对外战争的隐秘逻辑》，《中国社会科学》2013年第4期，第199页。
⑦ 李永晶：《分身：新日本论》，北京联合出版公司，2019年。
⑧ 参见侯建新：《关于"中世纪"这个概念》，《历史教学问题》，2014年第5期，第20—21页。

历史上去感觉和判断的思想已经如此深入人心。我们以乐于理解的一视同仁的态度去欣赏不同时代的音乐、诗和艺术"①。而勒高夫则肯定了耶稣会领袖罗耀拉所引领的"中世纪现代性",阐明文艺复兴所带来的现代美孕育并诞生于中世纪,进而得出欧洲中世与近世"断裂是罕见的",欧洲的近代性就在于中世纪"内在的重生"②。关注到长时段和连续性对日本文化的影响,《日本近世与近代史论》中基于事实对江户时代文化的进步与回退展开分析,与欧洲史学再现全新评价中世纪的思路达成了某种契合。

在尊皇史观和文明史观者看来,德川幕府统治的二百余年被视为如中世纪一般的黑暗与半开化时代。《日本史要》将幕府时代书写为扼杀尊皇和进步力量的祸首,充满着类似"子平仙台人忧外寇来侵,跋涉海内,著书讲边防之策……遂为幕府所忌而殁其志"③之类评述。《大日本时代史》德川时代卷叙论开篇就指出"其虽升平,然仔细观察,实际纷纷扰扰,时常骨肉相残、权臣相争,即便盛赞昭代之世,亦污浊不堪"④,批判其自相残杀。而《日本开化小史》虽然列举了德川治世文教发达,但依然做出"此等封建制度下所发扬,皆具封建之性质…禁锢人之天性,压抑人之欲望"⑤的判断。福泽谕吉、德富苏峰、和辻哲郎等思想家则从锁国的角度,抨击德川幕府统治固步自封。⑥1903 年内田银藏刊行《日本近世史》,为了找到与西欧15 世纪、16 世纪相对应的时代节点,首次把江户时代定位为"近世",虽依然把锁国作为其重要的标志,但已经肯定了其文教的隆盛和兰学的发达。⑦而后内藤湖南、西田直二郎、尾藤正英等逐渐肯定江户时代与近代世界的对接性和连续性,⑧丸山真男则突出了其类似于西欧主客二分、合理主义和民族主义⑨,子安宣邦则认为"作

---

① Erich Auerbach, "Vico's Contribution to Literary Criticism", *in Studia philoogca et Litteria Honorem L Spitzger*, eds, A.G Hatcher and K.L.Selig(Bern:Franke,1958),p3.3.

② 雅克·勒高夫:《我们必须给历史分期吗》,杨嘉彦译,华东师范大学出版社,2018 年,第 92 页。

③ 古谷伝编:「日本史要」下、博愛書屋、1885 年、第 11—12 頁。

④ 池田晃淵著:「徳川時代史」上、「大日本時代史」巻9、1916 年、第 2 頁。

⑤ 田口卯吉:「日本開化小史」第 6 巻、田口卯吉自刊本、1884 年、第 16—17 頁。

⑥ 详见福泽谕吉:「文明論之概略」、「福沢全集」巻 3、時事新報社、1889 年;德富猪一郎:「近世日本国民史 德川幕府上期 上卷(鎖国篇)」、1924 年;和辻哲郎:「鎖國—日本の悲劇」、「昭和文学全集」第 50 卷、角川書店、1954 年。

⑦ 内田银藏:「日本近世史. 第 1 卷 上冊 第 1」、富山房、1903 年、第 2—3 頁。

⑧ 详见内藤湖南:「日本文化史研究」、弘文堂書房、1924 年;西田直二郎:「日本文化史序説」、改造社、1932 年;尾藤正英:「近世史序説」、「岩波講座 日本歷史」、岩波書店、1975 年。

⑨ 详见丸山真男:《日本政治思想史研究》,王中江译,生活·读书·新知三联书店,2000 年。

超越"一国文化史"书写模式的他者殷鉴——评《日本近世与近代文化史论》

为方法的江户"构建了与西欧和明治日本不同的另一条近代路径。[①]在战前国体至上和战后民主化、近代主义两种语境下,"近世"被日本学界赋予了各种标签及意义,总体而言,战前过分强调它的落后性而战后又放大了其进步性。[②]

由于江户与明治、战后存在种种超越历史层面的意识形态纠葛,日本学界难以超出政治语境书写、评述近世史,反而是罗伯特·贝拉《德川宗教:现代日本文化的渊源》、安德鲁·戈登《现代日本史:从德川到 21 世纪》这类欧美从全球史和现代性角度的新诠释令人关注到近世的闪光点。而周一良、朱谦之、沈仁安、王家骅等中国学者以往的近世史又从中日交流和唯物主义立场,打开了近世史研究的新窗口。赵著则汲取日本和他者研究基础上,以革新与回旧、进步与倒退、连续与断裂等视角,力图"解开潜藏在诸多细碎文化表像深处的文化密码"[③],找寻到清晰看待万般变化的日本文化从传统向近现代过渡呈现出"变色龙特质"最根本的宗脉。

赵著否定了以往学界流传已久的"江户锁国论"常识,指出近世与锁国画上等号是不符合历史事实的。锁国论源于 1690 年荷兰商馆医生肯贝尔所著《日本志》,但他肯定了幕府当时所采取海禁政策保证了日本没有步菲律宾、中国澳门后尘而保证了田园式理想国状态。到了 19 世纪,西洋列强进入东亚造成原本秩序难以维系后,兰学家和志士们才将其涂上与"开国"相对立的贬义色彩。到明治维新为了确立王政复古的政治权威,"锁国"被塑造为站在其文明开化对立面的落后面相;而在举国对外侵略的语境下,"锁国"又成为德富苏峰等扩张国权者们痛惜慨叹错失良机的靶子。[④]战后和辻哲郎从合理主义立场认为国家权力遮断了科学精神浸透到近世的批判论[⑤],也出现了川胜平太等人从战后经济高速成长角度倡导重新发掘"锁国的智慧",为人类生存发展提供可靠方案的肯定论。[⑥]但赵著依据近世的历史实态举证出并没有存在锁国。首先幕府只是排斥了葡萄牙天主教传教士,而为了获得贸易利润、物产和知识,依然保留了长崎、松前、对马、琉球四个与世界接轨并主动

---

① 子安宣邦:《江户思想史讲义》,丁国旗译,生活·读书·新知三联书店,2017 年,第 8 页。
② 详见藤井讓治:「近世史への招待」,『岩波講座 日本歴史 近世 1』,岩波书店,2015 年,第 3—16 页;喻乐:《日本史学中"近世"概念的流变》,《史学理论研究》2020 年第 1 期,第 62—73 页。
③ 赵德宇:《日本近世与近代文化史论》,江苏人民出版社,2019 年,第 8 页。
④ 同上,第 160 页。
⑤ 详见和辻哲郎:『鎖国:日本の悲劇』,筑摩书房,1950 年。
⑥ 川胜平太:『日本文明と近代西洋:「鎖国」再考』,日本放送出版协会,1991 年。

控制秩序的窗口。^①其次，幕府通过各类风说书较为清楚的掌握了世界发展态势，而荷兰商人带来的西洋书籍源源不断和兰学的蓬勃发展，也致使"像天文、医学、物理、化学、植物学以及世界地理学的主要成果基本上都传入日本"^②。他认为"锁国"只是幕府与西方国家交往采取的策略，它巩固了幕藩体制并根据自身需求选取西方的文化和信息，这与世界历史上其他文明的自我保护政策并无二致，因此得出使用锁国体制来书写近世史并不恰当的结论。^③这也某种程度上颠覆了人们对江户时代固步自封的成见，并戳穿了明治日本短时间进化为现代化文明国家的神话。

赵著还关注到德川吉宗之后对西洋书籍和兰学采取宽容政策是日本进入近代世界的契机。在西洋知识传播到中日和两国受容的第一阶段，虽然日本兴起了星点的"南蛮科学"，但当时大名主要为了扩充军力而民众则是为了精神信仰，远不如中国西学的系统与理性。但到吉宗之后日本放松了禁书的输入并兴起了全面学习西方知识的兰学，致使兰学塾分布各地、各类翻译书籍和地图频出，培养出杉田玄白、大槻玄泽、宇田川玄随等西医先驱和山村才助、青地林宗、最上德内等介绍海外史地情势的睁眼看世界之人，更为重要的是兰学的输入也使一部分知识分子从新的知识理念出发提出变革旧有文明体制思想。赵著以渡边华山为例，指出接受体系化西洋知识后的华山已经萌生了参照近代欧洲社会的经验改变日本旧文明的革新思想，认为他比工藤平助、林子平和本多利明那些局限于开发属岛、海防和殖民等专门领域者更进一步，指出他是"从文明论的高度把整个日本和世界纳入视野^④"，并优于福泽谕吉鼓吹脱亚入欧和侵略有理的文明论。这已经站在了世界主义角度对近世兰学最为积极的肯定。唐纳德·金在《日本发现欧洲》中指出"如果说日本的近代化始于明治维新的话，那么从 1868 年回溯到 1720 年的近 150 年，则可以说是酝酿这场近代化的漫长的准备期。彼时的知识分子奋起反抗锁国，拼命探索来自国外的新知识"^⑤，而伊恩·布鲁玛《创造日本》也承认兰学者"他们的学识对削弱儒家国家的哲学合法性也起到了推波助澜的作用"^⑥。欧美学者与赵著关于近世兰学

---

① 木村直樹：「近世の対外関係」、『岩波講座 日本歴史 近世 2』，岩波書店，2015 年，第 107—134 頁。

② 赵德宇：《日本近世与近代文化史论》，江苏人民出版社，2019 年，第 165 页。

③ 同上，第 167 页。

④ 赵德宇：《日本近代与近世史论》，江苏人民出版社，2019 年，第 175 页

⑤ 唐纳德·金：《日本发现欧洲：1720—1830》，孙建军译，江苏人民出版社，2018 年，第 2 页。

⑥ 伊恩·布鲁玛：《创造日本：1853—1964》，倪涛译，四川人民出版社，2018 年，第 14 页。

超越"一国文化史"书写模式的他者殷鉴——评《日本近世与近代文化史论》

的考论亦达成了契合。

而赵著的一大特色还关注到幕府并不是阻碍近代化的反动者,在幕末洋学时代的种种改革可以说是另一个推进现代化的"维新"。吉宗时代幕府对兰学宽容的措施还算是一种历史机遇的话,沙俄自 17 世纪起向东扩张至 18 世纪又沿千岛群岛继续南下则加速了幕府对海外情势研判和改革的进程。[①]1739 年 6 月,时任海军上尉施潘伯格带领沙俄船队出现在奥州附近的海岸,这一冲击给日本带来了巨大震撼,被后世学者称为"元文年间的黑船来航"[②]。松平定信宽政改革虽压制了民间兰学"处士横议",但为挽救业已出现的危机也积极将兰学纳入官方管理下。1804 年沙俄由列扎诺夫带船队进入长崎要求通商,再次遭到幕府拒绝后,沙俄采取小规模的军事入侵行动,列扎诺夫还以非常强硬的态度提出"要求日本政府不得越过松前岛北端扩张领土,因北方全部的陆地与海洋皆为我陛下领有之地"[③]。这进一步加深了幕府对沙俄的警惕,而自江户时代中后期起官方扶持下有关沙俄和虾夷地的著述也激增至数十种。[④]开国之后,幕府更是全力扶植了以西方近代军事科学相关的各项事业,该著列举了幕府聘请欧美教官、开设专门研习洋学的"蕃书调所"、派遣胜海舟、福泽谕吉、涩泽荣一等人赴美考察、创办东京大学前身开成学校、兴建各类造船所并组建海军,培养大批拥有近代学问知识体系的人才等实例,[⑤]以示幕末洋学的各项事业对明治时代所起到的奠基作用。马里乌斯·詹森在评述坂本龙马对开启明治时代的积极作用时,将以土佐藩为中心雄藩改革称之为"土佐的维新"并突出了西南强藩的巨大作用,[⑥]而萨长中心史观者和王政复古者书写的历史著述则强调明治维新是尊皇攘夷的胜利。而赵著则展现了"幕府非但不是阻扰现代化的绊

---

① 1689 年,清与沙俄签订尼布楚条约时,松前藩蛎崎传右卫门往桦太、千岛探险,发现一系列岛屿并分别命名为"国后""择捉""新知""计吐夷""罗处和"等,记载在《元禄乡帐》中。1696 年,他又到达今天的勘察加,1697 年到达阿赖度岛。而俄国在 1711 年由哥萨克组成的俄军首次乘船远征千岛群岛开始探险活动,到 1721 年 5 月,受沙皇彼得一世派遣的天文、航海学者伊万·艾弗来诺夫等人,前往千岛群岛,曾到过国后岛、幌筵岛,7 月返回鄂霍次克。

② 安部宗男:『元文の黒船 仙台藩異国船騒動記』,宝文堂,1989 年。

③ N.P.ザーノフから日本政府への覚書、通商関係締結拒否に関して。『日ロ関係史料集:ロシア史料にみる 18—19 世紀の日露関係』第 1 集,第 105 頁。

④ 如前野良泽的『魯西亜本紀』,工藤平助的《赤虾风说考》、志筑忠雄的《鲁西亚来历》、山村昌永的《鲁西亚国志世纪》《鲁西亚国志》、古贺侗庵的《俄罗斯纪纪闻》等。

⑤ 赵德宇:《日本近世与近代文化史论》,江苏人民出版社,2019 年,第 178—188 页。

⑥ 马里乌斯·詹森:《坂本龙马与明治维新》,上海三联书店,2019 年,第 360—392 页。

脚石，而且在自己退出历史舞台之前，针对西洋势力进逼日本所施行的诸多内外对策，正是明治时代文明开化的雏形，为明治维新绘制了社会转型的路径"①。该著认为相比幕府维新的各项开放性举措，复古神道和尊王攘夷这些奠定明治国家底色的精神文化以"唯我独尊的狭隘又将日本抛入战争的深渊"②，此为真正的复古倒退。

在总结论述近世文化时，该著认为"不能因为它发生在封建时代就否定其历史意义。江户文化告诉人们，封建时代照样可以创造灿烂的文化，而近代文化并不是对前近代的完全否定"③。而近世文化的更新与复古并存、官方与民间学术的较量、多元化与纯化运动交织最终又导向了尊皇倒幕这条道路，并把许多遗留的矛盾带入到近代。

三、全球史视野下的多元文化交流史观

长久以来，日本史学界由于采取东洋史、西洋史和本国史分立的教育科研方式，无论哪一板块都基于其固有的文明圈展开书写，缺乏全球性视野。明治初年日本史学全面引入西方史学，曾有过一段将本国史和东西方历史共同书写和教育的"万国史时代"，但因为万国史一度照搬西方普遍史与文明史，随着国力增强和亚洲主义思潮渐长，1894 年嘉纳治五郎、那珂通世倡议历史教育分科，自此以后日本史学进入"三科分立时代"。④战前的西洋史研究依据带有西方中心色彩，箕作元八直接指出"东洋史是对世界历史造成极少影响的一方，而西洋史从来就是世界历史重要部分，这也是实际的现实"⑤；昭和时期面向普通民众的西洋史教育也承认"政治、社会、经济等各方面实际上占有势力的就是西洋文明……现代世界史就是西洋史"⑥。而为了强调主体性，明治后期以来的东洋史学者多依据中国及其周边内在

---

① 赵德宇：《日本近世与近代文化史论》，江苏人民出版社，2019 年，第 192 页。
② 同上，第 197 页。
③ 同上，第 193 页。
④ 详见冈崎胜世：「日本における世界史教育の歴史—三分科制の時代」，『埼玉大学教養学部紀要』，2018 年，第 2 号，第 31—72 页。
⑤ 箕作元八：『西洋史講話』，開成館，1911 年，第 2 页。
⑥ 三省堂編輯所：『西洋歴史の総仕上げ：短期完成』，三省堂，1938 年，第 1 页。

超越"一国文化史"书写模式的他者殷鉴——评《日本近世与近代文化史论》

的"历史基体"①来考察其近世至近代的衍变历程;宫崎市定甚至指出自中国宋代
开启至 19 世纪末的东洋近世存在的庶民文化繁荣也是一场"文艺复兴","欧洲文
艺复兴也必受到了东洋文艺复兴的影响"②;西嶋定生强调"近代以前的世界历史
存在多数的世界,它们都具有完整性的历史,东亚世界就是其中之一……自黄河中
流产生的中国文明,历经自身质变,由华北扩大到华南、华中及中国全境,中国文
明展开的同时也进一步影响到周边诸民族,形成以中国文明为中心的自我完结型文
明圈"③。而战前皇国史观笼罩下的本国史领域则走向了对内维护国体、对外主导
亚洲并统御世界的歧路。战后日本史学界依然存在或强调日本、东洋的超克性④,
或寻求与西方历史发展相对应的近代性⑤的分裂。随着实证史学的深入,更为注重
细节问题考察的东洋史与西洋史难以架起基于共通视野和立场的研究之路。⑥直到
近年羽田正才指出"亚洲诸国与美国的世界史教育多被拘束在该国和该地区的
文明圈历史下"⑦的错误,倡导"新的世界史最重要的是把世界作为一个整体单位
来叙述"⑧。

---

① 关于"历史基体"的论述主要集中在沟口雄三上,他坚持中国研究须打破西方视野方法的主导,
主张从中国本土的经验中重新建构其历史。他不是从普世性的西方立场,而是从中国独特的价值、文化
和历史中了解中国,在中国历史的内部逻辑中建立起一个观察点,从而为人类文明发展提供多元解释。
他这种不以西洋为参照又跳出了日本"本位"的突破,并提出"中国作为方法"的尝试,对东亚知识界
再度认知中国提供了有力借鉴。详见沟口雄三著:《作为方法的中国》,孙军悦译,生活·读书·新知三
联书店,2017 年,第 125—134 页。

② 宫崎市定:「中国史 総論」,『宫崎市定全集 1』,岩波書店,1993 年,第 19 頁。

③ 『岩波講座世界歷史 第 4 古代 第 4 東アジア世界の形成』,岩波書店,1970 年,第 1—2 頁。

④ 1942 年京都大学为中心,召集文史哲学界的一批知识分子展开批判西洋引领近代的"近代超克"
座谈会,高山岩男、高坂正显、竹内好纷纷提出亚洲在西方没有进入东方之前已经存在内部实现近代化
种种要素,是对西洋引领的近代一种超越与克服。战后竹内好依然以对抗西洋的近代为出发点,写作了
《作为方法的亚洲》,而东洋史和日本史突出亚洲区域之间互动、文明的发达背后亦隐匿着"解放自身"
的诉求,详见石之瑜、李圭之、曾倚萃:《日本近代中国学:知识可否解放身份》《中国社会科学》2007 年
第 1 期。

⑤ 自丸山真男以来,寻找日本历史中相似于西洋的成分一直是其本国史研究一大潮流,20 世纪 60
年代箱根会议再度把该潮流推向高峰。对中世自由城市、近世二元政治结构、幕藩体制的研究背后,依
然隐含着日本脱亚性和类欧性。详见子安宣邦著:《日本现代思想批判》,赵京华译,上海译文出版社,
2017 年。

⑥ 详见桃木至朗「歴史学の危機と 21 世紀の挑戦」『世界システムと海域アジア交通』(阪大 21
世紀 COE「インター フェイスの人文学」報告書第 4 卷),2007 年,15—20 頁。

⑦ 羽田正:『新しい世界史とヨーロッパ史』,『大阪大学パブリック·ヒストリー紀要』,第 7 号,
第 2 頁。

⑧ 羽田正:『新しい世界史とヨーロッパ史』,『大阪大学パブリック·ヒストリー紀要』,第 7 号,
第 9 頁。

　　汤因比指出西方的历史统一性存在"自我中心的错觉，东方不变的错觉，进步是直线运动的错觉"①，一反以往以民族国家为世界史书写的传统，将世界划分出21 种文明，强调多文明间的挑战与应战。斯塔夫里阿诺斯看重全球性的文明交流，强调世界史"研究的是全球而不是某一国家或地区的历史；关注的是整个人类，而不是局限于西方人或非西方人"②。伊格尔斯也看到"愈来愈多的史家倾向于避开民族国家为单位，写作注重关系、交流和超越国家疆界的跨国史，也即写作近年法国历史学家所称的交叉史"③。基于如此的考察，物种、制度、思想、学术的交流就应该放置在世界整体的视域及方法下，那么丝绸之路、地理大航海、哥伦布大交换和西学东渐就有了超出"一国民族文化史"的全球性意义。在这种思路之下而进行的研究，具有"非中心"的交叉性特点。

　　赵著尤其论述到"近世—近代"文化连锁链条中的内与外。所谓"内"，即内部衍生出的各类文化样态，而"外"则指的是各历史时期给其历史进程带来影响的外来文化。由于自古以来日本就有摄取外来文化并成为其一部分的成功经验，因此，内与外的界限并不分明且杂糅在一起。赵著强调"内"一旦进行摆脱"外"影响的各种"纯化"运动时，就容易形成独断、专横甚至侵略的趋向，故肯定多元文化的积极贡献，而批判各类排斥、压制外来多元的恶举与盲从。

　　在分析天主教和西学对中日两国影响时，该著基于耶稣会在欧洲兴办天文、数学、物理学教育、培养莫里哀、笛卡尔、伽利略等人才、尊重知识的历史事实重新评判了耶稣会在欧洲的地位。作者用利玛窦、沙勿略、范礼安、艾儒略和白晋等传教士为中日带来了近代的数理方法、史地知识和医学技术的实例，认为"耶稣会士在远东表演角色是文化传播的使者"④，并肯定了在日耶稣会所进行的社会救济和平民信仰给战乱时代的贫苦庶民提供了新的精神寄托。在书写近世町人文化成熟繁荣的景观时，论及《剪灯新话》《水浒传》对日本小说《雨夜物语》《南总里见八犬传》的影响；列举到能剧、人形净琉璃和歌舞伎的不同流派；举证论述到狩野画派和浮世绘对日本独具特色的民族艺术所做贡献及对西洋印象画派的影响；勾勒出以

---

　　① 汤因比：《历史研究》，郭小凌、王皖强等译，上海人民出版社，2016 年，第 39 页。
　　② 斯塔夫里阿诺斯著：《全球通史（上）：1500 年的世界》，吴象婴、梁赤民译，上海社会科学院出版社，1999 年，第 54 页。
　　③ 格奥尔格·伊格尔斯、王晴佳、苏普里娅·穆赫吉著：《全球史学史（第二版）》，杨豫、王晴佳译，北京大学出版社，2019 年，第 582 页。
　　④ 赵德宇：《日本近世与近代文化史论》，江苏人民出版社，2019 年，第 78 页。

超越"一国文化史"书写模式的他者殷鉴——评《日本近世与近代文化史论》

"和、敬、清、寂"为真谛的禅茶一味境界,并指出这些文艺、美术和艺道已经具有而今大众文化的特征。①作者在阐述儒家思想多元并存时,首先肯定了相对于佛教朱子学的实学特征,无论是林家主导的官学、伊藤仁斋与荻生徂徕倡导的古学、突出知行合一和孝本体的阳明心学,还是以春秋尊王攘夷为宗旨的水户学,它们都促成了江户思想界百家争鸣的局面,为秩序观、大义名分思想和格物致知的实学精神打下了基础,因此该著认为"如果没有新儒学的营养补给,江户时代思想史将大幅减色"②。作者在对比分析中日两国接受西洋近代文化时,站在西学知识的传播与东方受容的角度,突出了徐光启、李之藻、大阪怀德堂在旧有一般知识中对接西学的自我转型;肯定了顺治、康熙、德川吉宗尊重西洋知识的包容;褒扬了杉田玄白、大槻玄泽、高野长英、司马江汉、绪方洪庵和佐久间象山等兰学家积极摄取兰学并将其发展为学术体系的精神;也为礼仪之争后中国日趋自大保守,虽有林则徐睁眼看世界但得不到回应而扼腕叹息;为日本抓住幕府默许的机遇开设数十所兰学塾、并培养近万塾生及翻译大批西洋书籍而惊叹。著者认为正是因为在 18 世纪至 19 世纪中期的短暂百年中,中国逐渐走向全面封闭而致使西学萎缩,日本则因兰学的发达而出现了山片蟠桃、渡边华山等以西洋近代思想来改变日本的诉求。上述差异致使"中国早期西学的先天不足,决定性地延宕了中国近代化的进程"③,而兰学则为明治时代日本近代化提供了起飞跑道。④

赵著的阐述和论证也充分表达了对专制、迷信和自大情结而扼杀文化、压制文化的不满。他为丰臣秀吉和德川家光暴力禁教迫害信徒而感到发指,为自大守旧的林罗山和乾隆皇帝而痛惜。赵著分析指出了日本儒学"华夷变态"观和日本型华夷秩序修正主义、国学排斥汉意、神皇至上的民族主义和兰学以新知弱化汉学的功利主义各自的问题,并认为即便三大学问体系都矮化了中国,依然无法改变中华文化对前近代日本的影响。⑤作者还抨击平田笃胤、本居宣长等国学者恶用神皇思想为日本优于万邦并统御世界提供理论工具,并分析了极端文化民族主义上升为侵略他国预想的佐藤信渊学问体系,指出:"西方近代科学正面作用被鬼使神差地完全抵

---

① 赵德字:《日本近世与近代文化史论》,江苏人民出版社,2019 年,第 13—32 页。
② 同上,第 33 页。
③ 同上,第 397 页。
④ 同上,第 393 页。
⑤ 详见赵德字:《日本近世与近代文化史论》,江苏人民出版社,2019 年,第 136—156 页。

消了，诸如一大纲四定例等貌似科学的议论完全成为神国史观的理论依据"①。对明治初年举国上下盲目文明开化而鄙夷汉学的浅薄表示遗憾，对明治政府以国权至上控制媒体和教育、以极端国粹主义淹没反对扩张的声音而表示愤慨，并指出这最终致使明治时代的现代化成果"却为极端民族主义的神国史观所绑架，走向封建帝国主义类型的野蛮对外侵略战争道路"②，认为维新却最终导致了复古这一倒错，③正是人们需要从明治文化的畸形发展过程中吸取的教训。

四、结　语

《近世与近代文化史论》作为 21 世纪中国学者对日本文化进行梳理性总结的著述，也存在一些不足之处。第一，全著将南蛮科学、兰学和洋学作为观察日本文化近现代流变的重要出发点，但所用的史料多来自日文史料，虽然日本学界也整理出版了诸多荷兰语史料的日译本，但没能运用葡萄牙语、西班牙语、荷兰语等原始西文史料是一大遗憾。第二，赵著强调了近世到近代的连续性，并且在论证复古与维新的两派力量的近代对接下足了功夫，但还是没有解决一个重要的疑惑：新与旧的力量自近世就交织杂糅在一起并延续到明治、大正和昭和时代，福泽谕吉、加藤弘之、德富苏峰这类天保的旧人成为明治的新人之初都是积极推进新文化的，为什么他们到后期走向了帝室论、国权论保守主义者，大正民主到昭和前期偃旗息鼓的原因来自军部高压还是内部基于亚洲主义的转向、战前的臣民到战后的国民转变如此之大但所遇到阻力却又惊人之小，其原因何在。第三，战后大众文化也是近代文化史的重要组成部分，而今影视和二次元文化是日本向外形象构建和宣传的重心，NHK 电台的纪录片、历史剧及日本传统艺能和历史人物相关的游戏、动漫产业，亦是当今世界了解日本文化的新"文本"，但著者仅用一章的篇幅列举了战后日本文化论的流变，难以解渴④。

总之，《日本近世与近代文化史论》不是将重点仅停留在对近世与近代日本精英思想和学术流派梳理，也并不满足于白描形形色色的文化情趣，而是以维新与复

---

① 赵德宇：《日本近世与近代文化史论》，江苏人民出版社，2019 年，第 68 页。
② 赵德宇：《日本近世与近代文化史论》，江苏人民出版社，2019 年，第 69 页。
③ 同上，第 310 页。
④ 实际上，赵德宇等著的《日本近现代文化史》（世界知识出版社，2010 年，第 227—386 页）原本中有许多精彩的内容可供参考。

超越"一国文化史"书写模式的他者殷鉴——评《日本近世与近代文化史论》

古、进步和倒退为线索，通过文明与文化的两个维度，站在全球文化传播与交流的角度总结和分析近世—近代文化链条连续与断裂背后的深层次原因。此外，超越"一国民族文化史"的尝试，也打破了以往日本文化研究的常规和局限，其以他者为镜，而做出文化须走向多元并存、海纳百川的梳理与总结，也可作为我国文化发展的借鉴。

（作者：瞿亮，湘潭大学哲学与历史文化学院讲师）

站在中国人的立场上研究日本史

——访日本史研究专家王继麟先生

林　昶

站在中国人的立场上研究日本史——访日本史研究专家王继麟先生

踏上古都开封的河南大学东门长长的甬道，一种历史的纵深感扑面而来：举目北望，近代宫殿式建筑大礼堂、宋代开宝寺琉璃塔和清代开封府古城墙尽收眼底，素有"一目三国宝"之谓。

金秋时节，《日本学刊》编辑部一行赴河南大学拜见王继麟先生，留下了一段难忘的"朝圣之旅"。

河大之"宝"亦《日本学刊》之"宝"

王继麟先生，生于 1922 年，辽宁大连人，日本史研究资深学者。王老早年留学日本，1950 年参加工作，曾任九三学社河南省委委员、开封市委副主委，开封市政协委员，先后在东北人民政府文委翻译处、中央教育部、高教部、河南大学历史系工作，长期从事历史教材编辑与历史教学和研究工作。

仁和小区，坐落在河大老校区东北角一片密集的楼房中间，王老的家就在这里。我们的车子比约定时间迟到了 5 分钟，在门口迎接我们的是王老的儿媳。这是一套 10 多年前盖的集资房，客厅铺着复合地板，沙发、茶几，陈设简朴整洁，电视机旁摆着两个小孙女的照片，看得出这是幸福的一家人。儿媳说："10 点钟公公就在客厅里等了。"

话音刚落，王老便从房间里走了出来—— 一身整洁的灰色中山装，满面笑容，精神矍铄，除了有些驼背和耳沉之外……

我说："您的身体很好啊！"王老应道："年龄大了，不中（zhǒng）了。"浓浓的河南口音，引得众人一阵欢笑。

王老记忆力惊人，当我说起编辑部的情况时，他对历任主编和编辑部领导如数家珍："何方、陈士诚、冯昭奎、高增杰、马桐山、黄晓勇、韩铁英……"同去的几位年轻编辑惊讶不已。

王老德高望重，被河南大学历史文化学院的老师称作河大一"宝"。而王老另一个身份则与《日本学刊》有关，他是《日本学刊》历史上最早聘请的审读专家，对刊物的早期建设颇多贡献，谓之《日本学刊》之"宝"，一点也不为过！

此前，我们编辑部成员与王老素未谋面，从马桐山主任、韩铁英主编时期，大家就一直说有机会一定要去看望老先生，这个愿望 10 多年后才得以实现。王老当能原谅我们的懒惰吧。

《日本学刊》历史上首位审读专家

改革开放初期，我国人文社会科学研究迎来恢复性增长期，各种学术期刊纷纷创刊，《日本学刊》前身的《日本问题》正诞生于这一时期。彼时，各个刊物大都有一批功力深厚的老同志，办刊水平普遍较高。如《日本问题》编辑部的最初成员，有著名国际问题专家、中国社科院日本研究所首任所长兼主编何方，原外交学院资深教授兼副主编何倩，原人民出版社资深编辑、马克思《1844年经济学哲学手稿》的译者刘丕坤，原电子工业部资深编辑马桐山，而原编辑部主任则由辽宁大学《日本研究》编辑部首任主任田桓担任，再加上中国人民大学高材生黄晓勇，堪称豪华阵容。尽管各个刊物大都很薄，文章篇幅也偏短，来稿亦限于研究机构学者，但编者与作者都秉承"学术，天下之公器"的精神，在学术期刊这片沃土上精耕细作，"不为稻粱谋，不做名利求"，却鲜有各种"潜规则""利益链"。

作为编辑出版链条的中心一环，学术期刊的审稿制度，应该说在当时受到各个编辑部的普遍重视。它包括期刊出版前的审稿和出版后的审读、阅评等流程，在各编辑部初现雏形并逐步制度化，成为论文和期刊质量的重要保障。今天，审稿制度伴随时代向前发展，特别是在进入新世纪前后，学术期刊全面引入"同行评议"的双向匿名审稿制，加强了对审读工作的组织领导，主管机关普遍建立了审读制度和专家团队；进入21世纪20年代前后，进一步强化"三审制"……种种举措，无疑有效保证和进一步提升了学术期刊的质量。以此而论，在审稿制度上引入外部因素，聘请审读专家，《日本学刊》算是早开先河。

"《日本学刊》是研究日本的重要学术期刊，我很喜欢这个刊物，感觉在同类刊物中是做得最认真的。以前是《日本问题》，再往前还有《日本问题资料》……"王老说，他是《日本学刊》的一名认真的读者，一年6期，每次刊物出版后他都仔细阅读，有问题和想法就向编辑部反馈。确如王老所言，最初，这位河南大学日本研究所前副所长、日本近代史专家作为读者不时给编辑部来信，指出刊物中的问题和应改进之处。也就是在那时，编辑部和王老建立了密切关系，每到年终，都会寄贺年片相互问候祝福。时间一长，编辑部主任韩铁英转念一想，何不邀其担任审读专家？遂与其商量，王老欣然允诺。

我问王老是从何时开始做审读工作的，王老说，具体时间记不太清楚了，但在

站在中国人的立场上研究日本史——访日本史研究专家王继麟先生

《日本问题》时期就和编辑部有联系了。《日本学刊》是在 1991 年中国全国性日本研究民间学术团体——中华日本学会成立时作为学会会刊才由《日本问题》改的刊名。据此推断，王老应该在 20 世纪 80 年代末就开始审读工作了，前后将近 20 年！

王老说，他 66 岁退休，已经快 30 年了，退休以后还做一点工作，但不多。就是从那时起，他正式成为《日本学刊》的审读专家。原来他一直自费订阅，后改为赠阅。每到年底，都会收到编辑部寄来的审稿费，自己没做什么工作，总觉得有些愧歉。

应该愧歉的是我们！当时是短缺经济时代，大家普遍收入不高，但编辑工作却比今天辛苦许多。就拿审稿来说，那时手写稿居多，铅印刊物印刷质量也差，审阅颇为费眼劳神，审稿费也远不如今。倘若按照现在的社科院学术期刊创新工程的最新审稿标准，最高每千字 25 元，就是说，审一篇 2 万字的论文，最高可拿 500 元审稿费。说起来真的难以启齿，由于当时诸多条件限制，编辑部开始只是象征性地每年寄给王老 200 元，直到后期才涨到 800 元，而这可是一年 6 期、90 多万字的工作量啊！

屈指算来，彼时王老已年近古稀，但每期杂志出版后不到一个月，他都会准时寄来用钢笔在薄薄的 300 字格纸上一笔一画写的满满几页的审读意见。读王老的来信，然后集体讨论，分析错情，查找原因，几乎成了编辑部出刊后的"规定动作"。信中内容涉及方方面面，宏观者多是王老专长的日本历史以及政治方面的知识性乃至政治性错情，细微处则是文字、语法、逻辑以及校对上的纰缪。

记得有一篇论述日本国家神道的文章。文章说，日俄战争以后国家神道成为日本军部用来为"圣战"祈祷的工具，先后修建了平安神社、明治神宫等专门祭祀天皇始祖及"皇国鸿运"的神社。对此，王老连发三问：第一，日本有平安神社吗？只有平安神宫；第二，时间对吗？平安神宫建立在 1895 年为纪念平安奠都 1100 周年之际，而不是日俄战争后；第三，祭祀对象对吗？平安神宫祭祀的不是天皇始祖，而是首迁平安京的桓武天皇。这里的平安神社显然是写错了，应该去掉。后来，我向已经做了高级干部的作者求证，他说当时写作只想着日本军部在伪满洲国新京（今长春）建的平安神社，但建立时间和祭祀对象都搞错了。他特别委托编辑部转达对王老的敬意。

还有一篇论日本军国主义与朝鲜的文章，其中一节的节题是"满铁在朝鲜的侵略活动"。本来应该写日本军国主义对朝鲜的侵占和殖民统治，但实际内容几乎没有论述朝鲜方面的文字，而把完全在我国境内、与朝鲜没有关联的安奉铁路，以及绝大部分在我国境内、只是其终点在国境附近朝方会宁的吉会铁路，作为"在朝鲜的侵略活动"来论述。"文不对题，实在不妥当。"王老评论道。

再如，困扰中日语言界多年的所谓"零翻译"问题。如"普通国家"还是"正常国家"的翻译问题。日本追求"普通国家"，是要摆脱战后受到的特殊限制，有人翻译成"正常国家"，意味着日本可以海外派兵被定义成追求"正常国家"的行为，这等于贬斥战后反战和平民主势力的斗争是"不正常"的了，二者语义相去甚远，显然是弄巧成拙。对此，王老说，编辑部应该通过刊物为规范词语做出表率。的确，现代汉语中的日语"外来语"数量惊人，特别是在今天的互联网、自媒体时代，新词、新语不断涌现，中央要求"出版物要为全社会正确使用祖国语言文字做出榜样"，学术期刊任重道远。

与此相关的，还有迄今众多书刊上仍然频繁出现的日文汉字与中文繁体字之间的混用问题。我清楚地记得，有一次王老专门讲到，由于中日在近代走向了不同的发展道路，在文字改革上日文汉字和中文繁简字也形成了两套系统，因此要仔细区分。譬如，有一期注释中的日本筑摩书房的"筑"，误为中文繁体的"築"，日文汉字径用中文简体字。日文中"筑""築"并用，需要记忆，融会贯通。

此外，还有"形"。日本书版常用的日文明朝体与中文书版常用的宋体字的细微差别，更多地体现在笔画长短或多少的毫厘之间，如"今天"这个寻常词，明朝体"今"的点是横，"天"的上面横比下面长……说实话，王老所讲当时对我冲击颇大，虽然学习日文多年，但实则仅涉皮毛，未窥堂奥，连最基础的字形问题竟浑然不觉。此事促使我为弄清日文汉字的书写和笔画基本规律，曾利用很长一段时间，把一本厚厚的中日常用汉字对比词典从头到尾读了一遍，并留下小半本标注出需要注意细微处的笔记。

诸如此类，特别是出现在我责编或通读的文章中的问题，每每想起，让我既汗颜，又感动。

我对王老说，您是《日本学刊》聘请的第一位审读专家，我们特别感谢您！您的审读工作，对《日本学刊》来说是基础性的，也是开创性的。《日本学刊》一步步走到今天，您居功至伟！王老谦虚地说："不敢当！我当初作为一名读者，是很认真地读刊物，但作为审稿者，责任是不同的。编辑工作是一项系统工程，出现错误在所难免，但要区分偶尔疏忽还是系统性错误。有些系统性的普遍问题，编辑部

站在中国人的立场上研究日本史——访日本史研究专家王继麟先生

没有注意到，我有责任提醒他们给予重视。当然，提出意见的时候，我总是有据可循的，尤其是日本史方面的。日本经济提的不太多，还有其他很专门的问题也涉及不多，但看到问题总会提出来，如日本政治、形势述评等，有些作者的政治意识不强，提法不妥，我也会提出商榷。"

王老说，为《日本学刊》审读，《广辞苑》（日本最权威的日文辞典之一）他从不离手，眼睛看不清，就举着放大镜看。他还特别强调校对的作用——那时《日本学刊》大多是手写稿，编辑"花脸稿"除极少数需誊清外，一般都直接发印刷厂排版，校对不好就会导致错别字等错情。还有内容提要不准确、不客观的问题，题文宽窄的"大题小做"与"小题大做"，有关名词、术语、体例格式全篇乃至全刊统一的所谓纯技术问题，王老都会一一提出。在我的印象中，更多的时候，王老更像是经验丰富的老师傅向徒弟传授技艺一样，循循善诱地手把手教我们如何做好编辑工作，帮助我们提高编辑水平和素养。

王老是迄今《日本学刊》历史上时间跨度最长的审读专家。后来，王老的年纪慢慢大了，我们不忍心他继续劳累，想让他停下来。当我们考虑"换人"时才发现，要找像王老这样既专业水平高、又认真耐心的"替补"专家有多么难！

"研究日本史应站在中国人的立场上！"

1963 年末，毛泽东发出"加强研究外国工作"的批示，日本研究随之被纳入国家发展规划，规模性的日本研究渐起。河大也在历史系成立了日本史研究室，后扩建为日本研究所，王老担任副所长，做了很多工作。现在，河大日本所在外语系，已经不属于历史系了。不过，据陪同我们的朱海燕老师讲，日本所要重新回到历史系了。王老对此表示赞赏，同时又忧虑历史系懂日语、能看资料的人可能不多，但听说历史系新近进了两名搞日本外交史的海归博士时，他欣慰地笑了。

戴季陶在《日本论》中曾说，"中国"这个题目，日本人也不晓得放在解剖台上解剖了几千百次，装在实验管里化验了几千百次。对此，王老特别认同。他说，日本人研究东西很细致，对我们的研究很细，而我们的对日研究则"一般化"。"日本史研究要踏踏实实地进行，取得实实在在的成就。日本这个国家，和中国的关系太密切了，我们非得研究而且必须好好研究它不可。日本从明治维新以来，一直就是'大陆政策'，目标对着我们，侵略、欺压中国。所以我们对日本的历史应该很好地研究。现实政治问题当然应该研究，但对它的历史，要搞得更明白些。我在河大开课的时候，教世界史，后来也开了日本史的课，就是想把日本历史的发展脉络搞清楚。"

同时，结合教学王老也写学术文章，如《关于日本的国家神道和靖国神社问题》等论文。还写过《中国各界对日本关东大震灾的赈济》，文中提及1923年9月日本发生"关东大地震"时的一段往事，中国人民不念旧恶，救助日本，捐款捐粮……

王老回忆，改革开放初期，中国掀起一股"日本热"，中国的日本史研究迎来一波高潮，各地纷纷成立各种日本研究机构和团体。那时中国的日本史研究界，北有东北师大的邹有恒、辽宁大学的任鸿章、吉林大学的汪淼，南有上海的吴杰，京津有南开大学的吴廷璆、俞辛焞，天津社科院的吕万和、王金林，北京大学的周一良、沈仁安，北师大的马家骏，中国社科院的汪向荣、万峰等，推出了一批有关日本古代史、近代史的重量级学术著作……

"太震撼了！"编辑部编辑张耀之后来形容当时的感觉。"王老简直是活的历史教科书，正是一代学者见证着一代历史的发展。"的确，那时的中国日本史研究可谓黄金一代，群星荟萃，名家云集，令人肃然起敬。今天，日本史研究无论学科建设、学术成果还是人才培养，都走在了中国的日本研究前列，这与前辈们的先驱性探索和奠基密不可分。

"中日关系这些年起起伏伏，您看日本史研究该怎么搞啊？"我问。王老说："对于日本史研究，我希望更深入一步，搞得更扎实一些。'滴水穿石，非一日之功。'做学问，非下苦功夫不可！"他还谦虚地说，搞日本史，他是笨法子，查资料一定要查明白，没有根据的绝不说。当年有些人写文章，就是不肯下功夫。如天津有一本现已停刊的日本研究刊物发表文章说，靖国神社里供奉的灵位日本平均一家一户摊一个，它对日本社会的影响很大，我们应该慎重对待。是真的吗？只要查查资料，就知道是错的！靖国神社里供奉着246万灵位，而现在日本的家庭户数是多少呢？5000万！即使战后初期，也有1400万户！

还有一家知名报纸上发表学者文章，论乃木希典的反战汉诗。乃木希典两次侵略中国，是日俄战争时期的日本陆军司令官。旅顺口有一块石碑，刻着他的汉诗。王老脱口而出："山川草木转荒凉，十里腥风新战场。征马不前人不语，金州城外立斜阳。"这首汉诗正是乃木希典指挥攻打旅顺之后所作。是役，日军5万余人战死。王老说，这明明是无奈的哀号，说它是反战诗，不是胡说吗！这是学风不正的

站在中国人的立场上研究日本史——访日本史研究专家王继麟先生

问题，更是政治问题。

"研究日本史，应该坚持正确的政治指导，应该站在中国人的立场上！"王老的话掷地有声。

编辑工作的楷模

时间不早了。我们请王老为《日本学刊》题字。王老思忖片刻，写道："日本学刊越办越好！"话似平常，细细品味却蕴含丰富，这既是肯定，又是鼓励，更是期望！遒劲而熟悉的笔迹，使我蓦然时空倒转，当年那一封封的回信犹在眼前……

我代表日本研究所和《日本学刊》编辑部郑重地颁发给王老一个荣誉证书。上书："王继麟先生：为表彰您作为《日本学刊》首任审稿专家对本刊建设做出的贡献，特颁此证。"在日本所和《日本学刊》编辑部的红色印章下面，落款日期是"9月10日"。对！正是教师节！王老是编辑部聘请的编审老师，更是一位精神导师，是我们编辑工作的楷模。于我们而言，他的渊博，他的敏锐，他的精益求精、一丝不苟的严谨精神，高山仰止，景行行止，虽不能至，心向往之。

我们向王老辞行，请教他有何养生之道，王老说，没有。现在身体不如从前，过去锻炼比较多，头些年能还出去，70多岁还在院子里跑步，现在不能下去了——王老家虽然住在一楼，但几节台阶还是成了他出行的巨大障碍。王老说，平日吃的清淡一些，量不多，毕竟已经90多岁了。"就是家常饭，平时比较注意休息。老爷子干什么事情都比较有规律，每天干啥，几点干啥，天天如此。不能打乱他的生活。今天知道你们要来，有些激动，早上一量血压就上来了。"儿媳接过话茬说道。听到这儿，我顿觉不安起来……

为写这篇小文，我查阅资料，惊喜地发现王老10月份刚刚过了97岁寿辰，竟和已故《日本学刊》首任主编何方先生同庚。两位《日本学刊》同年同月生的"首任"，给我们留下的精神财富，弥足珍贵！

在此，遥祝王老健康长寿！

（作者：林昶，中华日本学会编辑出版部主任，中国社会科学院日本研究所《日本学刊》原编辑部主任、总编辑，编审）